朱鳳瀚 著

甲骨與青銅的王朝

The Dynasties of Oracle Bones and Bronzes

上海古籍出版社

下册

本 册 目 録

論春秋時期的"新興地主階級"

在先秦史研究中,"新興地主階級"的出現歷來被認爲是具有劃時代意義的,如持西周封建論的學者視其爲封建領主制向地主制轉化之開端,而持西周奴隸制論的學者則以爲是封建制代替奴隸制之開端。然每讀及有關著作,總感到對於這一問題的研究,在以下兩點上似有必要再作進一步的考察:

(一) 不少學者將春秋晚期中原與東方的幾個大國,如齊、晉、魯等國内卿大夫與公室爭權而進行的政治變革視爲"新興地主階級"登上政治舞臺的典型事例,然而作爲這些變革之策動者的卿大夫們可否認爲是"新興地主階級"?

(二) 春秋時期,究竟有哪些史實可以認爲是反映了"新興地主階級"的産生?

下面即按以上兩個問題的順序略陳管見,希望得到學者們的教正。

一

春秋晚期齊、晉、魯國的政治變革,即是指爲大家熟知的"田氏代齊""魯三桓分公室"與"六卿分晉"這幾個事件。爲了辨清這些變革的策動者們是否屬於"新興地主階級",一個最直截了當的方法,即是將他們與在他們之前的,即西周以來的貴族進行形態上的比較(下面爲了討論的方便,暫稱西周以來的貴族爲"舊式貴族")。所謂"新興地主階級",顧名思義,應是指其經濟、政治形態區別於舊式貴族。如果將他們的形態與舊式貴族形態作比較後,確實發現二者有較大的差別,那我們才有必要進一步討論這種差別是否有將二者區分爲不同階級(或階層)的意義,亦即討論可否從其有異於舊式貴族的形態特徵而視其爲"新興地主"。

爲了作這種比較,需要先説明一下舊式貴族的形態特徵。當然,由於至今學者們仍對古史分期問題的見解相異,因此對舊式貴族的階級屬性有不同的看法,例如視其爲奴隸主或封建領主等,但我們這裏只是要説明這種舊式貴族的具體的經濟、政治形態特徵,至於定其階級屬性爲何,似無礙於我們作客觀的形態上的比較研究,故暫不涉及。① 下面,即根據史學界的研究成果,對舊式貴族的形態作簡要說明。

先言西周貴族。其經濟、政治形態大致可概括爲以下幾點:1. 在西周王權較强大時(西周早、中期),他們雖然可以説對土地有實際的所有權,但是他們的土地一般地是來自上一級貴族的封賜,並由層層封賜而造成土地占有的等級結構,而且這種土地在名義上不可以自由買賣,即所謂"田里不鬻"。2. 他們可以在自己的封土上行使政治統治權,較大的貴族還有自己的宗族官吏機構與軍事組織。因而,他們對屬地上的生產者及其他屬民有一定的人身控制與支配權。3. 在當時的生產力水平下,他們所采用的是藉耕公田這種農業勞役式的剥削形式。②

進入春秋時期以後,上述經濟、政治形態特點從總體上説仍存在於貴族階級中,只是各國內的卿大夫,對自己的封土擁有了更爲獨立的經濟、政治、軍事權力,顯赫的卿大夫之封土私邑,實已成爲諸侯國中之國,而且在農業剥削形式上,至遲自春秋中期前後,基本上都已逐漸由農業勞役式的剥削形式轉變爲所謂"税畝制"的形式(詳下文)。

如果概括一下上述舊式貴族的形態特徵,則可以認爲,其要點,一是土地占有具有等級結構,二是土地的占有(或説是實際所有)權與政治統治權的結合。

因此,如欲將春秋晚期各國政治變革之策動者們稱爲"新興地主階級",則必須結合具體史實之分析,證明其在形態特徵上與上述舊式貴族的形態特徵有所不同。事實如何,請分國論之:

(一)關於"田氏代齊"

傳統的説法是,齊國公室代表舊勢力、頑固勢力,而田氏等卿大夫則是一種新興勢力,他們"同舊制度聯繫較少乃轉而采用新的剥削和統治方式"。③ 因此,田氏代齊被認爲是新的封建制生產關係建立之相當典型的例子。持有此種觀點的史著之主要證據是《左傳》昭公三年晏子對晉叔向所説的一段話,即"公棄其民,而歸於陳氏。齊舊四量,豆、區、釜、鍾,四升爲豆,各自其四,以登於釜,釜十則鍾。陳氏三量皆登一焉。鍾乃大矣。以家量貸,而以公量收之。山木如市,弗加於山;魚、鹽、蜃、蛤,弗加於海。民參其力,二入於公,而衣食其一。公聚朽蠹,而三老凍餒。國之諸市,屨賤踊貴。民人痛疾,而或燠休之。其愛之如父母,而歸之如流水。欲無獲民,將焉辟之"。但從這段話所反映的史實可否得出上述結論,卻很值得商榷。

首先一個問題是,這段話是否能説明陳(田)氏與公室的剥削方式有質的差别。文中講"民參其力,二入於公,而衣食其一"。既然民所受剥削可以數量計,並言"入於公",説明

---

① 這種舊式貴族的階級屬性,我們以爲類同於封建主,參見拙作《由西周農業勞役的性質看西周貴族的階級屬性》(收入《中國古代地主階級研究論集》,南開大學出版社,1984年)。
② 拙作《由西周農業勞役的性質看西周貴族的階級屬性》。
③ 郭沫若:《中國史稿》第一册,人民出版社,1976年。

已非勞役制,而是履畝而稅之稅田制。這裏講的民,應該是指當時公室屬地上的生產者。實際上,齊國公室在晏子講這段話以前早已從采用農業勞役剝削的形式轉爲實物地租剝削。現在史學家一般認爲,《國語‧齊語》中所記:桓公問曰:"伍鄙若何?"管子對曰:"相地而衰征,則民不移。"即是講按土地好惡而決定收田稅的數量,性質已屬於實物地租。再從《國語‧齊語》看,當時齊國公室的經濟收入情況應同於《周禮》所言,賦不出自鄙(野),而是出於鄉中,由國人中的農民擔負。農業稅則出於鄙中。鄙中擔負農業稅的農民,有屬、縣、鄉、卒、邑的組織,設有各級官吏,是采用地域組織的形式編製的。而且桓公還命五屬大夫曰"匹夫有善,可得而舉也",這種農民中的善者甚至可以入仕途,可見他們的階級身份亦並不是奴隸。所以,當時齊公室的農業經營方式不能歸爲奴隸制範疇。桓公時已如此,更不可設想到了《左傳》所講的魯昭公時代齊公室在農業經濟上還采用什麼奴隸制。

齊公室在春秋時期采用實物地租性質的剝削形式是與齊國當時農業生產力水平相適應的,也是爲促進農業生產發展對西周時期的舊制所進行的變革。田氏作爲齊國境内的卿大夫,在其屬地内當然亦應與公室采用同一剝削形式。以上引文言田氏改革量制,以私量大斗貸出,"以公量收之",此"收"即如《史記‧田敬仲完世家》所言,是"其收賦稅於民以小斗受之",説明田氏對其屬民亦是實行實物地租形式的剝削,這在形式上與本質上都無異於公室。所以,田氏能得到民衆如流水一般的歸附,並不像有些學者所指出的,是由於田氏采用了什麼新的有别於公室的封建剝削方式。依我們看,其主要原因是由於在齊公室剝削過重而使"民人痛疾"的情況下,田氏趁機采用各種收買民心的手段所致。《左傳》昭公三年所謂"以家量貸"之"貸"的意思,在這裏還應解釋爲借貸爲妥。[1] 田氏既能在民人貧困時借貸於民,且貸出時用數值高於公室的私量,回收與徵稅時改用公量,在剝削程度上相對公室要輕,當然足以收買到人心。

此外,這裏面還有一點多爲諸家引作田氏建立新的封建制生產關係的證據,即是認爲民衆逃往田氏門下"歸入如流水",成爲他的"隱民",爲其耕種"私田"故而形成了新的封建生產關係的雛形。[2] 但這點似亦不能證明田氏建立了有異於舊貴族的生產關係。

這些爲了躲避公室的剝削投靠田氏的"民",多數應是原屬於公室的國人中的農民,投靠田氏後也應當是以耕田氏之田爲生。春秋時顯貴的卿大夫一般都有私邑及其附屬田地,在《周禮》中稱作都鄙,同時本人在朝廷爲官,以政庇族。田氏厚施於民,當是以私邑之

---

① 近有學者提出,貸在此應釋爲施舍,見楊育坤:《"以家量貸"辨》,《陝西師範大學學報》1984 年第 2 期。但"貸"即便在《左傳》文中,也是有兩義的,或可釋爲施與或可釋爲借貸,此可參見楊伯峻:《春秋左傳注》(中華書局,1981 年)文公十六年注。這裏特意以對比的方式講到以家量貸,而以公量收之,正是要説明田氏在借貸時所使用的巧取民心的手段。如果"貸"在這裏是指施與,則施與當然不用還,不要利息,也就不必考慮量制的異同,是以家量施與還是以公量施與,就沒有多大意義了。

② A. 郭沫若:《中國史稿》第一册;B. 王明閣:《先秦史》,黑龍江人民出版社,1983 年;C. 十院校合編:《中國古代史》(上),福建人民出版社,1982 年。

收入所爲。民所投奔之處則必是田氏都鄙所在。他們失去原來占有的田地,可能僅有少量生產資料(如工具),所耕之田爲田氏所授與,從表面上看是類於封建傭耕或佃耕關係的。但是,田氏與隱民之間是否像後世私人地主與雇農或佃農那樣,彼此間只有經濟剝削關係,而不存在政治統治的關係呢? 一般地說,春秋時代的"隱民"投靠有勢之門後,實際上即成爲貴族的"私屬"。春秋時作爲私屬之臣與所依附的貴族之間的關係是"策名委質,貳乃辟也"(《左傳》僖公二十三年),有一定的人身依附關係,而且必須盡忠於主人。《左傳》襄公十一年記魯三桓分公室,使原公乘之人爲己臣,也是使國人成爲自己的私屬。①這種私屬,要爲主人服役,包括兵役。《左傳》昭公二十五年記隱民投靠於魯國季氏,下繼言"爲之徒者衆矣",徒,即是私屬徒役,多數是用作武士(詳見下文)。田氏所招收之隱民在身份上應與之近似。這些隱民既投靠田氏,即是希望得到田氏的蔭庇,而田氏與他們之間如果不建立一定的人身統治關係,則難以管制這些流民,並達到擴充自己實力的目的。因此,田氏與隱民之間的關係只能是舊式的主臣關係,是存在政治統治關係的。下面的史料也反映了田氏與依附於他的下屬民衆之間的這種關係:《晏子春秋》卷七記晏子言於齊景公曰:"夫田氏,國門擊柝之家,父以托其子,兄以托其弟,於今三世矣。"國門擊柝當即《孟子·萬章下》"抱關擊柝",是指守城門、打更,《荀子·榮辱》楊倞注:"抱關,門卒也。"趙岐注:"柝,行夜所擊木也。"這裏是以守城門、打更之家喻貧賤者,此種人家父兄托子弟於田氏,當如裘錫圭先生所言"應該就是讓子弟當田氏之徒"。②此種私屬徒,皆受到田氏政治上的庇護。當然田氏對他們也有政治上的統治權。可見田氏是依賴其與公室相對抗的政治上的獨立權以招攬下層民衆,並藉以使民衆與之建立主臣關係,擴大自己的實力。

此外,我們還需要指出一點,即是直到此時儘管田氏可以私納隱民,發展自己的獨立勢力,但其賴以生存的全部稅田的性質仍然屬於舊有的封賜制度所造成的等級占有制範疇内。因而《左傳》昭公二十六年晏子對齊侯曰:"陳氏雖無大德,而有施於民。豆、區、釜、鍾之數,其取之公也薄,其施之民也厚。公厚斂焉,陳氏厚施焉,民歸之矣。"楊伯峻先生《春秋左傳注》曰:"陳氏采邑采田,皆齊侯之賜,其收賦稅曰取之公,實則取之人民。"③這即是說田氏的稅田仍然在名義上具有舊的封賜制度下國君賜田的性質。據《史記·田敬仲完世家》所言,田氏經過幾代經營,至田常時,齊國之政皆已歸於之,"田常於是盡誅鮑、晏、監止及公族之强者,而割齊自安平以東,至琅邪,自爲封邑,封邑大於平公之所食"。田氏雖是自己任意擴充屬地,但仍取齊侯封邑之名義,説明直到齊政權已基本歸於田氏後,田氏仍在名義上尊奉齊侯與舊的封賜制度。

---

① 參見拙文《關於春秋魯三桓分公室的幾個問題》,《歷史教學》1984 年第 1 期。
② 裘錫圭:《戰國時代社會性質試探》,《社會科學戰綫》編輯部:《中國古史論集》,吉林人民出版社,1981 年。
③ 按:《左傳》這一段話中所言"其取之公也薄",杜預注曰:"謂以公量收。"以此"公"爲"公量",然對照下文"施之民也厚"句,以"民"與"公"對言,知此"公"應是指國君,而非公量,當以楊説是,故從之。

綜上述,田氏在與公室爭奪權力之時始終占有封土,這種封土仍然在名義上屬於舊的封賜制度的產物,同時田氏對其封地的屬民仍有政治統治權力,其與舊式貴族在形態上很難找出明顯的區別。而且田氏在農業上的剝削形式實與公室相同,乃春秋中期以來舊制,並無所謂采用了新的剝削方式。所以,田氏本身難以説成是新興地主階級的代表。至於"田氏代齊"的性質實是舊式貴族内部的爭權鬥爭,不可以説成是新興地主階級發起的一場革命。

（二）關於魯三桓分公室

以往的史著亦多以魯三桓爲從舊貴族轉化過來的私家新興勢力的代表,並且把三桓分公室稱爲新興地主階級實行封建剝削方式的開始。三桓可否稱爲新興的階級也應該看他們與舊的貴族在形態上有無區別。

先看三桓的經濟、政治形態。事實是,三桓直至"三分公室"時仍然有自己的私邑都鄙,在私邑屬地内有其政治統治權。他們設私家官吏,其私邑主管稱宰,並建有私軍,立軍事長官。直到三分公室後十餘年,季氏仍以公鉏爲馬正,即其私家之司馬,主私邑之軍賦(《左傳》襄公二十三年)。他們的屬地受賜於國君,其宗族、私室皆安於私邑。他們還在自己屬地範圍内將田邑分給其下屬貴族,如《左傳》襄公二十九年曾記"公冶致其邑於季氏",公冶即季氏屬大夫,因不滿季氏欺君而退還其邑,説明直到此時,魯國各級大夫的私邑仍係上級貴族層層封賜而得,上一級貴族對這種田邑仍擁有收回的權力。[①] 三桓之類卿大夫本人則要到諸侯之朝廷任官,累世繼職,服役於朝,以官庇其族。

再看三桓分公室的目的,三桓"三分公室",繼而又"四分公室",從而使原屬於公室的國人中的士兵隸屬於自己爲臣,即成爲其私屬徒,目的是利用他們在朝廷擔任要職的地位,侵吞公室,化公家爲私家,擴大自己政治、軍事實力。所以到後來,如《左傳》哀公十一年言"魯之群室衆於齊之兵車",可見三桓之類卿大夫在削刮公室後私家之强盛。

再有,從史料看,三桓之一的季孫氏不僅依靠公職直接削刮公室,而且在與公室爭奪權力的鬥爭中,可能也采用過類似齊田氏所采用的施恩惠於民衆的手段。故而《左傳》昭公二十五年中記子家子曰:"政自之(按: 指季孫氏)出久矣,隱民多取食焉,爲之徒者衆矣。"杜預注:"隱,約,窮困。"楊伯峻先生《春秋左傳注》曰隱民"即貧民之投靠季氏者",其中有一些人很可能爲之耕種封土内的私田,並以此爲生路,故曰"取食"於季氏。但從全句文義看,下繼言"爲之徒者衆矣",説明取食於季氏之隱民中,很可能有相當一部分成爲季氏之"徒","徒"之身份,綜觀《左傳》,多用作各級貴族之私屬武裝人員。也有的是政治黨羽,身份皆近於家臣。由此可知,這些投靠季氏之隱民完全處於季氏的政治統治之下,季氏與他們的關係並不同於後世地主與雇農或佃農之間那種經濟剝削關係,而仍然是舊貴

---

① 李亞農:《中國的奴隸制與封建制》(上海人民出版社,1957 年)第二二節,曾舉出三例春秋晚期卿大夫還邑於公之事,可以參見。這説明直到此時,卿大夫的私邑屬地仍在法權上屬於國君,國君對這種土地仍擁有收歸權。

族家内的主臣關係。

總之，三桓與西周以來的舊式貴族相比，我們也很難看到他們在形態特徵上有什麽本質區別。三桓在與公室爭奪權力與民衆中，非但没有改變自己的舊貴族屬性，反而使這種屬性更爲突出，更加强化了。

還有的學者曾提出，三桓分公室這一事件本身，特别是其所采用的手段具有封建地主階級革命的性質。他們指出，三家在分地上采用了不同的辦法："季孫用征税制，叔孫氏仍保留奴隸制，孟孫氏兼用二者，實行了改良的辦法。"並且認爲四分公室後"三家都采用征税制"。從而"在魯國實行了封建制的剥削方式"。①

這種説法我們認爲亦是不符合史實的：

第一，據《左傳》襄公十一年所記，三桓分公室，各征其軍。其中"季氏使其乘之人，以其役邑入者無征，不入者倍征"。這裏"征"很明顯的是指征軍賦，征賦的對象是"乘之人"。即原公室軍乘之人。所謂"三分公室"實際是講爲了作三軍而瓜分公室的舊有兵力，並各自分得了一塊公室屬地的軍賦，即各自取得一部分征賦權。② "征"在這裏不能解釋爲"征税"，牽扯不到田税的問題。有的學者以爲《左傳》昭公五年記"四分公室"後，三桓"皆盡征之，而貢于公"，是向國君貢税。但這裏的"貢"應是承上文而言，仍是指三家各征其軍賦後，向公家貢賦，即三家要向國君出兵甲之賦，理解爲貢税則證據不足，且有悖於當時的實際情况。春秋時代公室土地，當包括《周禮》所言之"國""野"。據《尚書·費誓》，魯國國都外有"三郊三遂"，郊約相當於鄉，屬於"國"，遂約相當於"野"，此外公室還可能在野外擁有若干公邑(如《左傳》襄公二十九年所記季武子所取卞邑)。魯公室田税當出自野及公邑。這些地方在三分公室時並没有全被三桓所控制。三桓所控制的主要是都城及其周圍郊地(鄉)國人所居住的地域，在當時國人主要是承擔軍賦，並不交田税。③ 所以"貢於公"者，只能是軍賦，不是田税。

第二，如果以爲征税是魯國實行封建剥削方式之始，則亦當始於春秋中葉魯宣公十五年"初税畝"。《春秋經》宣公十五年曰"初税畝"，《左傳》曰："初税畝，非禮也，穀出不過藉，以豐財也。"這裏已經説明，所謂税畝，是改過去的藉法爲履畝而税。有的學者講，魯國是在季孫氏掌權後，才實行"初税畝"的，並由此才"承認私田的合法化"。④ 這似乎是將"初税畝"理解爲私家與公室的一種鬥爭方式。但季孫氏是作爲魯國上卿和國家官吏來掌權的，"初税畝"的政策必然是在魯國全國範圍内，而首先應該是在公室屬地實行。而且，"初税畝"既作爲魯國國史記載下來，當然主要是記公室的重大事件爲主，不會僅限於私家。

---

① 郭沫若主編：《中國史稿》第一册；王明閣：《先秦史》。
② 參見拙文《關於春秋魯三桓分公室的幾個問題》。
③ 參見拙文《關於春秋魯三桓分公室的幾個問題》。
④ 林劍鳴：《中國封建地主階級産生的兩條途徑》，《歷史研究》1984 年第 4 期。

"四分公室"後魯哀公言:"二吾猶不足,如之何其徹也。"徹即是指公室向國都外圍之郊地,即《周禮》所説的遂地,徹取實物田税。

前面已説過,齊國大約在桓公前後即開始實行實物地租,約早於魯國半個多世紀。改藉法爲實物税,首先是由於生産工具的改進,使生産力水平提高,生産已可以以較小的勞動組織(如個體家庭)爲單位進行,且隨着春秋以來戰爭的頻繁,統治者相繼感到藉法所需要的勞動力難以保證,不如分地而税畝有利可圖,這是社會歷史進展的必然趨勢。所以,約在春秋中期時東方各國或較早或略遲地都已改藉法爲實物税。在魯國公室實行"初税畝"的同時,估計各卿大夫在自己都鄙屬地内也應在此前後改行了税畝制。我們同意有的學者的看法,即春秋中期東方各國實行的税畝制只是"同一經濟制度中不同剥削方式的轉變",與土地私有的地主經濟無關。[1] 並且也很難與"私田合法化"相聯繫。

以此看來,不僅"三分公室"與征税制無關,而且認爲魯國是自三桓分公室後才開始施行實物地租的征税制也是不妥當的,不僅是在史料解釋上講不通,且根本不符合魯國社會經濟與賦税制度發展的客觀實際。

據上述,魯三桓就其本身的政治、經濟地位看,與舊式貴族無有明顯的差異。三分、四分公室也與剥削方式的變革無關,以魯三桓作爲"新興地主階級"的代表的説法缺少確切的史料根據。

（三）關於"六卿分晉"

有關晉六卿經濟形態的史料很少,難以作較細的研究。諸家多以晉之六卿,即趙、魏、韓、智、范、中行氏爲"新興地主階級"的代表。所以得出這一看法,大抵皆是以下面幾條史料爲據的,一是,《韓非子·外儲説右下》所記趙簡子在封邑中設吏收税。二是,《左傳》哀公二年范氏讓公孫龙爲其收税之事。三是,1972年在臨沂銀雀山西漢墓發現的竹簡《孫子兵法·吳問》篇,其文曰:范氏、中行氏采用最小畝制,以一百六十步爲畮(畝);智氏以一百八十步爲畮;韓氏、魏氏采用大畝制,以二百步爲畮。以上諸家皆實行"伍税之",即實行五分抽一的税率。趙氏則采用最大的畝制,以二百四十步爲畮而"公無税焉",即免征田税。

認爲六卿以前晉國屬封建領主制的學者,據以上史料而得出六卿屬新興地主階級的看法,主要是以這些史料中反映的實物地租制作爲地主制的標誌。對於這種看法之不妥,上文亦已提及,即不再贅述了。另一些認爲六卿以前晉國爲奴隸制的學者持有此種看法,則是以六卿實行的税田制爲晉國封建經濟的開端。有的學者還據《吳問》篇進而提出,晉六卿以新的田畝制度破壞了舊有的井田"經界",廢除了"百步爲畝"的舊框框,所以是破壞了奴隸制井田制度之後脱胎出來的新興地主階級。[2] 這種看法是頗值得商榷的。

① 李根蟠:《春秋賦税制度及其演變初探》,《中國史研究》1979年第3期。
② 吳樹平:《從臨沂銀雀山漢墓竹簡〈吳問〉看孫武的法家思想》,收入《孫子兵法》,文物出版社,1976年。

首先，説晉國在此以前所施行的是奴隸制的井田制度，並没有史料可以作爲明證。實際上，西周至春秋中期以前，我們所能從史料中看到的農業剥削形式，即是所謂助耕公田的藉田制，簡單地將其性質稱爲奴隸制剥削是難以令人信服的。[1] 再者，《吳問》只説明至遲在春秋晚期晉六卿時已實行履畝而税的制度，但並没有説明此種制度是起源於晉六卿。在六卿推行税畝制前春秋中期東方幾國公室已先後推行了税畝制的情況下，地處中原的晉國公室似不會晚至春秋晚期才實行此制（當然，這點有待新的史料發現來加以證明）。所以，既不能斷言在晉國這種税畝制起源於六卿，而不曾爲公室采用，則也不能據此而將六卿與公室分割爲"新興地主階級"與"維護井田制"的"奴隸主"。何況，我們在前文已講過税畝制不能作爲地主經濟的標誌。

在《孫子兵法・吳問》篇中還提到范、中行氏"其□田陜（狹），置士多，伍税之，公家富。公家富，置士多，主喬（驕）臣奢，冀功數戰，故曰先[亡]"。講到智氏、韓、魏時亦皆有此語，而言趙氏"公家貧，其置士少，主儉臣收，以御富民，故曰固國。晉國歸焉"。這所言的"公家"皆是指諸卿之室家，所謂"置士多"之"士"，即卿大夫私家所養之士，實際即是前面講過的私屬，亦即家臣，奉卿大夫爲家主，所以文中又言"主驕臣奢"，"主儉臣收"。在講趙氏情況時言"以御富民"，此被御之"民"，應即趙氏屬地之民，他們既被"御"，可見是處於趙氏直接統治之下。

因上面引用了《吳問》篇，所以有必要談一個問題，即有的學者認爲，《吳問》篇中之"公家""主"皆是指晉公室，"臣"是指六卿，"税"是指六卿向公室所納之税收。[2] 但如按此説，則五家皆"伍税之"，從而使"公家富，置士多"，而獨趙氏一家"無税"，公室何至於"貧"？又何至於使之"置士少"？再者，如五卿皆富公室，使"主驕"，獨趙氏一家貧之，又如何能使"主斂"？故孫子所言似與公室無關，而專講六卿各自之情況，説明六家采取不同畝制、税制，致使諸室家貧富不等，遂有置士多少、主臣行爲不同及所御之民貧富不同之别，終導致不同結局。故"公家"在這裏似還以解作諸卿之室家爲宜。《左傳》哀公五年，范氏之臣王生向范昭子推薦張柳朔爲柏人宰，曰"私讎不及公"，杜預注"公家之事也"，這裏所言公（公家），即非指晉公室而是指范氏，可見當時卿大夫相對家臣而言亦可稱爲公（實際上家臣尊稱家主爲"公"，西周亦然，如1980年長安下泉村出土的多友鼎銘中，多友稱武公爲"公"，《集成》2835）。此外，春秋時期公室之田税應取自於公室屬地與其他公邑，不會取自卿大夫屬地，言六卿收税要交給公室似亦不妥，本篇所言收税皆應指六卿征收其屬地上之田税。卿大夫等貴族在自己屬地上收税之事，見於典籍，如前引《左傳》哀公二年"周人與范氏田，公孫龎税焉"，杜預注"龎，范氏臣，爲范氏收周人所與田之税"，又前引《韓非子・外儲説右下》趙簡子税吏爲之收税，"請輕重"。

---

[1] 藉田的性質當屬於勞役地租。參見拙文《由西周農業勞役的性質看西周貴族的階級屬性》。
[2] 林甘泉：《從出土文物看春秋戰國間的社會變革》，《文物》1981年第5期。

總之,上引史料足以證明晉六卿與魯三桓等性質相同,都有其室家,有其封地,有其私屬臣徒,有其屬民。他們在屬地上不僅有經濟權,而且有政治統治權,有軍事權。由這種形態看來,晉六卿與其歸入新興地主,不如仍歸入舊式的貴族範疇較爲貼切,不能僅據其所行之實物地租制而視其爲“新興地主階級”。

由於六卿的性質仍屬舊式貴族,所以他們瓜分晉公室的鬥爭及彼此間的鬥爭本身並不具有新興地主階級革命的性質。但是對於他們在相互兼并中所采取的某些政策及其在客觀上造成的效果,皆與我們要討論的新興地主階級出現的問題有關,這點我們在下文要講到。

綜上所言,春秋晚期在齊、魯、晉諸國與公室進行鬥爭的卿大夫們並非新興地主階級,而仍屬於舊式貴族,這種鬥爭的性質亦應屬於舊式貴族間相互爭奪權力的鬥爭。過去的史著簡單地將這些變革歸結爲新興地主階級爲破除奴隸制(或舊的領主經濟),發展新的封建生產關係而進行的革命,似有悖於史實。

二

我們雖然不同意將春秋晚期齊、晉、魯等國與公室進行權力之爭的卿大夫們視爲新興地主,但對於史學界學者們所説的,春秋晚期至戰國初期是社會發生較大變動的歷史階段這一看法仍是同意的,並亦以爲這種變動仍與地主階級的興起有關,只是這些新興的地主並非齊田氏、魯三桓、晉六卿之類。

在本節我們即想對春秋時期與新興地主階級出現有關的幾個問題作一些探討。

(一)關於新興的私人地主

我們先看一下這一時期統治階級中出現的一類有異於舊式貴族的私人土地占有者。較直接地反映出這類私人土地占有者出現的史料中,目前所見較早的一條是《左傳》襄公三十年所記,晉悼夫人食輿人之城杞者,時趙孟賜絳縣老者以官職與田地,“與之田,使爲君復陶,以爲絳縣師”。楊伯峻先生《春秋左傳注》引《癸巳類稿》:“復者,賜復之復,陶爲皋陶之縣,通陶爲縣。”以爲復陶,即復縣役,[1]“爲君復陶者,爲君辦理免役之事,因而爲絳縣師”。這裏“與之田”應即是禄田(或稱職田),禄田與過去封賜貴族之田土性質不同,一般不世襲,職去田歸,占有者只享受所賜之田的經濟收益,而不具有對依附於田土上的勞動者之統治權。所給與絳縣老者的禄田沒有言及何人爲之耕種,估計除可能是招集備耕者耕種外,也可能近似於食邑制,即田土附帶耕種者,食其田租。晉國何時開始實行禄田制不能確知,但國家官吏食禄田應與始行縣制有關,或即始於縣制出現之時。

這裏需要提到以下一條資料,《左傳》昭公二十八年記“秋,晉韓宣子卒,魏獻子爲政,分祁氏之田以爲七縣,分羊舌氏之田以爲三縣”。並且令曾有力於王室者、非嫡長子中能

---

[1] 按:“復”有免除賦税或勞役之義,如《荀子·議兵》:“中試,則復其户,利其田宅。”《史記·商君列傳》:“僇力本業,耕織致粟帛多者,復其身。”見《王力古漢語字典》,中華書局,2000 年。

守業者及有賢能者爲縣大夫。魏獻子此時爲晉國執政,故這些縣大夫實是作爲國家官吏被派任的,並非舊式的食封貴族。童書業先生以爲此"縣大夫即統治縣而有縣之人"是認爲這些縣是縣大夫之封邑,此説似不確。《左傳》昭公二十八年文又曰:"冬,梗陽人有獄,魏戊不能斷。"以獄上於魏獻子,證明魏戊等縣大夫確是國家之地方官吏,司法權有限,故有重大獄訟之事仍要上報最高執政,如以縣爲私屬封邑,則無須此舉。所以這條史料可以認爲是晉國以縣制取代舊貴族封土,任命新式地方官吏的重要資料。雖史料有闕,此種縣大夫受國家之禄的形式難以確知,但如上文所言,類如前引絳縣老者以絳縣師之低級官吏身份猶有禄田,則縣大夫們亦當有國家所予之禄田(或食穀禄,詳下文)。

與這類新型的私人土地占有者有關的另一條較早的資料是《左傳》哀公二年所記,趙簡子在鐵地與護送齊國支援范氏之軍糧的鄭軍展開決戰,戰前曾誓曰:"……克敵者,上大夫受縣,下大夫受郡,士田十萬,庶人工商遂,人臣隸圉免。"這條資料爲大家熟悉,並經常援引。此時趙氏爲晉國之執政,故有權以縣、郡賞有功者。這場戰爭的結果,晉軍大捷,想必有不少大夫、士得到了賞田。趙氏在這裏對士所許願的只是賞之以田,未言賜其官爵,即政治身份未見提高,而且士所受之賞田以畝計,土地範圍不構成一級地方行政組織,很可能實只是賜其食税之利,不附帶對賞田的其他權力,如政治統治權等。這是春秋晚期下層貴族因軍功而成爲新型私人土地占有者的例子。至於上大夫與下大夫,不言賞田而言"受縣""受郡",則他們對這種賞地之權利,尚未能確知。在《左傳》中可以見到晉國往往賜有功者以縣,如《左傳》僖公三十三年"以再命命先茅之縣賞胥臣",宣公十五年"亦賞士伯以瓜衍之縣"等,皆當是以之爲封邑。[1] 且從《左傳》所記載的晉國縣地情況看,確有不少是作爲貴族之封邑的,例如:《左傳》昭公三年"(趙)文子曰:'温,吾縣也'",又"文子曰'……余不能治余縣,又焉用州'",都是比較明顯的例子。如是,則以上趙氏賞以有功之大夫以縣郡,或亦是以之爲封邑,與以上士所受賞田的性質不同。

《史記·趙世家》中還有兩條資料也是講三晉地區賜田的事。一是記趙簡子因扁鵲之醫術而"賜扁鵲田四萬畝"。另一條略晚,是記"(趙)烈侯好音,謂相國公仲連曰:'寡人有愛,可以貴之乎?'公仲曰:'富之可,貴之則否。'烈侯曰:'然。夫鄭歌者槍、石二人,吾賜之田,人萬畝。'公仲曰:'諾。'不與"。而後由於公仲連的反對,並薦賢士説服烈侯,田終未賜。但這反映至晚自春秋晚期以來,趙國有功於王者或因伎藝取悦於王者皆可能得到賞田。此外,《尸子》(四部備要本,據平津館本校刊)記述范獻子因舟人清涓進善言,因而賜之田萬畝,"清涓辭,君曰:'以此田也,易彼言也。……'"[2]像扁鵲與鄭歌者這類伎藝者以

---

① 參見童書業:《春秋左傳研究》,上海人民出版社,1980年,第186頁。

② 所賜田畝數,四部備要本(據平津館本校刊)作"萬畝",《太平御覽·治道部》引作"百畝"。《北堂書鈔·政術部》作"賜舟人田"。按:如僅百畝,而曰"以田易言"似太不相稱,前引趙簡子賜有戰功之士之田達十萬,可見這裏還是"萬畝"較妥。又:《太平御覽·治道部》引《裴氏新書》曰:"舟涓有一言之善,晉侯賜萬頃田,辭而不受,晉侯曰:以此田易彼言也……"似與范獻子賜清涓田爲同一事之異載。

及舟人之類縱能得到賞田,當亦是只能食其田租而不會有對土地居民的政治統治權,即公仲連所謂富而不貴。這也是當時一般平民轉化爲這類新型土地占有者之途徑。

以上都是講三晉地區的事。下面一條資料則是講東方齊國的。《韓非子·外儲説》記曰:"齊桓公微服以巡民家,人有年老而自養者。桓公問其故,對曰:'臣有子三人,家貧,無以妻之,傭未及反。'"這裏老者講到其三子爲人傭工(估計是傭耕),尤值得注意的是言其子"未及反(返)",説明這種傭耕者已是出賣勞力而有人身自由者,雖然雇傭他們的田主其具體情況不見於文,但大概不同於舊式貴族,因爲舊式貴族所剥削的勞動者一般不能來去自由,而是對貴族有較强的人身依附關係。所以這種田主很可能類似於前面講的三晉地區那種新型的私人上地占有者,惟其占有的土地之來源尚不清楚。但早在齊桓公時代即有此種地主出現,似嫌過早,當是以較晚時代的情況言之。

上述春秋晚期出現的新型的私人土地占有者,在以下形態特徵上是與西周、春秋時期舊式的貴族所不同的:

1. 他們雖然對土地有占有權,有取得地租的權力,即是説在一定條件下具有實際所有權,但不具有層層封賜所造成的土地所有制的等級結構。

2. 對依附於其取得田租的土地上之生產者,一般不具有舊式貴族那種政治上的統治權,如司法權、行政權、軍事權(征兵權)等。

3. 如果參照戰國時期的禄田及軍功、事功賞田情況則可以推知,他們的田地不像舊式貴族的封土私邑那樣可以世代占有,在一般情況下當是身死田奪,職免(或爵免)而田歸的。①

就這種形態特徵而言,他們當然已不屬於舊式有封土的貴族,可是,他們之中相當一部分人又與過去史學界所謂狹義的地主有一定的差異。如學者們曾指出:地主制經濟不同於領主制經濟,在地主制經濟下,土地是土地所有者的私有財產;②地主的土地可以買賣,是地主土地所有制的特點之一;③地主的土地作爲私有財產一般是可以世襲的。但是上述春秋晚期時出現的新型私人土地占有者之中,有相當一部分人的田地是因功或因官職而受賜於國君或其他執政者的,他們對土地的私有權受到較大的限制,他們基本上還不具有世襲權和買賣權,這是與秦漢以後的地主所不同的。

---

① 學者們一般認爲,戰國時期因軍功而受賞田的武士,其賞田在身死後要交回國君,主要是根據《韓非子·詭使》:"……而斷頭裂腹,播骨乎平原野者,無宅容身,身死田奪。"(據陳奇猷校注本《韓非子集釋》,上海人民出版社,1974年)對"無宅"至"田奪"一句話,過去注家們多有不同見解,參見陳奇猷集注。我們以爲,從文義上看仍當理解爲戰士死後所受土田要交回於國君,陳奇猷以爲是死後"田爲人所奪",有些迂曲。韓非此文旨在抨擊當權者在治理國家時賞罰不明之弊,故以爲上所實行之"身死田奪"的制度不利於勵(勵)戰士,主要不是在講豪强横行之弊。又,《韓非子·喻老》:"楚邦之法,禄臣再世而收地。"《吕氏春秋·孟冬記》:"楚功臣封二世而收。"《史記·樗里子甘茂列傳》言封甘羅"復以始甘茂田宅賜之",説明秦也是實行身死而田宅收之類制度的。以此而言,將《韓非子·詭使》所説戰士"身死田奪"理解爲身死而田收亦是不無道理的。
② 傅築夫:《有關中國經濟史的若干特殊問題》,《經濟研究》1978年第7期。
③ 胡如雷:《有關中國封建社會形態的一些特點》,《歷史研究》1962年第1期。

　　因此,對於這類私人土地占有者之身份,當然可以有兩種歸類法,一種是認爲他們對土地的占有是介於舊式貴族與土地可以買賣的地主之間一種中間的(或過渡的)形態,但可以歸入封建主的範疇内,屬於封建主的一種形式,而不稱爲地主;另一種是將他們歸稱爲地主,即以之爲地主的第一形態,將土地可以自由買賣的地主作爲第二形態,或可稱之爲地主産生與形成過程中的雛形。

　　我們在這裏取第二種分類法,即稱之爲地主,他們的形態特徵明顯地有别於舊式貴族之處,即是土地的占有不具有層層分封的等級結構,且占有權(或稱實際所有權)與政治統治權如行政權、司法權、軍事權等的分離,而這兩點是與史學界所提出的私人地主的形態特徵相符合的。有的學者並認爲這是確定地主屬性的根本標誌。① 至於以土地買賣爲基礎的地主經濟,則主要存在於秦漢以後,從史料上看,春秋時期未見有私人買賣土地的記載,最早的私人土地買賣之事見於戰國後期,即大家所了解的趙將趙括將"王所賜金帛,歸藏於家,而日視便利田宅可買者買之"(《史記·廉頗藺相如列傳》)。説明大約直至戰國中葉,土地買賣之風終未能盛行。因此,如果像我們這樣,認爲私人地主最初産生於春秋晚期,則這類地主的形成與土地買賣無關,土地買賣也並非其經濟基礎,他們的形成正如前文列舉的史料所表明的那樣,是由於伴隨着集權制的發展而實行的軍功或事功賞田,亦即是依靠政治方式産生的。他們因受賜田的原因不同,按史學界的習慣稱法可分爲官僚地主、軍功地主、事功地主等類型。

　　上述各種類型的私人地主在春秋晚期出現並不是偶然的,而是具有一定的必然因素,這種因素與中央集權制政體的發展有關。集權制政體如果從郡縣制的推行算起,似乎從春秋早期就開始萌生,但其較爲迅速的發展則是在春秋晚期。這種政體需要培植自己的社會基礎,私人地主即是應此種需要而産生的。私人地主不同於舊式的宗族貴族,他們没有封土與屬民,不可能形成相對獨立的經濟與政治軍事勢力,因而亦即不可能造成對國家當權者的離心力與對抗力,相反地,他們食租的田地受於國家或國君,經濟命脈掌握於國家手中,他們必要擁戴和依附於集權制國家。因此,隨着中央集權和郡縣制的發展,伴隨着兼并戰爭規模的不斷擴大,在春秋晚期即出現官僚、軍功地主等私人地主。而到了戰國時代,各國的中央集權制的政體已趨於成熟,不同類型的官僚、軍功、事功地主更大批湧現,成爲新型集權制國家的社會支柱。

　　有的著作曾認爲,春秋晚期某些卿大夫在社會經濟發展的要求之下,通過經濟上和政治上的改革,可以自我轉化爲新興地主階級。但從現有史料看,至少可以説這種舊式貴族中的豪强者自覺地轉變而成爲新興地主的情況實際是非常罕見的。這是因爲,只要他們仍存有上一級貴族所封賜的屬地,只要其在屬地内仍存有政治統治權與軍事權,則他們就

① 參見李瑞蘭:《略論戰國封建地主階級的構成、來歷及特徵》(收入《中國古代地主階級研究論集》)。

不能稱爲我們所説的地主。而一些强大的舊式貴族往往正是需要利用其這種優勢作爲爭權的資本,不會自願放棄其政治權力、軍事權力的。正因爲此,新的集權制的國家之當權者都要在一段相當長時間内,運用改革、變法等手段,鏟除這些舊式貴族中的豪强,同時特别着力地去扶植那些舊貴族中的下層分子及平民,使他們通過軍功、事功、仕宦等門徑成爲新興地主。

誠然,像韓、趙、魏等新出現的集權制國家的當權者,其本身即是出自舊式的貴族,但他們在奪取和建立新的國家政權前後,所以要造就與扶植一批新興的私人地主,其主觀動機乃是爲了培植自己政權的基礎,只是在客觀上促成了自己原來所隸屬的那個階級或階層(舊式貴族)的逐漸衰亡。他們並不是依靠白我的經濟改革轉變爲新興地主,再代表新興地主去向舊式的貴族奪權的。而且,正因爲他們本人屬舊式宗族貴族,他們上述行爲是不自覺的,因而雖然出於鞏固政權的動機極力鏟除異己的舊貴族勢力,但是其本身卻在相當長的時間内保留着舊貴族的某些形態特徵(例如前文所講到的田氏在專齊政後仍在擴充封土),同時也就使其政權較長久地拖着舊貴族宗族政治的尾巴。1931 年左右出土於洛陽金村古墓的驫羌鐘銘即證明了這一點。銘文記述了前 404 年三晉聯軍攻入齊長城之戰績,此時距前 453 年韓、趙、魏吞并其他晉卿建立國家,已有半個世紀,距前 403 年(周威烈王二十三年)周威烈王承認三晉爲諸侯亦僅早一年。而鐘銘仍記述驫羌因於此次戰役有功而得"賞于韓宗,令于晉公,郘(昭)于天子"(《集成》157—161)。唐蘭先生認爲:"韓宗即晉卿韓氏之宗也。……驫羌殆韓氏之臣,以稱韓宗考之,當是族人之爲臣者。"[1]由此可見,直到此時三晉仍在名義上尊奉晉公,並尊奉周天子,實即在名義上保持着舊貴族那種宗法等級制度。同時亦可見直到戰國初期,三晉的君主,如本銘中的韓宗那樣,仍保存着自己本宗族的强大勢力,保留着家臣制度,他們的經濟、政治形態實不同於上述種種新興的私人地主。

這種舊的宗族政治的尾巴,還表現在戰國時期的封君制度上。封君中仍有相當多的是國君的宗室,是靠親親關係而受封的。雖然一部分封君只具有食邑權,不治民,而且不能世襲。但也有一部分較大的封君則不僅食邑,而且治民,有獨立的統治權力。並有的還有自衛的武裝力量。[2] 一些封君還可以越過自己的封地在國家裏享有衆多經濟上的種種特權。如大家熟知的出土於安徽壽縣的楚鄂君啓節銘文即反映了戰國時期楚國較大的封君所擁有的政治與經濟特權。所以有的學者認爲,戰國時的封君雖然與春秋時的卿大夫有所不同,但是仍然可以將封君制度視作春秋時期分封卿大夫之制的繼續與發展。[3]

(二) 關於新興的"國家地主"

從現有史籍可知,春秋時期除了舊式貴族經濟及上述新出現的私人地主經濟外,還有

---

[1] 唐蘭:《驫羌鐘考釋》,《國立北平圖書館月刊》第 6 卷第 1 號,1932 年 1—2 月。
[2] 參見劉澤華、劉景泉:《戰國時期的食邑與封君述考》,《北京師院學報》1982 年第 3 期。
[3] 參見劉澤華、劉景泉:《戰國時期的食邑與封君述考》。

另一種土地占有與經營形態存在,此即是春秋以來某些諸侯國有了一些由國家直接控制的土地,如設有縣(郡)的土地。這些由國家控制的土地,雖然因爲諸侯在國家中權力的至高無上,有時仍會被諸侯賜給貴族作爲封邑(如《左傳》所記晉國的情況),但多數還是在國家政府直接控制下,按授田制由政府分給國家政權直接管轄下的編户農民(自耕農),向他們征收賦税和派發徭役。國家編户自耕農所交納的賦税主要用於供給國家機器消費,如供養征兵制下的國家軍隊與中央和地方的官僚機構,而不是供給公室貴族消費。這種經濟形態明顯地區別於西周以來那種傳統的等級土地占有制與其經營形式,因爲在傳統形態中,土地由各級貴族(諸侯、卿大夫、卿大夫下屬家臣)以等級占有制的形式分割,官僚同時又是貴族封邑主,不需要國家供給奉禄,國家軍隊亦不是以征兵制建成,而主要是靠公室武裝。所以,春秋時期出現的這種由國家直接控制土地並進行經營的經濟形態,無疑地應認爲是一種新的經濟形態,而且這種形態自此後即一直存在於後世歷代社會中,成爲中國古代集權政治下社會的重要特徵之一。國家既然以土地所有者的身份與生產者相對立,我們傾向於采用史學界一些學者所説的"國家地主"一詞來稱呼之。"國家地主"這個概念可能是本自馬克思的一段話,即"國家既作爲土地所有者,同時又作爲主權者而同直接生產者相對立,那麽地租和賦税就會合爲一體······ 在這裏,國家就是最高的地主。······"[1]國家地主既然在春秋時期才開始出現,我們當然亦可以稱之爲當時的一種"新興地主"。

此種國家地主是伴隨着郡縣制與授田制的出現而萌生的。自春秋早期始,晉、秦、楚等國已開始在新兼并的小國中設縣。至春秋晚期,在卿大夫瓜分公室與互相兼并的鬥爭中,某些占了上風的卿大夫在他們擔任國家執政時,爲了削弱舊的宗族割據勢力建立集權制的國家,開始在兼并鬥爭中被消滅的强宗舊地中設縣,如前引魏獻子爲晉國執政時,即在晉祁氏、羊舌氏舊有封地上設立十縣。郡縣制在這種鬥爭中得到較快的發展。《左傳》所言之縣多屬晉、楚。楚國之縣似多係國家所控制,設縣尹(縣公)治之。晉國的縣可分爲兩種,一種是歸國家直接控制,委派官吏(縣大夫等)治理的;另一種是屬於卿大夫私家之封邑,前文已談及此。此種屬於貴族封邑之縣,初亦當是國家所設,後賜封於貴族,遂成私邑。在趙、韓、魏三卿獨立爲國家後,其原有封土上的縣,與其瓜分晉國時新獲得的縣,當即轉化爲新的集權國家的地方機構。在由國家所控制的縣中,國家將田地授予農户,直接生產者是國家授田制下的編户農民。國家以這些土地所有者的身份直接與授田制下的編户農民相對。

與國家授田制有關的比較早的資料仍出於晉國。《韓非子·外儲説左上》:"中牟之人棄其田耘,賣宅圃而隨文學者邑之半。"這也是講趙襄子時事,時在春秋末,爲大家經常援

---

[1] 馬克思:《資本論》,《馬克思恩格斯全集》第 25 卷,人民出版社,1974 年,第 891 頁。

引,用來論證戰國時土地可否買賣的問題。我們同意一些學者的意見,這裏講"棄其田耘",證明當時主要的田地還是不可以自由買賣的,可買賣的僅是個人的宅圃。值得分析的是,田可以"棄",而且所棄又是"其"田,即棄田者之田,證明"田"是歸個體農户直接占有的,並不是耕的舊式貴族的田,也不是新式私人地主的田,而是國家所授之田,這種農户當是國家的編户自耕農。

前引趙簡子在鐵地決戰前的誓詞也值得分析,這場戰争勝利後,趙氏要拿出衆多的田地賞給立功者,這些田地不可能出自其他封建主之封土,而只能出自已爲國家所控制的土地中,原來大概也是由國家授與自耕農耕種的,現在因戰争需要將食税權轉給有軍功者,即新興軍功地主。

如果説自郡縣制推行之始,國家地主的萌芽形態即已出現,那麽隨着集權制政權的確立,到戰國時期國家地主就已較成熟了。如著名的《漢書・食貨志》所引李悝的一段話即説明了這一點。李悝爲在魏國推行"盡地力之教"的政策,向魏文侯算了一筆農民的經濟帳,提到耕田百畝的五口之家,其一年收入,除去食用衣着的消費並交納十一税後,所餘可作幾等。很顯然在魏文侯時代(前446—前397),自耕農已成爲魏國農業生産者的主體,成爲國家税收的主要提供者。由此亦可推知,三晉地區在魏文侯以前,國家授田制的實行已有一個較長的實施過程。

從上舉資料看,不僅是私人地主,而且和國家地主有關的、較早的史料亦以三晉地區爲多。這一地區是否爲地主這種新型的土地占有者首先發祥之地,雖然現在還不好肯定,但三晉地區無疑是地主制經濟發展較快,較普遍的地區。值得注意的是,被史家視爲推行地主制經濟最堅決的商鞅,"少好刑名之學,事魏相公叔座爲中庶子"(《史記・商君列傳》)。其後來在秦推行變法革新的政策,當與魏國(及三晉地區)在李悝前後所發展的地主制經濟之舊制有關。云夢秦簡《爲吏之道》後面還發現有魏户律兩條,也是秦國地主制經濟的發展受到魏國影響的證明。

東方齊國的縣制之出現與發展情況不如三晉地區清楚。《國語・齊語》記管子向桓公建議,在鄙中設縣"三鄉爲縣,縣有縣帥",又,《晏子春秋・外篇》言景公謂晏子曰:"昔吾先君桓公,予管仲狐與穀,其縣十七。"《説苑・臣術》言齊景公"令吏致千家之縣一於晏子"。但齊縣規模似非一致,"千家之縣"當屬大縣,宋代出土於臨淄故城的叔夷鎛,銘記春秋中葉齊靈公賜叔夷"其縣三百"(《集成》285),以爲其封邑,這種縣當是小縣。可見齊國也與晉國相似,國君可以把國有土地賜予卿大夫爲私邑封土。由此亦得知齊國至晚在春秋中期亦已在部分國土上實行縣制。又《説苑・善説》記齊宣王出獵於社山,社山父老十三人相與勞王,王賜父老田不租,又賜無徭役,父老皆拜,獨閭丘先生不拜,對曰:"今大王幸賜臣田不租,然則倉廩將虚也;賜臣無徭役,然則官府無使焉。"如可信,則説明到戰國時期,齊國作爲集權制國家,其生存已主要是依靠類如社山父老這類國家的編户齊民了,所謂國家地主在齊國亦已由萌芽形態發展成熟,其進展程度與三晉相近。

　　綜上文,所謂"新興地主階級",實即地主階級的雛形,包括私人地主(主要是軍功地主、官僚地主及所謂事功地主)與國家地主。新興地主是在春秋時期各國卿大夫相互兼并的鬥爭中,適應消滅敵對宗族世家勢力,實現集權政治(中央集權的官僚政治與郡縣制)的需要而造就的。在這種兼并鬥爭中占上風的强宗,爲了爭取民衆,壯大自己力量,實行軍功(或事功)賞田,客觀上造就了新型的軍功(或事功)地主。爲了推行郡縣制及官僚制度,實行禄田制,又在客觀上造就了新型的官僚地主。而隨着郡縣制的出現以及國家郡縣制下編户農民授田制的推廣,自耕農漸成爲國家賦税的主要承擔者,因而也就同時造就了國家地主。所以,可以説,嚴格意義上的新興地主階級是因中央集權制發展的需要而産生的,並逐漸構成新興的集權制國家的社會支柱。

　　至於春秋晚期在中原與東方諸國內策動政治、經濟變革與公室爭奪權力的卿大夫,由於他們仍保存着舊式貴族的經濟、政治形態,所以不應歸屬於新興地主階級,本身也就不具有地主階級革命的性質。但是卿大夫削刮公室的鬥爭必然削弱了舊的宗法貴族的勢力,因而也就促進了舊的宗族政治體制的消亡,使新型的集權政治得以萌發,並爲集權政治的進一步發展減少了阻力,客觀上對新興地主階級的形成有一定的促進作用。

　　　　(原載《史學集刊》1986 年第 3 期。原名《關於春秋時期的"新興地主階級"》)

關於春秋魯三桓分公室的幾個問題

　　《春秋左傳》所記襄公十一年魯三桓"三分公室";昭公五年"四分公室",是春秋史中的重要事件,凡先秦史教學、討論古史分期及研究先秦經濟、軍事、思想史者,都要涉及這個問題。但是對於《左傳》中與此事件有關的史料,古今學者的解釋多有出入,甚或大相徑庭。因而,在梳理諸説的基礎上,進一步推敲《左傳》有關記述的本意,弄清史實,實是引據這一史料的前提。本文僅就《左傳》有關三桓分公室的史料中幾個主要問題簡要地談一些看法,請史學界同志匡謬。兹將《左傳》中有關的記述撮録如下:

　　　　十一年春,季武子將作三軍,告叔孫穆子曰:"請爲三軍,各征其軍。"穆子曰:"政將及子,子必不能。"武子固請之。穆子曰:"然則盟諸?"乃盟諸僖閎。詛諸五父之衢。正月,作三軍,三分公室而各有其一。三子各毀其乘:季氏使其乘之人,以其役邑入者無征,不入者倍征;孟氏使半爲臣,若子若弟;叔孫氏使盡爲臣,不然不舍。(《左傳》襄公十一年)

　　　　五年春王正月,舍中軍,卑公室也。毀中軍于施氏,成諸臧氏。初作中軍,三分公室而各有其一。季氏盡征之;叔孫氏臣其子弟;孟氏取其半焉。及其舍之也,四分公室。季氏擇二,二子各一,皆盡征之,而貢于公。(《左傳》昭公五年)

以下按上引傳文的順序略加論述。

　　(一)關於"請爲三軍,各征其軍"

　　三軍,即上、中、下軍。由昭公五年傳追述所言"初作中軍",知季武子欲作三軍,實際上是改變原來上、下二軍的軍制爲上、中、下三軍。但原既有二軍兵力,作三軍是補充一軍兵力,何以要言由三家"各征其軍",即"征"三軍呢? 蓋原有二軍兵力要由三家分之(參見下文),必不可各保舊制,需重新改組,原二軍戰士亦要經重征加入新改建的三軍中,此其一;再者,春秋時代公室寓兵於國人中之士、農,平時的常備軍主要是士中的武士,而取自農民的在編士兵,平日務農,需要時仍要臨時征發,由於軍隊按地域編制,故立可成軍,此其二;同時舊有二軍之兵力當不足以成三軍,所以也要擴征兵力,此其三。故傳文言征三軍。

以上主要就征兵役而言,但當時征軍並不僅限於征兵役。春秋時代征軍謂之征賦,例如《左傳》僖公十五年呂甥提出"征繕以輔孺子",於是晉作州兵,杜預注:"征,賦也。繕,治也。"《左傳》昭公五年:"韓賦七邑,皆成縣也。"杜預注:"成縣,賦百乘也。"乘在這裏是指軍隊一種編制(見下文)。《左傳》襄公二十五年:"量入脩賦,賦車籍馬,賦車兵、徒卒、甲楯之數。"可見賦包括兵役與軍需兩項。故《漢書·食貨志》言:"賦共車馬甲兵士徒之役。"《漢書·刑法志》言:"稅以足食,賦以足兵。"但古今學者有以爲軍賦内的車、馬、武器、甲冑等軍需,並不出於務農之民,實由上供之,所征收的只是谷物,用以備軍需。[1] 童書業先生補論之,以爲這些軍需"必賦物或原料於民而上使工爲之,使牧圉等畜殖之耳"。[2] 故軍需之賦或爲谷物,或爲原料、芻料。所以言征三軍,除了因爲需征兵役外,還因爲三家必要各征一部分軍需,用以組建新軍。

三家所征軍賦如何出?《左傳》哀公十二年:"用田賦。"《國語·魯語下》:"季康子欲以田賦。"韋昭注:"田賦,以田出賦也。"知在此以前魯之賦不以田出。據《左傳》成公元年,魯爲增甲士"作丘甲",同年經文杜預注引《周禮》曰:"四邑爲丘。"知魯在按田出賦前確是以地域組織爲征收軍賦的單位,類似於昭公四年鄭子產作丘賦的方式。所以三家"各征其軍",應當各有其征軍賦的地域範圍,亦即三家各壟斷一塊地域的軍賦。

(二) 關於"子必不能"的原義與盟詛的内容

叔孫穆子阻止季武子作三軍曰:"政將及子,子必不能。""子必不能",楊伯峻先生以爲是叔孫恐季氏專權,這當是内情。季武子以公卿身份欲作三軍,名義上是爲魯國作軍,劉逢禄《箴膏肓評》言:"作三軍必以尊國制爲名也。"可從。故叔孫阻之亦必當以尊國爲由,其言詳見於《國語·魯語下》,《左傳》杜預注義稍異,但共同點是皆以爲:叔孫是以魯國與霸主國之間的利害關係爲由而阻止季孫,[3]此應是"子必不能"之原義。阻止未成,叔孫使與盟,究竟所盟爲何,諸家均未深論。《左傳》昭公五年記叔孫穆子卒,季武子"以書使杜洩告於殯,曰:'子固欲毀中軍,既毀之矣,故告。'杜洩曰:'夫子唯不欲毀也,故盟諸僖閎,詛諸五父之衢。'"由此可知,此盟詛之内容是要季武子保證既作中軍即不能再舍之(實即不毀三軍之制),履行三家各掌一軍的諾言。故杜預注:"穆子知季氏將復變易,故盟之。"是有道理的。此當是叔孫穆子既不能阻止季氏作三軍,在勢在必行的情況下,爲遏止季武子復變易而獨攬軍權的手段。

① 參見顧棟高:《春秋大事表·丘甲田賦論》;韓連琪:《周代的軍賦及其演變》,《文史哲》1980 年第 3 期。
② 童書業:《春秋左傳研究》,上海人民出版社,1980 年,第 196 頁。
③ 魯國當時確是已勢弱到屈膝於霸主國的地位,見《左傳》襄公二十九年女叔侯言。

（三）如何理解"三分公室"

何謂"公室"？公即國君。室，在西周曾用爲族的基本單位，如《詩·周頌·良耜》："以開百室，百室盈止。"鄭玄箋："百室，一族也。"到春秋時代，公有"公室"，大夫也有室。"室"在這裏仍包含有親族組織之義，如《左傳》桓公二年："卿置側室，大夫有貳宗。"側室實即卿大夫宗族内的若干分支。又如《左傳》襄公十九年："司徒孔實相子革、子良之室，三室如一……"這裏的"三室"，即同一宗族内的三個家族。"公室"亦然，《左傳》文公七年："公族，公室之枝葉也。"《左傳》昭公三年："公室將卑，其宗族枝葉先落。"可見"公室"包括公族（即公所在之大家族）。但春秋時"室"的含義更廣，如《左傳》昭公十二年季氏費邑宰南蒯欲叛季平子而曰："吾出季氏，而歸其室於公……"杜預注："室，季氏家財。"童書業先生舉《晉語六》之"（厲公）大其私暱而益婦人田，不奪諸大夫田，則焉取以益此？諸臣之委室而徒退者將與幾人""殺三郤而尸諸朝，納其室以分婦人"爲例，説明室之主要財産爲田，[1]甚是。"室"既包括族人、田地、資財，故《左傳》多記有貴族之間相爭並而"分其室""取其室""兼其室"，侯馬盟書亦有不許内（納）室的約文。公室的貨財主要來自聚斂（參見《左傳》成公六年"近寶，公室乃貧"之孔穎達疏以及《左傳》襄公二十四年"夫諸侯之賄聚於公室"）。此外，卿大夫之室與公室皆有軍隊，如《左傳》哀公十一年："魯之群室衆於齊之兵車。"是卿大夫之室擁兵之證。《左傳》昭公三年："叔向曰：'雖吾公室，今亦季世也，戎馬不駕，卿無軍行，公乘無人，卒列無長。'"是證公室亦包括有公乘等軍隊。

因而所謂"公室"，就"室"的親族組織含義説，是國君所在的大家族，包括若干與之血親關係最近的分支。公室有其屬地，又含有田地（當然應包括附着於田地的農人在内）等財産與軍隊，所以它是一個親族的、經濟的、軍事的集合體。春秋時公室强盛時，因爲國君代表國家，公室的軍隊亦即是國家的主要軍事力量，《詩·魯頌·閟宮》"公車千乘""公徒三萬"，即是以公室軍隊代表魯之軍力。由於公室包括較廣，所以有時言"公室"，並不指公之親族，而是指它擁有的物力、人力等，如"分公室"時的"公室"。

那麼，"作三軍"何以要"三分公室"？所分者爲何？

如前述，三家作三軍，名義上仍是爲國家征兵，是爲公室作軍。原有的二軍編制本屬公室，現要歸入新作的三軍，必然要三分，所以"三分公室"首先是三分公室的舊有兵力。但舊有兵力中除常備武士外，多數兵士還要從其居住的地域組織中徵集，而且，原有二軍改作三軍，兵力不足，亦要再征，作軍也要有軍需。故亦如前述，三家"各征其軍"應各有一塊地域以征這些軍賦。既然名義上是爲國家征軍，所以這三塊地域都需要從公室屬地中出，也必要分公室。即是説，"三分公室"更主要的是三家各自得了一塊公室屬地的軍賦（或言征賦權）。

---

[1] 童書業：《春秋左傳研究》，上海人民出版社，1980年，第155頁。

公室軍賦主要出於公室的哪一部分屬地？據《周禮·司徒》，春秋時承擔軍賦者主要是國人，國人按六鄉組成六軍，其軍事組織與其鄉黨組織是相結合的。毛奇齡以爲："天子六鄉征六軍，諸侯三鄉征三軍。"（《春秋毛氏傳》）《國語·齊語》記管仲分國爲二十一鄉，齊國三軍確是皆出於國中十五個士鄉。江永《群經補義》更以爲齊國"鄉田但有兵賦無田稅"，"其爲農者處之野鄙"，"專令治田供稅"，"他國兵制亦大略可考而知"。江永主張兵農不一，有些絕對，爲兵之國人平時也多務農，野人中也並非皆無服兵役者，但當時軍賦主要出自都、鄉可能是對的。魯國也有鄉遂制（《左傳》襄公七年："叔仲昭伯爲隧正。"《尚書·費誓》："魯人三郊三遂。"郊即鄉），則魯之公室軍賦亦當征於郊，楊伯峻先生引《左傳》定公八年所記陽虎於壬辰戒都車而令癸巳至一事，言"魯國之兵，無論士卒車乘，皆出於國都近郊"（《春秋左傳注》昭公五年），甚確。因此，三家所分得的軍賦當出於魯國都城之三郊（鄉）。三家既控制了郊地的軍賦，而軍賦是郊內國人的主要義務，也就在實際上控制了郊內的國人與其土田，故而後來"四分公室"後，晉女叔齊以爲魯侯"公室四分，民食於他"（《左傳》昭公五年）。

對於"三分公室"還有兩個問題需明確：其一，據上述，"三分公室"後，魯公室的屬地並不是盡被瓜分，公室還控制有郊外的遂地，此外公室還擁有若干公邑（襄公二十九年季武子所取卞邑即公邑之一），公室還要靠這些屬地的田稅生存。《論語·顏淵》記哀公曰："二吾猶不足，如之何其徹也。"證明公室始終有自己的稅田。其二，"三分公室"後三家雖在實質上控制了公室的主要兵力、部分屬地與征賦權，但在名義上這些還屬於公室，否則昭公五年時何以還言"四分公室"？

（四）何謂"各毀其乘"

乘，在這裏不僅指兵車，還包括車上的甲士及隸屬的徒兵，是當時軍隊的一種編制單位。[1] "其乘"是指三家所分得的原屬公室的軍隊，"毀"即破除之意。"毀其乘"可以理解爲破除所分得的原公室軍隊的舊有編制。孔穎達疏以爲"其乘"是三家原有的私軍，"毀其乘"，是三家各毀其私軍分以足成三軍，不復立私乘，後人多有從其説者。但此説甚不可通，其一，從文義上看，此言"各毀其乘"，故下文即分述三家毀乘之方法，如是毀私軍，則私軍原已是"臣"（私屬，見下文），何必再言使"入"己軍，使"爲臣"，何必再用手段驅之？再者，上文既言"三分公室而各有其一"，下文繼之言"各毀其乘"及毀之方法，可知所述爲同一事，不會突轉話鋒又去言毀私軍，特別是昭公五年傳記此事時，上言分公室，下即言毀乘方法，文義銜接更緊，可爲明證。其二，作三軍後，各家私邑仍有其私軍並未并入三軍中，如《左傳》所記：襄公二十三年季氏以公鉏爲馬正，馬正即大夫家之司馬，主私邑軍賦，知私邑必有私軍。昭公七年孟孫氏成宰爲孟孫守成，御晉人，當是以成邑之私軍守。昭公十

---

[1] 春秋時一乘兵力究竟有多少，歷來説法不一；或曰三十人，或曰七十五人。前説參見童書業：《春秋左傳研究》；後説參見藍永蔚：《春秋時期的步兵》，中華書局，1979 年。

二年季氏費邑宰南蒯以費叛季,十三年春季平子令叔弓率軍圍費,由之知季氏費邑必有私軍方能抗叔弓師。昭公二十五年公伐季氏,叔孫氏之司馬帥徒逐公徒,知叔孫氏亦始終有私軍兵力。所以,"各毀其乘"不應理解爲毀私軍。上文言"三分公室而各有其一",如前述,三家實際是各分到了原公室二軍中的部分兵力與一部分郊地的軍賦,原屬公室的兵力(包括常備武士及需要徵集的國人中的在編士卒)以及軍需的征調方法,都是按二軍的體系而編組配備的,現既分屬三家分掌,故可曰"其乘"。三家分得後,利用各自征軍賦作新軍的方式,將所分得的原公室兵力的舊有編制打破,重新組建,使入新軍,這即是"各毀其乘"。

（五）三家如何"毀其乘"

"季氏使其乘之人,以其役邑入者無征,不入者倍征"。使,令也,全句是使令的語氣。"其乘之人",如上述,即季氏所分得的原公室軍乘編制內的人。"以其役邑",諸家或釋"以"爲"與"(如《春秋毛氏傳》),釋"役邑"爲力役與賦稅(如孔穎達疏),但於此均不甚通順。"役邑"當如楊伯峻先生所釋,爲"提供兵役之鄉邑"(《春秋左傳注》)。如前文所述,魯國對征軍賦以地域組織爲單位,其軍事組織的基層單位與鄉邑組織是相合的。"以"在這裏的語法作用同於"司空以時平易道路"(《左傳》襄公三十一年),有"按照"之義。"入"即應征,加入季氏所作之軍,實即歸屬於季氏。故"以其役邑入"即是按所居鄉邑爲單位應征。"入者無征","入者"已是應兵役之征,則"無征"的"征"當是指兵役外的軍賦,即軍需。全句應釋爲:季氏令其所屬的原公室軍乘編制內的人,凡以其役邑爲單位應征者即不再征其軍需,凡不應征者即加倍征取其軍需。這是一種以懲罰爲手段的強迫應征的政策。由昭公五年傳所言"季氏盡征之"看,其結果可能當如杜預注所言:"設利病,欲驅使入己……民辟倍征,故盡屬季氏。"

"孟氏使半爲臣,若子若弟"。臣,或釋爲奴隸,恐非。這裏的"臣"不是"臣妾"之類的臣。春秋時大夫有家臣,家臣亦有臣,如《左傳》襄公二十九年:"(公冶)及疾,聚其臣。"《左傳》哀公十四年:"陳豹欲爲子我臣……(子我)使爲臣。"公冶是季氏屬大夫,子我是陽生家臣,可知他們皆有臣,且可自行納臣,這兩段文中的臣有可能是士。但家臣身份也可以是地位甚低者,如《論語·子罕》:"子疾病,子路使門人爲臣。"所有貴族家的大小家臣,都必須盡忠於主人,只知有家主,不知有君,諸侯之號令亦多不能行於這些人,他們完全是其家主的私屬。因此使爲"臣",即是將原屬公室的國人中的在編士兵征入新作軍中,使爲其私屬,類同於《左傳》宣公十七年郤子"請以其私屬"伐齊之"私屬",故凡應征者即爲臣。前文季氏使其乘之人"入",也是使入爲私屬,由"盡征之",知是使盡爲私屬。

"使半爲臣,若子若弟"。杜預注:"取其子弟之半也,四分其乘之人,以三歸公,而取其一。"後人多從此説。這裏的"子弟",實應從江永之説,爲"兵之壯者也"(《群經補義》)。"子弟"表示青壯年,猶如《國語·魯語上》季文子所言"然吾觀國人,其父兄之食麤而衣惡者猶多矣"，以"父兄"表示年長者。原公室軍乘編制内的士兵固可能有老弱者，但按常情必以"子弟"，即青壯年士兵爲多數，二者不可能各占一半，即便從杜説取其子弟之半也不可能是四分之一。"若子若弟"之"若"，顧炎武以爲"若，猶或也"（《左傳杜解補正》）。"若子若弟"是説（使爲臣者）或是子或是弟，皆爲青壯年，如釋爲取其子弟一半則甚費解。所以"孟氏使半爲臣，若子若弟"應該釋爲：孟氏使原屬公室軍乘編制内的國人一半成爲自己的私屬，這些人均是青壯年。也就是説，孟氏在自己新作的一軍中只保留了一半原公室軍乘之人，亦即其主力的大部分。

"叔孫氏使盡爲臣，不然不舍"。這句話必須聯繫昭公五年傳"叔孫氏臣其子弟"來理解，"使盡爲臣"之被"使"者當是"子弟"，應是承接上文"若子若弟"而言。叔孫氏使盡爲臣者皆是"子弟"，即是説叔孫氏在自己新作的一軍中保留了原公室軍乘中的所有青壯年士兵，使他們成爲自己的私屬，而免去了老弱者的兵役。"不然不舍"是説如"子弟"不願爲臣，就不舍以前公室征軍的舊制，則其原在編制内的"父兄"，亦即老弱者也不免征。

（六）關於"舍中軍"

《左傳》昭公四年"季孫謀去中軍"，故知"舍中軍"發起者亦是季武子。將中軍者史無明書，清代學者有以爲是季氏將之（如萬斯大《學春秋隨筆》）。春秋時各國均尊中軍（可見《左傳》僖公二十七年晉"作三軍，謀元帥"之孔穎達疏"晉以中軍爲尊"，及《左傳》成公十六年"楚之良，在其中軍王族而已"），季武子爲魯上卿，作三軍後掌魯政，自轄中軍是甚有可能的。季氏先作中軍，爲何又要舍之？萬斯大以爲："往者三軍則國三分，今二軍則國二分，擇一自予，而使二子分其一……如是則己不居中軍之名，而實則益前之半。"（《學春秋隨筆》）顧炎武亦曰："中軍既舍，則其勢不得不二，不得不二，則不得不四，此季孫之志也。"（《左傳杜解補正》）此説可從。蓋舍中軍是季氏爲打破三家軍事力量平衡的局面，爲其專魯政開闢道路的一種手段。

"舍中軍"既主要體現了三桓之爭，爲何傳文言"卑公室"？以當時情況言，舍中軍造成了"四分公室"，叔孫、孟孫二氏所控制的出軍賦的公室屬地減少，爲保持各自的軍力，[1]勢必要進一步向國人征賦，收斂私屬，削刮公室；此外，舍中軍後三家勢力均衡的局面被打破，季氏勢力更威逼公室（故釀成昭公二十五年公伐季氏）；再者，初作三軍是以尊公室爲名，此舍中軍廢三軍之制，相對而言，自是卑公室，故言。

季武子所以能爲所欲爲，因爲此時他已能控制公室（襄公卒，季武子立公子裯），且能左右其他二桓（叔孫穆子與孟莊子皆已卒，孟氏繼位者羯實爲季氏立，叔孫氏豎牛篡權立昭子而媚於季氏），這是舍中軍、四分公室的歷史背景。

---

[1] 舍中軍後，魯國廢中軍之制，其軍制爲何難確知。據《春秋經》昭公十年季孫意如、叔弓、仲叔孅帥師伐莒，《左傳》哀公十一年孟孺子洩帥右師、季孫宰冉求帥左師、叔孫武叔退而蒐乘，知三家仍各有其所帥之師。

（七）關於"四分公室"與"皆盡征之，而貢于公"

據前文對"三分公室"的解釋，"四分公室"無非是打破原先的三分法，對名義上屬於公室但實際被三家所控制的兵力與征賦權進行重新分配，三家所控制的出軍賦的郊地範圍自然也要重新劃分。聯繫襄公十一年傳文，知所謂"皆盡征之"當是三家均將四分後歸己統轄的原三軍兵士全部收歸到各自新組建的軍乘中，使皆爲己之私屬，無再有所免征者。所謂"貢於公"，江永以爲"謂民之爲兵者盡屬三家，聽其貢獻於公也"（《羣經補義》），此種貢獻實即所謂貢賦，《國語·魯語下》叔孫穆子曰："今我小侯也，處大國之間，繕貢賦以共從者，猶懼有討……"賦，據同文中韋昭注爲"國中出兵車、甲士，以從大國諸侯也"。知下對上出兵甲之賦以從征亦可言"貢"。魯國君動用兵力需要三家來"貢"，證明兩次分公室後魯國的主要兵力確已在三家手中，國君已無直接調動權了。

（原載《歷史教學》1984年第1期）

春秋戰國時期齊國行政組織與居民狀況的變化

　　《國語·齊語》所記管仲在齊國推行的改革措施,素來被認作反映春秋時期齊國社會形態的重要史料,然戰國文獻中所見當時齊國的行政組織與居民狀況已多與管仲時代不同。鑒於齊國在東周時代的重要地位,此種差異實從一個側面反映出春秋到戰國這一歷史階段内社會結構的重大演變。本文就此問題簡略地作幾點探討,誠望指正。

一

　　爲了説明春秋戰國期間齊國行政組織的變化,有必要先討論一下春秋時期管仲改革後齊國的行政組織情況。

　　《國語·齊語》中所記齊國在管仲主持下所進行的改革措施僅實施於國君直轄區。在當時卿大夫對各自采邑區仍有實際占有權的情況下,管仲的改革尚不會推廣至卿大夫采邑區。管仲將國君直轄區分爲國、鄙兩部分。所謂"參其國而伍其鄙"。國是指國都與其近郊之地,分爲二十一鄉(按:二十一鄉中居民居住區在國都内,詳下文),"工商之鄉六,士鄉十五",由公、國子、高子各帥五鄉。韋昭注曰:"此士,軍士也。"士的主要職責是服軍役,其中多數人是平時務農,戰時爲兵的。鄉與其下各級行政組織關係是:(家)—軌(五家)—里(十軌,五十家)—連(四里,二百家)—鄉(十連,二千家)。鄙則是指近郊周圍的田野之地,五鄙分爲五屬,鄙中居民是農,納田税而不服軍役。屬與其下各級行政組織的關係是:(家)—邑(三十家)—卒(十邑,三百家)—鄉(十卒,三千家)—縣(三鄉,九千家)—屬(十縣,九萬家)。

　　學者們早已注意到,《齊語》所言國、鄙區劃與《周禮》所言國野制相近,這是因爲《周禮》一書屬東方系統,很可能即以齊國情況爲本。[①]《周禮·地官》將王畿之地分爲國、野

---

① 顧頡剛:《周公制禮的傳説和〈周官〉一書的出現》,《文史》第 6 輯,中華書局,1979 年。

兩部分,國指國都(及其近郊),分爲六鄉;野指六鄉周圍的田野,稱爲遂。遂以外是都鄙,爲卿大夫采邑區。鄉的居民負擔兵役、力役,但不服農業勞役,遂(野)的居民務農,擔負土地稅收,並負擔各種徒役。可見《齊語》之鄉,約略相當於《周禮》之鄉;《齊語》之鄙,大致相當於《周禮》的遂。

《周禮·地官》與《齊語》所言鄉(按: 這裏是指士鄉)制中,除鄉中居民身份、職責相近同外,還有一重要的共同點,即二者皆將行政與軍事組織合一,亦即《齊語》中管仲所言"寓軍令於内政"。此更顯示了《周禮》與齊國的密切關係。

但《周禮》畢竟不是實録,不能認爲是齊國專一時期之定制,其中有理想化的構擬,其鄉遂制與《齊語》鄉鄙制亦多有不合之處。二者除基層組織皆爲家(伍)、高層爲鄉(軍)相同外,中間諸層多各不同,且相比起來,《周禮》進位較整齊,除四閭爲族外,餘皆五進位制,顯然帶有人工修整之痕迹。此外《周禮》在閭、黨間夾有"族"一級,以百家爲族,並以"族"作軍事組織之稱,當非東周時所能有,而是血緣與地緣關係並存的産物,似是講西周晚期至春秋早期的情況。僅就此亦可知,《周禮》成書雖在戰國,但亦非戰國制度實録,而是融和西周至春秋時期的古制,加以構擬而成。此外,《周禮》遂中各級行政組織進位制完全與鄉一一對應,鄉是四閭爲族,遂與閭對應的里是四里爲酇,餘皆五進制,此種整齊一律也顯示了人爲修飾的痕迹,亦表明《周禮》的行政系統非實際存在過的制度。

從《齊語》所述桓公親自訓誥並監督鄉、鄙長官,全力推行新制的情況看,管仲所設計的國、鄙兩套行政組織制度確已在齊國推行。《周禮》之鄉、遂制中有《齊語》國鄙制的遺迹,亦是戰國以前此種制度確曾推行於齊國的證明。可以認爲,《周禮》在構擬鄉遂行政組織體系時吸取了管仲分割國鄙而使士、農分居、分職,以及"寓軍令於内政"等精華。

二

一般認爲成文於戰國而主要反映齊國情況的文獻,有的曾言及當時齊國的行政組織系統,如:《管子·立政》曰:"分國以爲五鄉,鄉爲之師,分鄉以爲五州,州爲之長。分州以爲十里,里爲之尉。分里以爲十游,游爲之宗。十家爲什,伍家爲伍,什伍皆爲長焉。""論百工,審時事,辨功苦,上完利,監壹五鄉,以時鈞脩焉……"

提到鄉、國的還有《管子》中的《牧民》,曰:"以家爲鄉,鄉不可爲也;以鄉爲國,國不可爲也……鄉置師以導之……"此外,《管子·八觀》言:"入州里,觀習俗……鄉毋長游,里毋士舍……"其鄉、州、里的統屬關係與《立政》所言同,其"長游"當是指《立政》中鄉至什、伍各級組織的基層官吏,"游"應是據《立政》里下之游而言。由此亦可見《立政》所言國内行政系統似非杜撰。

以上諸文所講到的行政系統可以歸納爲:(家)—伍(五家)—什(十家)—游(十什,百家)—里(十游,千家)—州(十里,萬家)—鄉(五州,五萬家)—五鄉(二十五萬家)—國。

《立政》又言：“正月之朔，百吏在朝，君乃出令，布憲於國。五鄉之師，五屬大夫，皆受憲於太史。”由此可見，《立政》“布憲於國”之“國”，包括五鄉、五屬，是國君直轄區之統稱，當同於上述《齊語》中二十一鄉所在，僅是指國都及其郊地，則“五屬”之稱即可能是《齊語》鄙之五屬，屬於鄉外之野，五鄉、五屬包括的地域即分別相當於《齊語》中的鄉、鄙。

《齊語》中每鄉含兩千家，二十一鄉共計四萬二千家。《立政》所言五鄉，已達二十五萬家。一家所含平均人口，二者不會有太大差距，則《立政》五鄉人口約相當於《齊語》二十一鄉人口的五倍。如上引文獻所述具有一定的可信性，則這種變化可以認爲是自桓公時代（春秋中期偏早）至戰國時期（暫以戰國中期計）三百年左右時間國中（即國君直轄地區）鄉内人口發展的結果，此種增長速度應該説還在情理之中。

綜上所言，僅據《齊語》與《管子》中的有關篇章，戰國時期齊國國君直轄之國都及近郊區已由春秋中期後的二十一鄉改劃爲五鄉。且鄉所統屬之行政組織亦由管仲時代之連、里、軌改變爲州、里、游、什、伍。“州”一級組織出現於戰國，而《周禮》國中鄉下即州，正可與此互證。此外，尚有一重要變化，即管仲所創設二十一鄉，是由公與高、國二世族分轄，但戰國時期五鄉，皆由國君直轄，是君主專制已發展到集權制的結果。

戰國時齊國國中五鄉之制既是春秋時國中二十一鄉的改建，則五鄉中居住區與田地分布仍當近同於春秋時期。《國語·齊語》講“參其國而伍其鄙”，韋昭注：“國，郊以内也……鄙，郊以外也。”同文又言：“制國以爲二十一鄉。”韋昭注：“國，國都城郭之域也。”按前一説，國在郊以内，鄙在郊以外，則郊亦屬國，國包括國都城與其郊，其外才是鄙。後一説國僅限於國都城垣之内。綜合二説，似可以理解爲：國中二十一鄉（這裏主要指居民居住地域）設在國都中，但二十一鄉中士鄉所占有的田地散布於國都以外郊中。據臨淄齊故城的勘探與試掘資料，此都城的規模在春秋時期大致已經奠定。[1] 其城西郊（南北大道以西）低窪之地可能有一部分是耕地，但國都中士的耕地不可能皆在城内，多數仍應在城外近郊。《大匡》曰：“凡仕者近宮，不仕與耕者近門，工賈近市。”其中近門（即近都城門）的不仕與耕者當主要是指鄉中之士，所以要近門，正是因爲其居住雖在都城中，而耕地在城外。綜言之，戰國時五鄉，其鄉民居住區仍當設於國都之中。居住區内之“里”是在國都城垣内設置的區域單位，里有里巷，巷有閭（里門）。五鄉所耕之田地，多在國都之郊。

按上引《立政》，五鄉之外，春秋時期鄙中的五屬機構仍然保存，但“五屬”之稱在有關戰國時齊國的文獻中僅見於此。《齊語》記管仲追述先王之治天下，“參其國而伍其鄙”。韋昭注曰：“五分其鄙以爲五屬。”同文言：“桓公曰：‘伍鄙若何？’”下文繼言管子定制鄙之法，分五鄙爲五屬，是五屬亦即五鄙。

從現有資料看，作爲國都近郊周圍的鄙地，在戰國時可能仍徑稱爲鄙。如《戰國策·

---

[1] 群力：《臨淄齊國故城勘探紀要》，《文物》1972 年第 5 期；劉敦愿：《春秋時期齊國故城的復原與城市布局》，《歷史地理》創刊號，1981 年。

齊策四》："士生乎鄙野。"多言及齊制的《荀子》中則以"縣鄙"並稱,如《荀子·富國》"故田野縣鄙者,財之本也",《荀子·王霸》"縣鄙將輕田野之稅"。縣、鄙二者皆國家征收田稅地區。"縣"是國都以外所設縣級行政組織,則"鄙"即應是指國君直轄區內國都近郊四周之鄙地。

戰國時期這一鄙地雖可能仍保持春秋時五鄙之範圍,但其內具體的行政組織系統有何變化,因史料甚缺而難以詳知。惟鄙中鄉以上一級的"縣",隨着縣制的進一步發展,到戰國時期很可能仍然保存(縣內組織系統詳下文)。

三

鄙制除存立於以上提到的國君直轄區內以外,亦見於戰國時齊國邊域地區所設都地。《左傳》襄公二十八年:"及慶氏亡……與晏子邶殿其鄙六十。"杜預注:"邶殿,齊別都。以邶殿邊鄙六十邑與晏嬰。"孔穎達疏曰:"傳直言六十,杜知六十邑者,下云,'與北郭佐邑六十'。"楊伯峻《春秋左傳注》曰:"邶殿今山東昌邑縣西北郊……邶殿其鄙,邶殿之鄙也。邶殿,齊之大邑,其郊鄙亦廣。"由此可證戰國時齊國的一些都周圍的郊地亦稱鄙,鄙中有若干小邑。

"都"是戰國時齊國所設的一種特殊的區域組織,戰國文獻中記載齊有"五都"。[①] 從目前所見史料看,齊國之都乃軍事重鎮,用作防禦或擴張之據點。《乘馬》篇言及"都"的行政系統,即文中所謂邑制爲:(家)—伍(五家)—連(十家)—暴(五連,五十家)—長(五暴,二百五十家)—鄉(？長)—都(四鄉)(按:原文作"五暴而長,命之曰某鄉,四鄉命之曰都","命之曰某鄉"前似有闕文,據下文似應補作"□長命之曰某鄉"。李零先生曾有此説,[②]此從之)。但同文在邑制前還有官制,其系統是暴(方六里)—部(五暴)—聚(五部)—鄉(五聚)—方(四鄉)。李學勤先生提出,此官制可能相當於鄙的系統,邑制相當於國的系統,邑的最高建置爲都,當和齊的五都之説有關。[③] 如是,則邑制與官制是此種都城與其外圍之鄙地的行政區劃制度。《乘馬》篇尤强調在官、邑制已成後要立事制,然後在軍制基礎上立器制(即軍賦制),而軍賦(包括軍實與戰士之征取)實是最後之目的,這與邊遠地區所設都邑的性質確相符。唯《乘馬》一文亦屬政論,所言是否確是齊國實施之制,未能確知。

四

以上論及戰國時齊國行政組織已有國君直轄區域的鄉、鄙制與邊遠地區的都鄙制。由以下資料看,當時齊國還有另一套行政組織系統。如臨沂銀雀山漢簡中有

---

① 《戰國策·燕策》:"王因令章子將五都之兵。"楊寬《戰國史》以爲五都即平陸、高唐、即墨、莒、臨淄。韓連琪認爲五都是指邊域上的高唐、平陸、南城、阿、即墨。臨淄雖爲都,不在"五都"之中(見韓氏所著《春秋戰國時代的郡縣制及其演變》,《文史哲》1986年第5期)。韓説似較妥。
② 李零:《中國古代居民組織的兩大類型及其不同來源》,《文史》第28輯,1987年。
③ 李學勤:《〈管子〉"乘馬"釋義》,《管子學刊》1989年第1期。

《田法》篇，①其文曰："……歲收：中田小畝畝廿斗，中歲也。上田廿七斗，下田畝十三斗，大(太)上與大(太)下相復(覆)以爲衛(率)。五十家而爲里，十里而爲州，十(鄉)[州]而爲(州)[鄉]。州、鄉以地次受(授)田於野。"這裏所言里(五十家)、州(五百家)、鄉(五千家)的規模遠比《立政》所言國中里(千家)、州(萬家)、鄉(五萬家)要小，所以當不是指《立政》所言國君直轄區域即國中之制，從以下幾點觀之，此鄉、州、里系統可能屬於縣制：

其一，《田法》篇在講"歲收"之法前言及"邑嗇夫度量民之所田小……"此邑嗇夫當指縣或鄉之嗇夫，說明這裏講到的州、鄉、里制有屬縣制的可能。

其二，《山至數》曾假托管子之言而提到齊國的行政系統曰："……於是縣、州、里受公錢。……君下令謂郡縣、屬大夫里邑皆籍粟入若干……""一縣必有一縣中田之策，一鄉必有一鄉中田之策……""君實鄉、州藏焉"。綜合起來，其所言行政系統有兩種，一種是：(家)—里—州—鄉—縣—郡。上引首段文言"縣、州、里"中無鄉，疑有闕文。另一種是屬大夫里邑，即屬於大夫占有的里、邑。《山至數》屬《輕重》篇之一，學者或以爲成文於西漢，但文中提到的以上兩種行政組織縣、鄉、州、里之系統並非漢制(漢制鄉下無州)。所以儘管其提到縣上有郡並非齊制，但縣、鄉、州、里一套系統可能仍是本於戰國齊制。由此亦可見《田法》篇所言鄉、州、里似是在縣下。

其三，銀雀山漢簡《田法》篇講到按土地等次授田征收田税，此種田法亦見於《乘馬數》，其文曰："郡縣上奧之壤守之若干，間壤守之若干，下壤守之若干，故相壤定籍而民不移。"即根據三等土壤來判定三等田税，本於《齊語》中管仲所言"相地而衰征"。《乘馬數》中雖言郡縣，但其行政體系當同於《山至數》。證明相壤定籍法確是在縣以下實行的。

據上述，《田法》之鄉、州、里應是指當時縣所轄下級行政機構。此種縣、鄉、州、里的進位關係是：(家)—里(五十家)—州(十里，五百家)—鄉(十州，五千家)—縣(？鄉)。

縣下鄉、州、里各級行政組織所含家數所以均小於國中鄉、州、里，當是由於齊制鄉、州、里的劃分似並非僅據人口數，而是兼顧地域面積。《周禮·地官·小司徒》鄭玄注引《司馬法》言都三十二方里(即三十二乘三十二里，下同)，縣爲十六方里，甸爲八方里，丘爲四方里，邑爲二方里，井爲一方里，亦是按地域面積劃分行政區域。國都及其近郊人口密集，故其下鄉、州、里面積雖未必大於縣下鄉、州、里，但人口遠多於縣。

據《史記·滑稽列傳》，戰國中期齊威王時齊國已有縣七十二個，故雖如前述，《國語·齊語》所記五鄙中的縣到了戰國可能仍屬縣制，但七十二個縣中大部分縣應是自春秋晚期以後才陸續設立的，且多數在邊遠地區。據銀雀山漢簡《庫法》，大縣二萬家，中縣萬五千家，小縣萬家，取其中數，七十二縣人口已達一百四十萬家。

---

① 此篇標題簡未發現。從内容看，當屬於標題木牘之《田法》。見銀雀山漢墓竹簡整理小組：《銀雀山竹書〈守法〉〈守令〉等十三篇》，《文物》1985年第4期。《田法》所反映的情況當是以齊國爲本，關於此可參見田昌五：《談臨沂銀雀山竹書中的田制問題》，《文物》1986年第2期。

綜合以上分析,從文獻與其他有關史料中所得見的戰國時齊國行政組織系統可以構畫如下。當然,此一系統僅是從有限的史料中歸納得出的,其是否確爲戰國時齊制,尚有待今後據新的資料(特別是考古發掘出土的古文字資料)加以證明與修正。

$$
齊國\begin{cases}
國君直轄區\begin{cases}
國(五鄉)—鄉—州—里—游—什—伍—家 \\
屬(部)(五屬、五部)—縣—鄉—州—里……家
\end{cases} \\
國家管轄區\begin{cases}
縣—鄉—州—里……家 \\
都(—鄉—長—暴—連—伍—家?) \\
部(—方—鄉—聚—部—暴?)
\end{cases} \\
大夫屬邑(即采邑)
\end{cases}
$$

五

春秋時期管仲所設計的行政組織系統與管理措施,是基於治理士、工、商、農四民,所謂"定民之居,成民之事"的考慮。進入戰國時期後,齊國四民狀況發生很大變化,此種變化是造成舊有行政組織系統改變的重要原因之一,同時亦迫使統治者在新的行政組織系統中對四民采取新的管理措施。四民中商的情況限於史料,不能具體言之,士、工、農狀況的變化可以大致分述如下:

(一) 管仲改革時四民之一的"士",是指軍士(見《齊語》韋昭注),與成書於戰國時的禮書中所講到的"士"不盡相同,後者多是指下層貴族。此種軍士身份的士多數出身於西周分封以來屬下層貴族之武士階層。至管仲改革時,士已平民化,但主要義務仍是充任戰士,平時農耕爲生,戰時爲兵,故其行政組織同時亦是軍事組織。由於此種士在出身上與西周以來貴族有天然聯繫及其高於庶民的政治、經濟地位,故士可能還保留着一定的宗族組織。而管仲的改革則將行政與軍事組織以四或五進制、十進制編成,行政與軍事長官亦皆與親族組織無干。但同時又要使士安於此種閉合的組織內,通過祭祀、死喪等活動相親近"居同樂,行同和,死同哀",以達到"守則同固,戰則同强"的目的(以上見《齊語》)。實際上是灌注一種共同體因素。這樣做既取締了舊的血緣組織不利於統治的一面,又保留了舊有的依靠血緣關係才可能建立起來的那種戰鬥力。尤其值得注意的是,管仲對士鄉的治理措施,除了"令勿使遷徙",及桓公對鄉長、有司所下舉薦、檢舉之令外,無其他强令管制措施,主要是依靠鄉中居民共同體某種程度的自治。

戰國時期,士的狀況發生很大變化。其一,士內經濟狀況已有很大差別。《管子·問》:"士之身耕者幾何家?""貧士之受債於士大夫者幾何人?"這說明已有"士"不再身耕,而是采用雇傭勞動的剝削方式;此外還有部分士陷於貧困地位,受債於大夫,以至被稱爲"貧士"。由於戰國時期士下層日益降落至庶人的地位,故戰國文獻中多見"士庶人"連稱,

如《大匡》："士庶人毋專棄妻……"以上情況在管仲改革時代皆是不可能存在的,這反映士內原有的共同體式組織已破裂,在經濟上已出現明顯的兩極分化。

其二,主要擔負軍事義務的士中漸分化出少數從事其他職業的成員,如充任卿大夫的家臣與相當於知識分子階層的文士,後者包括所謂"處士"(見《問》篇,即閑居而未出仕的士)。故《問》曰："士之有田而不耕者幾何人? 身何事?"

在上述情況下,士內軍政合一的行政組織系統已失去存立的前提,這當是導致國內士鄉行政組織系統變化的內因。當然,春秋晚期以後,世族政治的瓦解,國、高二氏的衰敗,也是促使管仲設計的國君與國、高二氏"三其國"的行政體系廢除的因素之一。

由於士的狀況發生改變,不僅鄉內的組織體系發生變化,而且鄉里組織也採取了新的管理方式,戰國時期齊國君直轄區已將二十一鄉改爲五鄉(按:五鄉中士仍是主要居民,工、商亦在其中),鄉、里規模遠大於春秋時期,加之士階層内貧富分化,依靠舊有的共同體自治方式亦難以管理,所以里的治安職能被強化,此見於《立政》與《八觀》。這是與戰國時期集權政治的貫徹相適應的。

在士軍政合一的組織體系和治理方式改變的同時,士服兵役的義務亦不再被強調,成年之士已非必人人擔負軍士之職,故《問》曰："問士之有田宅,身在陳(陣)例者幾何人? 餘子之勝甲兵有行伍者幾何人?"由此可見此時服兵役者無固定數量,有些有田宅,在户籍的士亦可不服兵役,且餘子現在亦可以征發,顯然是打破了以家爲單位、每家出兵一人之舊制。説明戰國時軍隊完全由士充任的軍事制度已不存在,這是舊有國野制瓦解的重要標誌之一。

(二)工在管仲改革時代集聚於國都內的六鄉中(《齊語》所謂"工商之鄉六"),並按管仲"處工,就官府"之設計,居於國都内臨近官府所在地。説明當時工主要服事於官府手工業,即屬於傳統的"工商食官"範疇。

戰國時期,由於商品經濟的發展,除官府手工業者以外,出現了大量的個體小手工業者,使工這一階層的隊伍壯大了。此外,工的居住狀況亦發生變化,居住於國(國都及郊區)者,亦非皆靠近官府,如《立政》："論百工,審時事,辯功苦,上完利,監壹五鄉,以時鈞脩焉,使刻鏤文采,毋敢造於鄉,工師之事也。"可知國都内百工已散布於五鄉之中。

臨淄齊故城出土的戰國齊陶文中,陶工有署其居處爲某鬞某里的,鬞的釋讀與其區域位置尚有待進一步研究,但從其署於陶工所居里前,應是里上一級陶工聚居區域之名,爲官府生產陶器的手工業者亦有在鬞里中的。像齊陶文中陶工所署里名前有的鬞冠以"王卒"之稱,如"王卒左鬞"。王卒,是陶工身份,係爲王(王室)服役之人,亦即官府手工業工人。①

---

① "王卒",學者多以爲是指軍士,在這裏似不盡妥當。此"卒"當如《説文》所言"隸人給事者衣爲卒"(按:段玉裁注本據宋本及《御覽》《韻會》《玉篇》删"衣"字,朱駿聲《説文通訓定聲》同段説)。蓋卒本爲衣名,古染衣題識爲隸人給事者之服,故後引申以稱服役之人。則陶工中的"王卒"實即官府手工業工人。陶工於左鄙某里前冠以"王卒",是標明其身份。

此種"王卒"身份的陶工可能屬於稱爲"敀"的工官監管,故有的不署其所居□,而署"王卒左敀某里(其里名亦與左□中之里位置相近)"。在陶文中可見有的□里屬"右敀"管理,如"右敀縣□尚畢里"(潘祖蔭藏陶拓本)、"右敀縣□莆里"(《季木藏陶》80.7),説明縣□中某些里的陶工亦有的從屬於官府手工業。

戰國時工這一階層人數的擴大與居住地域的分散,打破了春秋時期工居於國都内的局面,亦是國野制瓦解的反映。但同時,伴隨着戰國時期集權政治的發展,統治者對工、私手工業者均采取了嚴格的管理措施。上述陶工集聚於若干里,强化工官的職責,私營手工業者亦有工師檢查之制,且官、工私手工業者的某些産品尚需"物勒工名",均是此種管理措施的體現。

(三)《齊語》中講管仲三其國五其鄙,皆是對國君直轄區的改革,未講對於直轄區以外相當於《周禮》都鄙地區的治理措施,這裏的原因似有兩點:一是如上文所言當時都鄙地區仍主要是卿大夫的采邑區,縱使有公邑或縣亦較少。二是當時公室强大,國家主要軍事力量來自公室屬地之士鄉,公室主要農業税來自鄙地。

到了戰國時期,國都内士階層分化,軍事力量已不能主要依靠國都之士鄉,另一方面隨着疆域不斷的擴大,都、縣增設,所以國家征發兵役的重點已轉向都、縣,《戰國策·齊策一》蘇秦謂齊宣王曰:"臨淄之中七萬户,臣竊度之,下户三男子,三七二十一萬,不待發於遠縣,而臨淄之卒固以二十一萬矣。"可見由遠縣出兵的制度當時已建立,又《戰國策·燕策》提到齊國伐燕時發"五都之兵",均是在國君直轄區以外徵集的兵力。都、縣之地可能是按土地面積征調軍士的,如《乘馬》言及方六里出一乘兵車,配有四馬、甲士二十八、蔽(持盾手)二十與白徒(後勤壯丁)三十人。另一方面,國家農業税的征收亦已由春秋時主要由國君直轄區内鄙地取得(當時公室代表國家)進而擴展到新設諸縣,構成縣、鄙兩類征税區。

總之,戰國時期齊國諸縣與邊域都地的農民不僅成爲國家農税的主要承擔者,同時已代替春秋時國君直轄區内士的地位,擔負軍實,並要服兵役,實已爲國家的主要兵源,這也是春秋時期仍實行的傳統的國野制已瓦解另一重要標誌。

(原載《管子與齊文化——管子與齊文化國際學術討論會論文集》,
北京經濟學院出版社,1990年)

論梁帶村芮國墓地出土
青銅器與相關問題

2005 年以來陸續發掘的韓城梁帶村芮國墓地,已先後有發掘簡報與報告出版,[①]本文即根據這些報道,簡略地討論一下該墓地內所出青銅器載有的多種信息與其學術價值。

一、梁帶村芮國墓地各區出土青銅器概況與其反映的社會結構

韓城梁帶村芮國墓地位於村西北,分布在發掘者所劃分的南、北、西三個相鄰的墓區(圖一)中。在已發掘的墓葬中,南區(圖二)有一座"中"字形大墓 M27,另有三座"甲"字形大墓 M26、M19、M28,墓向均爲東北向。從表觀上看,此四座大型墓位置集中,"中"字形墓 M27 靠北,餘三座"甲"字形墓排作一排,靠南。此四座墓有結構頗爲一致的葬具與其裝飾物(即均一椁兩棺,棺頂皆有四件銅翣,其下多有玉戈,椁室內懸挂串飾,棺外有荒帷),也有相近同的葬式(即多爲仰身直肢,頭北面上,一手或兩手搭於腹前,雙脚伸直並攏)。從這些情況看,此四座墓無疑應屬於同一家族內的近親。與三座"甲"字形墓同一排的還有三座長方形豎穴小墓(自西向東爲 M31、M17、M35),其墓主人亦應是同一家族成員。在此南區中,此四座"中"字形與"甲"字形墓均出有成套的青銅容器,其中部分有銘文,言及作器者爲芮公與太子,M27、M28 還有青銅樂器與兵器,這些青銅器爲進一步詳細分析墓葬的年代、墓主人各自的身份與彼此間的親屬關係提供了重要信息。

---

① 已刊布的韓城梁帶村墓地的發掘資料,見於以下簡報與報告:陝西省考古研究所、渭南市文物保護考古研究所、韓城市文物旅游局:《陝西韓城梁帶村遺址 M19 發掘簡報》,《考古與文物》2007 年第 2 期;陝西省考古研究院、渭南市文物保護考古研究所、韓城市文物旅游局:《陝西韓城梁帶村遺址 M27 發掘簡報》,《考古與文物》2007 年第 6 期;陝西省考古研究所、渭南市文物保護考古研究所、韓城市文物旅游局:《陝西韓城梁帶村遺址 M26 發掘簡報》,《文物》2008 年第 1 期;陝西省考古研究院、渭南市文物保護考古研究所、韓城市景區管理委員會:《梁帶村芮國墓地——二〇〇七年度發掘報告》,文物出版社,2010 年 6 月。本文所配插圖均引自以上報告。

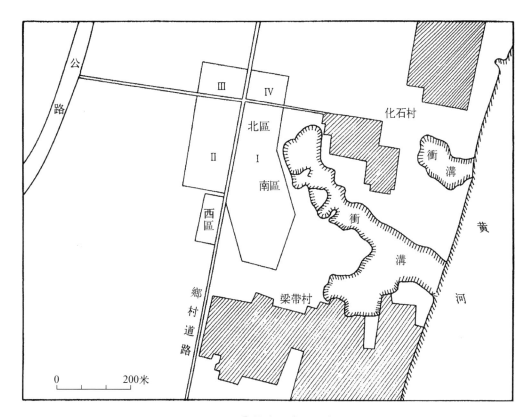

圖一　梁帶村芮國墓地區域圖

在南區以北的北區(圖三),也發掘了一座"甲"字形大墓 M502,位於北區西部(即南區之西北),在其東北有大型的土坑豎穴墓 M586,在其東部稍遠則分布有大致分成四排的小墓葬群(其中有相當一部分尚未發掘)。小墓葬群與 M502 之間也有一些中小型墓,多數尚未發掘。此 M502、M586 二墓亦均出有青銅器,且頗有特點。此兩座墓也有與南區諸墓特徵相近的葬具及葬式。不僅較大墓如此,北區已發掘的諸小墓皆與以上南區諸墓以及北區西部的兩座大墓有上述那種共同的葬式。這些情況顯示出北區的墓葬是與南區諸墓葬有密切關係的,即應屬於同一族群。

已發掘的但迄今尚未報道的北區另一較大的墓 M300,其與 M502 的相對位置尚不明,但所出青銅器有重要銘文,也是需要

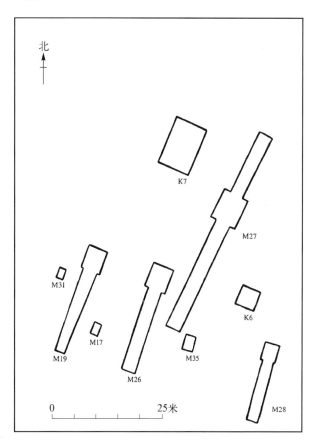

圖二　梁帶村芮國墓地南區墓葬分布圖

955

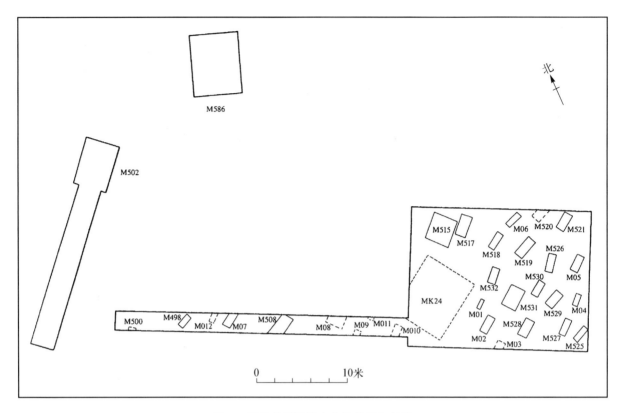

圖三　梁帶村芮國墓地北區墓葬分布圖

討論的。

　　位於南區以西的西區（圖四）未有大型墓，已發掘的中、小型墓葬中，僅有 M18 這一中型墓中出有一件有銘銅鼎與兵器。這些中、小型墓同樣有與以上南區、北區墓葬相近同的葬具（及裝飾物）與葬式，從而表明西區的中、小型墓與南區及上述北區諸墓可能歸屬於同一大族的墓地。

　　綜上所言，梁帶村芮國墓地迄今所出的銅器，較集中地出於南區大墓中，這是下面重點討論的內容，自當作爲了解芮國青銅禮器制度、形制特徵以及墓葬年代、墓主人身份等問題的重要資料。而對於北、西區零散的青銅器墓所出有銘器，只能將重點放在探討其銘文內涵所反映出來的與芮國歷史有關的信息上。

　　僅從上述青銅器出土情況看，梁帶村墓葬中，大型與較大型墓的墓主人與未有青銅器隨葬的大量中、小型墓的墓主人之間有相當嚴格的等級身份與經濟地位的差異。青銅器作爲墓主人身份的標誌集中歸屬處於社會上層之貴族，伴隨青銅器的還有另一些重要隨葬器類，即是作爲佩飾的各種玉器，以及奢侈的裝飾葬具的串飾、荒帷。與之形成鮮明對比的是各區內占絕大多數的中、小型墓既不出青銅器，也缺少其他隨葬品，更無葬具裝飾物，特別是小型墓幾近赤貧。這種給人印象極爲深刻的差距，是梁帶村芮國墓地從表觀上即可看出的一個顯明的特點，反映出當時芮國社會成員於政治、經濟地位上兩級分化程度相當高，缺少中間檔次的社會階層。

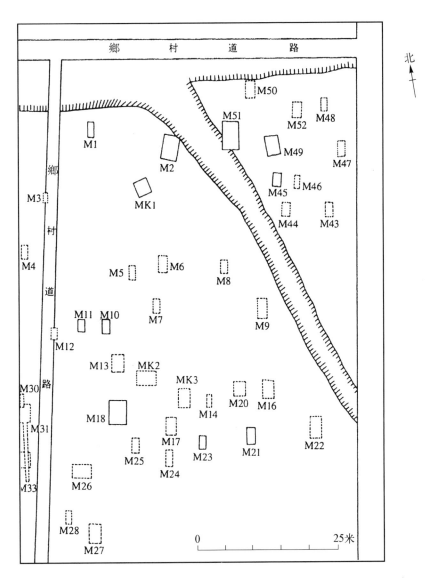

圖四　梁帶村芮國墓地西區墓葬分布圖

　　按照上述情況,可以認爲親族關係與嚴重的等級分化並存構成了當時芮國社會結構的特點。

二、南區諸大墓出土青銅器、墓葬 年代序列及墓主人身份

　　如上所述,南區已發掘的由一座"中"字形墓、三座"甲"字形墓所出土的青銅器對於了解梁帶村芮國墓地出土青銅器的特徵是最具代表性的,也是了解該墓地之內涵最重要的資料。

　　其中四座大墓(即作"中"字形的 M27,作"甲"字形的 M26、M19、M28)的墓室面積與隨葬青銅容器的組合形式可以排列如下表(表一,器形參見圖五):

表一

墓號	墓室面積(m²)	食 器			酒器	水 器	其 他
M27	66.0	鼎七　簋六　方甗一			方壺二	盉一　盆一	簠一　卣一　尊一 觚一　角一
M26	40.1	鼎五　簋四　鬲四　方甗一 簠二　（十一）			方壺二	盉一　盆二	罐一
M19	35.8	鼎三　簋四　鬲四　方甗一 （十一）			方壺二	盉一　盆一 盤一	
M28	21.6	鼎五　簋四　鬲四　方甗一			方壺二	盉一　盤一	

　　在上表“其他”欄内,M27 所隨葬的一件簠與四件酒器,從形制看要早到西周早期,爲早期遺存,不當計入該墓隨葬容器組合中。由此表可知,幾座大墓隨葬容器最基本的組合是鼎、簋、方甗、方壺及盉、盆(或盤,或兼有),仍是分屬於食、酒、水器三類。與 M27 不同的是,M26、M19、M28 均有鬲。鬲的數量似是以四爲常數,M26 雖有五鬲,但其中有一件形制與另四件不同。M19 四鼎中亦有一鼎形制與另三鼎有異。

　　這種組合與屬春秋早期的三門峽上村嶺虢國墓地隨葬青銅容器的組合形式很相近。已發掘並已刊布的三門峽上村嶺虢國墓有兩座墓(M2001、M1052)隨葬有七鼎,[①]其隨葬青銅容器組合形式爲:

　　M2001：鼎七、簋六、鬲八、方甗一、簠二、盨四、鋪二、方壺二、圓壺二、盤一、盉一;

　　M1052：鼎七、簋六、鬲六、方甗一、鋪一、方壺二、盤一、匜一、罐一。

　　三門峽虢國墓中的五鼎墓,如 M2012,其隨葬的實用銅容器組合形式(圖六)爲:

　　M2012：鼎五、簋四、鬲八、方甗一、簠二、鋪二、方壺二、盤一、盉一。

　　將上述梁帶村芮國墓的組合與三門峽上村嶺虢國墓相比,可見二者在基本組合上器類相近同,食器以鼎、簋、鬲、方甗爲主,酒器均只有壺,而以方壺爲常,水器亦以盉、盤爲多見。不同者,僅虢國墓多有鋪和盨,M2001 隨葬器相比更較爲豐富。在參加組合的器類之數量關係上,芮國、虢國共同點在於:鼎、簋相配基本合乎東周禮書所言,七鼎六簋,或五鼎四簋;方甗均爲一,方壺均爲二,水器以單數相配。唯有鬲,雖可知當以偶數爲常,但其數目可能會有四、六、八之别。唯芮國墓 M19 以三鼎配四簋,較别致。

　　不僅組合形式近同,兩處墓地所出器物在形制特徵上亦均相近(對比圖五、圖六),這顯然表明梁帶村南區這一墓群的年代與三門峽上村嶺虢國墓地上舉諸墓同時,即在春秋早期偏早。[②] 現通稱的虢國、芮國在西周時皆屬畿内或近畿地區的姬姓封邦,二者隨葬青

① 中國科學院考古研究所:《上村嶺虢國墓地》,科學出版社,1959 年;河南省文物考古研究所、三門峽市文物工作隊:《三門峽虢國墓》,文物出版社,1999 年。三門峽虢國墓中 M2001 隨葬有鼎十、簋九,但十件鼎中有三件爲明器,九件簋中也有三件爲明器。

② 三門峽虢國墓地的年代,參見拙著《中國青銅器綜論》,上海古籍出版社,2009 年。

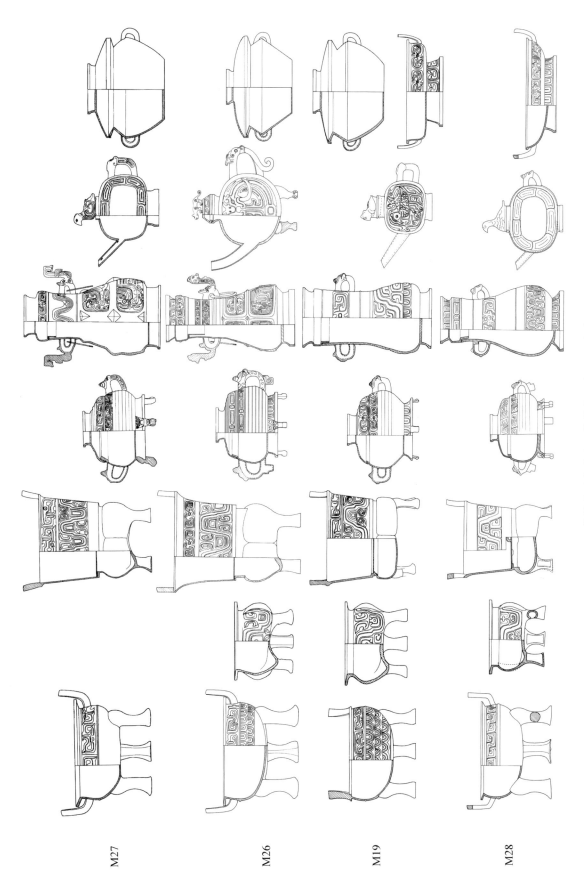

圖五　梁帶村芮國墓地南區墓葬出土青銅器（部分）

M27

M26

M19

M28

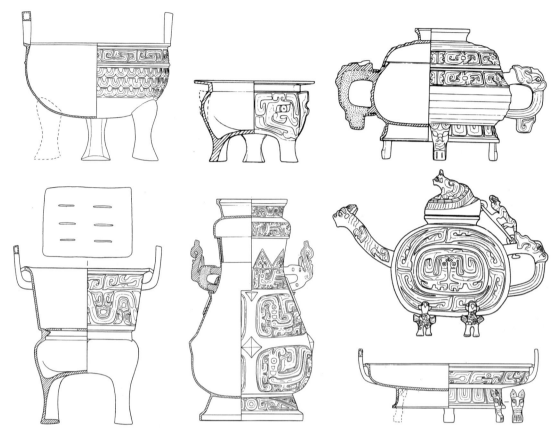

圖六　三門峽虢國墓地 M2012 出土青銅器（部分）

銅禮器制度如此相像,不會只是因所在區域相近,或彼此仿效,而必是因皆在春秋早期,距西周不遠,故在隨葬禮器組合形式,包括其數量關係方面承襲西周晚期畿內周人制度所致。西周晚期畿內大墓迄今少有發現,芮國、虢國墓葬中體現出來的相對穩定的隨葬組合形式或可以作爲了解西周晚期畿內墓葬制度的一個層面。

　　梁帶村芮國墓地南區墓地所出青銅器不僅可因其組合與形制而有助於了解此一墓地之年代,而且有助於了解這幾座出青銅器的大墓之墓主人的身份。

　　幾座大墓葬具規格是相同的,皆一槨兩棺,棺內均有串飾,棺上均有銅翣。但 M27 不僅有兩條墓道,墓室面積更達 66 平方米,在南區四座大型墓中首屈一指,且出有七鼎、六簋,爲出鼎數目最多的墓,其地位肯定應高於三座"甲"字形墓的墓主人。M27 所出六件簋,均有"芮公乍(作)爲旅簋"的銘文(圖七,1),"作爲"是同義詞連用。所以,認爲 M27 墓主人爲一代芮公應是沒有問題的。"甲"字形墓 M26 墓室面積有 40.1 平方米,僅次於M27 之芮公墓,墓主人有玉手握,不隨葬兵器,隨葬五鼎四簋,低於 M27 用鼎級別。鼎、甗、簋及方壺分別銘有"中(仲)姜乍(作)爲趠(桓)公尊鼎""中(仲)姜乍(作)爲趠(桓)公尊甗""中(仲)姜乍(作)爲趠(桓)公尊簋"(圖七,2)、"中(仲)姜乍(作)爲趠(桓)公尊壺用",表明此四類器是仲姜專用以祭祀桓公的禮器。

圖七　南區諸墓出土青銅器銘文

1. M27：1007 簋銘　2. M26：154 簋銘　3. M26：150 鬲銘　4. M19：260 鬲銘　5. M19：261 鬲銘

綜合以上情況,M26 也當如研究者已判定的,是芮桓公之夫人,亦即銘文中的"仲姜"。芮桓公最大的可能,應即作爲芮公之 M27 墓主人。從此仲姜爲桓公作祭器來看,仲姜要卒於桓公之後,亦即 M26 的絕對年代要略晚於 M27。

M26 所出五件鬲中的四件,銘有"芮太子白作爲萬寶鬲,子子孫孫永保用享"(圖七,3),"萬寶"當是"萬年寶用"之省。此"芮大(太)子白",較大的可能是仲姜之夫芮桓公尚爲太子時之稱,白爲其私名。夫人墓中存有公的銅器,天馬—曲村晉侯墓地多見。芮太子白,名白,可能即芮桓公名。

M19 也爲"甲"字形墓,但墓室面積爲 35.8 平方米,要稍小於 M26 墓室。隨葬銅鼎雖有四件,但其中三件爲形制相同而大小相次的半球形腹蹄足鼎,一件爲垂腹的盆形腹鼎,按照用鼎制度的一般情況,當以同形制的三件鼎爲用鼎數,即是説在用鼎數量上低於M26。此墓同樣亦未隨葬兵器。墓主人手、脚腕部有玉飾,雙手有玉握。研究者或以爲此墓主人當是 M27 之芮桓公的側室,這是很有可能的。因爲 M26 墓主人芮桓公夫人仲姜卒於桓公後,所以自然排斥了 M19 爲正夫人卒後續娶之夫人的可能。依一般情理,M19

的絕對年代似當略晚於 M26。此墓内所出四件大小、形制相同的鬲,兩件銘"芮大(太)子作鑄鬲,子子孫孫永寶用享",兩件銘"芮公作鑄鬲,子子孫孫永寶用享"(圖七,4、5)。大小、形制相同的器所署作器者名不同,但能與"芮公"平等地作同一形制的器,則較大的可能,兩件芮太子鬲是芮公(即 M27 墓主人芮桓公)尚爲太子時所制。M19 所出芮公器,應亦是芮公生前賜予作爲側室的 M19 墓主人的。

M28 墓主人的身份,由於已經骨骼鑒定知其爲 50 歲左右男性,這與墓葬中隨葬有兵器與鎧甲所顯示的墓主人的性別是一致的。其雖亦爲"甲"字形墓,但與 M27 芮公墓相同,也隨葬有編鐘與石磬。然而該墓只有五鼎四簋,墓室面積亦僅有 21.6 平方米,甚至低於有可能是芮公之側室墓的 M19,而且其棺内的串飾亦較 M26、M19 簡單,隨葬品中也没有玉飾件,更没有 M27 芮公墓所有的金器。所以 M28 墓主人的身份,似當按所隨葬之五鼎的規格來衡量,亦即不大可能是 M27 芮桓公之下一代芮公,那麽其身份很可能是公子之一。以此身份再參考上述墓主人的年齡來考慮,則 M28 之墓葬年代應當更晚於 M26。

以上分述之南區諸大墓所出青銅器,其主要器類已示如圖五,就此圖可知,從總體上看,此四墓出土青銅器形制特徵多相近,大致合乎春秋早期中原地區青銅器的形制特徵。這當然與四墓墓主人有近親關係,因而生存年代相接近有關,而且當時夫人、側室可以有其夫給予的禮器,後一代甚至後二代、三代都可以擁有前人的禮器,也是造成隨葬器物多有相同點的原因,從而影響對器物作更進一步的斷代及其特徵的認識。如果嘗試作更細的分析,則 M27、M26 二墓的銅器似具有彼此更接近的、年代稍早一些的特徵,例如方甗的造型,M27、M26 方甗鬲部呈高襠,而 M19、M28 則襠均較低矮,甑部也相對較低矮而寬扁;M27、M26 的簋,腹部仍略呈垂腹狀,而 M19 簋腹最大徑則明顯上移,呈中部圓鼓狀,M28 簋的最大徑也靠近腹中部;M19 的盤,腹壁已近直;M28 方壺腹最大徑已上移至腹中部,亦是同類器年代相對較晚的表現。按照以上分析,M19、M28 較 M27、M26 在器物形制上有稍晚的特徵。實際上,僅就目前所見到的春秋早期青銅器的情況,均是在承襲西周晚期組合形式的同時,也沿襲西周晚期各類器物的基本造型,只是在春秋早期這一時段内,局部形制隨着年代發展略有變化而已,例如上述梁帶村芮國墓地南區 M19、M28 相對M27、M26 發生的一些造型上的變化。但這些僅是列國青銅器在春秋中期組合形式與造型特徵均發生明顯變化前,舊體制下的局部量變而已。

如果以上推擬的南區幾座大墓墓主人身份以及年代序列可以成立,亦即此四座大墓的年代序列應是 M27—M26—M19、M28 的話,那麽就可以表述爲,M27 墓主人芮桓公先卒,其夫人,即 M26 墓主人仲姜繼之,而桓公之側室,即 M19 墓主人與桓公之子,即 M28墓主人是最後去世的,二者逝去的年代可能較接近。

M28 墓主人既非桓公之後的下一代芮公,則其身份似未必是太子。芮國在近春秋中期偏早時亡於東擴的秦國，①在 M28 墓主人芮桓公後，至芮國滅亡，應該至少還有三代芮公，現在的幾座大墓既不再包括另一位芮公，則芮桓公之後的幾代芮公墓葬當另在其他地點。

與以上幾座大墓在墓位上相鄰近的 M31、M17、M35 三墓，墓室面積在 7 至 11 平方米間，應已屬中型墓中較小者，其中 M17、M35 皆有一槨二棺，而且棺上有銅翣，槨內有串飾(惟 M31 只有一棺一槨，無銅翣與槨內串飾)。三位墓主人均有數量不等的玉飾件。已知 M17 爲 53 歲左右的男性，M35 墓主人只知爲成年人，M31 墓主人爲 40 歲左右女性。由於此三墓不僅與以上幾座大墓共處同一墓地，且有相同的葬具、葬式及葬俗，所以，此三中型墓之墓主人有可能是此一代芮公之近親，則南區即應屬於一代芮公(即芮桓公)之近親家族墓地。三座較小的中型墓的墓主雖爲公室成員，但均未能隨葬青銅禮器，這似乎也反映出在此時期即春秋早期時的芮國，對能擁有青銅禮器的個人等級地位要求得較高，同時也可能與此時期芮國的國力包括經濟實力有一定的關係，這點下文還要論及。

三、北區、西區墓地出土之青銅器透露出的信息

已發掘並已刊布的北區墓葬分布情形(圖三)，已在前文的第一節作過概述。數量占絕大多數的小型墓均不出青銅器。位於其西端的"甲"字形墓 M502 墓室面積爲 17.5 平方米，一棺二槨，槨內有串飾，棺上有荒帷，棺頂有四件銅翣與玉戈等玉器。此墓在槨頂與二層臺上殉車(此是其特點)，墓葬形制與葬具規格及其裝飾物均與上述南區 M28 接近，唯墓室面積稍小，年代亦當屬春秋早期，但是在隨葬青銅器上，此墓不僅沒有銅樂器，而且只有三鼎，包括畢伯鼎一及素面鼎二，素面鼎極素樸，其他隨葬的簋二、爵一、觶一、方彝二、盉一、盤一，亦較粗糙或無器底，除盤外，均可以肯定屬於明器。唯其所隨葬銅鉞二、戈二及鎧甲皆爲實用兵器，且較精緻。據骨骼測量，知此墓墓主人爲 50 歲左右男子。從上述情況看，這位男性墓主人的身份與等級當低於作爲公子的 M28 墓主人，屬於大夫級。但即使如此，其墓葬形制及葬具之規格與所隨葬的青銅禮器數量之少且多明器的狀況也極不協調。關於此種現象發生的原因，下文還要討論。

M502 所出畢伯鼎，爲西周晚期始流行的半球形腹蹄足鼎，腹較深，從形制看似不會晚於西周晚期。其銘文："畢白(伯)克肇乍(作)朕不顯皇且(祖)受命畢公鼏彝，用追享亏(考)，子孫永寶用。"(圖八)此"受命"應是指周初第一代畢公所受册封之命。張天恩先生有文已論及此。②此銘文字體亦具西周晚期特點，故此鼎應是西周晚期器。周人宗族

① 芮國及當時與其鄰近的梁國，大約滅亡於秦成公十四年(前 650)，"是時秦地東至河"(《史記·秦本紀》)。參見拙著《中國青銅器綜論(下)》，第 1840 頁。
② 張天恩：《新出土的芮國銅器銘文考述》，《古代文明研究通訊》總第 45 期，2010 年 6 月。又見陝西省考古研究院、渭南市文物保護考古研究所、韓城市景區管理委員會：《梁帶村芮國墓地——二○○七年度發掘報告》"結語"。

963

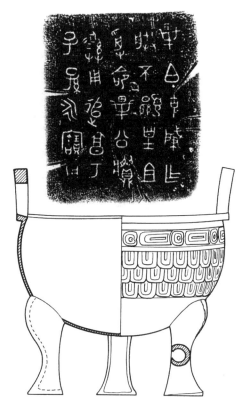

圖八　北區 M502 出土之畢伯鼎器形與銘文

内通常應是大宗主祭始建立本宗族之宗子,並爲之作器,故此畢伯克應是西周晚期時一代畢氏宗子。西周重要世族畢氏受封地,即畢,應在今陝西長安南。畢氏宗子所作器何以出現於北區 M502 這一芮國中等貴族墓中,其原因難以確知,只能説反映了畢氏與芮氏之間作爲姬姓貴族的某種聯繫,當然也可能與西周末周人世家大族隨王室東遷時際之混亂狀態與遭遇到的不同命運有關。

北區的另一座較大型墓,是位於 M502 北的 M586(圖三),此長方形豎穴土坑墓,墓室面積竟達約 36.2 平方米。各種葬具與其飾物及葬式均與上述"甲"字形大墓近同,顯然亦應是春秋早期芮國貴族墓。但與 M502 有共同特點的是,同樣缺少與其規格匹配的一定數量與等次的隨葬青銅器,而只有一鼎三簋。鼎形制具西周晚期特點。三簋,實際只有兩件簋,一件簋蓋。其中一簋(M586:39、40)有銘文(圖九,1),據所銘作器者,可名之曰隩簋,形制爲典型的西周晚期有蓋、圈足下三小足的形制。另一簋垂腹,圈足下三小足,腹部飾對稱的顧首龍紋,頸與圈足飾重環紋,其年代似應在西周中晚期之際。隩簋銘曰:"身皇剌(烈)侯,乃閉朕毛,左用辛改(祀)。①隩乍(作)爲寶用享于其皇文畟(祖)庚(?),其萬年永寶子子孫孫用。"②此銘似非全銘,而是一篇銘文下半部分,故開頭的"身"字似只有接上銘才能讀通。作器者隩未必是此墓墓主人,此可能亦是將得自他處之器葬於墓中。③　另有一圈足狀提手、頂飾瓦紋、下部飾竊曲紋的簋蓋(M586:37),其形制、紋飾屬西周晚期。有簡短銘文(圖九,2),作器者爲"癸"。此墓墓主人雖爲男性,但僅拼湊了幾件年代不盡相同的銅容器以隨葬,這一缺少與墓主人身份相當的青銅禮器的特點,似乎已是此春秋早期芮國墓地中身份爲中等以下貴族葬制中一個突出的問題。

不僅此兩座墓,另一在 2010 年時於北區發掘的墓葬 M300,尚未有發掘簡報,此墓也是一座面積够上中型墓的豎穴土坑墓,一椁雙棺,所出青銅器有鼎、簋、盤、匜,其中簋一、盤一銘文表明此二器是"晉姑"自作與晉侯爲其所作,當是因某種原因得自於晉人之器。

---

① 𦅫字反書即𦅫,似是改字。改盨此字作𦅫,見《金文編》第 221 頁。本銘好作反書,除此字外"剌""侯""朕""寶""年"等字均作反書。上引張天恩先生文亦已提出銘文中此書寫上的特點。

② "朕"下一個字亦可隸定作"手"。待再考。如可讀作"毛",在這裏也許應讀作"耗",損傷之意。閉,在這裏或是閉塞即制止之意。左,讀作佐,助也。辛,新也。

③ 銘文中隩稱其先人爲"皇烈侯",上引張天恩先生文認爲芮國歷史上無封侯記載,故此器不可能是芮器。

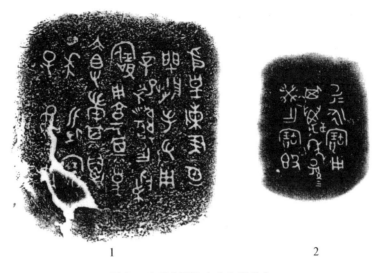

圖九　北區 M586 出土銅器銘文

1. M586：39(簋蓋)銘文　　2. M586：37(簋蓋)銘文

可見此墓之隨葬禮器組合也是用不同來源的器拼湊起來的,而非墓主人自製禮器,而且禮器數量關係亦與該中型墓葬規格所顯示的墓主人身份不太相稱。

西區已發掘的墓葬中,有四座豎穴土坑墓,即 M2、M18、M49、M51(圖四),墓室面積在 9 至 16 平方米,亦皆可歸屬中型墓,而且除 M51 以外,均一椁二棺,M2、M49 與 M51 椁內有串飾,M18 外棺蓋上有四銅翣。葬式只有 M2(墓主人爲男性)作側身屈肢,與芮國墓葬有別,其身份較爲特殊外,其餘三墓葬式則均與上述南區、北區芮國墓葬同,墓主人應皆是芮國中等貴族地位稍低者。但此三墓中,僅有 M18(墓主人約爲 30 歲左右男性)有銅戈、矛等兵器與車馬器,銅禮器僅有一件鼎,附耳淺腹、口沿外侈,口沿與附耳間有銅條相聯,長蹄足,屬春秋早期形制,作器者爲虢季,亦非墓主人本人作器。此三墓情況同樣也體現了上述春秋早期芮國墓隨葬青銅禮器欠缺之特點。

僅由已發掘的中型墓看來,非屬公室貴族的中等貴族隨葬的青銅禮器,無論是總數量還是器類及組合均與這些墓葬的墓主人身份不合,即不合傳統的周人禮制。

四、結　語

以上從三個方面對韓城梁帶村芮國墓地出土青銅器的情況及其所附載的多種信息,結合其他墓葬資料作了綜合的分析,所得到的不成熟的認識可以歸結爲以下幾點:

(一) 梁帶村芮國墓地南區由一座"中"字形大墓與三座"甲"字形大墓及幾座小墓構成的小墓群,是春秋早期時一代芮公亦即 M27 墓主人(應即 M26 仲姜作器銘文中所言芮桓公)近親家族之墓。除芮公外,包括其夫人(即仲姜)墓(M26)、側室墓(M19)與其子墓(M28)。至於已公布的北區、西區的墓葬墓主人與此芮公近親家族的關係,因發掘資料刊布所限,尚不能確知。但整個墓地不同墓區內絕大多數大、中、小型墓不僅呈集聚分布狀態，各型墓均有相同的葬具與裝飾物及葬式，而且與芮公墓近距離，所以均可以認爲這幾片墓地的墓主人彼此是有親族關係而疏近不等的芮氏宗族成員。墓葬規模、葬具不同與隨葬品的明顯的差距是當時芮氏宗族内宗族成員等級分化非常明顯的表現。

（二）只有芮公及其近親家族成員隨葬有較多的（包括自製的比較精美的青銅容器類禮器），且有較穩定的與春秋早期近畿區域内其他周人世族或封國的貴族墓葬相近同的禮器組合形式。特別是仍嚴格地遵守以鼎、簋組合之固定的數量關係顯示貴族身份的制度。而且這一芮公近親家族墓地所出青銅器爲了解當時公、夫人、側室、公子不同身份的貴族在隨葬青銅禮、樂器方面的異同及具體的數量關係提供了重要的信息。

（三）南區之芮公近親家族墓地所出青銅容器中芮公（或芮太子）自製的，能够反映墓主人身份的器銘不見於鼎，而主要是見於簋（如 M27 所出“芮公簋”）或鬲（如 M19 所出芮公、芮太子鬲，M26 所出芮太子白鬲），尤以鬲爲主，這也是芮國銅器的一個特點。當然，這種狀況也許與下邊要論及之春秋早期芮國狀況有關。

（四）以往對中原地區春秋早期青銅器形制、紋飾的了解主要依據三門峽虢國墓地以及平頂山應國墓地 M1、M8 及晉侯墓地 M93、M102 出土器物（其中對三門峽虢國墓的年代還多有異議），總之，資料不够充分。梁帶村墓地雖處陝西，但在陝西東部，隔河與晉南地區相望，故亦可以計入中原區域内。此墓地南區芮公近親家族墓地所出青銅，包括容器、兵器、樂器及車馬器，爲細緻了解與把握春秋早期中原地區周人青銅器的形制、紋飾特徵增添了非常重要的資料。

（五）梁帶村芮國墓地已發掘的墓地中，除了上述南區芮公近親家族墓地外，北區諸墓中，墓室面積在 7 平方米以上的中型墓，甚至包括墓室面積達 17.5 平方米的“甲”字形墓 M502，墓室面積達 36.2 平方米的長方形土坑豎穴墓 M586 等，在隨葬品上均有一個共同點，即均缺少青銅容器類禮器，不僅總體數量少，而且在組合方式上，特別是鼎簋結合的數量關係上，並不符合傳統的周人禮制。M502 隨葬青銅容器甚至多數爲明器，西區墓地中三座墓室面積在 9 至 16 平方米的豎穴土坑中型芮國墓中，只有 M18 有一件外來的虢季鼎，餘均無銅禮器隨葬。而且有相當多的中型墓選用從不同渠道得到的其他周人姬姓世族、封國（如晉、虢）的青銅器充作隨葬禮器，基本未見墓主人自製器。這種狀況形成的原因除了有一種可能，即只有公與公室近親才遵守西周中期以來隨葬禮器制度，而級別較低的貴族則不受其束縛外，更大的可能性應是受到兩周之際動亂形勢影響所致。

西周時芮國地望如《史記·秦本紀》正義引《括地志》所云：“南芮鄉故城在同州朝邑縣南三十里，又有北芮城，皆古芮伯國。鄭玄云周同姓之國，在畿内爲王卿士者。”朝邑縣即今大荔縣東。故西周芮國即在今大荔縣東南、渭河北岸，應靠近今華陰。西周末申、繒、犬戎攻殺幽王於驪山下，平王東遷，大批畿内與近畿地區世家大族與封國隨之東移,以避兵戎,芮國地望正處於這一東遷路徑上。芮國也許在此動亂時際受到衝擊,不得不北遷至黃河西岸之韓城。現在所見梁帶村芮國墓地所葬中等貴族原有的青銅禮器有可能在混亂中散失,而動亂與遷徙造成國力之衰微,故到這些芮國中小貴族卒後葬於梁帶村時,只好多方籌集、拼湊隨葬禮器。芮國墓地除芮公近親家族外,其餘不同等級貴族青銅禮器的匱乏,也許有上述原因。不但如此,此墓地眾多小型墓絕少隨葬品或也當緣於此。西周末的動亂與王室東遷給諸周人世族與封國帶來的衝擊由此春秋早期的芮國墓地情況可見一斑。

（原載《梁帶村裏的墓葬——一份公共考古學報告》,北京大學出版社,2012 年）

新泰周家莊墓地分析

　　2002—2004 年,山東省文物考古研究所、新泰市博物館等單位在新泰北郊周家莊發掘的 78 座東周墓,集中於約 1 萬平方米的墓地上(全部墓地面積約 5 萬平方米)。對於這處已發掘的墓地,除發掘報告外,[①]亦有研究者寫過文章,多數意見認爲這是東周時齊國墓地(或以齊國墓葬爲主的墓地)。但對此墓地作更細緻的分析,則可知墓地情況較爲複雜,其性質與墓主人身份似均非簡單。本文僅對周家莊墓地的構成與性質作初步研究,懇請專家學者指正。

　　新泰地處山東曲阜東北、臨淄西南,在東周時正在齊、魯之間。發掘報告引《春秋經》宣公八年(前 601)所記魯宣公"城平陽",杜預注"今泰山有平陽縣",認爲春秋時新泰屬魯國所有。杜預是西晉時人,所云"泰山"即晉泰山郡,所轄平陽縣,位於今新泰區域內,杜預認爲魯宣公所建平陽即晉時之平陽,在今新泰,[②]故周家莊一帶即當屬魯平陽。但至春秋晚期,齊勢力南下,此地或成爲齊、魯勢力交錯區。此片墓地內墓葬年代的大致範圍,確如發掘報告所言,應在春秋晚期至戰國早期,其中所定個別春秋晚期墓或已進入戰國早期。

　　以下依照時代先分析春秋晚期墓,再分析戰國早期墓,然後在此基礎上,討論一下墓地的性質。

一、春 秋 晚 期 墓

(一)並穴墓

　　此墓地中,屬於春秋晚期的墓中有若干座以並穴墓形式分布在墓地中部,可分爲東向(指頭向,下文同)和北向墓兩種(圖一)。

---

① 山東省文物考古研究所、新泰市博物館:《新泰周家莊東周墓地》,文物出版社,2014 年。
② 譚其驤:《中國歷史地圖集》(第七册,中華地圖學社,1975 年)"春秋時期"的"齊魯"地圖,即將平陽標在今新泰。

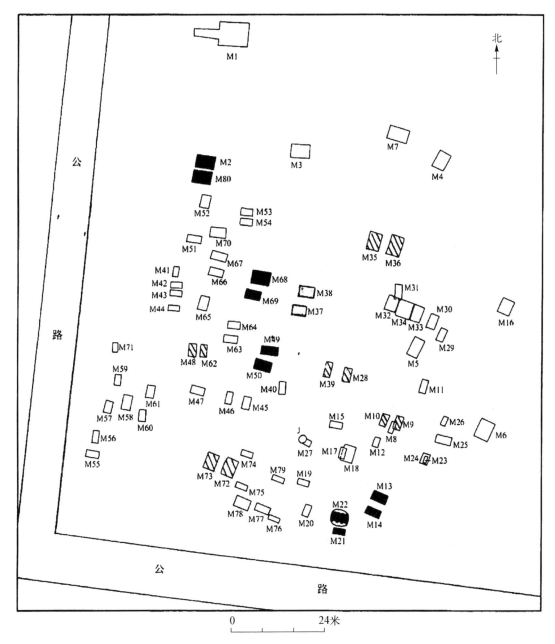

圖一　周家莊墓葬春秋晚期並穴墓分布圖

　　其中,東向墓有 M2、M80,M68、M69,M49、M50,M13、M14,M21、M22;北向墓有 M35、M36,M48、M62,M39、M28,M10、M9,M73、M72。

　　並穴墓中,皆是一座墓有兵器,另一座墓沒有兵器,根據以往多數商周墓地已知的情況可以推斷,隨葬兵器的多是男性墓,未隨葬兵器的多是男性的配偶女性墓。這與發掘報告所注明的經過骨骼鑒定的墓主人性別是一致的。這樣並穴的兩座墓,年代多數應是大

969

致相同或相近的。由於夫妻並穴墓中,妻墓隨葬的物品,雖從道理上講,應該主要反映夫家習俗,但也會有一些器物可能是作爲陪嫁物來自其父氏(母家),所以由隨葬品推測並穴墓墓主人國別屬性時,應適當考慮此因素。

屬此一時段的東向並穴墓與北向並穴墓隨葬習俗有某種差別,其差別主要表現於:

東向墓	常在二層臺一角落(西北、西南、東北)隨葬一鬲	常有殉狗在腰坑、脚坑或椁頂、椁底
北向墓	多在椁頂放陶器	會在隨葬容器内放猪、羊肢體

在隨葬陶器與銅器組合上,二者也有一定差別(以下所列指較完整組合,括號外爲常見組合,括號内器類則爲非常見):

	陶　器	銅　器
東向墓	鬲 鼎、豆、罐(鬲、敦、罍、盤、匜)	鼎、豆、壺、鉶、盤、匜
北向墓	鼎、鬲、豆、罐、罍(敦、匜、盤、匜)	鼎、豆、鉶、盤、匜(甗、敦、壺)

這樣看來,周家莊春秋晚期並穴墓中,東向墓與北向墓的隨葬品組合差異,在陶器上表現得更爲明顯,北向墓覆鉢式蓋罍常見,與東向墓有明顯區別;銅器組合與形制差別較小。這説明在此時期,國別(族屬)埋葬習俗的差別,在青銅禮器方面已較小(與皆源於中原傳統周文化有關,比如自春秋晚期開始的"鼎、豆、鉶、盤、匜"組合形式),而陶器仍是反映族屬、國別文化差異較明顯的器物。

春秋晚期齊墓的陶器組合資料較少,已知者如昌樂岳家河春秋晚期墓爲鬲、豆、罐,鬲、豆、盂,亦有鼎、豆、罐、盂;[1]章丘寧家埠甲組春秋晚期墓的組合爲鬲、豆、罐、盂。[2]大致是以鬲或鼎配豆、罐、盂,罐、盂或不重出,罕見罍。春秋晚期齊墓的銅器組合資料亦甚少,可舉出淄博淄川磁村春秋晚期墓M1、M01、M02、M03,其銅器組合爲鼎、敦、鉶,鼎、豆、敦、鉶。[3]新泰周家莊東向並穴墓的陶、銅器組合,與已知上述齊墓組合有一定差別,也有共性。共性,如陶器中皆有豆、罐,可與鼎或鬲相配,皆不見(或少見)罍;銅器均有鼎、鉶,有豆或敦。不同點,如周家莊墓陶器不見盂而多出單鬲,已知齊墓銅器不見壺。鑒於現所了解的春秋晚期齊墓陶、銅器組合資料不系統,這種比較還是較粗略的。

春秋晚期典型的魯墓(如曲阜魯故城甲組墓)陶器組合資料亦較缺乏。曲阜魯故城甲

① 山東省濰坊市博物館、山東省昌樂縣文管所:《山東昌樂岳家河周墓》,《考古學報》1990年第1期。
② 濟青公路文物考古隊寧家埠分隊:《章丘寧家埠遺址發掘報告》,《濟青高級公路章丘工段考古發掘報告集》,齊魯書社,1993年。
③ 淄博市博物館:《山東淄博磁村發現四座春秋墓葬》,《考古》1991年第6期。

組墓及新泰郭家泉墓的陶器組合，以鼎、鬲、豆、罐、罍、盂爲基本組合成分。[①] 春秋晚期魯墓較完整的銅器組合同樣缺乏，曲阜魯故城甲組墓中同時期的銅器墓多被盜，其中 M116 亦被盜，然所餘銅器尚多，有鼎、盨、豆、盤、匜，M103 僅餘鋪。周家莊北向墓的陶器組合形式與郭家泉墓同時期的組合形式相近，只是未見盂。銅器組合方面，周家莊墓組合中的鼎、豆、盤、匜與魯故城 M116 相同，惟周家莊同時期墓中未見有盨。

　　上述春秋晚期兩種墓向的並穴墓不僅在陶、銅器組合形式上有所不同，分別接近同時期齊、魯墓中的組合，而且在器物形制上亦有較明顯的差別(圖二)。

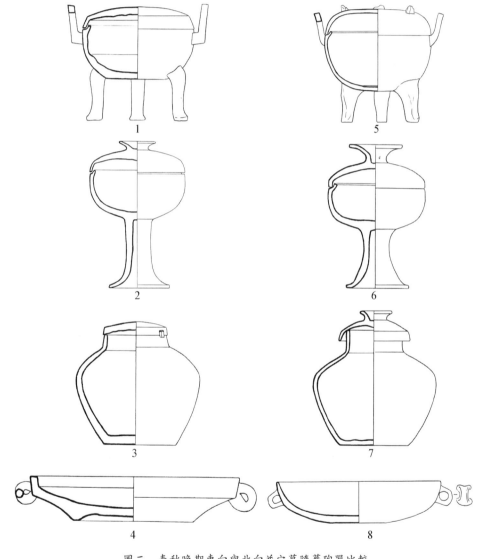

圖二　春秋晚期東向與北向並穴墓隨葬陶器比較
(1—4. 東向 M22,5—8. 北向 M48)
1. M22：27、26　2. M22：31、38　3. M22：36、44　4. M22：34
5. M48：14、35　6. M48：6、4　7. M48：44、48　8. M48：43

① 山東省文物考古研究所、山東省博物館、濟寧地區文物組、曲阜縣文管會：《曲阜魯國故城》，齊魯書社，1982 年；山東大學歷史系考古專業、山東省新泰市文化局：《山東新泰郭家泉東周墓》，《考古學報》1989 年第 4 期。

　　春秋晚期東向並穴墓所出器物在形制上與同時期的齊器也有相近合處,如東向並穴墓中所出陶鼎,多數皆腹部較淺,三蹄形足相對較長。其中 M69 所出陶鼎(M69:5、6;圖三,1)的形制特徵與淄博淄川磁村屬齊國的春秋晚期墓 M01 出土銅鼎(圖三,2)的腹、耳、足部頗爲相近。[①] 磁村 M01 這件銅鼎,是齊國春秋晚期青銅器中相當有特色的器型。與周家莊 M69 形近的陶鼎,很可能屬於同型仿銅器。此型陶鼎,在稍晚的齊國墓葬中仍有出土,如章丘寧家埠 M137 所出鼎(圖三,3)、昌樂岳家河 M125 所出鼎(圖三,4),皆已屬戰國早期或稍晚。

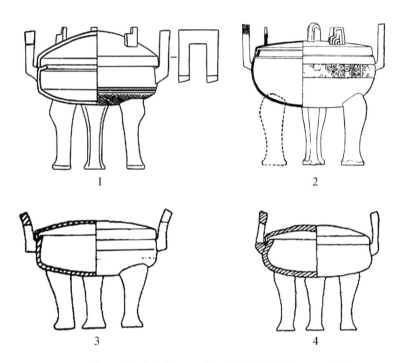

圖三　春秋晚期東向墓 M69 出土陶鼎與齊墓出土銅、陶鼎
1. 周家莊 M69:5、6　2. 淄博淄川磁村 M01:1(銅鼎)
3. 章丘寧家埠 M137 出土鼎　4. 昌樂岳家河 M125:5

　　北向並穴墓中所出陶器形制,則與曲阜魯故城及新泰郭家泉墓所出器物有近似處。如彩繪陶罍、陶匜與曲阜魯故城同期墓所出同類器相似(圖四)。[②] 此外,北向並穴墓中所出陶鼎多數腹較深,與東向並穴墓所出陶鼎明顯不同;特別是,北向並穴墓中陶鼎三足較粗,足外表多削成多棱形,而此特徵亦見於郭家泉春秋晚期墓出土鼎,如郭家泉 M9:6(圖四,2)。

---

① 淄博市博物館:《山東淄博磁村發現四座春秋墓葬》,《考古》1991 年第 6 期。
② 王震、滕銘予:《新泰周家莊墓地的年代上限、國別及相關問題》,《文物》2016 年第 11 期。

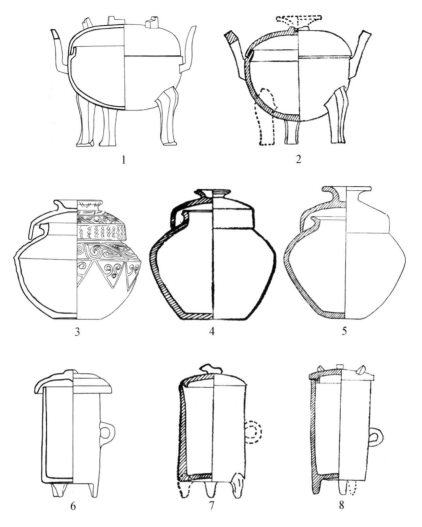

圖四　春秋晚期北向並穴墓與魯墓出土陶器的比較

1. 周家莊 M10：18　2. 郭家泉 M9：6　3. 周家莊 M73：14　4. 郭家泉 M18：3
5. 曲阜魯故城 M209：11　6. 周家莊 M48：41　7. 郭家泉 M18：7　8. 曲阜魯故城 M104：11

綜合上述分析,周家莊墓地春秋晚期並穴墓中,東向並穴墓大致應歸屬齊墓;北向墓則與新泰郭家泉春秋晚期墓及曲阜魯故城同期墓較爲接近,大致可歸屬魯墓。

（二）零散墓

此墓地内可以劃爲春秋晚期的墓中,除上述並穴的成組墓外,還有獨立存在的較零散的墓。

其中東向墓有 M15、M47、M70,北向墓有 M6、M11、M24、M40。東向、北向墓的國別,除北向墓 M6 無陶器,不好判斷外,餘大致可知分别同於東向或北向的並穴墓。此七座零散分布的墓中,除 M47 墓主人爲女性外,餘皆爲男性,其中有四座可測知年齡的,年齡均在 25—40 歲,且都隨葬有兵器,可知當皆是戰死的軍士。

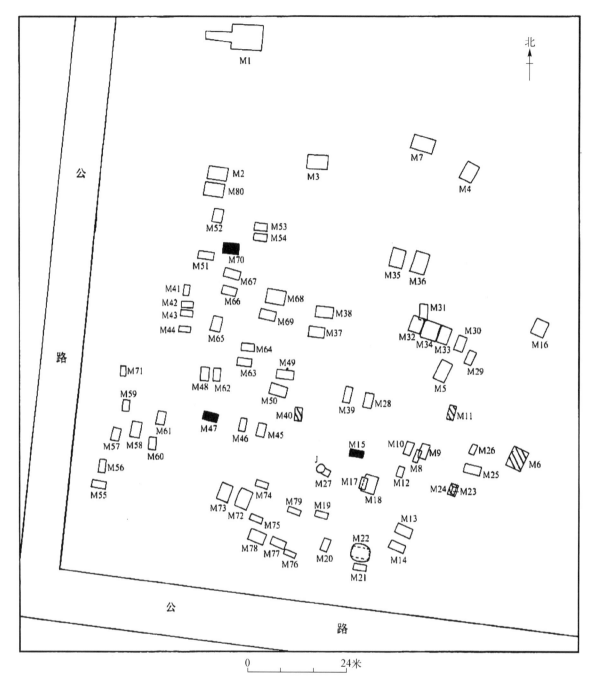

圖五　周家莊墓地春秋晚期零散墓分布圖

二、戰 國 早 期 墓

（一）並穴墓

　　周家莊墓地中的戰國早期並穴墓也有墓向的區別，即東向與北向兩種。其中屬於東向的並穴墓，有 M37、M38，M66、M67、M63、M64（按：M63 女性墓無隨葬品，M64 僅隨葬一件劍，其年代暫依發掘報告所定）；屬於北向的有 M45、M46。

　　這幾組戰國早期並穴墓，已對部分人骨做性別鑒定，且有男性隨葬兵器這一習俗可助

974

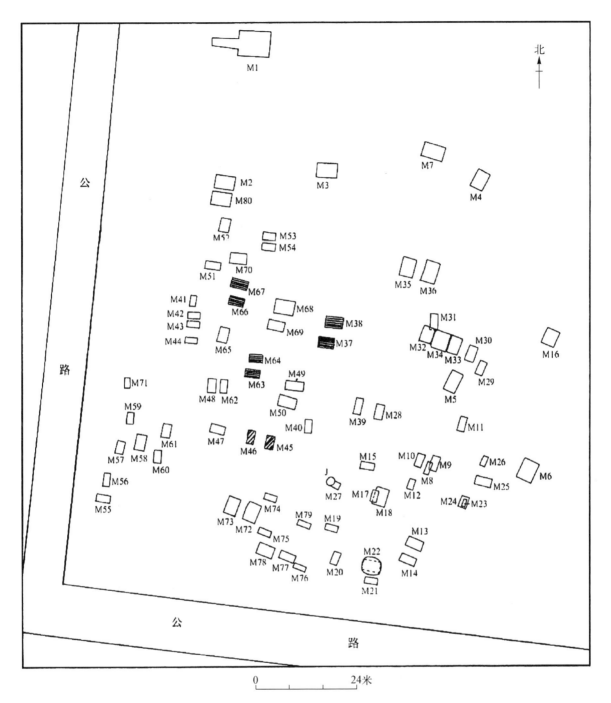

圖六　周家莊墓葬戰國早期並穴墓分布圖

推斷,知凡並穴墓亦皆是男女並穴墓。其中東向墓組中,M63(女)、M64(男)均無陶器隨
葬,M64 有青銅兵器。M67(男)的陶器組合是豆、罐、罍,M37(女)的陶器組合是鼎、豆、
罐。值得注意的是,以上諸墓中的豆皆已包括有蓋豆與淺盤豆兩類,這一組合特徵符合戰
國早期齊墓陶豆的組合形式,在同時期的魯墓中並無這種現象。所以此時期並穴的東向
墓很可能與春秋晚期東向並穴墓相同,大致當歸屬齊墓。此外男性墓 M38(此墓無陶器)
與 M67 所出青銅器也多與戰國早期齊墓所出同類青銅器形近(圖七)。

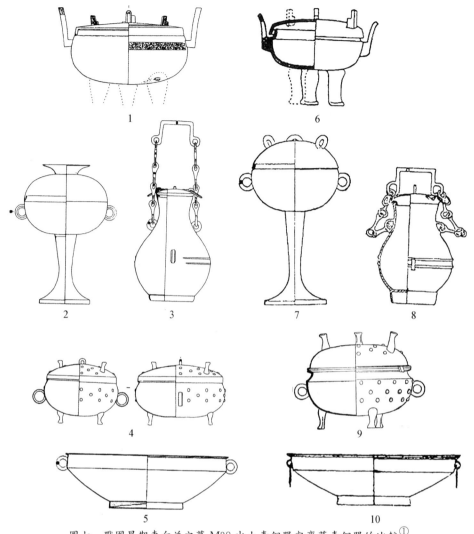

圖七　戰國早期東向並穴墓 M38 出土青銅器與齊墓青銅器的比較[①]

1. 鼎 M38：41、44　2. 豆 M38：34、36　3. 壺 M38：35　4. 敦 M38：39、38　5. 盤 M38：45　6. 栖霞楊家園墓出土鼎
7. 濟南左家窪 M1 出土豆　8. 長島王溝 M1 出土壺　9. 左家窪 M1 出土敦　10. 左家窪 M1 出土盤

　　周家莊墓地中,戰國早期北向的並穴墓僅有 M45、M46。據發掘報告,男性墓 M46 亦未出兵器,性別當據骨骼鑒定。所出豆,皆僅有蓋豆一類,且二墓中均有覆鉢式蓋疊,是此墓地春秋晚期北向並穴墓中幾乎必見的器物;此二墓中所出疊的形制亦近於曲阜魯故城甲組墓中發掘報告定爲Ⅸ、Ⅹ式的疊;M45 出有彩繪陶豆,在郭家泉墓地中,彩繪豆亦出現於戰國早期墓,其中 M17 出土蓋豆(失蓋)器身形制與彩繪位置均與周家莊 M45 出土豆(M45：6、5)相近同,曲阜魯故城戰國早期墓中亦出有形近的彩繪豆(M111：2);所出器蓋同形敦,亦見於同墓地中春秋晚期北向並穴墓 M39。

　　因此,戰國早期的並穴墓中,東向並穴墓似仍當歸屬齊墓,北向並穴墓似仍當歸屬魯

①　山東省博物館:《山東栖霞縣戰國墓》,《考古》1963 年第 8 期;長島王溝 M1 出土青銅器,存烟臺市博物館,轉引自王青:《海岱地區周代墓葬研究》,山東大學出版社,2002 年;濟南市文化局文物處、歷城區文化局:《山東濟南市左家窪出土戰國青銅器》,《考古》1995 年第 3 期。

976

墓,如是,則表明此墓地直至戰國早期可能仍有兩種國別的墓並存。

（二）可能構成墓組的墓

此墓地中的戰國早期墓除上舉並穴墓外,在墓地的南、西南與東北邊緣還存在三片小墓地,其中多數墓以相同墓向聚合。這裹暫按照墓組來做分析(圖八)。[①]

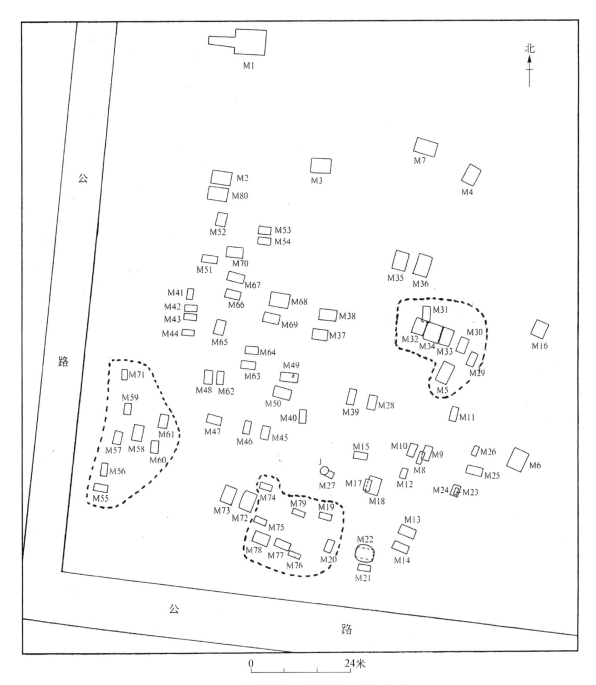

圖八　周家莊墓葬戰國早期成組墓分布圖

---

① 在此墓地西邊尚有由北向墓 M41 與三座東向墓 M42、M43、M44 構成的一個墓組,M41 隨葬淺盤豆一件,蓋豆一件,與戰國早期齊墓陶器組合同;M42、M43、M44 均無隨葬品。

其中南墓組,包括 M19、M20、M74、M75、M76、M77、M78、M79 八座墓。除 M20 北向外,餘均東向。M76 無隨葬品,性別不詳。M20 報告著録爲女性;M74 僅有陶器,墓主人有爲女性可能。餘五墓皆隨葬兵器,墓主人爲男性。隨葬的陶器組合與形制特徵,如諸墓多有常見於此墓地春秋晚期北向墓中的覆鉢式蓋罍與形制相近的罐,陶豆皆只有蓋豆,無淺盤豆,M78 陶鼎蹄足外表有刮削痕迹,且有深腹陶匜,凡此均與春秋晚期並穴墓中北向墓的陶器組合與器物形制特徵相同,所以,此墓組雖多東向,但更有歸屬魯墓的可能。

西南墓組共八座墓,包括 M55、M56、M57、M58、M59、M60、M61、M71,僅最南邊的 M55 爲東向,係女性墓,餘皆北向。隨葬品情況較爲複雜,諸墓所出陶器與齊墓相近,如 M56、M61 均出近平襠繩紋鬲;M58 男性墓有齊式蓮花瓣頂邊,雙龍耳蓮花瓣蓋頂簋;M57 出陶高柄淺盤豆,與蓋豆組合,陶鼎形制亦近於春秋晚期齊墓所出鼎。所以此八座墓中至少應有較多的齊墓。八墓中,除 M55、M60(只有陶罐,無兵器)爲女性,M71 男性墓無兵器外,餘五墓均爲隨葬有兵器的男性墓。所以,此墓組雖多爲北向,但很可能多爲齊墓,與同期並穴墓中齊墓爲東向不同。

東北墓組均爲北向墓,共七座,包括 M5、M29、M30、M31、M32、M33、M34,其中 M32、M33、M34 三墓東西並列相近。M31 無隨葬品,其餘墓從陶、銅隨葬品形制看,大致應歸屬齊墓(如 M32 有球形敦;M34 有齊式蓮花瓣蓋頂壺、邊,雙龍耳簋)。七墓中除 M31 性別不明,M29、M34 可能爲女性墓外,餘四墓均爲隨葬兵器的男性墓。相靠攏的 M32、M34 墓葬規格相近,不排除爲夫妻墓的可能。

綜上所述,從以上三個墓地邊緣屬戰國早期的墓組情況看,東向爲主的南墓組有較多的魯墓因素;多爲北向的西南墓組及北向的東北墓組,有較多的齊墓因素。看來到了戰國早期,這種非並穴的單葬的墓組成的墓組與春秋晚期至戰國早期的並穴墓中,北向並穴墓屬魯墓、東向屬齊墓的情況可能並不相合。這三個戰國早期墓組中,除上述東北組包含有可能爲夫妻並穴墓的 M32、M34 外,沒有可定爲男女並穴的小墓組,墓位排列也沒有嚴格秩序,墓主人除少數女性外,絕大多數爲男性,並隨葬有兵器。[①]

(三)零散墓

戰國早期零散的墓中,有幾座較大的墓,集中於墓地北部與東部,如最北邊的甲字形的 M1,稍靠南的 M3、M7,以上皆東向墓。東北邊還有北向的 M4,東邊有北向的 M16。此外尚有東向的 M70、M25,北向的 M6、M26 等墓散布於上舉諸並穴墓與墓組間。

從隨葬品情況看,M1 爲男性墓,此墓已被破壞,所遺留的除大量銅兵器、車馬器外,尚有銅鎛、銅鐘,墓葬的甲字形構造、墓室面積,還有隨葬樂器、玉飾等,均顯示了較高的等級地位。但 M1 周邊無與之組合的墓,M1 與此墓地主體内涵似無關。

---

① 按:以上所謂三個墓組,主要是依據墓葬平面分布的位置接近。

M3、M7 相隔約 20 米,均約當爲戰國早期齊墓,M3 爲男性墓,M7 爲女性墓。二墓墓室面積較大,皆隨葬有齊式雙龍耳陶簋,M7 有齊式蓮花瓣蓋頂的匜與壺,有無可能爲夫妻墓,尚待進一步研究。

M4 北向墓僅有銅器,國別尚不能確定。

M16 亦北向墓,墓主人男性,隨葬銅兵器、車馬器,並有齊式雙龍耳陶簋,有屬齊墓之可能。

其他零散穿插在並穴墓與諸墓組間的墓:

M70,男性墓,隨葬有銅兵器,齊式雙龍耳陶簋,蓮花瓣頂蓋匜、壺,應屬齊墓。

M25,女性墓,隨葬有齊式雙龍紋陶蓋,亦當屬齊墓。

三、墓 地 性 質

這裏所謂性質,主要是指墓地的國別與墓主人身份。

(一) 根據以上對墓地春秋晚期至戰國早期墓葬的分析,此墓地内墓葬並不單純,似非純粹的齊國墓地,而是夾雜有齊、魯(更近於新泰郭家泉類型)兩國自春秋晚期至戰國早期的墓葬。[①] 由於對墓葬年代還未能再作更細緻的區分,所以還不能嚴格劃分不同國別墓葬形成的更細小的時段,只能認爲在此一時段内,墓地曾爲齊、魯兩國共用。但到了戰國早期以後,墓地内可以大致判定爲齊墓的墓葬確實明顯增多。

(二) 墓葬大致可分爲東向、北向兩類,而墓向與國別的關係在春秋晚期至戰國早期似有所變化。對於此墓地大量春秋晚期至戰國早期的面積較大的並穴墓而言,東向並穴墓屬齊墓,北向並穴墓大致應屬魯墓。非並穴墓的較大型墓,也大致有以上規律。但是到戰國早期以後,非並穴而以同向墓構成的墓組中的墓或零散的面積較小的墓不再有上述規律,東、北向墓有分别屬魯、齊的可能。

(三) 春秋晚期至戰國早期並穴墓,多爲男女並穴,男性墓主人皆隨葬青銅兵器。其他非並穴墓,從數量看,絶大多數墓也是隨葬有青銅兵器的男性墓。這樣看來,過去學者們已指出的,周家莊墓地是將士墓是有道理的。這個墓地應大致可以認爲是專門埋葬齊、魯兩國軍人的公共墓地,戰國早期以後應以埋葬齊國軍士爲主。相比較而言,春秋晚期墓,特別是並穴墓,從墓制與隨葬品情況看,墓主人身份等級較高。戰國早期以後墓多數隨葬品簡陋,且男性軍人墓已多有明器兵器,顯示出相對較低的等級身份。

春秋晚期至戰國早期,在今新泰地區戍守或作戰的軍人(或爲外籍)陣亡或病逝後埋葬於此。由於軍人墓地並非家族墓地,所以周家莊墓地不具備一般族墓地的布局特徵(比如較大面積的墓葬有序排列,不同層級的族墓地相互有序分隔等),因此出現不同時期、不

---

① 王青:《新泰周家莊東周墓地的幾個問題初識》(《青銅器與山東古國學術研討會論文集》,上海古籍出版社,2017 年)已曾指出:"周家莊墓地的埋入人員除了齊國將士和居民外,還有大量已被征服的當地原屬魯國的居民及其後裔。"從此墓地中的有可能是魯墓的墓葬情況(墓位、墓葬規格、隨葬品)看,墓主人似不像是被征服後地位已降低的狀態。

同國別、墓主人等級身份有差別的墓葬穿插分布，似非像有的研究者所認爲的那樣排列規整。

（四）此墓地中並穴墓的女性墓主人，應該是男性墓主人的夫人。零散墓中少數面積較小的女性墓，不排除是下層軍士的配偶或其他隨軍女子。存在的問題是，據發掘報告，並穴墓中的女性，年齡多在 20—50 歲，且以 30—40 歲爲多。男墓主人作爲軍人，較年輕即陣亡是可能的，但其配偶如非戰死，似不當多卒於這個年齡，爲何會同埋葬於此軍人墓地？既使是死後移葬於此與其夫並穴同葬，也不會在此年齡段故去。較年輕的女性與戰死的男性並穴而葬，應該有特殊的造成同時死亡的原因，這個問題亦是可以再研究的。

（五）墓地雖可大致認爲是齊、魯（更近於新泰郭家泉類型）兩國墓地，但從隨葬習俗以及隨葬品看，又與齊都、魯都地區典型的齊、魯文化墓地有某些差別，特別表現在隨葬陶器的器類、組合形式及形制上，都有一定的區域性文化特徵。這既可能與埋葬於此的齊、魯兩國將士個人之籍貫、家族文化差異有關，也可能是埋葬時部分使用了較便於取得的新泰本地區製造的器物。

（六）今新泰地區在春秋晚期大致主要歸屬魯國，齊國勢力南下，此區域成爲被齊魯兩國軍事、政治力量交相控制的區域。如依上述，此一墓地中確實存在着兩國軍人的墓葬，戰國以後以埋葬齊軍人爲主，反映了進入戰國後，齊國勢力已逐漸控制這一區域。此墓地可爲了解此一時段齊魯兩國的相互關係，特別是在吳國等南方列國勢力北上背景下的相互關係提供重要參考。

附録

本文寫成付排後，筆者看到山東省文物考古研究院《臨淄齊墓》（第二集，文物出版社，2018 年）所刊兩醇墓地發掘報告，對本文可作如下補充：

1. 兩醇墓地春秋晚期墓的陶器組合亦以鬲、豆、盂爲主要形式，或有鼎、敦。

2. 本文圖三中春秋晚期齊陶鼎形制亦多見於兩醇墓地。

3. 本文言戰國早期齊墓陶器組合形式，包括有蓋豆與淺盤豆兩類，此一特徵在兩醇墓地戰國早期（乃至整個戰國時期）墓中亦存在。

（原載《傳承與創新·考古學視野下的齊文化學術研討會論文集》，上海古籍出版社，2019 年。收入本書時略有訂補）

關於以色列耶路撒冷國家
博物館所藏楚大師編鎛

　　2000 年夏季我在中國歷史博物館工作時,在北京認識了爲以色列耶路撒冷國家博物館籌辦"中國百件珍寶展"的該館亞洲藝術部的 Rebecca Bitterman 女士,並由她那里得知,在耶路撒冷博物館藏有一套有銘文的中國青銅編鐘,遂請她在回國後,在館方允許的情況下,將有關資料提供給我。同年 11 月,我從赴以色列參加"中國百件珍寶展"籌備工作歸來的中國歷史博物館工作人員手中接到 Rebecca Bitterman 女士托轉給我的一封信與有關資料,從中得知耶路撒冷博物館所藏的實際上是一套編鎛,共十一件,是由 Rebecca Bitterman 女士在紐約克里斯蒂拍賣行(Christie's)一次拍賣會上所購買的。在信中,她説:"我希望照片及草圖(是不懂中文的人畫出的)對您研究器物上的銘文能有所幫助。"但是,除了得知這套編鎛的形制外,從照片上看編鎛上的銘文,有相當多的字無法看清,讀起來很困難,加之當時手邊工作甚忙,即將對這一套編鎛作研究之事放下了。

　　從那時又過了八年,我在 2008 年 10 月出版的《上海博物館集刊》第 11 期上讀到了周亞先生所撰上海博物館所藏"楚大師登編鐘"的文章。[1] 得知上海博物館在 2008 年前不久徵集到九件由"楚大師登"所作編鐘,由作器者名,我想到這套鐘與耶路撒冷博物館藏的那套編鎛似是同人所作,於是找出來照片相對照,得知這兩套編鎛、編鐘果然是同一位"楚大師"所作,銘文內容也大致相同,可以對讀。以下即對耶路撒冷博物館所藏編鎛與銘文的内涵及其涉及到的上海博物館所藏編鐘的問題略作討論,談幾點不成熟的認識。

一

　　以色列耶路撒冷國家博物館所藏的十一件大小相次而形制、紋飾相同的鎛(圖一),高度從 9.3 厘米至 37.5 厘米(上海博物館的九件編鐘,高度則是 14.2 至 25 厘米)。這套編

---

① 周亞:《楚大師登編鐘及相關問題的認識》,《上海博物館集刊》第 11 期,上海書畫出版社,2008 年 10 月。

鎛的紋飾與上海博物館所藏編鐘紋飾是基本相同的：正鼓部的主體是兩條大型的對稱的顧首卷體的龍紋，龍上唇卷起，前接一先揚起又下卷的象鼻形紋，在這兩條對稱的龍紋頭頂上端又各伸出一條較小的龍，兩條這樣小龍的龍首相向對稱，小龍軀體下卷從大龍的體軀下伸出。

圖一　耶路撒冷博物館藏楚大師鄧子辭編鎛

　　僅從這樣的紋飾圖樣，也可以大致判斷這兩套編鎛、編鐘的時代，確應如周亞先生文章所云，應是在春秋早期。與這兩套鎛、鐘正鼓部類似的紋樣在西周晚期關中與中原地區的編鐘中已流行，[①]不同的是，這兩套鎛、鐘正鼓部的對稱龍紋，軀體顯得更加柔軟、靈動，兩條小龍與兩條大龍糾結的態勢亦更爲明顯，這會使人想到，稍晚自春秋中期開始流行的典型蟠螭紋的構圖思路，應該有可能追溯至這種龍體糾結的形式。而自春秋中期始，儘管鐘、鎛的正鼓部仍以這種對稱的顧首龍紋爲主紋飾，但龍或已變成多條，而且糾結、纏繞的程度更爲複雜。

　　耶路撒冷博物館所藏編鎛篆部所飾紋飾也大致同於上海博物館編鐘，每個篆帶間均飾有一正一反上下對稱的斜角龍紋，類似的紋飾亦見於西周晚期的編鐘篆帶。但正如周亞先生所指出的，西周的篆帶上的龍紋多是一身雙首，與此春秋早期作兩條一正一反的斜

---

① 請參見王世民、陳公柔、張長壽：《西周青銅器分期斷代研究》，文物出版社，1998年，176—181頁所附西周晚期鐘的紋飾。

角小龍不同。這套編鎛頂部(即"舞"上),接有一身雙首的龍形鈕,龍首張口抵於舞上,與西周以來的鎛多喜在鈕兩旁乃至鎛體兩側堆垛透雕的鳥、獸形紋風格不同,在鈕部未加過多的修飾。這套鎛兩側較直,向下斜張程度較小,也體現出西周晚期鎛的形制特徵,而其篆間已有凸起的枚,則是鎛出現枚較早的例子。

　　綜上所述,從形制與紋飾特徵諸方面情況看,耶路撒冷博物館的這套編鎛的年代亦應定在春秋早期。劉彬徽先生認爲上海博物館所藏編鐘年代上限可由銘文中"余保辥楚王"得知,應不早於楚武王始稱王之年(前704),[①]可從,則此套鐘、鎛的年代即應大約在春秋早期晚葉(這裏所謂稱"春秋早期"是約指前770年至前670年間)。春秋早期的編鐘、編鎛傳世與出土的並不多,屬同一作器者成套的鐘、鎛更爲罕見,所以,耶路撒冷博物館與上海博物館的這兩套編鎛、編鐘是相當珍貴的。由這兩套鐘、鎛與西周晚期關中和中原區域鐘、鎛紋飾、形制的聯繫,亦可證漢水流域楚文化圈在春秋早期仍與傳統周文化有密切的聯繫。

二

　　據Rebecca Bitterman女士提供的資料,可知在耶路撒冷博物館的這套編鎛中,編號爲7、8的兩件鎛(圖二、圖三)上鑄有銘文(其他各器有無銘文情況不詳)。兩件鎛銘相同,各自均爲全銘。其文字與上海博物館所藏1到6號較大型鐘上的銘文基本相同。藉助周亞先生文章所提供的上海博物館鐘銘的拓本(圖一一)與所作釋文,方能依據照片(圖四至圖一〇),大致辨識耶路撒冷博物館這兩件鎛(7、8號)上的銘文。

圖二　8號鎛　　　　　　　圖三　7號鎛

① 劉彬徽:《楚系青銅器研究續論》,收入《湖南省博物館館刊》第7輯,岳麓書社,2010年。

圖四　8號鎛鉦部銘文

圖五　8號鎛右鼓部銘文

圖六　8號鎛左鼓部銘文

圖七　7號鎛鉦部銘文

圖八　7號鎛右鼓部銘文　　　　　　　　　圖九　7號鎛左鼓部銘文

圖一〇　7號鎛背面右鼓部銘文

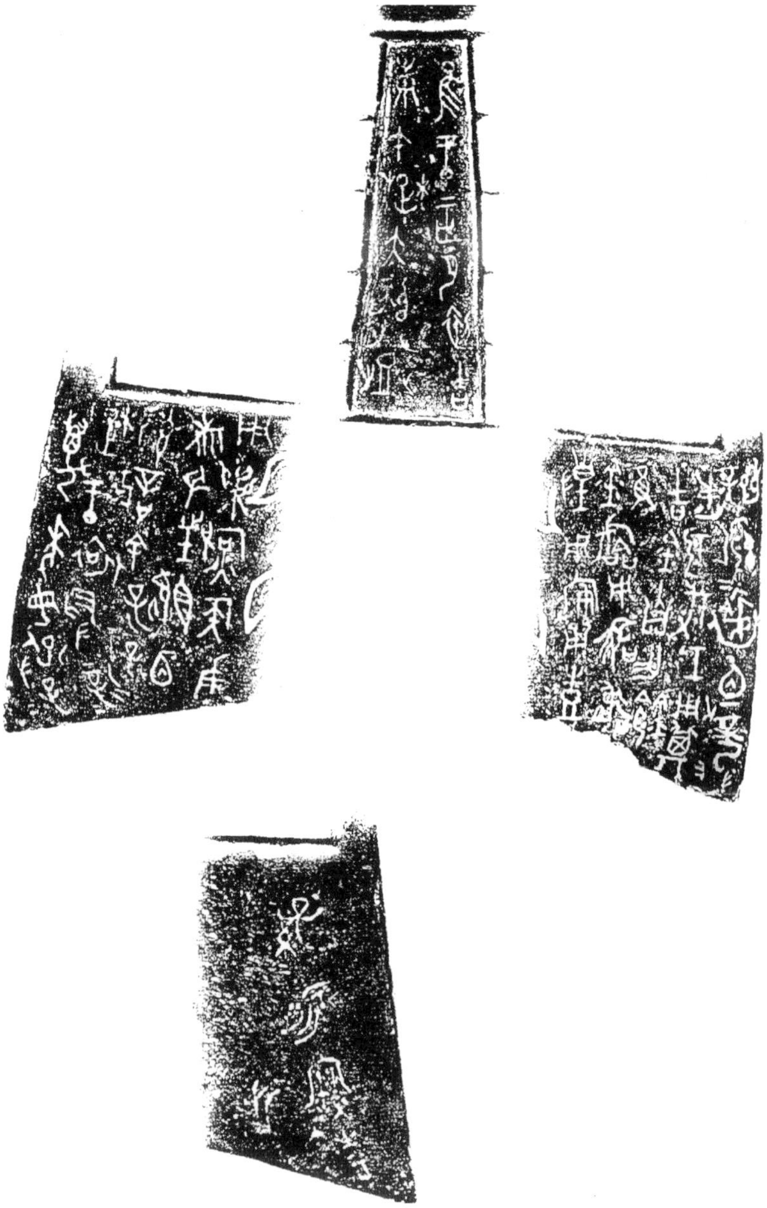

圖一一　上海博物館藏楚大師鄧辪 2 號鐘銘文

現先將周亞先生文中所作上海博物館鐘銘釋文抄録在下面(原釋文佚一"寶"字,此補上):

隹(唯)王正月初吉庚午,楚大師登(鄧)辪(辪)慼(慎),[①]慼(慎)絜(獨),函韓,武于戎工(功),用其吉金,自乍(作)鈴鐘,龢鳴叡(且)餿(皇),用宴用喜用樂庶(諸)侯及我父兄,既函既記,余保薛(辪)楚王,偯叚□□,萬年毋改,子子孫孫永寶鼓之。

耶路撒冷博物館兩件鎛的銘文基本相同。參考上海博物館鐘銘拓本(圖一一),現將8號鎛銘文(摹本見圖一二)的釋文寫定如下:

① 上博鐘銘中,"辪"字或从"月",但亦有不从者。耶路撒冷博物館所藏鎛銘中"鄧子辪"之"辪"因在照片中字形不清晰,有一例或亦从"月",以下釋文徑作"辪"。

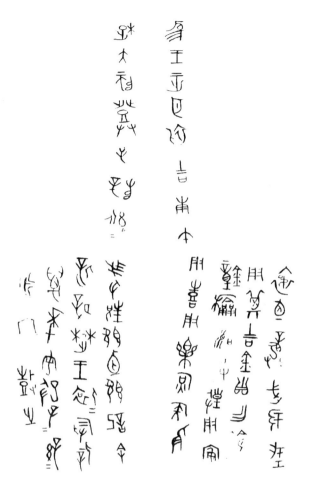

圖一二　耶路撒冷博物館藏 8 號鎛銘文摹本

佳王正月初吉庚午，

楚大師癸（鄧）子臂怒（慎）＝

裻（裻）咠黈，武邢（于）戎工（功），

用其吉金自乍（作）鈴

鐘，穌鳴戲敊（皇），用安（宴）

用喜，用樂庶侯及

我父胜（兄），既咠既記。余

保脖（辥）楚王，俵＝叚屖（遲），

萬年母（毋）改（期），子＝孫＝

永寶鼓之。

　　7 號鎛銘文末句作“永保鼓之”將鎛銘與鐘銘相比，可知二者基本相同，唯一的一個差別，是作器者自稱。鐘銘自稱“楚大師癸”，而鎛銘在“楚大師癸”後有“子”字，即可以連讀成“楚大師癸（鄧）子”，如按此讀，則“子”後一字“辥”（即“薛”），按此時名稱習慣，也應該隨上讀，即讀成“楚大師癸（鄧）子辥”。鄧子應是鄧國國君之稱，也是鄧氏宗子之稱。^① "辥"是此位"聑子"之私名。這種讀法,有下列春秋時期銅器銘文中"某(國名)子"之稱後接私名的例子爲證:

郰(許)子妝(《集成》4616)

曾子單(《集成》625)

楚子赾(《集成》2231)

聑(鄧)子午(《集成》2735)

肵(薛)子仲安(《集成》4546)

　　如此,則上海博物館鐘銘亦應讀成"楚大師聑(鄧)辥",這種稱呼中"鄧"是作爲國氏使用的。兩周時期,列國國君與公族成員均可以國名爲氏,而直接接私名爲人稱。^② 以國名爲氏名亦即所謂國氏,所以"鄧子辥"自然亦可稱"鄧辥"。這樣看來,上海博物館這套編鐘似即不宜稱作"楚大師登鐘"。這兩套鐘、鎛應該分別稱作"楚大師鄧子辥鎛"與"楚大師鄧辥鐘"。

　　由於銘文前邊作器者名稱的讀法有了變化,上海博物館鐘銘的個別字句讀法即亦當相應作調整。以下在周亞先生對上海博物館鐘銘考釋基礎上,對銘文的解釋略作補充。因周亞先生文已對銘文作了很好的釋讀,凡周先生所言而筆者亦無異議的,均直接取其説而不再贅言。

　　"楚大師聑(鄧)子辥愻(慎)＝ 裻(裻)昷(温)龏",由於辥被定爲鄧子之名,則"辥愻(慎)＝"即不再可能連讀,"愻(慎)＝"要隨下文讀,^③成了"慎慎裻昷龏"這樣一個句子,與此時期銘文中多四字一句讀法有所不同,但似乎只能如此讀了(除非"慎"下重文爲衍文)。^④ "慎",《説文》"謹也",《爾雅·釋詁》"誠也";"裻",從心叔聲,在此似可讀作宋,《方言》"宋,安靜也";昷龏,可讀作"温恭",^⑤《國語·魯語》"陷而入於恭",韋昭注:"恭爲謙。"所以,這句話可以譯成爲鄧子辥(爲人)"謹慎而誠實、沉靜而又温和、謙恭",是鄧子辥對其素養與品質自我評價之語。這樣講,似亦與"鄧子"所處地位有關(詳下文)。

---

① 在《春秋經》和《左傳》中,凡"某子"的稱謂,在"某"是國名的情況下,均是指稱該國國君。例如:巴子、吳子、宋子、弦子、肥子、紀子、胡子、邾子、徐子、莒子、郯子、楚子、鄭子、滕子、鄶子、衛子、譚子、夔子等。僅"陳子"有兩例是指齊臣。"國名加子"的稱呼後也多接該國君私名。以上情況可參見楊伯峻、徐提:《春秋左傳詞典》,中華書局,1985年。當然《經》是後代史官所記,其稱呼可能有設定成分,與自稱不同。按:有關此"鄧子"之身份請參見拙文《關於春秋金文中冠以國名的"子"的身份》,亦已收入本書。

② 參見拙著《商周家族形態研究》(增訂版)第三章,天津古籍出版社,2004年,第440頁。

③ "愻"讀"慎",見上引周亞先生文。"愻"下有重文符號,在耶路撒冷博物館鎛銘照片上看不甚清楚,但在上海博物館鐘銘拓本中還是看得很清楚的。

④ 按:李守奎先生認爲可讀作"鄧子臀愻(慎)",其名雙字,見所撰《楚大師辥慎編鐘與楚大師辥慎編鎛補釋》,收入清華大學出土文獻與保護中心:《出土文獻》第5輯,中西書局,2014年。

⑤ 銘文中"昷龏"連讀(也可以作爲一詞語)亦見於淅川下寺楚墓春秋晚期墓 M2 出土的王孫誥鐘與王子午鼎銘文(河南省文物研究所、河南省丹江庫區考古發掘隊、淅川縣博物館:《淅川下寺楚墓》,文物出版社,1991年),此外亦見於同時期的楚王孫遺者鐘銘文。按:本銘中昷原篆在囧下有一横作🔔,當仍可讀作昷,如虢叔旅鐘銘文(《集成》238—244),"乃"字多數作🔔,但亦有一例作🔔(《集成》238)。

“武于戎工”，是西周晚期至春秋早期銘文中習見的文句，虢季子白盤作“壯武于戎工”（《集成》10173）。“武”在此或當訓爲《廣雅·釋詁二》：“武，勇也，又健也。”“武于戎工”，是説其勇武展現於戎功，是在上文自述其文治之才能與素養、品質後繼言其武功。

“龢鳴叡敭（皇）”當如周亞先生文所言與鐘銘所常云之“元鳴孔皇”義近，是贊美鐘之音色的。

“用宴用喜（饎）用樂”之“用……用……”（或“用……用……用……”）這樣的句式，在春秋中晚期楚系青銅器銘文中已多改作“用……以……”如王孫誥鐘“用宴以喜”（《新收》429—443）、王子午鼎“用享以孝”（《新收》444—449）、王孫遺者鐘“用享以孝”（《集成》261）。①

“既昷既記”，此句似也當歸於“作鈴鐘”下所述與鈴鐘有關之事。昷，讀“溫”，柔和，柔暢。“記”當讀爲“紀”，《方言》十“紀，緒也”，在此也是講用編鐘、編鎛合奏之柔暢、有緒。

“余保朌（辥）楚王”，“保辥”一詞，亦見西周晚期大克鼎銘文“保辥周邦”（《集成》2836），春秋早期晉公盨銘文“保辥王國”（《集成》10342），是此一時段習用語。“辥”讀如“乂（艾）”，其意在此處當同於《爾雅·釋詁》“艾，相也”，亦即“佐治”之意。

“俒俒叚犀（遲）”，“俒”可讀作“依”，“哀”“衣”均影母微部字。《詩經·小雅·采薇》“楊柳依依”，馬瑞辰《毛詩傳箋通釋》：“猶殷殷，殷亦盛也。”陳奐《詩毛氏傳疏》：“茂木謂之依，重言曰依依。”“叚”在此當讀爲“嘏”，《詩經·周頌·我將》“伊嘏文王”，鄭玄箋：“受福曰嘏。”《詩經·商頌·長發》“昭假遲遲”，朱熹《詩集傳》釋此“遲遲”爲“久也”，“久而不息”。《慧琳音義》卷三“遲鈍”注引《考聲》曰：“遲，久也，息也。”②按以上釋讀，則本銘“俒俒叚犀（遲）”即“依依嘏遲”，亦即多福長久之意。

三

楚大師鄧子辥鎛、鐘銘文內容似多爲當時鐘銘中使用的套話、嘏辭，只是確如周亞先生文中所言，有一些新的金文字形與詞例。此外由於此兩套鐘鎛屬春秋早期，其銘文內容仍保留有西周晚期習語，且相對春秋中晚期的鐘銘來説，還是要簡練一些，詞語亦相對樸素，像春秋晚期鐘銘堆積更多套話的那種形式還未出現。

從史學角度看，這兩套鎛、鐘銘文最主要的價值，在於作器者是“楚大師鄧子辥”。“鄧子”如上述應即是鄧國的君主，也是鄧國公族之宗子。春秋早期時的鄧國位於今湖北襄樊市西北，③湖北省考古工作者所發掘的襄陽王坡春秋早期的鄧國墓地正在襄樊市襄陽區

---

① 參見嚴志斌：《楚王領鐘探討》，《考古》2011 年第 8 期，附表一。

② 按：原文依當時所辨照片上字形將“犀”字隸作“新”，解讀時將“新”讀爲“遲”。經再仔細辨識，此字確當隸作“犀”。這裏對原文有所訂正。

③ 石泉：《古代荊楚地理新探》，武漢大學出版社，1988 年，第 109 頁。

北部古鄧城以北 4 公里處，[①]亦證實了當時鄧國地望之所在。

　　春秋早期時，楚武王(前 740—前 690)曾娶鄧國國君之女鄧曼爲妻，可見此時兩國關係較爲密切。《左傳》桓公九年記載，楚武王三十八年(前 703)由於鄧國南鄙之鄭人殺了楚國使臣道朔及"巴客"，而鄧國袒護鄭人，楚曾伐鄧，並使"鄧師大敗"。雖然如此，在此後楚、鄧兩國的關係又有所恢復，又相安二十餘年，至楚文王十二年(前 678)時，楚滅鄧，此時已接近春秋早期末葉。[②]

　　春秋初年時，楚國遷都於郢(今湖北宜城市)，而位於今襄樊市西北之鄧國成爲楚國最近之鄰國與楚北上擴張首經之地，所以可以想見，楚人必欲置鄧國於其政治勢力籠罩之下。兩國雖有聯姻之好，並可能因此而減緩了楚吞滅鄧國之進程，但相對弱小的鄧國實際上當已處於楚國的附庸地位。

　　由上述兩國關係發展情況看，鎛、鐘銘文所記鄧子嘫擔任楚大師職務的時間，最大的可能是在楚武王稱王之年(即前 704)至楚文王滅鄧(前 678)這一段時間內。楚大師之職，在當時的楚國應該是重要的有相當政治權力的官職，惟在文獻中記載甚少。《左傳》文公元年(前 625)記楚穆王立，"以其爲太子之室與潘崇，使爲大師，且掌環列之尹"(杜預注："環列之尹，宮衛之官，列兵而環王宮")。《史記·楚世家》則曰："使爲太師，掌國事。"《史記·十二諸侯年表》更記潘崇"爲相"。楊伯峻先生《春秋左傳注》已指出，此時楚最高行政長官是令尹，潘崇非"爲相"，所謂"掌環列之尹"亦即宮廷禁衛軍之長。[③] 對此周亞先生之文亦已援引並申述。惟《左傳》文公元年是講"且掌環列之尹"，可見潘崇主要官職是大師，掌環列之尹，則是兼任，由此不能認爲大師僅是"禁軍首領"。《左傳》哀公十七年記楚惠王曾向大師子穀詢問率楚軍奪取陳國麥之統帥人選。是楚之大師有參與軍機大事之職能。[④] 由此可知，鄧子嘫能够在楚國擔任如此重要官職，證明在楚武王至文王滅鄧前，兩國關係處於較密切程度。

　　春秋早期，在楚國尚未實行楚王族之世族貴族壟斷政權的體制前，即楚武王、文王時，均曾起用過異姓的甚至是其他國家出身的貴族擔任要職，如楚武王時曾任命鄀國俘虜觀丁父任軍率，楚文王時亦曾任用申國俘虜彭仲爽擔任過令尹，事見《左傳》哀公十七年所記子穀語。所以，武王或文王時以鄧子任大師不是異國人在楚任要職之孤例。但是，由此又

① 湖北省文物考古研究所、襄樊市考古隊、襄陽區文物管理處：《襄陽王坡東周秦漢墓》，科學出版社，2005 年。
② 見《左傳》莊公六年。關於春秋時楚、鄧關係，可參見張祖耀：《鄧國、楚國關係初探》，《楚文化研究論集》第 4 集，河南人民出版社，1994 年。
③ 楊伯峻：《春秋左傳注》，中華書局，1995 年，第 515 頁。
④ 據《左傳》文公六年，晉國也有"大師"之官職。其文記趙盾始治國政，制定政令、法規"既成，以授大傅陽子與大師賈佗，使行諸晉國，以爲常法"。是晉之大師地位近同於大傅，是具體貫徹、執行執政大臣命令者。西周王朝舊有"大師"之官職。《詩經·小雅·節南山》："尹氏大師，維周之氐。秉國之均，四方是維。"《大雅·常武》："王命卿士，南仲大祖，大師皇父，整我六師，以脩我戎。"是知西周王朝之大師政治、軍事地位均顯赫。西周金文亦多見"大師"，爲師之長。由春秋金文中可知列國也有"大師"之官職，地位亦甚高。

引出一個問題,既然楚可以用所滅異國貴族任官職,那麼鄧子龢任楚大師有無可能亦是在鄧被楚滅後呢? 按照楚國對待所滅小國公室的方式,鄧被滅後其國君公室及其宗族還會保留,其君主仍可稱爲"鄧子",猶如已滅國後的息、黃兩國的宗子仍稱"息子""黃子"一樣。① 但考慮到上舉楚所任用的已滅的異國貴族均非國君來看,楚滅鄧後立即用其舊國君爲大師似可能性不大。所以,鄧子龢任職於楚國的時間似仍以在楚滅鄧前爲妥。

綜上所論,春秋早期鄧國君主兼任楚之重臣,這件事本身似可以説明以下幾點:

(一) 春秋早期處於楚近鄰之地的鄧國雖保有國之名義,但其君主充任楚之王臣,也象徵着鄧國之屬國地位,説明鄧國確實已成爲楚國之附庸。

(二) 楚、鄧在相當一段時間内,很可能是在鄧曼嫁予楚武王之兩國聯姻階段,亦即大致在楚武王時期及楚文王滅鄧前一段時間,楚與鄧關係較好,楚對鄧還是相當信任的,故才有任命鄧國君主兼楚國重要官職大師之可能。

(三) 楚國任命鄧這一附屬小國的君主爲重要行政官員,對於楚來説,自然也是借以表現楚對鄧的宗主權,而對鄧來説,則是要以此表示對楚的服從與依賴,降低楚國對其不信任的程度。鎛、鐘銘文中,鄧子龢自述其爲人"謹慎而誠實、沉靜而又寬容、謙恭"似亦是與鄧國相對楚國之地位有關。

(四) 大概正因爲鄧國君主效忠於楚,鄧國自居楚國之附庸的地位,鄧國才得以苟延生存,在楚國先後滅了鄰近的盧、羅(以上前 699 年後不久)等國以及較遠的申(前 688—前 664)、息(前 680)之後鄧國才被楚國吞并。

綜上所言,耶路撒冷博物館所藏楚大師鄧子龢編鎛與上海博物館所藏鄧龢編鐘的價值,不僅在於提供了很少見的春秋早期楚國鐘、鎛的形制、紋飾特徵以及銘文格式之資料,並因而從青銅器研究角度來看具有重要的學術價值,而且更爲重要的在於其銘文爲了解春秋早期楚國與其附屬國之間的相處方式,了解楚國與鄧國之間的相互關係提供了文獻未載的信息。

(原載《楚簡楚文化與先秦歷史文化國際學術研討會論文集》,
湖北教育出版社,2013 年)

---

① 參見拙著《中國青銅器綜論》(下),上海古籍出版社,2009 年,第 1749—1750 頁。

論春秋金文中冠以國名的"子"的身份

本文要討論的"冠以國名的'子'",所冠"國名"即指"某子"之稱的"某"是國名,亦即所謂"以國爲氏"。在西周、春秋時代,能以國名爲己之氏稱者,應是列國國君與國君之近親成員。①

一、由楚大師鄧子鐘、鎛説起

以色列耶路撒冷國家博物館有十一件形制、紋飾相同而大小相次的編鎛,其中編號爲7、8的兩件鎛上鑄有銘文(其他各器有無銘文情況不詳)。② 其銘文曰:

> 隹王正月初吉庚午,
> 楚大師鄯(鄧)子臂愻(慎)=
> 衺(褻)昷龔,武邗(于)戎工(功),
> 用其吉金自乍(作)鈴
> 鐘,穌鳴虩敦(皇),用安(宴)
> 用喜,用樂庶侯及
> 我父陛(兄),既昷既記。余
> 保脖(辥)楚王,佫=叚屖(遲),
> 萬年母(毋)改(期),子=孫=
> 永寶鼓之。

① 請參見拙著《商周家族形態研究》(增訂本),天津古籍出版社,2004年,第440頁。
② 資料係照片,承以色列耶路撒冷國家博物館亞洲藝術部 Rebecca Bitterman 女士提供,時在2000年6月。照片上的銘文不清楚。2008年10月《上海博物館集刊》第11期,有周亞先生所撰介紹上海博物館藏"楚大師登編鐘"的文章(《楚大師登編鐘及相關問題的認識》),編鐘銘文内容與以色列博物館編鎛銘文近同,二者可以對讀。筆者曾撰有《關於以色列耶路撒冷國家博物館所藏楚大師編鎛》一文,收入羅運環主編:《楚簡楚文化與先秦歷史文化國際學術研討會論文集》,湖北教育出版社,2013年,第45—54頁。本文所引編鎛銘文及解釋請參見此文。按:該文亦收入本書,惟釋文略有訂正。

從銘文内容看,這位"鄧子"時任楚國之大師,①自言其爲人謹慎、沉靜,寬容而又謙恭,勇武於戎功。又言要"保辥楚王",即佑治楚王。此"鄧子"以國名爲氏,應即所謂"國氏",其身份應是在楚國任官職的鄧國公室貴族。

楚國之"大師"是什麽級别的官職,在《左傳》中可以見到一些迹象。《左傳》文公元年記楚成王欲黜太子商臣,商臣逼殺成土,繼位爲穆王。因其師潘崇有功於其謀位之舉,遂"以其爲太子之室與潘崇,使爲大師,且掌環列之尹"。據杜預注,環列之尹,是列兵環衛王宮之官。竹添光鴻《左氏會箋》依襄公十六年,"晉平公即位,羊舌肸爲傅……是平公爲大子時,叔向(即羊舌肸)爲傅,及即位命爲君大傅也",而云"潘崇自大子師躋爲王大師,亦一例也"。② 可見春秋時楚之大帥地位甚高。《左傳》文公六年孔穎達正義引《尚書·周官》曰大師、大傅、大保,爲天子三公,故春秋時的大師地位乃孤卿。與楚大師有關的史事又見《左傳》哀公十七年,其文曰:"楚白公之亂,陳人恃其聚而侵楚。楚既寧,將取陳麥。楚子問帥於大師子穀與葉公諸梁。"由此亦可知,楚之大師確爲楚王重要軍政事務之顧問。如此,則可以推測上引擔任楚大師的鄧子亦必是鄧國高級貴族,而尤值得注意的是,鎛銘中作爲楚大師之鄧子言其作鈴鐘要"用樂庶侯及我父兄",庶,衆也。"庶侯"即諸侯。如果僅以"楚大師"的身份是否有資格宴樂諸侯,這個問題似可以從分析春秋時青銅樂器銘文做一探討。

現將春秋(及戰國早期)鐘、鎛、句鑃銘文中言及用途(宴饗奏樂以娛樂)時涉及到的在世的生人登記如下。銘文按作器者身份分成兩部分,前一部分是有國君身份者,後一部分是列國卿大夫(銘文中"以"原篆作"目"或"台","兄"原篆作"𠈐","朋"原篆作"匃","諸"原篆作"者",以下釋文徑作"以""兄""朋""諸")。

(1) 邾公鈼鐘:用樂我嘉賓,及我正卿(《銘圖》15275)

邾公華鐘:以樂大夫,以宴士庶子(《銘圖》15591)

邾公牼鐘:以匽(宴)大夫,以喜諸士(《銘圖》15421)

越王者旨於賜鐘:我以樂丂(考)、帝(嫡)戬(祖)、大夫、賓客(《銘圖》15417)

越王朱句鐘:以樂賓客,志(之)勞尃(撫)諸侯③(《銘圖》15430)

這一部分宴樂所及爲:1. 嘉賓、賓客;2. 正卿、大夫;3. 士庶子(庶子即"衆子");

---

① 鎛銘中,鄧子之名值得討論,如讀爲"鄧子肯",下邊本應是四字一句的韻文,即成了"怨(慎)=裘(褱)㬎嘼",成爲五字一句。此種狀況或可能是"怨"字下重文符號誤衍,或可能是當讀作"鄧子肯怨(慎)"其名雙字,李守奎先生有此説,見《楚大師辥慎編鐘與楚大師鄧子辥慎編鎛補釋》,清華大學出土文獻研究與保護中心:《出土文獻》第5輯,中西書局,2014年,第21—27頁。

② 竹添光鴻:《左氏會箋》,巴蜀書社,2008年,第676頁。

③ "志勞尃",曹錦炎先生讀爲"誌勞賻",即"誌"諸侯之"勞賻"。但從此時期諸鐘銘通常的語意看,均是講用鐘以宴樂,而不主記録此類政事。且此句又緊接在"以樂賓客"句後,故疑"志勞尃"可讀爲"之勞撫"。志、之均章母之部字。《戰國策·齊策三》"之其所短"高誘注:"之,猶用也。""勞撫"二字皆有慰勞之意。

4. 諸侯。

  (2) 子璋鐘：用樂父兄、諸士（《銘圖》15324）

    瞉鐘：謌（歌）樂以喜，咸及君子、父兄（《銘圖》15797—15804）

    王孫誥鐘：以樂楚王、諸侯、嘉賓，及我父兄、諸士（《銘圖》15606）

    王孫遺者鐘：用樂嘉賓、父兄，及我朋友（《銘圖》15632）

    鼏氏鐘：用樂嘉賓，及我朋友（《銘圖》15416）

    徐王子旃鐘：以樂嘉賓、朋友、諸臥（賢），兼以父兄、庶士（《銘圖》15532）

    褱兒鎛：以樂嘉賓，及我庶士（《銘圖》15805）

    沇兒鎛：以爍（樂）嘉賓，及我父兄、庶士（《銘圖》15819）

    姑馮昏同之子句鑃：以樂賓客，及我父兄（《銘圖》15983）

    配兒句鑃：余以宴賓客，以樂我諸父（《銘圖》15984、15985）

  這一部分宴樂所及（除王孫誥鐘所言外）爲：1. 嘉賓、賓客；2. 朋友、諸賢；3. 父兄；4. 庶士（即“衆士”）。此時的“朋友”因與“父兄”並言，似已非族兄弟，而是指器主人同僚中的友人。

  由這兩部分鐘銘中所明確提到的宴樂對象，可以看到由於身份差異，宴樂對象亦有所區別。前者作爲國君（公或王），會言其宴樂對象有卿、大夫甚至諸侯，而後者作爲國君以下之貴族，除王孫誥鐘銘文外，宴樂對象主要是親屬父兄及下層貴族（所謂“庶士”）以及“朋友”之類。

  王孫誥鐘言及宴樂“諸侯”，其身份已比及列國國君。這應當是個特例，其特殊點在於，王孫誥是楚王孫，當是因資歷甚老，在楚握有實權，故其銘文中雖亦講要“敬事楚王”，但同時又言他可以“以樂楚王”，皆反映出王孫誥地位之特殊尊貴。此外，其鐘銘言可以宴樂諸侯，也與楚國在春秋晚期時勢力強大，使江淮間列國多降以附庸地位有關。如在瞉鐘銘文中瞉自稱是“呂王之孫”，但又是“楚城（成）王之盟僕”，而在蔡侯鐘銘中，蔡侯亦言要“左右楚王”，均可以明顯地看出這一點。故王孫誥作爲楚權臣方可傲視諸侯，其鐘銘宴樂所及人士超過卿大夫所能有之地位，當是與以上兩點因素有關，非爲常例。楚王孫遺者雖亦爲王孫，但從鐘銘看即未越及其身份。

  根據以上對春秋青銅樂器銘文中所言宴樂對象的分析，此楚大師鄧子既可以言要宴樂“庶侯”，則其身份背景即有兩種可能，其一，比照王孫誥，也是因楚國之強大地位與大師爲楚國之重臣的資歷。但是，王孫誥時在春秋晚期，而楚大師鄧子由其所作編鎛（及上海博物館所藏同銘編鐘）形制、紋飾看還是在春秋早期，[①] 此時漢淮流域及鄰近地區的周封國多數還未被楚滅掉，楚國尚未強大到使列國臣服之程度。此外，此鄧子雖位至楚大師，

———————————

① 拙文《關於以色列耶路撒冷國家博物館所藏楚大師編鎛》。本文所引編鎛銘文及解釋請參見此文。

但身爲異族,應該不會達到像王孫誥這樣有楚王族背景的權臣之地位,敢以自比"庶侯"。所以最大的可能即是此"鄧子"實乃鄧國的君主。

鄧國爲楚所滅,是在前 680 年楚滅息之後,則作編鐘之時,鄧國尚作爲獨立國家存在。但很可能因鄧地地處今襄樊西北,正在楚國北上擴張必經之地,欲生存即必須要向楚國稱臣,故鄧國此時實際上已成爲楚國的附庸,則作爲其君主的鄧子擔任"楚大師",既反映鄧國對楚的服從,同時也表現出楚此時對鄧國有一定程度的信任,故才能委任其兼任楚國重要官職。

然筆者視"鄧子"爲春秋早期鄧國之君主的這一看法,曾有學者置疑,對"鄧子"身份有不同意見,認爲"鄧子"很可能只是鄧國公族成員,未必是國君。這説明對春秋時冠以國名的"子"的身份,現在學界並未有共同的認識,這個問題確較爲複雜,還是值得深入討論的。此亦爲本文寫作之緣由。

二、對幾個典型的冠以"國名"之"子"的分析——關於 "楚子""曾子""許子""黃子"與"秦子"

(一) 楚子

自名"楚子"所作器有:[①]

楚子暖簠:隹(惟)八月初吉庚申,楚子暖鼉(鑄)其飤匿(簠),子孫永保之。(《銘圖》5900、5901、5899,同銘三器)

楚子棄疾簠:楚子棄疾,擇其吉金,自作飤匿(簠)。(《銘圖》5835)

楚子迌鼎:楚子迌之飤鎦。(《銘圖》1668)

從兩件簠的器形看,楚子暖簠、楚子棄疾簠均是器口與蓋口各有一段直壁的形制,但直壁的高度不及腹深一半,飾較細密蟠螭紋,由形制與紋飾看,其年代皆應在春秋晚期。[②] 楚子迌鼎的形制則屬春秋晚期偏早。[③]

楚子暖之"暖"從爰,見聲。見爲見母元部字,虔,爲群母元部字,是"暖"與"虔"聲極近而韻同,則楚子暖當亦可讀作"楚子虔"。《左傳》昭公元年(前 541):"楚靈王即位。"杜預注:"靈王,公子圍也。即位易名熊虔。"故楚子暖即可能是楚靈王熊虔,而且此"楚子"乃即

---

① 1972 年湖北襄陽山灣楚墓地 M33 出土有敦,銘曰:"楚子□僕之飤□。"(《銘圖》6062)從器形看,應屬春秋晚期器。同墓又出簠,銘曰"子季嬴青,擇其吉金,自乍(作)飤匿……"(《銘圖》5932),其形制亦當屬春秋晚期。黃錫全先生認爲"子季"即《世本》所云"楚公族子季氏",爲氏名,可從。見黃錫全:《楚器銘文中"楚子某"之稱謂問題辯證——兼述古文字中有關楚君及其子孫與楚貴族的稱謂》,《江漢考古》1986 年第 4 期。二器雖同墓所出且年代接近,但"楚子□僕"是否與"子季嬴青"爲同一人,尚難確知,故以此推測"楚子□僕"身份似不妥當,且此楚子之名"僕"前一字銹泐,尚不能確識。

② 《銘圖》定楚子暖簠爲"戰國早期"似失之於晚。

③ 此鼎之形制屬於拙著《中國青銅器綜論》(第 1775、1788 頁)所分 Bb I 式。

位後的稱謂。

楚子棄疾，很可能即是楚康王、楚靈王之弟棄疾。《左傳》昭公十三年(即楚靈王十二年，前 529)："丙辰，棄疾即位，名曰熊居。"《史記·楚世家》："丙辰，棄疾即位爲王，改名熊居，是爲平王。"①

楚子迖鼎之"楚子迖"，从辵，古聲，與"居"均見母魚部字，故"楚子迖"即可讀作"楚子居"，很可能即上述楚平王熊居。

綜合以上三例銘文中"楚子"之所指，似可以作出如下三點推測：

1. "楚子"可爲在位之楚王之自稱。②

2. 楚國未繼位之王子亦可稱"楚子"，③如楚平王繼位前稱"楚子棄疾"。棄疾在共王諸子中排行五。

3. 楚國王子如繼位爲王，則要改名。如此，則同一"楚子"即可能有兩個名。

(二) 曾子

作器者自稱"曾子"的青銅器，依其器物形制、紋飾以及銘文字體，大致可以排序如下。

春秋早期：

(1) 曾子單鬲：曾子單用吉金自乍(作)寶鬲。(《銘圖》2845)

(2) 曾子斿鼎：曾子斿擇其吉金，用鑄(鑄)爲彝，惠于刺曲，啻屖下保。臧(臧)敬集□，百民是奠。孔嗁□□，事于四國。用考(孝)用喜(享)，民粦(俱)卑卿(饗)。(《銘圖》2388)

(3) 曾子伯皮鼎：隹(惟)曾子白(伯)皮用吉金自乍(作)寶鼎，子孫用喜(享)。④

(4) 曾子伯𦎫鼎：曾子伯𦎫鼑(鑄)行器，爾永祐福。(《銘圖》1944)

(5) 曾子伯𪓤盤：隹(惟)曾子白(伯)𪓤用其吉金自乍(作)旅盤，其黃耇需冬(終)，萬年無彊(疆)，子孫永寶用喜(享)。(《銘圖》14505)

曾子伯𪓤匜：隹(惟)曾子白(伯)𪓤自乍(作)隑盇(匜)。(《銘圖》14897)

(6) 曾子仲諌鼎：隹(惟)曾子中(仲)諌用其吉金自作𩰬彝，子子孫孫其永用之。(《銘圖》2214)

(7) 曾子仲宣鼎：曾子中(仲)宣□用其吉金自作寶鼎，宣喪用鬻(饙)其者(諸)

---

① 春秋晚期時，楚貴族中還有楚令尹子南的兒子亦名"棄疾"(見《左傳》襄公二十六年)。子南是公子追舒，則此"棄疾"應是公孫，且其身份較低，只是楚康王之御士，因康王殺其父子南，不甘心再事奉康王而自盡。由此種地位看，此棄疾不大可能是楚子棄疾簠的器主人。另有廄尹棄疾(見《左傳》昭公六年)，係令尹子文玄孫。由此二人的地位看，均不大可能是楚子棄疾簠的器主。

② 趙世綱：《楚子棄疾匜與"楚子"的稱謂問題》曾舉曾國器銘中"曾侯中(仲)子斿父"又稱"曾子斿"、秦公亦可稱"秦子"爲例，證明"楚子"可以爲楚王自稱，認爲"楚子棄疾"即楚平王。見趙世綱：《楚子棄疾匜與"楚子"的稱謂問題》，《文物研究》總第 7 期，黃山書社，1991 年，第 244—249 頁。

③ 楚君在春秋戰國時期自稱"楚王"，其子或稱"王子"。

④ 陳偉武：《兩件新見曾國銅器銘文考述》，收入氏著《愈愚齋磨牙集》，中西書局，2014 年，第 46—53 頁。

父者(諸)兄,其萬年無彊(疆),子子孫孫永寶用鬲(享)。(《銘圖》2371)

　　(8) 曾子歔鼎:曾子歔自乍(作)行器,其永□之。

　　(9) 曾子壽鼎:曾子壽自乍(作)行器,剌(則)永祐福。①

春秋中期:

　　(10) 曾子杲簠:曾子杲自作行器,剌(則)永祐福。(《銘圖》5826—5827,同銘二器)

　　(11) 曾子卹簠:隹(惟)正月初吉丁亥,曾子卹自作飤匡(簠),子子孫孫永保用之。②

　　(12) 曾子原彝簠:隹(惟)九月初吉庚申,曾子原彝爲孟姬䣄(歔)䲞(鑄)媵(媵)匡(簠)。③

　　又曹錦炎先生曾撰文介紹過在紹興藏家處所見三件"曾子南戈",一件"曾子迓戈"。四件戈的形制相似,援較長,鋒均近於三角形,援背較平直,中部作不同程度的束腰狀,此四件戈的年代,曹錦炎先生定在春秋中期偏晚是可信的。④ 四件戈銘分別作:

　　(13) 曾子南用戈。(戈一、二)

　　　　曾子南之用戈。(戈三)

　　(14) 曾子叔迓之執。(戈四)

　　"迓",《説文》"會也",同"交"。《尚書·堯典》"宅南交",僞孔傳曰:"南交言夏與春交。"蔡沈集傳曰:"南交,南方交趾之地。"則"叔迓"可能是曾子南之字。

春秋晚期:

　　(15) 曾子義行簠:曾子義行自作飤匡(簠),子孫其永保用之。⑤

　　(16) 曾子遳簠:曾子遳之行匡(簠)。(《銘圖》5778—5779,同銘二器)

　　　　曾子遳缶:曾子遳之行缶。(《銘圖》14067)

　　(17) 曾子季乤臣簠:曾子季乤臣之飤匡(簠)。⑥(《銘圖》5797,甲;5798,乙)

　　(18) 曾子虞戈:曾子虞之用戈。⑦

---

① 以上二器銘見方勤、胡剛:《棗陽郭家廟曾國墓地曹門灣墓區考古主要收穫》,《江漢考古》2015 年第 3 期。此二鼎分別出於該墓區 M10、M13,爲較小的中型墓。此墓區中心有大墓 M1,包括 M10、M13 在内的若干小型墓分布於 M1 之西側與南側。

② 臺北故宮博物院編輯委員會:《商周青銅粢盛器特展圖録》,臺北故宮博物院,1985 年,第 370—371 頁,圖 97。

③ 湖北省文物考古研究所:《曾國青銅器》,文物出版社,2007 年,第 382—383 頁。

④ 曹錦炎:《曾子戈小議》,《江漢考古》2015 年第 1 期。

⑤ 湖北省文物考古研究所:《曾國青銅器》,第 414—415 頁。

⑥ 曾子季乤臣簠,《銘圖》定爲戰國早期。但從此簠器蓋交接處的直壁高度以及紋飾看,簠有可能不會晚至戰國,當屬於春秋晚期器。

⑦ 湖北省文物考古研究所、隨州市博物館:《湖北隨州市文峰塔東周墓地》,《考古》2014 年第 7 期。隨州文峰塔墓地 2009 年發掘,共發掘了 54 座東周時期的土坑墓以及 3 座車馬坑,曾子虞戈出於小型墓 M34,形制屬春秋晚期。M38 出有"曾子懷"所製簠。但曾子懷簠器形未公布,墓葬年代未能確知,暫不計入。

以上所見春秋時期"曾子"諸器中,值得注意的有如下兩位曾子:

其一,春秋早期的"曾子斿"。

1966 年,湖北京山蘇家壟出土春秋早期的青銅器 97 件,其中包括鼎九、鬲九、甗一、簋七、鋪二、方壺二、盉一、盤一、匜一,共 33 件,此外尚有車馬器等 64 件器物。雖然非爲考古發掘,當時未能確定這批銅器是出於墓葬,但從器物的組合形式及有車馬器存在可以推測是出於一座大墓。[①]

九件鼎形制同,均作淺腹、雙附耳、較粗大蹄足而大小相次,其中 1、3 號鼎尚有銘文作:

　　　　曾侯中(仲)子斿父自乍(作)鬻彝。

同時出土的兩件鋪,銘文曰:

　　　　曾中(仲)斿父自乍(作)寶甫。

另有兩件壺銘文作:

　　　　曾中(仲)斿父用吉金自乍(作)寶醴壺。

九件鼎中,相對有銘的兩件鼎,無銘的七件鼎鑄造較粗,顯然是爲了配合兩件有銘鼎補鑄的,爲的是湊成九鼎。[②] 其九鼎(及九鬲)、七簋之組合,大致合乎此一時期與侯的身份相合的鼎簋相配制度規定的數量關係。[③]

這種銅器組合的情況表明,隨葬這套禮器的主人"曾侯仲子斿父"(即"曾仲斿父")的身份很可能已是一代曾侯。[④]

現在的問題是,曾仲斿父在作了"侯"之後,是否可以"曾子"爲稱。上引同爲春秋早期的曾子斿鼎三足殘缺,但器腹形制與口沿下竊曲紋之紋樣,均同於蘇家壟所出曾侯仲子斿父鼎,此"曾子斿"應該即是此"曾仲斿父"。從曾子斿鼎的銘文內容看,此時他的身份應該已不只是一個公子。銘文曰"臧敄集囗,百民是奠",奠,定也、安也。"百民是奠",即百民得以安定。銘文又有曰"事于四國","事"在這裏應是事功之意。《大戴禮記·盛德》"事治

① 蘇家壟銅器出土狀況承蒙張昌平先生賜告。

② 湖北省文物考古研究所:《曾國青銅器》,第 11—47 頁。

③ 學者或因此九鼎之拼湊情況,懷疑其主人是否爲曾侯。但實際上在其他東周墓葬中發掘出土的九鼎或七鼎、五鼎等,亦常有拼湊的情況,例如平山中山王䉜墓出土之九鼎,拼湊原因也可能是因其原作成套禮器中有的被後人留下(上一代先人所作器出在後人墓中是常見的),在隨葬時即再補作湊成合鼎制之數。當然,也有可能是此時(春秋早期)正值社會動亂之際,曾侯未能得以大量作器。類似的情況,亦見於韓城梁帶村春秋早期芮國墓地的部分墓葬。參見拙文《論梁帶村芮國墓地出土青銅器與相關問題》,收入《梁帶村裏的墓葬》,北京大學出版社,2012 年,第 154—165 頁。按:九鼎應配八簋,現只知有七簋,不排斥是因非考古發掘,在出土後有一簋流失。

④ 所以這樣講,是因爲"曾侯仲子斿父"可以有兩種理解。一是理解爲斿父是時任曾侯之"仲子",此猶如"噩侯弟曆季"(簋,《銘圖》4509)、"鄫侯少子斱"(簋,《銘圖》5149)。另一是,"仲子斿父",即相當於稱"仲斿父",猶如"曾仲敔"(鼎,《銘圖》2090),相當於"曾仲敔",如可這樣讀,"仲子斿父"即此曾侯之名或字。

而功成",王聘珍解詁:"事,立功者也。"《墨子・親士》"吴起之裂,其事也",孫詒讓閒詁引畢云,事,"謂事功"。《詩・大雅・皇矣》"維彼四國",毛傳:"四國,四方也。""事于四國"相當於建功立業於四方。銘文最後言"用孝用享,民俱卑卿(饗)",大意是言,作此鼎用來孝享於先祖,則民衆亦皆使能饗其福。①

從上述這些語句看,曾子斿雖未自稱"侯",但儼然是用曾侯即國君的語氣來説話。因此,與上述所述"鄧子""楚子"含義有共同處的是,"曾子"是可以用來作爲國君自稱的。

其二,春秋晚期的"曾子遲"。

上引屬春秋晚期的"曾子"之器中有"曾子遲"簠、缶,1978 年發掘的隨縣(今隨州)曾侯乙墓出土有曾侯屑(遲)戟,即"曾侯遲之行戟"(三戈戟,《銘圖》16882—16883)、"曾侯屑(遲)之用戟"(雙戈戟,《銘圖》16880—16881),同出有"曾侯屑(遲)之尊盤"。② 四件戟作細長援,近鋒部略寬,鋭鋒,已屬春秋晚期至戰國早期形制。2009 年在隨州文峰塔墓地春秋晚期墓 M1 出土有曾侯臘編鐘,同墓所出青銅鬲(M1：19)銘文曰"曾侯與之行鬲"。③ 此"曾侯臘""曾侯與"即上述曾侯乙墓出土器物上所見之"曾侯屑""曾侯遲"。而且曾侯遲亦應即曾子遲。曾侯乙墓的年代是戰國早期中葉,則墓中出春秋晚期的曾侯遲所用戟,是承繼先人之器。學者或認爲曾侯遲是曾侯乙的祖輩。④ "曾侯遲"之即"曾子遲",證明自稱"曾子"者,是可以有侯的身份的,只是稱"曾子遲"時,是否已爲侯則未能確知,但因上引曾子遲器均個人自用食器,即使已爲侯亦非必要自稱侯,故不排斥是已爲侯時所作器。

上舉已知春秋時期自稱"曾子"者已有十八位。限於資料,除去曾子斿、曾子遲外,不能得知其他諸位"曾子"有無任侯者。參考上文所述"楚子"的情況,如同一"曾子"繼任爲侯,則在任侯前後會改名,即同一"曾子"會有兩個名,那樣也許已知的"曾子"並没有這麼多,但總不在少數。這種情況即使我們有理由質疑一種傳統的説法:稱"某(國氏)子"只是一種特殊情況下的稱謂,即新國君即位,在先君薨後爲之服喪的一年期間,國君以國氏加"子"爲稱,如《春秋經》僖公九年所云:"夏,公會宰周公、齊侯、宋子、衛侯、鄭伯、許男、曹伯于葵丘。"《左傳》僖公九年則釋"宋子"之稱曰:"春,宋桓公卒。未葬而襄公會諸侯,故曰子。凡在喪,王曰小童,公侯曰子。"《禮記・雜記》:"君薨,大子號稱'子'。待猶君也。"鄭玄注:"謂未逾年也,雖稱'子',與諸侯朝會如君矣。"但此稱既只是在一年服喪期,像上舉"曾子"稱謂多達十餘個,似即不好完全用此種説法來解釋了,正像張昌平先生所云:"若舊

---

① 《國語・晉語》"子孫饗之",韋昭注:"饗,饗其福。"
② 湖北省博物館:《曾侯乙墓》,文物出版社,1989 年,第 268、271、228—234 頁。
③ 張昌平:《曾國青銅器銘文中的"子""伯"等稱謂問題》,發表於湖北省博物館、湖北省文物考古研究所、清華大學出土文獻保護與研究中心、北京大學震旦古代文明研究中心主辦"曾國考古發現與研究"學術研討會(2014 年 12 月 21 日)。
④ 張昌平:《曾侯乙、曾侯遲和曾侯郟》,《江漢考古》2009 年第 1 期。徐少華先生曾推測曾侯遲當繼位於公元前 515 前後至前 505 年前後,見所著《曾侯戜戈的年代及相關曾侯世系》,《古文字研究》第 30 輯,中華書局,2014 年,第 218—222 頁。

君未葬而新君稱子,何以子的稱謂如此多見？難道新君每每在服喪期間鑄器？"①而且,如果參考上述"楚子"的情況,"楚子棄疾"既可以是楚平王爲公子時的稱呼,則稱"曾子"者亦未必是侯,也會有公子身份並未繼位爲國君者。

概括上述"曾子"已知的和可能有的身份,自稱"曾子"者,既有"曾子伯晳""曾子伯皮",又有"曾仲斿父""曾子仲謰""曾子叔迮"以及"曾子仲宣""曾子季关臣"(亦稱"曾季臣")來看,"曾子"可以是爲"伯"之嫡長者,説明以往或認爲"某(國氏)子"是旁系小宗的這種説法是不能成立的。但"曾子"又並非皆嫡長子,在諸公子中也可以是仲,是叔,是季,因此以往舊説認爲稱"某(國氏)子"者,是指太子,指國君嫡長子,也是不妥當的。

從上引"曾子"下面的私名諸稱以及其他春秋時曾器銘文中所見,以國氏(在曾國即"曾"氏)爲稱的貴族可以有如下五種稱謂方式(指冠在私名前的稱呼),即:

曾侯	曾子	曾子伯	曾伯②	曾孫③
		曾子仲	曾仲④	
		曾子叔	曾叔⑤	
		曾子季	曾季	

在上舉這五種稱呼的内涵可以概述如下:

1. "曾侯"是曾國公族成員任侯者,是一種政治性稱謂。

2. "曾子"是一種特殊的稱呼,"曾"既是以國爲氏,亦即所謂"國氏",其含義似可理解爲是"曾氏的公子"或"曾國的公子",與之可以歸爲同類稱謂的是"曾孫","曾孫"的身份是指"公孫"。所以"曾子"與"曾孫"皆可視爲一種親稱,這種親稱强調的是國氏的身份與在曾氏中縱向傳承的親屬關係。

3. 同輩份的"曾子"後所接"伯""仲""叔""季"或"曾伯""曾仲""曾叔""曾季",表示的是平輩的公族成員中橫向的親屬關係。⑥

從上引資料看,"曾子"這種稱謂似是凡有公子身份者皆能使用之,即使已繼位爲侯,

---

① 張昌平:《曾國青銅器銘文中的"子""伯"等稱謂問題》。
② 如"曾伯文""曾伯陭""曾伯迖寵""曾伯宮父",見曾伯文簋、曾伯文罐、曾伯陭壺、曾伯迖寵鼎、曾伯宮父鬲,載湖北省文物考古研究所:《曾國青銅器》,第144—153頁,第118—120頁,第422—424頁,第430頁。
③ 如"曾孫定""曾孫史夷",見曾孫定鼎、曾孫史夷簋,載湖北省文物考古研究所:《曾國青銅器》,第262—265頁,第442—443頁。
④ 如"曾仲大父螽""曾仲子敔"見曾仲大父螽簋、曾仲子敔鼎,載湖北省文物考古研究所:《曾國青銅器》,第168—171頁,第425—427頁。
⑤ 如"曾叔旂",出自隨州文峰塔墓地M35。該墓是一座較小型墓,墓口面積12.32平米,一棺一椁,棺蓋板上有"山"字形翣,隨葬有鼎四、簋四、鬲四、壺二、罍一、盤一、匜一、戟一,其鼎、簋、壺皆銘"曾叔旂"作器,而戟銘曰"曾子旂之用戟"。從以上情況可以認爲,M35即是曾子旂墓。曾子旂又稱"曾叔旂",也是曾國公族成員中稱"曾子"者亦可以行輩爲稱的例子。M35從出土器物形制看,應已入戰國早期。此時"曾子"可以"叔"爲稱,春秋時當亦然。墓葬與出土器物情況載湖北省文物考古研究所、隨州市博物館:《湖北隨州市文峰塔東周墓地》。
⑥ "曾伯""曾仲""曾叔""曾季"後面接"子某"時,"子某"是其私名,不同於"曾子某"。"曾子某"中只有"某"是私名,"曾子"爲其身份之稱。

在宗族内仍可以此爲自稱。

（三）鄦（許）子

許是姜姓國，初封地在今河南許昌東。春秋時期長久爲楚、鄭擠壓而屢遷都，東西輾轉於今豫中一帶。前 506 年都平頂山西之魯山，後被鄭滅。曾短暫復國，戰國初又爲楚滅。

春秋許器有鄦（許）子盄自鑄甲、乙，《考古圖》著録，其銘文曰：

> 隹（惟）正月初吉丁亥，鄦（許）子盄白擇其吉金自作鈴鐘。中韓㱾鍚，元鳴孔煌。穆穆龢鐘，用匽（宴）㠯（以）喜。用樂嘉賓大夫，及我倗友。敚敚熙熙，萬年無諆（期），斁壽母（毋）巳（已）。子子孫孫，永保鼓之。（《銘圖》15792—15793）

類似格式的銘文見於上舉春秋時期黿（邾）公華鐘（《銘圖》15591）。後者亦言及於宴樂大夫、士庶子。這類鐘銘雖大體上是當時列國上層貴族作鐘銘常用語言，但既言及用來宴樂大夫，則還是體現此許子應與邾公一樣具有國君之身份。

春秋晚期許器有許子𤡦簠蓋，[1]其銘曰：

> 隹（惟）正月初吉丁亥，鄦（許）子𤡦擇其吉金，用𨧅（鑄）其匠（簠），用媵（媵）孟姜、秦嬴，其子子孫孫羕（永）保用之。（《銘圖》5962）

此是許子𤡦媵女孟姜之器，但同時所媵者還有秦嬴，是當時列國間陪嫁之制。或以爲是秦嫁女，許作爲小國以孟姜陪嫁。"秦"是國氏，秦嬴必是秦公室之女，則許所媵女應當亦是許公室之女，故此許子乃許國國君的可能性較大。

（四）黄子

1983 年在河南光山縣寶相寺上官崗發掘了春秋早期的黄君孟夫婦合葬墓。[2] 同一墓中有二槨室 G1、G2。G2 略早於 G1（G2 有兩根墊木被 G1 墊木壓在下面），G1 内出鼎二、豆二、壺二、罍二、盤一、匜一，均有銘，爲"黄君孟"自作器，同出尚有黄君孟戈一（直内甚短，應是戟上之戈）。G2 内出鼎二、鬲二、豆二、壺二、罍二、盃二、罐一、盤一、方座一，除一件鬲形盃外均有銘文，作器者爲"黄子"，言爲其"黄夫人孟姬"（或僅稱"黄夫人"）製器（或稱"行器"）。另有匜一，僅餘"黄"字。[3] 據以上情況可知，G1 墓主人是黄君孟，G2 墓主人是黄夫人，銘文中"黄子"即黄君孟。黄君爲其夫人作器自稱"黄子"，不僅表明黄君可以自稱"黄子"，而且也表明國君稱"子"多用於家族内用器。

---

[1] 郭沫若以爲𤡦與盄同从爿聲，故疑與許子盄自爲同一人。見郭沫若：《兩周金文辭大系圖録考釋》，科學出版社，1958 年，考釋第 179 頁。

[2] 河南信陽地區文管會、光山縣文管會：《春秋早期黄君孟夫婦墓發掘報告》，《考古》1984 年第 4 期。

[3] 以上 G1 所出黄君孟所有銘器在《銘圖》中的著録號如下：鼎二（《銘圖》2003、2004）、豆之一（《銘圖》6146）、壺之一（《銘圖》12324）、罍之一（《銘圖》13996）、戈一（《銘圖》16973）。G2 所出黄子爲黄夫人所作有銘器在《銘圖》中的著録號如下：鼎二之一（《銘圖》2038）、鬲之一（《銘圖》2945）、壺二（《銘圖》12338、12339）、罍二（《銘圖》13997、13998）、鬲形盃一（《銘圖》14769）、盤一（《銘圖》14455）。

黄國在前 648 年亡於楚,作爲獨立小國止於春秋中期偏早。從以上 G1、G2 中所出銅器形制、紋飾看,此黄君與夫人應先後下葬於其亡國前不久。

(五) 秦子

已刊布的春秋秦國青銅器中,銘文中出現"秦子"之稱的器物,可以舉出如下三例:

1. 日本 MIHO 美術館所藏兩套春秋秦甬鐘,一套形體較大的是秦公鐘。另一套形體較小的是秦子鐘,共 4 件,[1]其形制與紋飾均仍保留了西周晚期的特點。其年代應在春秋早期,不晚於早期中葉。其銘文曰:

> 秦子作寶龢鐘,厥音鐺鐺雝雝。秦子眈龢(龢)在立(位),黌壽萬人(年)無疆。

其中所言"秦子眈龢在位"與 1978 年寶雞楊家溝太公廟村出土的秦公鎛(一般認爲是秦武公鎛,甲、乙、丙,《銘圖》15824—15826)銘文所言"秦公其眈龢在位,膺受大命"相合,可見此"秦子"也已是在位之秦公。

2. 2006 年甘肅禮縣大堡子山 K5 樂器坑(在秦公大墓 M2 西南 20 米)出土 3 件鎛,8 件甬鐘。鎛形制、紋飾近於太公廟出土的春秋早期偏晚的秦公鎛。其年代亦當在春秋早期偏晚。其中 1 號鎛有銘文曰:

> 秦子作寶龢鐘,以其三鎛,厥音鋏鋏雝雝。秦子眈龢(龢)在立(位),黌壽萬人(年)無疆。[2]

此"秦子"顯然亦是在位秦公,是憲公(前 715—前 704)或武公(前 697—前 678)。

3. 澳門珍秦齋藏有秦子簋蓋一件,已殘,蓋頂作瓦紋,捉手頂面飾有秦器在春秋中期後流行的那種多直角彎折纏繞的蟠螭紋。蓋内有銘文八行四十一個字,其銘文曰:

> ……時。又(有)嬰孔嘉,保其宮外。昷(温)龏(恭)□秉德,受命□魯,義(宜)其士女。秦子之光,邵于聞四方。子子孫孫,秦子姬□享。[3]

從銘文所言"秦子之光,邵于聞四方"之口氣,秦子亦像是國君。簋銘末言及"秦子姬□享",似像祭"秦子姬"之器,故銘文前面有贊頌"秦子姬"德行之語,所言"秦子之光",能昭顯而聞於四方,應該也是對秦子姬輔佐秦子之功德的頌揚。惟"秦子姬"是言其母還是其妻尚可再討論。

4. 秦子矛、秦子戈之一至五:

> 秦子矛:"秦子作寶(造),公族元用,左右市鮭,用逸宜。"(容庚舊藏,《銘圖》17670)

---

① 見 Miho Museum:《中國戰國時代の靈獸》,日本滋賀縣 Miho Museum,2000 年。又見拙著《中國青銅器綜論》(下),第 1850—1851 頁。又見《銘圖》15231。

② 梁雲:《甘肅禮縣大堡子山青銅樂器坑探討》,《中國歷史文物》2008 年第 4 期。

③ 蕭春源:《珍秦齋藏金·秦銅器篇》,澳門基金會,2006 年,第 26—35 頁。

秦子戈之一、二,銘文同矛。(分别爲廣州市博物館與香港私家藏器,《銘圖》17208、17210)

秦子戈之三,銘文近同於矛,惟"逸宜"前少一"用"字。(香港私家藏器,《銘圖》17209)

秦子戈之四,銘文近同矛,惟"公族"作"中辟"。(故宫博物院藏器,《銘圖》17211)

秦子戈之五,銘文近同矛,惟"公族"作"左辟"。(澳門珍秦齋藏器,《銘圖》17212)

"辟"是官職名,或可讀作"闢"。《漢書·元后傳》"辟左右",顏師古注:"辟音闢,謂屏去之。"這裏的"公族"似是指公族成員組成的秦子近衛親兵,其内似有左、中、右三辟(闢)之編制。"鈙"通"夾",均見母葉部字。"左右市鈙",似可讀成"左右蔽夾"。市爲滂母月部字,蔽爲幫母月部字,二字音近可通。蔽,防蔽。夾,夾輔。

這幾件秦子戈均三角形鋒,中胡,參考其字形,戈的年代約屬春秋早期中葉至中期偏早。戈銘表明此"秦子"能以公族武裝爲自身親兵護衛,其身份亦當爲秦公。

上舉春秋秦金文諸"秦子",年代從春秋早期延至春秋中期,自然不會是一人之稱,是"秦子"亦爲此一時段秦國君常用之稱呼。這與上舉楚、曾列國冠以國名的"子"可爲國君稱相同。但目前所見"秦子"之稱,尚未有可證實爲非國君的公子所用。當然僅據此,尚不足以斷言,在實際生活中"秦子"之稱僅限於秦公。秦公爲何有秦公、秦子兩種自稱,參考上文對器銘用曾侯、曾子時的差别所作推測,似仍可以認爲,用"秦公"時多是政治性的禮器,用"秦子"則多屬自用與家族内所用祭器。比如上舉秦子鐘、鎛,僅銘末言祈求長壽,也是一般嘏辭套語,可知這類鐘當爲家族内宴享奏樂所用。秦子簋蓋則是祭母之器。但自稱"秦公"時所作器,如秦公簋銘(《銘圖》5370)則是以"秦公曰"開頭的一篇向其皇祖先公祈告以求國家安定,"萬民是敕"、自身長壽,從而能達到"高引有慶,寵囿四方"。1978年寶雞太公廟出土的秦公鐘銘文亦是以"秦公曰"開始,其大意與秦公簋銘文相近,皆是從緬懷先祖到祈禱國家安康,使自己能"匍有四方"(《銘圖》15565—15569)。這種文章均是政治性極强的祝禱之文。這種禮器似當用於大的國家祀典。所以秦公自稱"秦公"還是稱"秦子",似要據器用不同而有所選擇。

三、春秋器銘中其他冠以國名之"子"

(一)冠以尚存國名之"子"

除上文所討論之"楚子""曾子""秦子"三類冠以國名的"子"外,春秋金文中尚有如下性質相近的稱謂:

薛子仲安(簋,《銘圖》5855—5857,春秋早期)

余(徐)子氾(汜)(鼎,《銘圖》1883,約春秋中期偏早)

鑄子獢(匜,《銘圖》14899,約春秋早期,未見器形)

鑄子叔黑臣(簠,《銘圖》4853;簠,《銘圖》5881—5882;盨,《銘圖》5607—5608,以上諸器皆春秋早期)

陳子子(匜,《銘圖》14994,春秋早期)

鄝子白(伯)受(鐸,《銘圖》15960,春秋晚期)

邕(雍)子良人(甗,《銘圖》3353,殘片,約春秋早期)

内(芮)子仲殿(鼎,《銘圖》2124—2125,春秋早期)

奠(鄭)子石(鼎,《銘圖》1975,未見器形,約春秋早期)

衛子叔旡父(簠,《銘圖》5792,春秋早期)

蔡子𣲽(鼎,《銘圖》1473,春秋中期)[①]

蔡子佗(匜,《銘圖》14881,春秋晚期)

鴋(唐)子中(仲)瀕兒(匜,《銘圖》14975,春秋晚期)

以上冠以國名之"子",因銘文簡略,其身份未能確知,但估計皆應爲列國以"國"爲氏的公族成員,其用法尚大致同於上述所舉諸冠以國名之子,只是或因發現尚少,或因該國族未流行此種稱謂,故有關銘文所見較少。惟其中鄝子白受鐸係 1993 年至 1994 年間在河南桐柏縣月河鎮左莊村北 1 號春秋墓中出土。此鄝子伯受,亦見於 1970 年湖北江陵岳山春秋楚墓中出土的鄝伯受簠銘文,其銘曰"鄝伯受用其吉金作其元妹叔嬴爲心媵饙(簠)",鄝子伯受應是此嬴姓小國之君。唐被楚滅是前 505 年,即春秋晚期偏晚時,唐子仲瀕兒匜形制已是楚式,屬春秋晚期。但不能斷定作此器時是否已爲楚滅,這裏仍列入生存國。

(二) 冠以已滅國名之"子"

屬於此種情況的"某子"所作器有:

郞子行盆(1975 年湖北隨縣涓陽鰱魚嘴村出土,《銘圖》6262,春秋中期偏晚)

鄧子與盤(1988 年湖北鍾祥市文集鎮黄土坡春秋墓 M3 出土,《銘圖》14494,春秋晚期)

鄧子午鼎(武漢市文物商店藏,《銘圖》1659,春秋晚期)

黄子戌鼎、簠、斗、盞、浴缶、盤、盉(香港私人藏家,春秋晚期)

黄子婁鼎、簠、斗、盞、浴缶、盤、匜(同上)

以上所冠國名,作器時均已被楚國先後滅亡,其滅亡年代不晚於春秋中期偏早:

息(前 680,春秋早期末葉)

---

① 《銘圖》定爲戰國早期,從器形看似應訂正。

鄀（前 678，春秋早期末葉）

黃（前 648，春秋中期偏早）

故以上所列舉的屬春秋中期偏晚或晚期的器物上，仍冠以國名，亦即以國名爲氏的諸"子"，即"息子""鄀子""黃子"，實際上均已是楚國的屬臣，其國名雖存，但所居多已非原地。他們的身份，只是這些仍以舊國名稱爲名的宗族之宗子。蓋楚在擴張中對所滅掉的小國，有的並未徹底絕其祀，而是保留其國君與其所在宗族與其族名，但要將這些國君移封於他地，待遇近於封君，使他們作爲楚之臣屬服事於楚王。

四、結語——附論關於《春秋》經傳中冠以國名之"子"

以上結合文獻對春秋金文中冠以國名之"子"的身份做了具體分析，囿於此類金文資料的零碎狀況，對這個問題的認識仍多有未盡深透之處。僅就現有資料所能得到的幾點認識可以歸納如下：

（一）冠以國名的"某子"自稱，主要流行於春秋時期位於漢水、淮水流域與漢淮間區域的南方諸國，如楚、曾、鄀、唐、鄀、息、黃、徐。在北方則較集中於淮水支流的泗水流域，如薛、鑄。只有許國游離在豫西南。這些國家分屬羋姓、嬴姓、姜姓、曼姓、任姓與姬姓。惟屬姬姓國者較少，能了解較多的只有曾國。"某子"所冠雖見有奠（鄭）、衛、邕（雍）、蔡諸姬姓國名，但有關資料甚少，還不能言其詳。

（二）冠以國名的"子"，應是一種出於本族群傳統文化的名號習慣，由稱"子"者亦可稱"公""侯"，知與所謂爵位（子爵）無關。所冠之國名實即所謂"以國爲氏"，因此此種自稱僅限於列國國君及其近親成員，亦即不出國君與諸公子（楚則稱"王子"，以下統稱爲"公子"）範圍。此種自稱，就"子"的本來意義而言，可以理解爲具有該國氏之公子身份者所用稱謂。

（三）公子已繼位爲國君，仍可以之爲自稱，而且這種自稱還較普遍。這似可以認爲是此種稱謂適用面的延伸。

（四）由冠以國名的"子"資料較多的楚、曾等國金文可證，這種稱謂除有爲國君自稱外，不僅確有爲非國君的公子自稱，而且冠以國名的"子"從私名排行看，並非必是行輩爲伯的國君之長子，也可以有仲、叔、季行輩者。其他列國因爲資料較少，不能確知有否此制。不排除因國小，受鑄造青銅器的能力所限，故現所見僅有國君以"某子"自稱所作器。

（五）從列國青銅器有衆多冠以國名之"子"的自稱可知，這種稱呼並非必屬於與東周文獻中所云乃先君薨而未葬，繼位者稱"子"那種情況。

（六）國君作器可以稱"某（國名）子"，也可以稱"公""侯"。"公"是尊稱，"侯"則是周王朝所册封之官職。銘文中使用哪種稱呼，似有可能與器物的用途有關，即自稱"某（國名）子"主要用於個人生活私用及宴樂族人、僚屬之用，亦用爲家族內禮儀用器，如祭祀先人之器及爲夫人製器,爲女兒所作媵器等。在器銘中自稱"公""侯"之器則多用於以國君身份所進行的國家政治性活動,如乞求國運長久之重要祝禱禮儀活動。

(七) 春秋時冠以國名(即國氏)之"子"稱,與商、西周時期冠以氏名的"子"稱有一定的聯繫。後者主要是諸宗氏之宗子之稱,是宗族内帶有親屬稱謂性質的尊稱,而前者雖已不僅限於宗子使用,但帶有一定親屬稱謂的性質仍存在。以"某(國氏)子"爲自稱,主要體現該氏族世系縱向的傳承關係,與冠以"某(國氏)"的"伯""仲""叔""季"體現氏族橫向的親屬關係是兩個系統。

春秋金文中作器者作爲自稱的冠以國名(國氏)的"子"的情況大致如上述,但與此問題有密切聯繫的是如何解釋《春秋》經傳中所見到的同樣的稱謂。

《春秋經》中多見"某(國氏)子",惟與金文不同的是均作爲他稱使用,亦即是《經》中對此人之稱呼,並非自稱。其中僅少數此種稱謂見於上述金文中之自稱,如:楚子、徐子、陳子、鄭子、衛子,除了"楚子"在金文中較多見外,餘皆少見,且未能言其詳。而多見於《春秋經》的"吳子""宋子""邾子""滕子"等稱謂,迄今並未見諸於春秋金文,這些被《春秋經》整齊劃一地只稱爲"某(國名)子"的國君,在金文中皆自稱"公"或"王"。

這種情況,自然應歸結爲《春秋經》作爲史書有其體例上的規定。《史記·孔子世家》記述曰:

> 子曰:"弗乎弗乎,君子病没世而名不稱焉。吾道不行矣,吾何以自見於後世哉?"乃因史記作《春秋》,上至隱公,下訖哀公十四年,十二公。據魯,親周,故殷,運之三代。約其文辭而指博。故吳、楚之君自稱王,而《春秋》貶之曰"子";踐土之會實召周天子,而《春秋》諱之曰"天王狩於河陽":推此類以繩當世。貶損之義,後有王者舉而開之。《春秋》之義行,則天下亂臣賊子懼焉。

又言:

> 孔子在位聽訟,文辭有可與人共者,弗獨有也。至於爲《春秋》,筆則筆,削則削,子夏之徒不能贊一辭。

《春秋經》爲孔子所作或修,自戰國以來即曾有此説,但後世與今日學界也有不同看法。[①] 但《春秋經》確實體現了在稱謂上有寄托其褒貶之義的做法,而後世爲《春秋經》作傳者亦進一步闡發了《春秋經》之貶義。《春秋經》僖公二十七年記"杞子來朝",《左傳》同年文曰:"春,杞桓公來朝,用夷禮,故曰子。公卑杞,杞不共也。"

---

① 楊伯峻在《春秋左傳注》"前言"中力主孔子並未修或作過《春秋》,"《春秋》和孔丘有關,僅僅因爲孔丘用過《魯春秋》教授過弟子"。見其《春秋左傳注》,中華書局,1981年,第18頁。類似的例子又見鍾文烝撰,駢宇騫、郝淑慧點校:《春秋穀梁經傳補注》(中華書局,1996年)"前言"。但這方面之不同意見似並不能否認《春秋》中有褒貶用意。

《春秋經》與春秋金文中所見"某(國名)子"稱謂上的差別,可以歸納如下:

《春秋經》	春秋金文
他稱	自稱
貶稱	尊稱、親稱
擬定者	未見

因此可以説《春秋經》的"某(國名)子"的稱謂之記載並非合乎歷史實録。

《春秋經》所以將所謂蠻夷之國君貶稱爲"子",是否遵照公、侯、伯、子、男五等爵制而有其依據呢? 在上引《左傳》僖公二十七年"春,杞桓公來朝,用夷禮,故曰子"傳文下,杜預注曰:"杞,先代之後,而迫於東夷,風俗雜壞,言語衣服,有時而夷,故杞子卒,傳言其夷也。今稱朝者,始於朝禮,終而不全,異於介葛盧,故唯貶其爵。"是杜預認爲傳文稱"子"有爵制之本。但近年來,對商周時期所謂五等爵制的研究有了長足的進展,以五等爵制體系闡釋兩周畿內與封國君主的做法已被證明未得其真諦。而早在20世紀60年代,童書業先生即在他所寫的《春秋左傳考證》中有曰:

> 舊説諸侯有公、侯、伯、子、男五等(孟子以爲"子男同一位",則諸侯只四等),公侯之封方百里,伯七十里,子男五十里,不及五十里,附於諸侯者曰附庸(《孟子·萬章》),孟子爲此説亦不甚敢自信,謂北宫錡曰:"其詳不可得聞也。諸侯惡其害己也,而皆去其籍。然而軻也嘗聞其略也。"此諸侯爵禄之制果可信乎? 曰:"事出有因而查無實據也。"①

童先生亦舉數例證明《春秋經》雖將蠻夷之君皆稱爲"子",但實際上"稱'子'者亦稱'伯'稱'侯'……蠻夷之君且有稱'王'者"。② 所言與我們上文所指出者近同。這足以説明即使《春秋經》有本五等爵制使用"子"的意圖,但亦非可證確有此制。

童先生在否定有確切的嚴謹的五等爵後,對於所謂蠻夷、小國之君稱"子"問題又講道:

> "子"則"不成君"之稱,故蠻、夷、戎、狄之君稱之,蓋"無列於王室"者矣,其地位略當於男,故曰"子男同一位"。③

但童先生所言"稱之"是何人稱之,並不明確。應該説明,是《春秋經》與傳文稱之,是一種擬定的政治上的歧視之稱,而絕非這些國家之君主果真以具此義之"子"爲自稱。而且如上舉金文諸例,自稱"某(國名)子"之國君,其"子"亦絕非爵稱。

---

① 童書業:《春秋左傳考證·爵位》,收入《春秋左傳研究》,上海人民出版社,1990年,第163—168頁。引文見第164頁。
② 童書業:《春秋左傳考證·爵位》,引文見第164頁。
③ 童書業:《春秋左傳考證·爵位》,引文見第165頁。

由對春秋金文及傳世文獻中"某(國名)子"之稱的研究,可以清楚地看到,將屬於出土文獻的金文資料與傳世文獻資料互證,可以深化我們對古史的了解,澄清一些模糊説法,使我們的認識有可能接近於古史之實情,同時對如何客觀對待傳世史書之記載會有新的理解與體會。

補記①

作一校時,又見到部分與本文有關資料,爲本文所未引用。2016 年 9 月吳鎮烽先生編著的《商周青銅器銘文暨圖像集成續編》一至四卷由上海古籍出版社出版,其中有部分器銘,亦與本文有關。現僅據所見這些資料對本文作以下幾點補充:

一、《江漢考古》2012 年第 3 期所載《湖北隨州義地崗曾公子去疾墓發掘簡報》著録有曾公子棄疾所作成組器,除匜外,亦均見《銘圖續》,即鼎(甲、乙,《銘圖續》126、127)、甗(《銘圖續》280)、簠(《銘圖續》486)、壺(甲、乙,《銘圖續》818、819)、斗(《銘圖續》913)、浴缶(《銘圖續》903),爲春秋晚期器。此外,《銘圖續》收有曾公子叔淺簠(《銘圖續》507、508),爲春秋晚期偏晚器。"曾公子"之稱可補充本文所云曾國以國氏(曾)爲稱的貴族之稱謂方式。余意,"曾公子"亦可稱"曾子"。

二、"曾子"之稱可補充以下資料:

春秋早期:

> 曾子白(伯)妃(選)鼎(《銘圖續》140)
>
> 曾子白(伯)妃(選)壺(《銘圖續》824)

三、本文已引余(徐)子汈鼎(《銘圖》1883),《銘圖續》又收有余(徐)子汈(汭)鼎(《銘圖續》189),均春秋中期偏早器。後一鼎銘文言"余(徐)子汈(汭)目(以)其大夫,以辻(徒)戉邛□□良金,鑄其鼎"。既可言"以其大夫",則此"徐子"似應是徐國國君。

（原載《古文字與古代史》第 5 輯,"中研院"歷史語言研究所,2017 年。

原名《關於春秋金文中冠以國名的"子"身份》)

---

① 此"補記"爲本文初次發表時所作。

先秦時代的"里"

——關於先秦基層地域組織之發展

一、引　言

　　在先秦時代各個歷史階段中，社會組織的形態與名稱在不斷地變化，但是自西周迄春秋戰國，有一種最基層的社會組織的名稱卻持續了多年而沿用，甚至直到後世仍始終未廢，此即是"里"。

　　《説文解字》："里，居也。从田，从土。"《爾雅·釋言》："里，邑也。"《周禮·地官·里宰》："里宰掌比其邑之衆寡與其六畜兵器。"鄭玄注："邑猶里也"。《漢書·食貨志》："在樊曰廬，在邑曰里。"顔師古注曰："廬各在其田中，而里聚居也。"《後漢書·百官志》劉昭注引《風俗通》："里者，止也。里有司，司五十家，共居止，同事舊欣，通其所也。"

　　由此看，"里"的本義是人所聚居之邑，是一個地域區劃的概念，但先秦時代又往往以"里"來作爲在一里之中生活的居民之社會組織單位，這種用途的里應是一種地域組織的名稱。所以，如果將零散地見於各種史料中的先秦的"里"的資料，進行一下斷代的梳理、研究，尋求其存在與演進的遺迹，具體地探討一下先秦時代不同歷史階段中"里"的設置、構成、社會作用等情況，對於研究先秦時代基層地域性社會組織的發展無疑是有益的。本文即是以過去學者的研究成果爲基礎，[①]對上述有關"里"的諸問題作一試探。謬誤之處，敬希批評指正。

二、"里"的出現與最初形態

（一）"里"的出現及其初期特徵

　　"里"作爲社會組織名稱，始見於西周早期的文獻與青銅器銘文中。《尚書·酒誥》：

---

① 有關的論著主要有：A. 劉興唐：《里廬考》，《食貨》第 3 卷第 12 期，1937 年 5 月；B. 王毓銓：《漢代"亭"與"鄉""里"不同性質、不同行政系統説》，《歷史研究》1954 年第 2 期；C. 楊寬：《試論中國古代的井田制度和村社組織》，《古史新探》，中華書局，1965 年 10 月；D. 郭豫才：《試論西周的公社問題》，《河南師大學報》1983 年第 1 期；E. 裘錫圭：《關於商代的宗族組織與貴族和平民兩個階級的初步研究》，《文史》第 17 輯，中華書局，1983 年。

“王曰：……自成湯咸至于帝乙……越在外服，侯甸男衛邦伯；越在内服，百僚、庶尹、惟亞惟服、宗工越百姓里居（君），罔敢湎于酒，不惟不敢，亦不暇。惟助成王德顯，越尹人祗辟。”“里居”是“里君”之訛，已成定論。所謂里君，亦即是里尹。

《酒誥》這段話是追述殷商的情況。由於這裏提到“百姓里君”，故一些學者引用來説明商代已有“里”與“里君”之制。但衆所周知，“百姓”一詞非商人語言，特別是殷墟甲骨刻辭與商代金文中都沒有見到“里”，更沒有“里君（尹）”之稱。當然，甲骨文未見，並不等於商代絶對不存在，只是在十多萬片甲骨中都未見到“里”，僅據寫定於後人之手的《酒誥》似還難以肯定商代即有“里”與“里尹”。或曰，即使“里”不是商人語言，商代是否已有了類似“里”的地域組織了呢？從現有的商代史料看，這點亦未能確知。《左傳》定公四年記述周人克商後分賜殷遺民，“使帥其宗氏，輯其分族，將其類醜”，組織在宗氏、分族系統中的殷遺民應包括商人貴族與一般的族衆（即族内平民），類醜，是指族内貴族（及少數平民上層分子）所擁有的奴隸。從考古材料亦證明，直到殷代晚期，商人仍盛行族葬制，即使是平民也未脫離族氏組織。[①] 所以説殷代商人中已有“里”之類地域性組織似乎證據未足。在服屬於商人的異族中已有地域組織的可能雖存在，但目前也難以證實。所以，如果持謹慎的態度，至少在目前，還不能將“里”的出現追溯到商代，當然亦就不能肯定商代已有“里君”之職。那麼《酒誥》所言“里君”是何時之制呢？

昭王時的青銅器令方彝銘曰：“隹十月月吉癸未，明公朝至于成周，徥令，舍三事令眔卿事寮（僚）：眔者（諸）尹，眔里君，眔百工；眔者（諸）侯：侯、田、男，舍四方令。”（《集成》6016）羅振玉以爲此是舍三事令於内服諸臣，舍四方令於外服君長，楊樹達亦用此説，[②]可從。我們將令方彝銘與《酒誥》相對照：

外服　《酒誥》：侯、甸、男、衛、邦伯

　　　令方彝：侯、田（甸）、男

内服　《酒誥》：百僚、庶尹、宗工、百姓里君（或作“百姓、里君”）

　　　令方彝：卿事僚、者（諸）尹、百工、里君

可見二者分述之商、周官制大致相近。令方彝銘所言周制自然無容置疑。《酒誥》講商制同於周制，則有以下三種可能：一種是，西周初其官制沿襲商王朝。第二種可能是，《酒誥》所述殷商官制設置實本於周初官制。第三種可能是西周王朝早期官職設置與商王朝有部分相同，但又有不同處，《酒誥》反映了部分商王朝官制的實況，但羼雜了周人的語言與周人的官職名稱。現在看來第三種可能大概比較接近實際。此猶如《尚書·盤庚》雖

---

① 參見中國社會科學院考古研究所安陽工作隊：《1969—1977 年殷墟西區墓葬發掘報告》，《考古學報》1979 年第 1 期。

② 楊樹達：《積微居金文説》，科學出版社，1959 年。

係公認研究商史的可靠史料,但《盤庚》中有"民""百姓""天"等詞語均不見於甲骨文,亦只能認爲是周人語言一樣。

在《酒誥》所舉諸官制中,外服諸官"侯""甸"(田)均見於殷虛卜辭,"男"在卜辭中作"任",[①]《酒誥》中的"百僚、庶尹、惟亞、惟服"大致相當於卜辭中的卿史、御史、多尹、多亞等官吏,只是"百僚""服"等官職名稱可能是周制與周人語言。《酒誥》中的"宗工"是王室宗廟之工,這裏應是指工師一類人物。卜辭中不見"宗工"之稱,有"多工",身份不明,又有"百工",但地位較低(非工官)。"宗工"可能是周人語言。[②]《酒誥》中的里君當非商人官職名,亦非商人語言,已見前述。

"里"與"里君"既還難以定爲商制,那麽根據令方彝的銘文,則可以認爲它大致始山於西周初期。講周初歷史的先秦文獻也有提到"里"與"里君"的,如《逸周書·商誓》:"王若曰:告爾伊舊何父□□□□幾、耿、肅、執乃殷之舊官人序文□□□□及太史比(友)、小史昔,及百官、里居獻民……予既殛紂,承天命,予亦來休命爾百姓里居君子,其周即命。"《商誓》是記周初武王對殷遺民之誥命,此文屢稱所告誡者爲"百姓",則文首所提到的殷遺民中幾、耿、肅、執等殷人大族應即屬於"百姓"範圍內。

文中的"里居獻民",或以爲"居"是"君"之訛,讀作"里君、獻民",兩讀從文句上皆可通。"百姓里居君子",學者們也有兩種讀法,一是讀如原文,以爲是百姓中里居之賢民。[③]另一種讀法是認爲"里居君子"爲"里君"之訛文。[④] 但"君子"一詞還見於《尚書·召誥》:"予小臣敢以王之讎民百君子越友民,保受王威命明德","讎民"是指殷遺民,"讎民百君子"顯然與《商誓》中的"百姓里居君子"是同一種人。[⑤] 所以這裏似以讀如原文爲妥。稱"百姓里居君子",說明當時殷遺民百姓已組織在"里"中。前文"里居獻民"中的"里君",如果讀如"里君",即是這種"里"的官吏。我們傾向於讀爲"里居獻民",即指居於里中的獻民。[⑥]《商誓》似亦未必是武王誥命之原話,但所言大致是西周早期的情況。

"百姓"仍是血緣組織,而"里"是地域組織。這種地域組織內保存着血緣組織的情況與西周早期政治歷史背景有關。

李玄伯在《中國古代社會新研》中曾提出"家族組織(團組織)與地域組織係兩種相反

---

① 參見徐中舒、唐嘉弘:《論殷周的外服制》,《先秦史論文集》(《人文雜志》增刊),1982 年;林澐:《甲骨文中的商代方國聯盟》,《古文字研究》第 6 輯,中華書局,1981 年。

② 西周王室宗廟裏有手工業的工匠。西周晚期的伊簋曰:"王乎令尹封册令伊,馭官司康宮王臣妾百工。"(《集成》4287)此百工即屬王室宗廟康宮所在之宗廟區。其工官可能稱"宗工"。徐中舒先生以爲:"《酒誥》的宗工又稱百宗工,宗,主也,是包管百工之長。"(《論西周是封建制社會》,《歷史研究》1957 年第 5 期)亦通。

③ 朱右曾:《逸周書集訓校釋》,商務印書館,1940 年。

④ 裘錫圭:《關於商代的宗族組織與貴族和平民兩個階級的初步研究》。

⑤ 郭沫若:《詩書時代的社會變革與其思想上之反映》(《中國古代社會研究》,群益出版社,1947 年)即引《召誥》曰"百姓是貴族,又叫着'君子'","百姓子即是百姓了"。

⑥ 按:以"獻民"稱商遺民,亦見《尚書·洛誥》"孺子來相宅,其大惇典殷獻民",僞孔傳曰:"少子今所以來相宅於洛邑,其大厚行典常於殷賢人。"又見《逸周書·作雒》"俘殷獻民遷于九畢。"

的力量,互爲消長的……周公滅殷踐奄以後新封各國統治者皆係周人,但被統治者仍係舊民,如魯、衛之殷民,晉之懷姓,以及其餘各國想已莫不如是,舊民的團組織若仍舊維持,其團結力不滅,則統治者與被統治者對峙的狀態,始終不能少止,地域組織是打破團組織的最適當的方法,聰明的周人豈有見不及此。他們必一方面維持士大夫階級的貴族組織以加強周人的力量,另一方面施行民的地域組織以減弱殷人的團結。……百姓者按照族姓之分類組織,族各有長;里君者按照鄉里之分類組織,里各有君,即所謂里君。由是觀之,地域組織至少始於周初,得此亦足證明矣"。[1] 這段論述是極爲深刻的。將殷人"百姓"加以"里"的地域組織劃分應是周人治理異族遺民的一種手段。

西周晚期的纈簋銘曰:"唯王正月,辰才(在)甲午,王曰:纈,令女(汝)嗣成周里人眔諸侯大亞……"(《集成》4215)成周是殷遺民聚居地,纈被王授予的職權中有管理成周里人一項。"里人"當是指組織在里中的殷遺民,一説即"里君"之類里長。這段銘文證明周人正是通過里來控制殷遺民的。日本學者白川靜以爲成周庶殷是以血緣氏族爲單位配於邑里之中的,在這種里中設置了里君,[2]他對殷遺民宗族組織與邑里組織的關係之看法是正確的。

談到西周地域性組織的還有《逸周書·大聚》其文曰:"維武王勝殷,撫國綏民……發令以國爲邑,以邑爲鄉,以鄉爲閭,禍災相卹,資喪比服。五户爲伍,以首爲長;十夫爲什,以年爲長;合閭立教,以威爲長;合旅同親,以敬爲長。飲食相約,興彈相庸,耦耕俱耘,男女有婚,墳墓相連,民乃有親,六畜有群,室屋既完,民乃歸之。"這篇文章出現國、邑、鄉、閭四級組織,並言及"縣",成文當在春秋以後,不會早到西周,但所言情況可能仍有一部分是事實。從這裏我們看到,周人在克商後,建立了一套地域性的組織機構,最基層的即是閭。《説文》:"閭,里門也。""閭"和"里"同,在戰國、秦、漢的文獻中有時往往通用(詳下文)。在這種地域組織中是"合閭立教,以威爲長"(朱右曾《逸周書集訓校釋》注曰:"立教以威,故閭胥有觵撻之罰。"),此外在閭下有什伍組織,這一切皆是爲了加強對居民的控制。另一方面,我們又看到這種地域組織中仍保存着濃厚的血緣組織的制度,如"禍災相卹,資喪比服""合旅同親"(朱右曾《逸周書集訓校釋》以爲:"旅當爲族,百家也")、"墳墓相連,民乃有親",皆反映西周的地域組織尚處在萌芽時期。又如西周晚期的史頌簋銘:"王在宗周,命史頌遚(省)、穌(蘇),𥅆友里君、百生(姓),帥耤盩于成周。"(《集成》4229)郭沫若以爲蘇地即《左傳》成公十一年蘇忿生所居地,在今河南温縣一帶,[3]其地近成周。這裏的"里君、百姓"當是蘇地的族人與其里之長官。里君與百姓並提,也反映出西周時期地域組織建立於血緣組織之上並與其在相當一段時間內共

① 李玄伯:《中國古代社會新研》,開明書店,1948 年。
② 白川靜:《金文通釋》(白鶴美術館,1962—1984 年)二五纈簋、六令彝。
③ 郭沫若:《兩周金文辭大系圖録考釋》七一史頌簋,科學出版社,1957 年。

存的情況。

(二)西周時"里"的地域設置

西周時代,里大概已較廣泛地設立於周人勢力範圍内。前引令方彝銘文中,明公舍三事令於内服諸官中,即有"里君",反映出在王畿地區"里"可能已是較普遍的地域區劃組織。這裏没有提到"百姓",説明王朝並不是通過宗族系統而是通過"里"來治理屬民的。又如西周早期的宜侯夨簋記王賜宜侯夨"才(在)宜王人□又七里"(《集成》4320),此"里"字因殘泐,過去多認作"生",陳夢家讀爲"里"。[①] 可從。這裏的"王人"應是原直屬於周王的周人族屬,不是異族人,他們在宜地也按里組織起來,以里計算,説明在西周早期里的設置大概不僅限於異族人。當然,這裏的"工人"可能是已與周王血親關係疏遠了的親族成員,由於已非近親,宗法制的約束力已不够,所以也開始在他們中設立地域組織以加强控制。由此可以想見,周族中原來一些與王室貴族有血緣關係的族人,隨着世代的推移,必越來越多地被編入地域組織中,當時周各諸侯國的情況亦當近同於此,所以到春秋中葉管仲時代出現齊之國人已完全組織在鄉里中的那種情況。但限於資料對這種變化的進程還難以作具體的研究。

西周時期一"里",究竟有多大規模,于省吾先生舉令方彝銘文爲例,認爲此銘"是可證里君職務之崇要,決非管五十家之里司也"。[②] 西周時候的里的規模可能要比春秋以後的里大。從有關西周的史料看,當時的地域組織系統似乎還不完善,層序比較簡單。

西周時的里,有的可能設置在一個較大的邑内,是邑内的一種地域區劃單位。如前引齵簋"成周里人"即説明成周這個大邑内劃分爲若干里。至於史頌簋中蘇地的里,也當是設在城邑内的里。在當時這種里在邑内究竟如何區劃,有些什麽建築設施,還没有材料可以説清楚。除上述這種情況外,西周時的"里"還有的可能是一個邑,同於前引《爾雅·釋言》所謂:"里,邑也。"例如西周晚期的大簋記周王將本屬於遺婴的里轉賜給大,稱爲遺婴里(《集成》4298),如果把這個里解釋爲是邑内的一種單位區劃,則於此不合。所以,這種里實即是邑的名稱。這裏没有提及里中的居民,但是西周金文中記周王賞賜貴族土地時有時亦只提邑名,不提邑中之勞作者,如西周晚期的大克鼎記王賜克田邑,實是將人作爲土地的附屬物一起賞賜了(《集成》2836),所以大簋中里的轉賜很可能也同時包括里中的居民。

需要説明的是,西周時這種作爲一個邑的"里"的範圍,也有可能除作爲聚落的"邑"外還包括周圍的土地,如西周中期的九年衛鼎則記録了裘衛接受矩的林㸚里後,在四周堆起土壟爲疆界(《集成》2831)。

---

① 陳夢家:《西周銅器斷代(一)·宜侯夨簋》,《考古學報》第 9 期,又參見裘錫圭:《關於商代的宗族組織與貴族和平民兩個階級的初步研究》。
② 于省吾:《管子新證》,《雙劍誃諸子新證》,中華書局,1962 年。

三、春秋時的"里"

（一）春秋時作爲行政組織的"里"的設立與其地域區劃設置

由現有文獻可知,春秋時東方諸國如齊、魯、宋以及陳、鄭諸國内皆有里。這時各國在自己統治區域都建立了地域性的行政區劃系統,里仍爲基層的行政區劃單位,同時也是基層的地域組織單位。

諸國之中以齊國的情況最爲清楚。據《國語·齊語》,齊桓公時,管仲爲相,分國土爲國、鄙兩部分,又分國爲二十一鄉,包括工商之鄉六、士鄉十五。關於士鄉需要作一説明,據《齊語》,所謂士鄉,其内居民要服兵役,因此韋昭注曰:"此士,軍士也。"從當時情況看,國人中服兵役者不可能皆是士(階層),亦當包括農民,他們是平時務農,戰時爲兵的。此外,士有的也要務農,《管子·問》"問……士之身耕者幾何家"可爲證,所以韋昭注引唐尚書云"士與農共十五鄉",《管子·小匡》云:"商、工之鄉六,士、農之鄉十五。"童書業先生以爲此説可據。[1] 本文亦從之。據《齊語》管仲曰"四民(按:士、農、工、商)者勿使雜處",則國人中士、農當分鄉而居或在一鄉中分里而居。

《國語·齊語》又詳述了管仲對於國内地域組織的規劃,文曰:"管子於是制國:五家爲軌,軌爲之長;十軌爲里,里有司;四里爲連,連爲之長;十連爲鄉,鄉有良人焉。"據同文所記,齊國在當時可能確實采納了管仲的一套規劃。按這種區劃,里下邊還有軌一級組織,但一軌僅有五家,類似於戰國時代的居民什伍組織,大約不是一級行政單位,不委任官吏。所以《齊語》在其他處言及基層的地域區劃與社會組織時往往以"鄉里"連稱,鄉下即里,里下即家,仍以里爲基層單位。由上引文可知,齊國的里設於國人中,一里大約包括五十家。[2]

春秋時代各國行政區劃與社會組織情況未必皆同,故里的規模亦不盡同。如:《論語·衛靈公》:"子曰:'……言不忠信,行不篤敬,雖州里行乎哉?'"(《史記·仲尼弟子列傳》亦引此語)何晏集解引鄭玄曰:"萬二千五百家爲州,五家爲鄰,五鄰爲里。"《論語·雍也》:"原思爲之宰,與之粟九百,辭。子曰:'毋!以與爾鄰里鄉黨乎!'"何晏集解引鄭玄曰:"五家爲鄰,五鄰爲里,萬二千五百家爲鄉,五百家爲黨。"孔穎達正義以爲鄭説本於《周禮》。如以上兩文確係魯國情況,則魯國的地域組織系統是鄰、里、黨、州、鄉,與齊國不盡同,且如依鄭説,其一里只有二十五家,規模亦小於齊。

春秋時代除了在國家直接管轄之地有里的區劃外,大夫等貴族在自己的家邑内也設

---

[1] 童書業:《春秋左傳研究》,上海人民出版社,1980年,第133頁。
[2] 據《國語·齊語》,春秋時齊國鄙中的基層地域組織稱"邑","三十家爲邑,邑有司",不稱"里"。但一般認爲與齊國有密切關係的《周禮》中卻講到鄉中有閭(同於"里"),遂中有里。此外《齊語》中記桓公問鄙中的五屬大夫曰"於子之屬,有……發聞於鄉里者,有則以告",又似鄙中還有里。此外當時是否各國野鄙之地均不設里,尚不得而知。

里。《左傳》襄公十五年:"宋人或得玉,獻諸子罕。……子罕置諸其里,使玉人爲之攻之。"《左傳》襄公三十年:"豐卷將祭,請田焉,弗許。曰:'唯君用鮮,衆給而已。'子張(按:豐卷字)怒,退而徵役。……豐卷奔晉。子産請其田里,三年而復之,反其田里及其入焉。""田里"連稱,"里"或釋爲居,但居地稱里,很可能是家邑内設有里。

做爲國家基層地域組織的里,其主管官吏如何産生,未有具體的資料可以説明。但《齊語》中講"十連爲鄉,鄉有良人焉",看來鄉的首長是從"良人"中選拔出來的。里之官吏亦應大致如此。《春秋·公羊傳》宣公十五年何休注云一里之中"選其耆老有高德者名曰父老,其有辯護伉健者爲里正,皆受倍田得乘馬,父老比三老孝弟官屬,墾正比庶人在官吏"。可能即是説這一時期的情況。

下面想初步地探討一下春秋時代里在地域上是如何區劃與設置的。

上述齊國之里實際是講國中有兵役義務的十五個士、農之鄉中的里的情況,此十五個鄉是位於都城中還是都城之外呢?《齊語》"制國以爲二十一鄉",韋昭注:"唐尚書云:'四民之所居也。'昭謂:國,國都城郭之域也,唯士、工、商而已,農不在也。"言農無在國中者是不正確的,前已辯明,且不僅有在國中者,亦有住在都城城郭内者,《管子·大匡》:"凡仕者近宫,不仕與耕者近門(尹注:不仕與耕者,當出入田野,故近於外門),工賈近市。"《管子·輕重甲篇》:"(齊)桓公憂北郭民之貧,召管子而問曰:'北郭者,盡履縷之肬也,以唐園爲本利。'"説明當時臨淄城内靠近城門的地區及城内的北部地區都居住着耕田或種菜的農民,這一時期的城市尚具有農業與手工業相結合的特徵。所以十五個鄉中的農民,至少有相當一部分是住在都城内,也可能有一部分住在近郊,但住在近郊者亦當如《齊語》所謂"群萃而州處",即集聚而居,住在若干個有垣牆的邑中,只是邑的規模要小一些。[1] 士、工、商之鄉六,應在都城内,其里自然也在城内。即是説齊國中二十一個鄉内的"里"都應是設在都城内或近郊較小的邑落内。

春秋時其他各國的里也是設在城、邑中的,如:《國語·周語中》:"定王使單襄公聘於宋,遂假道於陳,以聘於楚。……饔宰不致餼,司里不授館……。"韋昭注:"司里,里宰也,掌授客館。"客館在城邑中,故陳國司里所司之里亦在城中。《左傳》襄公九年:"九年春,宋災,樂喜爲司城以爲政,使伯氏司里。"楊伯峻《春秋左傳注》:"里即里巷,城内居民點。司里者,管轄城内街巷。"所以,春秋時代的里是當時城邑内的一種區域單位。

一個城内(或邑内)包括若干里,里之間又是如何區劃的呢?《説苑·奉使篇》記述晏子云:"齊之臨淄三百閭,張袂成帷,揮汗成雨。"閭即是里門,《淮南子·脩務訓》高誘注"閭,里也",稱閭同於稱里。有三百閭,即三百個里。里既有里門,則應當是有牆垣環繞着的,這就是説,在城邑的牆垣内又築以較矮小的土牆間隔成里。里内各家還有自己的院

---

[1] 參見《公羊傳》宣公十五年何休注:"在田曰廬,在邑曰里。"《詩·豳風·七月》鄭玄箋:"急當治野廬之屋。"如果田近,收工後即回邑居住。田遠,也可能即住在田野中的廬舍内。

墙,《詩·鄭風·將仲子》以一個平民中的青年女子對其情人説話的口吻寫道:

> 將仲子兮,無踰我里,無折我樹杞。……
>
> 將仲子兮,無踰我墙,無折我樹桑。……
>
> 將仲子兮,無踰我園,無折我樹檀。……

《鄭風》成詩年代大致在春秋早期,此詩先言"我里(里墙)",後言"我墙",也證明當時里確有墙垣,里中各家又以院墙相界。

(二)春秋時里中居民的親屬關係與生活單位

春秋時代"里"中居民是否還保留有親族關係呢?

《國語·齊語》記管仲對士鄉組織進行規劃後,提出"内教既成,令勿使遷徙"。這裏指不要使組織在鄉里中的人隨便遷徙。由此可知,如果不下此令,或在重新組劃前,鄉里之人大概是可以遷徙的了。這種居民的自由遷徙,已非閉合的血緣親族所能允許的。《論語·里仁》:"子曰:'里仁爲美,擇不處仁,焉得知!'"鄭玄曰:"求居而不處仁者之里,不得爲有知。"這種可擇仁而居之"里"自亦非血緣聚居。

《左傳》昭公三年曰:"初,景公欲更晏子之宅……辭曰:'君之先臣容焉,臣不足以嗣之,於臣侈矣。且小人近市,朝夕得所求,小人之利也,敢煩里旅?'……及晏子如晉,公更其宅。反,則成矣,既拜,乃毁之而爲里室(杜預注:"本壞里室以大晏子之宅,故復之。"),皆如其舊,則使宅人反之。"晏子宅於里中,故言:"敢煩里旅。"其鄰户大概與其並非有親族關係,所以景公可以毁壞其鄰户之室以擴晏子之宅。以上幾例,反映出當時國人所居之里可能已脱離了前述西周時代那種"里"與宗族組織相統一的狀況。

上引《齊語》"與其爲善於里也,不如爲善於家",又"人與人相疇",説明家的地位與社會作用變得突出起來,成爲"里"的基層生活單位。這種"家"有多大規模,包括哪些親屬呢?《齊語》:"桓公又問焉,曰:'於子之鄉,有不慈孝於父母,不長悌於鄉里。驕躁淫暴,不用上令者,有則以告。"這樣看來,一"家"大概包括成年的兄、弟與父、母,比個體小家庭要大,可能是一個包括若干個個體家庭的父家長制的小家族。"家"之間是否還有親屬關係則不得而知,不過,戰國文獻裏常講到"族黨",一里之中的幾個親屬關係接近的這種小家族有可能即組成族黨。

以上所言主要是指國人中的士、農。士屬於貴族下層,國人中的農大致屬於庶人中的上層。在春秋時代,他們在所居的里中雖還各自保存有自己小規模的家族組織(如上述所謂小家族),但已經不再像西周時代那樣一個里即一個家族了。除了士、農外,工可能是族居的,商則是非族居的。《齊語》:"臣立三宰,工立三族,市立三鄉。"韋昭注:"族,屬也,晉趙盾爲旄車之族。""市,商也,商處市井,故曰市也。"因此城郭内工所居之里,與族仍是統一的。由齊國情況看,當時既是士、農、工、商分處,則"里"中的居民多數是屬於同一階級或階層的。

貴族家邑內的里，有的亦仍采取以家族聚居的形式。據《史記·管蔡世家》，晉文公伐曹國即禁止軍士入釐負羈宗族之閭。

（三）春秋時"里"的共同體因素

春秋時代一般下層貴族與庶民階級所居之里雖已不與血緣宗族組織相統一，但可能由於距古未遠，里中各"家"之間似乎還保存着一種共同體的關係。《齊語》記管仲的話曰："以爲軍令。五家爲軌，故五人爲伍，軌長帥之。十軌爲里，故五十人爲小戎，里有司帥之。四里爲連，故二百人爲卒，連長帥之。十連爲鄉，故二千人爲旅，鄉良人帥之。……伍之人祭祀同福，死喪同恤，禍災共之。人與人相疇，家與家相疇，世同居，少同遊……居同樂，行同和，死同哀。是故守則同固，戰則同彊。……"這段話還見於《管子·小匡》，僅語句略有不同。這裏，行政與軍事組織均以四或五進制、十進制編制，行政與軍事長官亦皆與族組織無干，一族之兵力，更明確提出由"鄉良人帥之"，説明里已不再與血緣親族相統一，但又要使里內的居民安於這種閉合組織內，要求他們能通過祭祀、死喪等活動相親近，實際上是向里這種地域組織內灌注某些氏族共同體的因素，即取締於舊的血緣宗族不利於統治的一面，又希望保留舊的親族組織那種依靠血親關係建立起來的戰鬥力。這種"內教"是要使里成爲一個經濟、行政、軍事上的共同體。

管仲以上的設計，不會是在沒有實現之可能的情況下提出的，由《國語》看，桓公采納了管仲的一套提案，所以，這種設想當時確曾在齊國實現過。尤其值得注意的是，管仲對鄉里的治理，除了"令勿使遷徙"及同文中桓公對五屬大夫所下的舉薦、檢舉令是法令外，其他各項要求並沒有伴隨着具體的強令措施，沒有實行法律管制，看來主要是依靠鄉里居民某種程度的自治。這些都反映當時鄉里中的居民多由同一階級或階層相聚合，其內之階級分化、貧富分化尚不嚴重。

在結束本節時應説明，因史料之限，我們論述春秋時代的里，不得不較多地引述齊國的情況，間或引了他國的一些情況。楊向奎先生曾認爲，東方齊國之社會基礎與西方各國不同，比較落後，其公社殘餘形態較濃厚。[1] 楊先生的見解是值得重視的。但有關當時西方各國基層地域組織的史料甚缺，在這種情況下，由於齊國的情況至少在春秋這一歷史階段具有某種代表性，總還是可以藉以了解當時里的一些共性的，猶如《周禮》一書雖已被一些學者考定與齊國有密切關係，[2]而仍不妨可利用來研究先秦某些通制一樣。

四、《周禮》中的"里"

在上兩節中，我們據史籍試述了西周與春秋時代"里"的一些情況，然而當時"里"作爲

① 楊向奎：《中國古代社會與古代思想研究》（上），上海人民出版社，1962 年。
② 參見顧頡剛：《"周公制禮"的傳説和〈周官〉一書的出現》，《文史》第 6 輯，1979 年。

地方行政組織有哪些社會作用,其對王朝擔負哪些義務,由於史料所限,未能深論。這裏我們想用《周禮》一書的有關資料來彌補一下。

(一)《周禮》中的地方制度之時代性

《周禮》一書,以其資料之豐富素爲史家所重,然此書約成於戰國,並經過漢儒整理,所述實揉雜了西周(甚至有的可以追溯至商)以來至戰國時期這一漫長歷史階段內的典制。專以此來講西周或講其他一個特定的歷史階段皆不可信。顧頡剛先生言:"因爲這書不成於一人,也不作於一時,所以其中的制度常有牴牾和不可信的成分,然而其中也必然保存了一部分古代的真制度(例如不用牛耕,沒有鐵器等事項),值得我們重視,所以需要細細地分析出來而部分地歸到正確的古代史裏去……"①所言甚是。

《周禮·地官》講到地方制度時,亦講到閭、里,對於其作爲地方行政區劃與地域組織的功能尤有細述。但要正確運用這部分材料又必要解決其所述地方制的時代性問題。在《周禮》中,將王國百里之內劃作"鄉",百里外劃作"遂",皆直屬於王。鄉內的組織是:"令五家爲比,使之相保;五比爲閭,使之相受;四閭爲族,使之相葬;五族爲黨,使之相救;五黨爲州,使之相賙;五州爲鄉,使之相賓。"遂內的組織是:"五家爲鄰,五鄰爲里,四里爲酇,五酇爲鄙,五鄙爲縣,五縣爲遂。"鄉中的"閭"已在前文説明實即是"里",但遂中一里二十五家,而鄉一閭亦二十五家,都是在邑內用墻垣區劃出來的一種基層的地域單位,這裏鄉中不用"里"用"閭",看來是爲了以示與遂的區別。② 這種地域組織又有哪些特徵?這些特徵又是哪個時代的反映呢?

第一個特徵,鄉內的地域行政區劃組織建立在"族"的基礎上。這裏的"族"是一百家,與《詩·周頌·良耜》鄭玄箋"百室,一族也"相合,仍是西周舊制。使一族之人"相葬",即在喪事上相助,此只有在族葬制仍保留的情況下才可能,故"大司徒"之職的"二曰族墳墓","鄉師"之職有"族共喪器",其他"相受""相救""相賙"都是血緣親族共同體內的一些制度。這種地域組織建於血緣親族基礎上的情況,與前文所述西周時代地域組織萌芽時期的特徵全合,而這種特徵在春秋時期仍有殘存,以後即漸消失了,它只存在於這一歷史階段內,所以説《周禮》中鄉的地域組織制度實大致反映了西周的地域組織(及春秋時代部分地域組織)之情況。當然《周禮》所述鄉中的組織並不等於就是西周情況,其一,《周禮》中鄉內組織系統,如此繁縟,當是夾雜了春秋以後的行政區劃而構畫出來的。此外《周禮》中鄉的組織制度因是不同時代的制度之揉和,所以本身有矛盾處,如:鄉里以族爲基礎,但"比長"之職又講到"徙于國中及郊,則從而授之。若徙于他,則爲之旌節而行之",這又

---

① 顧頡剛:《"周公制禮"的傳説和〈周官〉一書的出現》。

② 《周禮》在講到鄉的組織機構時,又多次言及"州里""鄉里",將"閭"稱爲"里"。又《漢書·食貨志》講古制曰:"五家爲鄰,五鄰爲里,四里爲族,五族爲黨,五黨爲州,五州爲鄉,鄉萬二千五百户也。"除了將《周禮》中的比改爲鄰,閭改爲里外,餘皆同於《周禮》鄉制,亦是比與鄰,閭與里意近通用之證也。

是與血緣聚居相違背的。這種居民個體的遷徙自由,最早亦要在近於春秋時才能出現。其二,西周時所以在地域組織中保存了血緣親族的組織結構,不是出於統治的需要,而是由於在當時歷史條件下,尚不能一下子以地域組織取代血緣組織,而在《周禮》中則完全是一種人爲的設計。

第二個特徵,即是六鄉居民對國家沒有農業生産上的義務,只負擔兵役與力役,提供軍賦。而居於六遂之野人,主要擔負農業勞役並貢賦。這種制度與《國語·齊語》所記春秋時管仲在齊國所推行的制度相近,齊國之國人居十五個士、農之鄉與六個工商之鄉,國人中的士、農擔負兵役而不服農役,鄙中之民只有農業上的負擔。西周是否存在這種國、野之分,目前還沒有可靠的文獻與金文資料的證實。但《齊語》記桓公問管了曰:"處士、農、工、商若何?"管子對曰:"昔聖王之處士也,使就閒燕;處工,就官府;處商,就市井;處農,就田野。"這裏所謂聖王當指西周之先王,由此可知,西周時可能也有類似的制度。當周人克商後,在被征服地區,少數周人居住在城邑與近郊,主要任務是提供軍賦與服兵役,而被征服的異族土著居民主要在田野服農業勞役。由此看,《周禮》中所述地方制度中,相當一部分實是西周至春秋舊制的融合。因此《周禮》中講到的基層地域組織"里""閭"的情況,有一些可作爲了解西周、春秋時"里"的情況之參考。

(二)《周禮》中所見西周、春秋時"里"中的制度及"里"的社會作用

《周禮》所述地方制度中能反映西周至春秋時代"里"的情況者,主要是下面三種制度:

第一,關於祭祀制度。

"州長":"若以歲時祭祀州社則屬其民而讀法。"[1]"屬"的字義,鄭玄在注中曰:"屬猶合也,聚也。"

"族師":春秋祭酺時要屬民而讀邦法。

"黨正":"國索鬼神而祭祀,則以禮屬民而飲酒于序,以正齒位。壹命齒于鄉里,再命齒于父族,三命而不齒。"("國索鬼神而祭祀"鄭玄注以爲是年終蜡祭。)

此外,《周禮》還講到,閭之長官閭胥在祭祀時要負責"聚衆庶",凡祭社神與年終蜡祭時,里中居民皆要攜祭器參加。

由上述可知,官方使居民參加社祭與歲時祭祀的目的,主要是爲了借此機會向居民"讀法"。孔穎達疏曰:"讀法者,謂對衆讀一年政令及十二教之法也。"而在蜡祭時強調"正齒位",尤其強調所謂一命、二命、三命之有爵服者正與不正齒位之制,説明在這種地方制

---

① 州社,是講一州之中所立社。《風俗通義》之佚文曰:"周禮説:'二十五家置一社,但爲田祖報求。'"《説文解字》"社"字注云:"周禮:'二十五家爲社,各樹其土所宜之木。'"《周禮》遂中之里,一里二十五家。《禮記·郊特牲》:"唯爲社事,單出里。"《禮記·月令》仲春之月"擇元日,命民社"。由這些材料觀之,民間一里中有一社,在先秦時代可能即已如此。社有神壇,一般以巨樹爲之,作爲土地神的象徵,如《莊子·人間世》:"匠石之齊,至乎曲轅,見櫟社樹,其大蔽數千牛。"祭社神是一種自然神崇拜。

度下,過去農業共同體之居民對土地神與其他鬼神的自發性的宗教性崇拜活動,現在被統治者注入了濃厚的政治色彩,被利用來強化王朝的專制統治及等級制度。此外,《周禮》在講到鄉內祭祀活動時,所祭者皆自然神,不顧及族人對其祖先神的祭祀,反映了統治者在利用地域組織來抵消血緣性組織的勢力。這有助於了解西周至春秋時代鄉、里等地域組織取代血緣組織的過程。

第二,關於服役制度。

"鄉師":"大役,則帥民徒而至。治其政令,既役,則受州里之役要(孔穎達疏曰:言大役者謂築作堤防城郭等大役……所役之民出於州里……役要則役人簿要即名册)。……凡四時之田,前期,出田法于州里,簡其鼓鐸旗物兵器,脩其卒伍,及期,以司徒之大旗,致衆庶而陳之,以旗物辨鄉邑……"

"州長""黨政""族師"各節亦皆講"師田行役之事"要帥民致之,尤其強調要掌戒令與刑罰。

"閭胥":"凡春秋之祭祀、役政、喪紀之數,聚衆庶。"即是說閭(里)中居民為國家所擔負的勞役主要是兵役、田獵之役與其他大役。在服役時,以閭(里)為基層單位,由閭(里)之長官集聚,再向上層層會合為族、黨、州、鄉各級組織。地方組織同時又是軍事組織,與軍事編制相同。在服兵役時要由閭(里)中居民自備兵器戎物,並皆以旗物表示其閭(里)邑之名號。將居民組織與軍事組織合一,源於原始氏族制度,商與周血緣性社會組織存在時依然如此,地域性社會組織出現後,原來由血緣性組織擔負的義務轉到地域組織身上,《國語·齊語》中管仲對齊國十五個士、農之鄉采取的措施即是如此。

第三,關於耦耕之制。

"里宰":"里宰掌比其邑之衆寡與其六畜兵器,治其政令。以歲時合耦于鋤,以治稼穡,趨其耕耨,行其秩叙……"對"合耦于鋤"之"鋤"的解釋,現在學者有兩種意見,一說同鄭司農,以為鋤讀為藉,即是藉田、公田,一說同杜子春、鄭玄,以為鋤是相佐助。此二說均可通。合耦的意思實是一種集體協作而耕的意思。[①]《周禮》中將合耦耕作歸為野制,鄉中閭内之民如何耕作沒有講,但此段文字反映的是一時期(約在西周早期至春秋初期)的農業生產力水平,這種水平決定無論是助耕公田,還是里中之衆在自己私田上耕種尚都需要合力協作,所以鄉閭之民也應是合耦耕作的。由此知西周與春秋初期時"里"有組織、督促其内居民集體協作農耕的作用。

具體地講到這時期"里"對生產的組織與督促作用的,還有《漢書·食貨志》那段著名的記述:"在壄曰廬,在邑曰里。……春令民畢出在壄,冬則畢入於邑。……春(秋)[將]出

---

① 參見宋兆麟:《從民族學資料看耦耕》,《中國歷史博物館館刊》1983 年總第 5 期。

民,里胥平旦坐於右塾,鄰長坐於(右)[左]塾。畢出然後歸,夕亦如之,入者必持薪樵,輕重相分,班白不提挈。冬,民既入,婦人同巷,相從夜績,女工一月得四十五日……"這種群居,畢出畢入的生活,仍帶着共同體的色彩,亦可知其耕作必亦帶有集體協作的合耦的性質,只是一切皆置於里之長吏的督促下。

綜上述,通過《周禮》關於地方制度的叙述可知,西周至春秋時,"里"作爲一種經濟、政治與軍事的綜合體,其社會作用主要表現爲:控制居民以保障穩定的社會秩序,組織與督促農業生産,並提供必要的勞動力與兵力,從而鞏固王朝的專制統治。

五、戰國時的"里"

(一) 郡縣制下的"里"

從現有文獻資料可知,至遲在春秋中葉就已經出現的"縣",在戰國時其設置更爲普遍,"里"則成爲各國縣下最基層一級的行政區劃與地域組織之通名。

《史記・老子韓非列傳》:"老子者,楚苦縣厲鄉曲仁里人也。"説明春秋末楚之區劃爲縣、鄉、里。《鶡冠子》一書是楚人所著,[①]其《王鈇》篇曰:"五家爲伍,伍爲之長;十伍爲里,里置有司;四里有扁,扁爲之長;十扁爲鄉,鄉置師;五鄉爲縣,縣有嗇夫治焉;十縣爲郡,有大夫守焉。"其行政系統是(伍)里、扁、鄉、縣、郡,可能是講戰國時楚制。依此,楚國在"里"上"鄉"下還有"扁",或説即"甸"。

東方諸國的地域組織系統,亦大致爲縣、鄉、里。如《墨子・號令》:"某縣某里某子,家食口二人,積粟六百石……"《墨子・尚同中》:"里長既同其里之義,率某里之萬民以尚同乎鄉長。……"臨淄出土的戰國時齊國的陶器上所發現的陶文,一般記有陶工的籍貫與名氏。籍貫多作某"𦊖"、某"里"。里上一級行政單位是"𦊖",可能是齊國在戰國時所通行的一種類於鄉的行政區劃。

秦國在商鞅變法後設縣,縣下有邑、里,如:雲夢睡虎地秦簡(以下簡稱"秦簡")常見"名事邑里""名事里","里"已成爲籍貫代稱之習語。有時"縣"下即稱"里",邑亦可不提,其重要性由此可知。

里的長官之産生可能還與春秋時同,是從里中選拔出來的。如《墨子・尚同上》:"是故里長者,里之仁人也。"秦簡《法律答問》:"可(何)謂'衛(率)敖'?'衛(率)敖'當里典謂殹(也)。"里典是秦國里長之稱,率通帥,敖讀爲豪。豪帥同義連用,説明里典是選拔里中豪强有力者充之。[②]

---

① 《鶡冠子》一書舊多認作僞書。現代學者因馬王堆三號漢墓出土的西漢早期《老子》乙本卷前佚書抄本與此書語句多有相合,肯定此書之可信,認爲其成書時代在戰國末,晚至秦或漢初。參見李學勤:《馬王堆帛書與〈鶡冠子〉》,《江漢考古》1983 年第 2 期;裘錫圭:《嗇夫初探》,《雲夢秦簡研究》,中華書局,1981 年。
② 參見《睡虎地秦墓竹簡》一書内《法律答問》一章整理小組的注釋。

這時"里"的地域設置亦同於春秋時,係設置於城邑中的一種區域單位。^① 里有門(閭),如《説苑·修文》:"事畢出乎里門,出乎邑門,至野外。"《戰國策·齊策》:"……其母曰:'女(汝)朝出而晚來,則吾倚門而望;女(汝)暮出而不還,則吾倚閭而望。……'"通過閭進入里中之道路稱爲巷,里巷與里巷間有墻垣相隔。睡虎地秦簡《法律答問》:"越里中之與它里界者,垣爲'完(院)'不爲? 巷相直爲'院',宇相直者不爲'院'。"院即圍墻。整理小組估計秦國法律對越院者要處罰,故有此文。可知里間設置墻垣,設閭門,是爲嚴格管制居民,並有保安的用意。

(二)戰國時"里"的地域性

戰國時"里"的地域組織性質更加明顯,一"里"與一個血緣組織相同一的情況已很鮮見。

《莊子·則陽》:"少知問於大公調曰:'何謂丘里之言?'大公調曰:'丘里者,合十姓百名而以爲風俗也。合異以爲同,散同以爲異。……比於大澤,百材皆度;觀於大山,木石同壇,此之謂丘里之言。'"丘里者,丘與里也。所言不知是何國之制,丘有可能是里上一級單位,猶如鄉。丘、里"合十姓百名",明顯地是不同親族的人雜居。

《禮記·雜記下》:"姑姊妹,其夫死,而夫黨無兄弟,使夫之族人主喪。妻之黨,雖親弗主。夫若無族矣,則前後家,東西家;無有則里尹主之。或曰:主之,而附於夫之黨。"由此文可知,夫之同里人多非同族人,此肯定不是聚族而居時的情況。這時還強調同族人主喪,只是血緣親族之遺俗而已。

《禮記·曲禮上》:"鄰有喪,舂不相;里有殯,不巷歌。"鄰里有喪事,哀悼已非自發而需告誡,同里之人似亦非同族。

《呂氏春秋·論人》:"論人者,又必以六戚四隱。何謂六戚,父母兄弟妻子。何謂四隱,交友、故舊、邑里、門郭(孫詒讓曰:"郭當作郎,郎、廊古今字。")。內則用六戚四隱,外則用八觀六驗。"又《墨子·明鬼下》"內者宗族,外者鄉里,皆得如具飲食之",皆明顯地將邑里之人列於族人之外。

《史記·范睢蔡澤列傳》:"鄭安平曰:'臣里中有張祿先生……'"説明同里之人已有不同姓氏。

以上都反映了戰國時的里一般地已作爲單純的地域性組織存在了。

(三)戰國時"里"中居民的生活單位

戰國時,里中居民的基本生活單位大概有兩種情況,一種是個體家庭,相當於核心家庭,如秦簡中所見之"士五"之家庭即多是個體家庭。但由下面幾條材料看,還有另一種情

---

① 馬王堆三號漢墓出土的《地形圖》中,地名自名爲里者四十三處,《駐軍圖》中自名爲里者四十一處。《駐軍圖》還標有里中居民户數,多者有一百零八户,少者僅十二户(參見周世榮:《有關馬王堆古地圖的一些資料和幾方漢印》,《文物》1976 年第 1 期)。可知西漢時獨立的邑落或自然村落亦稱作"里",可能同時又是一種民政編制。

況,即一里之內的居民有的由幾個個體家庭組成較小規模的家族,家族之間有的還可能有親屬關係,組成所謂"族黨",如:

《荀子·樂論》:"故樂在宗廟之中,君臣上下同聽之,則莫不和敬;閨門之內,父子兄弟同聽之,則莫不和親;鄉里族長之中,長少同聽之,則莫不和順。"王引之《經義述聞》曰:"此似借長爲黨。"這裏同一"閨門之內"的父子兄弟,即是一個小家族。言"鄉里族黨",則族黨存於同一鄉或里中,由幾個親近的小家族組成。

《荀子·禮論》:"天子之喪動四海,屬諸侯;諸侯之喪動通國,屬大夫;大夫之喪動一國,屬修士;修士之喪動一鄉,屬朋友;庶人之喪合族黨,動州里;刑餘罪人之喪,不得合族黨,獨屬妻子……"細讀此文亦可知,州里之中庶人有自己的族黨,大約即是由若干個上述"父子兄弟"式的小家族構成的。

上述"里"內居民或以個體家庭或以家族爲單位,所以造成這兩種情況的原因可能與"里"的形成有關。戰國以來,生產工具改進,社會經濟發展,個體小農經濟的生存成爲可能。特別是由於戰國時商品經濟得到發展,加之戰爭頻繁,居民遷徙的現象較多,各國又多執行耕戰政策,並遷調農民開發新的土地,也造成了相當數量的新的居民邑里,這種邑里其居民多以個體家庭爲單位生存。秦國在商鞅變法時規定:"民有二男以上不分異者,倍其賦。"(《史記·商君列傳》)更使秦國比較早地出現以較多的核心家庭作爲社會經濟單位的局面。另一方面,由於各國或各地區政治、經濟發展不平衡,一些舊的邑里中的部分居民仍在里中保留了規模較小的家族組織。

這裏還需要提出的是,戰國時期各國還保存着手工業者聚居的情況,有些里,以至鄉中的居民皆是同行業的手工業者。例如齊臨淄故城出土的陶器印文所印陶工的居住址有(以下未注明出處者皆見於《季木藏陶》《古陶文香錄》):[①]

縣🔲:東陶里、南陶里、中陶里、合陶里。東蒦圆里、西蒦圆里、南蒦圆里、中蒦圆里、穀蒦圆里、蒦圆南里、蒦圆陶里、蒦圆魚里、蒦圆楊里、蒦圆中里

楚章🔲:關里、而里、薦里

丘齊🔲:辛里、平里、漆彫里、陶里

"縣""楚章""丘齊"皆是🔲名。🔲可能相當於鄉,🔲下轄若干里。從陶文中還可見,往往一里之中有數個工匠,例如屬蒦圆陶里的陶工名即有五十餘,屬合陶里的有二十餘人。由此可知,當時陶工按里聚居於臨淄城內的幾個鄉一級的鄙中。所謂陶里,即是陶工聚居之里。齊陶文中,陶工多數只署名而不記其氏,"從少數記氏的例子看,同里者大率同氏"。[②]一里之中既有若干陶工,而又多不記氏,大約也是因爲他們是同氏,僅以名區分即可。我

---

① 按:原文的里名及工匠人數據高明編著《古陶文彙編》(中華書局,1990年)有訂補。
② 李學勤:《戰國題銘概述》(上),《文物》1959年第7期。

們還可以由此推知，一里中有若干陶工，但每件陶器上又都只署一個陶工名，説明他們雖大致按同氏聚居，而生産單位卻是個體家庭，並不實行勞動協作。

《國語·齊語》記管仲對桓公曰："令夫工，群萃而州處……故工之子恒爲工。"可能因爲手工技術須在親族範圍内傳播，直到戰國時這種狀況仍未改變，陶工以𤔔里聚居，産品上要壓印陶文標明陶工的里名、人名，當是官府爲對這些作爲商品出售的陶器征收商業税而采取的措施，反映當時私營小手工業處於官府的嚴密控制下。

（四）戰國時"里"中居民的階級分化

從有關文獻來看，戰國時代居於"里"（閭）之中的居民，一般是士階層及其以下者，政治地位較低，較高級的官吏與世族貴族似乎已不屬閭里之中。如：《戰國策·齊策六》："貫珠者復見王曰：'王至朝日……乃布令求百姓之饑寒者，收穀之。'乃使人聽於閭里……"《史記·李斯列傳》："李斯喟然而嘆曰：'……夫斯乃上蔡布衣，閭巷之黔首，上不知其駑下，遂擢至此。……'"司馬遷在《史記·伯夷列傳》裏亦曾感嘆曰："閭巷之人，欲砥行立名者，非附青雲之士，惡能施于後世哉？"

春秋時，如齊國"里"中居民或爲士，或爲工、商，或爲農，同里之人多是屬於同一個社會階層，但在戰國時的"里"卻與此不同，當時"里"中實已有不同階級的人雜居，這從《管子·立政》中的一段文字可以得知：

> 閭有司觀出入者，以復於里尉。凡出入不時，衣服不中，圈屬、群徒不順於常者，閭有司見之，復無時。若在長家子弟、臣妾、屬役、賓客，則里尉以譙于游宗，游宗以譙于什伍，什伍以譙于長家。

細讀上文，先提到的"圈屬、群徒"泛指里中的所有居民與外來的賓客、徒役，下面言"若在長家"，這説明里中包括一般的里民與"長家"兩種人。長家，實指大户人家，亦即是下文所引《列子·楊朱》所言富室。"長家"以外的一般里民，當即較貧窮者。此外，"長家"內的成員除子弟及賓客外，還有臣妾與屬役。[①] 又如《莊子·天運》：

> 故西施病心而矉其里，其里之醜人見之而美之，歸亦捧心而矉其里，其里之富人見之，堅閉門而不出，貧人見之，挈妻子而去走。

《列子·楊朱》：

> 昔者宋國有田夫常衣緼黂，僅以過冬，暨春東作，自曝於日，不知天下有廣廈隩室，綿纊狐貉，顧謂其妻曰："負日之暄，人莫知者以獻吾君，將有重賞。"里之富室告之曰，昔人有美戎菽、甘枲、莖芹、萍子者，對鄉豪稱之，鄉豪取而嘗之，蜇於口，慘於腹，衆哂而怨之，其人大慚。子，此類也。

---

① 這裏的"長家"仍要受制於里尉，甚至連什伍之長亦可以"譙于長家"，可知其雖富有，但政治地位似並不高。

以上皆是寓言,《莊子·天運》講西施,是春秋末期事,但其中所言里中居民的情況,應與《列子·楊朱》一樣,實是戰國時的情況。所謂"富人""富室",可能是"士"的上層與商人中的富豪。貧人,則如田夫之類。由此可知當時的"里"中之人雖同是政治地位較低者,但在經濟上卻有貧富之分。這種貧富之分似已不屬於一個階級(或階層)內的差別,而已是階級的差別了。

由於里中的貧富分化,階級分化,舊的血緣組織的遺存日益被掃滌,春秋時管仲在齊國推行過的使里變成共同體的措施,失去了實現的可能與基礎。雖然戰國時代有的政治家、思想家仍懷念着那種政治局面,①然而當時鄉里內人與人之間的實際關係卻與他們的理想相距甚遠了,如《管子·問》:

> 問獨夫、寡婦、孤窮、疾病者幾何人也? 問國之棄人,何族之子弟也? 問鄉之良家,其所牧養者幾何人矣? 問邑之貧人,債而食者幾何家? ……問宗子之牧昆弟者,以貧從昆弟者幾何家? ……餘子父母存,不養而出離者幾何人? ……貧士之受責於大夫者幾何人? ……問人之貸粟米有別券者幾何家?

這反映當時鄉里之內,已有了貧疾孤寡而無人關懷者,已出現對本里人實行剝削的事實,相敬相救之人情已被拋棄。宗子因貧困不得不寄食於昆弟,餘子爲了生活也被迫出離而顧不上贍養父母,孝悌之道已被冷酷的經濟現實所代替。

秦簡《封診式》幾條材料也證明了這種狀況,如:

> 毒言　　爰書:某里公士甲等廿人詣里人士五(伍)丙,皆告曰:"丙有寧毒言,甲等難飲食焉。來告之。"

> (遷)子　　爰書:某里士五(伍)甲告曰:"謁鋈親子同里士五(伍)丙足,毚(遷)蜀邊縣,令終身毋得去毚(遷)所,敢告。"

> 告子　　爰書:某里士五(伍)甲告曰:"甲親子同里士五(伍)丙不孝,謁殺,敢告。"

同里之人可以因懷疑某人口舌有毒就向官府進行控告,甚至父親對親生兒子也因"不孝"而謀求嚴厲的法律制裁,皆可見當時同"里"居民之間的關係已經體現不出來春秋時期那種共同體的色彩了。

(五)戰國時國家對"里"的控制

針對當時鄉里內居民成分與相互關係的變化,國家對鄉里組織采取了前所未有的嚴厲的法律管制措施,主要表現爲監督與連坐制度。

所謂監督制度,首先是對出入里門進行限制與監察。如《管子·立政》:

---

① 見《鶡冠子·王鈇》《尉繚子·戰威》《吕氏春秋·安死》。

築障塞匿，一道路，搏出入。審閭閈，慎筦鍵，筦藏于里尉。置閭有司，以時開閉。閭有司觀出入者，以復于里尉。凡出入不時，衣服不中，圈屬群徒不順於常者，閭有司見之，復無時。

監守里門的並不一定都是官吏，如《戰國策·秦策》：

守閭嫗曰："某夕，某孺子内某士。"

監守閭門的目的，《管子·八觀》講得很清楚，即是："州里不鬲，閭閈不設，出入毋時，早晏不禁，則攘奪竊盜、攻擊殘賊之民，毋自勝矣。""閭閈無閥，外内交通，則男女無別。"

監督制度其次表現爲對居民以什伍制度加强管理，禁止遷居流動。如《管子·禁藏》：

夫善牧民者，非以城郭也。輔之以什，司之以伍，伍無非其人，人無非其里，里無非其家，故奔亡者無所匿，遷徙者無所容。不求而約，不召而來，故民無流亡之意，吏無備追之憂。

其目的是"故主政可往於民，民心可繫於主"。

所謂連坐制，《周禮·地官·司徒》在"比長""族師"節曾言及。此外，《墨子·尚同下》："若見惡賊國不以告者，亦猶惡賊國者也。"當是連坐之思想先導。至於這種制度之形成，很可能在戰國初。這從《鶡冠子·王鈇》與《國語·齊語》中有關文句相比較可以看出來。

《國語·齊語》：

桓公又問焉，曰："於子之鄉，有不慈孝於父母，不長悌於鄉里，驕躁淫暴，不用上令者，有則以告。有而不以告，謂之下比，其罪五。"

《鶡冠子·王鈇》：

伍人有勿故不奉上令有餘不足居處之狀，而不輒以告里有司，謂之亂家，其罪伍長以同。里中有不敬長慈少出等異衆不聽父兄之教，有所受聞，不悉以告扁長，謂之亂里，其罪有司而貳其家。……

由此可知《王鈇》篇其思想本於《齊語》，文句亦多相仿，唯《王鈇》多了講連坐之罪的字句，且將這種法制聯繫到里伍之中，很可能是《鶡冠子》之作者結合了戰國時方出現的地方組織中的連坐制度，以《齊語》之思想與句式寫的《王鈇》。

據《史記·商君列傳》，商鞅在秦："令民爲什伍，而相牧（糾）司（伺）連坐。"韓非也力主此制，《韓非子·制分》："然則去微姦之道奈何？其務令之祖規（窺）其情者也。即使相窺奈何？曰：蓋里相坐而已。禁尚有連於己者，理不得相窺，唯恐不得免……告過者免罪受賞，失姦者必誅連刑。……"

從秦簡看,連坐制在秦國盛行,不僅用於所謂防姦,如《秦律雜抄》:“匿敖童,及占瘴(癃)不審,典老贖耐。百姓不當老,至老時不用請,敢爲酢(詐)僞者,貲二甲;典、老弗告,貲各一甲,伍人,户一盾,皆罨(遷)之。傅律。”這是對征役時的謊報行爲的懲罰律,“典老”即里典、伍老。“伍人,户一盾,皆罨(遷)之”,即凡有此謊報罪者,同伍之人皆每户罰一盾並流放,說明連坐制度亦成爲秦政府征發兵役、徭役的法律保障。

戰國時國家對“里”等地域組織控制之嚴,甚至表現在對宗教性活動的控制上。如《韓非子·外儲説右下》:

> 秦昭王有病,百姓里買牛而家爲王禱。……王曰:“訾之人二甲。夫非令而擅禱,是愛寡人也。夫愛寡人,寡人亦且改法而心與之相徇者,是法不立;法不立,亂亡之道也。不如人罰二甲而復與爲治。”

秦簡《法律答問》:

> 擅興奇祠,貲二甲,可(何)如爲奇? 王室所當祠固有矣,擅有鬼立(位)殹(也),爲奇,它不爲。

可見里中祠之設立,要由政府、王室加以規定,非此即列入“奇祠”,里民祈禱也要聽候王下命令才可舉行。

(六)戰國時“里”的社會作用

戰國時國家對人民的剥削形式見於《管子·治國》,包括:“關市之租,府庫之徵,什一之粟,斳輿之事。”“什一之粟”即國家向農民征收的實物稅。征稅的基礎一是由於農業生產力的提高,個體的或小家族的生產已成爲可能。二是各國所實行的授田制。

1972年臨沂銀雀山西漢前期墓中所出竹簡有《田法》,曰:

> 州、鄉以地次受(授)田於野。①

秦簡《田律》:

> 入頃芻稾,以其受田之數,無狼(墾)不狼(墾),頃入芻三石,稾二石。

此“受田”,即耕者所受,而國家所授之田。

《管子·乘馬》:

> 道曰:均地分力,使民知時也。

這裏講的“均地”,亦應是指國家分土地給農民。由於采取了實物稅,在一定程度上改變了過去農民藉耕公田的弊病,②有利於調動生產者的積極性。這種優越性,《管子·乘

---

① 據裘錫圭主:《戰國時代社會性質試探》一文所引,見《中國古史論集》,吉林人民出版社,1981年。
② 《管子·乘馬》“……正月令農始作,服于公田,農耕”,其文句與《夏小正》多有相合處,所述似戰國以前情況。

馬》講得很清楚："故不均之爲惡也。地利不可竭,民力不可殫;不告之以時,而民不知;不道之以事,而民不爲。與之分貨則民知得正矣,審其分則民盡力矣,是故不使,而父子兄弟不忘其功。"由於"不使"即不督促,農民亦會"不忘其功",所以,前文引《周禮》所講到的西周,春秋時由里組織與督促農業生産的作用,現在亦即無需存在了。故而在戰國史料中我們也未見到里中官吏組織與督促居民從事農耕的史料,只是《管子·度地》講到里之三老,里有司及伍長有配合政府官吏防備水、旱、風霧雹霜、厲、蟲五害的職責。

戰國時,里作爲基層行政區劃單位與地域組織,其作用除組織與管制居民外,還要保證上引《管子·治國》所謂"厮輿之事"即徭役的征發。

睡虎地秦簡《法律答問》:

> 當繇(徭),吏、典已令之,即亡弗會,爲遣事……

《封診式》:

> 亡自出鄉某爰書:男子甲自詣,辭曰:"士五(伍)居某里,以乃二月不識日去亡。"……以甲獻典乙相診,今令乙將詣論。敢言之。

以上"典"均指里典。由此可知,當時秦國通過里征發徭役,里典要按法令對不服役者進行懲處。此外,對里内居民還采用連坐法,對逃避徭役、軍役者及其同伍人實行制裁,此亦見上文所引睡虎地秦簡《秦律雜抄·傅律》。

戰國時期已實行郡縣征兵制度,春秋時期那種以"國人"爲主要兵力,軍事組織按鄉里等地域組織編制的制度已非主流。因此,在戰國史料中,以鄉里組織爲軍事編制的材料亦罕見,這時"里"基本上不再有軍事職能。唯《墨子·守城門》《號令》諸篇講到敵軍攻城時,"城下里中人各葆(保)亓(其)左右前後如城上","城下里中家人皆相葆(保)",但此是在危急時全民皆兵情況下的制度,不是通常兵制。

六、結　語

現將本文所論要點概括如下:

(一)"里"作爲地域性的社會組織,根據現有的資料,約出現於西周初期。這時的"里"在地域設置上有的作爲一個城邑内的單位區劃存在,有的則是指一個邑落。西周統治者建立"里",委任"里君"之類地方長官主要是爲了對被征服的廣闊地域加強控制。特別是對於已被征服的但仍保存着血緣親族組織的異族來説,設置這種地域性組織是削弱其反抗力的重要手段。西周早期後地域組織的範圍已漸擴大,周人中與王室、世家大族血親關係漸遠的族人亦被組織在里中。西周時的里最突出的特徵是,其多數係建立在居民血緣親族的社會組織之上的,並在相當長的時期内保存着濃厚的血緣組織的制度與風俗,在形態上表現了地域性與血緣性並存的二重性。這一時期爲先秦基層地域組織之萌芽時期。

（二）春秋時的"里"已主要是作爲各國城、邑中最基層的地域區劃單位存在,同時也是居民最基層的地域性社會組織。當時不僅是野中的居民,而且國人亦被組織在地域里組中。下層貴族與庶人所居之"里"可能以包括幾個個體家庭的小家族爲基本生活單位,但同里居民已不再屬同一親族組織,只是工所屬"里"與部分貴族私邑内的"里"還保留着聚族而居的狀況。在部分國家或地區(如齊國),"里"帶有濃厚的共同體的性質。一里内的居民多屬同一階級或階層,里不僅是行政組織,也是生產與軍事組織,並有較强的自治性能。這一時期爲先秦基層地域組織之成長時期。

（三）戰國時的里成爲郡縣制度下最基層的地方組織,仍設置於城、邑中,其他地域性質更明顯。里内居民(除某些手工業者階層外)聚族而居的狀況已基本消失。除了以幾個個體家庭組成的小家族爲基本生活單位外,也出現以個體家庭爲單位的情況。里内居民已出現嚴重的貧富分化與階級分化,奴役、剝削同里人的情況亦已出現。這一時期里多已不具有共同體的性質與自治的功能,國家對"里"采取了嚴厲的控制手段,以適應於集權政治的需要。里不再有農業生產組織與軍事組織的職能,其主要社會作用,除了維持統治階級所需要的社會秩序外,即是保障對居民的徭役與兵役的征發。這一時期,爲先秦基層地域組織之成熟期。

（原載《先秦史研究》,雲南人民出版社,1987 年）

戰國時期手工業者狀況

一、引　言

戰國時期是中國歷史上非常重要的一個階段,這一時期鐵制農具開始廣泛使用,城市經濟也發展到一個空前的水平,考古勘察與發掘所證實的戰國城市之宏大的規模使人們爲之驚嘆。這種物質文明固然是建立在農業生産力突出發展的基礎上,但是,商品經濟與手工業生産的發展卻有着直接的作用。因此,如果從生産力的主體——生産者的角度來考察這一時期社會經濟發展的原因,就不僅要研究農民的狀況,而且尤要注意研究當時手工業者的狀況。[①] 本文在學者們有關研究成果的基礎上,試對戰國時期手工業者狀況問題作一綜合的考察。

二、戰國時期隸屬於官府手工業的勞動者狀況

(一) 戰國時期官府手工業者的前身——春秋時期官府手工業者概況

爲了對戰國時期官府手工業者的狀況有一個較系統、深入的了解,有必要先概括地談一下其前身,即春秋時期官府手工業者的情況。

春秋時期專業的手工業者多數隸屬於官府手工業部門,即所謂"工商食官"制。"工商食官"一語出於《國語·晉語》,其文曰:"公食貢,大夫食邑,士食田,庶人食力,工商食官,皂隸食職,官宰食加。"韋昭注云:"工,百工。""百工"一詞,始見於殷墟卜辭(《屯南》2525)。在西周金文中也有"百工",其中有的可能是官稱,即工官(如西周早期器令方彝銘文中與卿事寮、諸尹、里君並列的"百工",《集成》9901),但多數是指手工業工人,由銘文看,他們的人身隸屬於王室與大的貴族家族。

春秋時作爲手工業者的"百工"則屬於一種特殊的階層,春秋文獻中,如《左傳》,習見

[①] 這裏所說的是專業的手工業者。中國古代社會中,農民家庭手工業一直是存在的。主要從事農業兼營手工業的生産者不在本文論述範圍内。

"庶人、工、商"並稱。"庶人"在這裏指的是一般耕田的平民,如《左傳》襄公九年:"其庶人力于農穡,商、工、皁、隸不知遷業。""工"不在"庶人"之内。

這時期的工因多數食於官,主要爲貴族統治者階層服務,故所居必要近於官府,集聚於國都與卿大夫都邑中,如據《國語·齊語》,春秋時齊國即在國中設"工商之鄉六",管仲要桓公仿效西周時的做法,"處工就官府"。就者,靠近也。工在國中,似屬於國人。他們一般是族居的。如管仲曰:"工立三族。"

工既食於官府,則没有自己獨立經營的經濟,没有生產資料,他們世代爲工,"不知遷業",集中於官府工場勞作,在身份上有近於奴隸的一面。[1] 現今考古發掘資料中能展現當時手工業者生產、生活狀況的,較典型的是侯馬晉國都邑地區的手工業遺迹,在侯馬牛村古城南郊分布有兩個鑄生產工具與錢幣的冶銅作坊遺址。並有數處骨器、陶器作坊遺址,説明當時手工業工人是集中在同一手工業區,按工種在手工業作坊内進行勞動協作的。在手工業作坊遺迹附近還發現有豎穴式長方形住屋,大小在長 2—5 米、寬 1.5—2 米間,周圍有窖穴、水井、道路。這些簡陋的地穴式房屋很可能即是當時手工業者的居住地點,由此可知,其生活條件是低下的。[2]

但是,從文獻上看,此時的工似乎又與一般的臣妾之類奴隸有所區别,這主要表現在政治身份和待遇上,最典型的例子是《左傳》哀公二年晉趙簡子誓師曰:"克敵者……庶人、工、商遂,人臣、隸、圉免。"杜預注"遂,得遂進仕",人臣、隸、圉"免",即免其奴隸身份。説明此時的工與"人臣、隸、圉"政治身份還有所不同,而近於一般的庶人。[3]

據《左傳》記載,春秋時,衛國官府手工業者曾兩次因公"使匠久",即不讓工匠休息,奴役過重,而與部分貴族聯合向公室展開武裝鬥爭,事見哀公十七年、二十五年。昭公二十二年,周王室内部貴族爭位,單子"盟百工於平宫……百工叛,己巳伐單氏之宫"。可見當時百工族聚,有一定的組織和力量,故而貴族們亦不敢輕視,往往利用他們作爲鬥爭的工具。這也與一般的生產奴隸有所不同。從現有資料看,春秋時期官府手工業工人主要是爲王室、官府及貴族消費服務,產品大概主要地還不是作爲商品直接爲社會服務。所以這一時期,官府的專業手工業者對社會經濟的促進作用還是不顯著的,農民和其他小生產者的手工業生活用品,除少數可能取自獨立小手工業者外,主要還是依靠家庭手工業生產而不是依賴於市場。

(二) 戰國官府手工業的類型與工種

戰國時官府手工業仍在整個手工業經濟中占有主要地位。手工業者多數隸屬於此。

① 參見斯維至:《論"工商食官"制度及新興工商業的作用》,《陝西師範大學學報》1979 年第 4 期。
② 山西省文物管理委員會:《山西省文管會侯馬工作站工作的總收穫——1956 年冬至 1959 年初》,《考古》1959 年第 5 期;北京大學歷史系考古教研室商周組:《商周考古》,文物出版社,1979 年。
③ 參見童書業:《中國手工業商業發展史》,齊魯書社,1981 年。

故對官府工業的情況需作一說明。戰國時各國已較普遍地推行了中央集權的郡縣制,官府工業也可以分爲中央官府手工業(包括王室手工業)與地方官府手工業兩類。

考古勘探與發掘獲得的資料説明,戰國時列國都城内都有較大規模的手工業作坊遺址。各都城内手工作坊分布情況,如:

洛陽東周王城　城址偏南中部是王宫所在,其西自北而南有大面積的窰場、骨器場與製作石質裝飾的作坊。時代屬戰國至西漢初。

新鄭鄭韓故城　西城是宫城,手工業區在東城。西南部有較大規模的鑄鐵作坊,主要製農具。北部有骨器手工作坊。

趙邯鄲故城　宫城在西南部。宫城東北是大北城。發現有數處冶煉,燒陶,製骨、石器作坊。冶煉作坊中有規模較大的煉鐵遺址。

中山靈壽故城　宫殿區在東城東北部。手工業區集中在東城西部中段。中間是面積達55萬平方米的鑄銅冶鐵作坊區,其内作業區分段。其東北部有製陶作坊,東南部是骨、玉、石器作坊區。所鑄銅器主要是銅武器、錢幣與實用器具,鐵器有各種農具與手工工具。

臨淄齊故城　分大、小城。小城北部是宫殿區所在,其南有冶銅、鑄錢作坊。大城南部與中部有冶鐵作坊,北部有製骨作坊。

易縣燕下都　宫殿區在東城偏北處。圍繞宫殿區自西北到東南一線分布有鑄鐵、製兵器、鑄錢、燒陶與製骨器等手工作坊。鑄鐵作坊主要鑄農具與手工工具。面積共達17萬平方米,堆積層達2米。

秦都咸陽故城　有鑄鐵、冶銅、製陶作坊,分布在宫殿建築基址附近。

江陵楚郢都　東南、東北部是宫殿區。東北部宫殿區附近有製陶作坊區。城西南部是冶煉作坊區。[①]

綜合以上戰國都城内手工業分布情況可知,手工業區多數較集中,不同工種的作坊分段匯集,規模較大,有的還圍繞着宫殿區或與宫殿區毗鄰。在當時情況下,私營的大型手工業作坊一般不大可能設立於都城内,上述集中的大規模的手工業作坊也多非個體手工業者勞作地,它們絶大多數應是屬於各國中央政府機構或王室直接控制的官手工業。

戰國時期列國都城以外的城邑,也都有較大規模的手工作坊存在,考古發現中亦不乏

---

① 考古研究所洛陽發掘隊:《洛陽澗濱東周城址發掘報告》,《考古學報》1959年第2期;河南省博物館新鄭工作站、新鄭縣文化館:《河南新鄭鄭韓故城的鑽探和試掘》,《文物資料叢刊》第3輯,文物出版社,1980年;河北省文物管理處、邯鄲市文物保管所:《趙都邯鄲故城調查報告》,《考古學集刊》第4集,中國社會科學出版社,1984年。陳應祺:《略談靈壽古城址所反映中山國的幾個問題》,《中國考古學會第三次年會論文集》,文物出版社,1981年;群力:《臨淄齊國故城勘探記要》,《文物》1972年第5期;河北省文化局文物工作隊:《河北易縣燕下都故城勘察和試掘》,《考古學報》1965年第1期;劉慶柱:《秦都咸陽幾個問題的初探》,《文物》1976年第11期;湖北省博物館:《楚都紀南城的勘查與發掘》,《考古學報》1982年第3、4期。

其例。如：今登封告成鎮東北係戰國時韓陽城所在，其北即有較大規模的鑄鐵手工業作坊，產品中亦以農業生產工具數量最多，即屬於當時地方官府所經營的手工業。[①] 值得注意的是一些較小的屬軍事防禦設施的邊邑亦有這種類型的手工業，如 1973—1974 年發掘的位於今內蒙古哲盟奈曼旗南部的沙巴營子古城遺址，是戰國時燕邊邑，城中部偏北有高臺建築，係官署所在，其西南即相接手工業作坊區。[②] 這種手工業作坊亦應屬於地方官手工業性質。

戰國時期，戰爭頻仍，兵器鑄造業是各國重要的官工業工種，也分為中央與地方兩類。如：戰國兵器中三晉與秦兵器銘文多記明監造者，監造者有的是中央官吏，如趙器：相邦、守相、大工尹、令，魏器：司寇、邦司寇、令，韓器：令。所監造之器皆鑄於各國都城諸武庫。而一些由地方執政者"令"（大令）為督造者的則鑄於地方武庫。[③]

戰國時期青銅錢幣鑄造也是官辦工業之一，幣上多有鑄行地名，其地除國都外，許多是各國重要城市與冶鑄中心。又如雲夢睡虎地秦簡《秦律雜抄》中提到"縣工新獻"，[④]是講地方上各縣的工官要向中央交納產品。以上都是當時地方官辦工業存在的例子。

由上舉諸例和出土的實物可知，戰國時官府工業主要經營的工種有銅、鐵冶鑄業，銅冶鑄業主要鑄造兵器，錢幣，也鑄造主要是為貴族享用的青銅禮器及其他用具（如青銅鏡等），鐵器除鑄造兵器外，主要是鑄造生產工具，特別是農具。此外還有製陶骨、玉、石器等手工業。

除上述外，還可以指出的官手工業有紡織業。《漢書·貢禹傳》記西漢時貢禹奏言曰："故時齊三服官輸物不過十笥，方今齊三服官作工各數千人，一歲費數鉅萬。"有的學者認為，"故時"可能包括戰國時，並認為《漢書·元帝紀》李斐注所云"齊國舊有三服之官"亦說明三服官戰國時齊即有之，所謂三服官經營的主要是王室所享用的奢侈性紡織品。[⑤] 雲夢睡虎地秦簡中《倉律》講隸臣贖身規定時言"女子操敃紅及服者，不得贖"。說明秦大概亦有官辦的紡織服飾業。

戰國時官府手工業產品除主要供官府、王室貴族使用、消費外，有一部分產品應是作為商品出售的，這是與春秋時代的官府手工業有所區別的。如睡虎地秦簡《關市律》："為作務及官府市，受錢必輒入其錢缿中，令市者見其入，不從令者貲一甲。"收到買者的錢要當面納入錢缿中，是為了防止賣者貪污漁利，可見此作務，即官府手工作坊；官府市，即官府所出售商品的市場。官府作坊可以"受錢"，必是出賣產品得到的。

上舉考古發現的戰國城市中大規模的冶鐵遺址之產品主要是農具和手工業工具，這

① 中國歷史博物館考古調查組：《河南登封陽城遺址的調查與鑄鐵遺址的試掘》，《文物》1977 年第 12 期。
② 李殿福：《吉林省西南部的燕、秦、漢文化》，《社會科學戰綫》1978 年第 3 期。
③ 參見黃盛璋：《試論三晉兵器的國別和年代及其相關問題》，《考古學報》1974 年第 1 期。
④ 本文所引雲夢睡虎地秦簡均見《睡虎地秦墓竹簡》，文物出版社，1978 年。
⑤ 見逢振鎬：《秦漢時期山東紡織手工業的發展》，《齊魯學刊》1983 年第 1 期。

樣大批量的製造生產工具,其中應有相當一部分是作爲商品出售的。河北興隆縣壽王墳出土的鐵鑄範上有"右廩"二字(廩當是貯藏農產品的國家糧庫所在,廩也生產農具,有如當時諸武庫也生產兵器一樣),證明這些鑄範是官府鑄鐵手工業所用,而附近地區燕國遺址中出土的鐵農具造型則多與這些鑄範鑄品形制相同,很可能是這一官府手工業出賣的產品。①

(三) 官府手工業中非自由身份的勞動者

從現有資料看,戰國時官府手工業的勞動者中有相當一部分是身份不自由的人,多數是刑徒。《周禮·秋官·大司寇》:"凡萬民之有罪過而未麗於法,而害於州里者,桎梏而坐諸嘉石,役諸司空。"鄭玄注:"役諸司空,坐日訖,使給百工之役也。"這方面以戰國時期的秦國的情況最典型。睡虎地秦簡《工人程》:"隸臣、下吏、城旦與工從事者冬作,爲矢程,賦之三日而當夏二日。"這裏隸臣、下吏、城旦皆秦官奴和刑徒名。下吏是原有一定地位的人因犯罪而被審處者。② 他們本是罪犯,被役使做工,而成爲官奴。這些被使用作官府手工業者的官奴多是一些原有一定手工技巧的人,如睡虎地秦簡《均工律》規定"隸臣有巧可以爲工者,勿以爲人僕養"。功,在這裏指技藝。《工人程》:"隸妾及女子用箴(針)爲緡綉它物,女子一人當男子一人。"説明會作服飾的女官奴亦被用來從事手工業。有一些無手工技巧的或不成年的官奴也用於手工業中,做一些非技術性的雜活或下手活。《工人程》:"冗隸妾二人當工一人,更隸妾四人當工[一]人。小隸臣妾可使者五人當工一人。"這裏當工(工匠)幾人是給她們規定的工作量。

秦兵器上郡戈刻銘中,冶鑄兵器的直接生產者"工"亦有注明其身份爲"鬼薪"(《周漢》圖版五五上,《集成》11406)、"城旦"(《録遺》583,《集成》11369)、"隸臣"(故宮博物院藏器,《集成》11362)者。③ 鬼薪是刑徒名。1964 年西安高窑村出土的高奴禾石銅權,工的身份也爲"隸臣"。④ 三晉兵器刻銘中督造者往往有司寇,有的學者以爲司寇掌管刑法與刑徒,故兵器的實際生產者"冶"身份即應是刑徒。⑤ 趙器四年春平相邦劍刻銘中記冶工爲"徒冶臣成"(《貞松》12.22,《集成》11694),亦是刑徒。

刑徒中有的判刑有定期,有的是無期的。無期者用作手工業生產者,身份等同於官府奴隸。有期者,至少在被奴役的服刑其間,身份是奴隸。張政烺先生過去講秦漢刑徒時即講到過這一點。⑥ 睡虎地秦簡《軍爵律》:"工隸臣斬首及人爲斬首以免者,皆令爲工。其不完者,以爲隱官工。"工隸臣有戰功可以升遷其身份爲"工",即平民身份的工匠,則其原

① 資料見鄭紹宗:《熱河興隆發現的戰國生產工具鑄範》,《考古通訊》1956 年第 1 期。
② 參見《睡虎地秦墓竹簡》第 73—74 頁注 2。
③ 見張政烺:《秦漢刑徒的考古資料》,《北京大學學報(人文科學)》1958 年第 3 期。
④ 陝西省博物館:《西安市西郊高窑村出土秦高奴銅石權》,《文物》1964 年第 9 期。亦見《集成》10384。
⑤ 李學勤:《戰國題銘概述》(上),《文物》1959 年第 7 期;俞偉超:《古史分期問題的考古學觀察》(二),《文物》1981 年第 6 期。
⑥ 見張政烺:《秦漢刑徒的考古資料》。

地位自然在平民之下,只能是在奴隸範疇内。工隸臣即使有了軍功,身份雖可改變,但仍必須在官府手工業做工,未能擺脱官府的羈絆,身份還只能是半自由的[①]。

官府手工業中的刑徒身份的工人是在嚴厲的監督和壓制下生産的。睡虎地秦簡《秦律雜抄》講:"縣工新獻,殿,貲嗇夫一甲。縣嗇夫、丞史、曹長各一盾。城旦爲工殿者,治(笞)人百。"縣工官獻産品,被評爲下等,各級官吏只是受物罰,而爲工的城旦則要被笞打一百下。睡虎地秦簡《司空律》講:"城旦舂毀折瓦器、鐵器、木器,爲大車折䡓(輮)軶治(笞)之,直(值)一錢,治(笞)十;直(值)廿錢以上,孰(熟)治(笞)之……"毀壞物僅值一錢即要笞打十下。1965 年秋燕下都内燒陶遺址東部邊緣區發現有部分小型土坑墓,其中有的人骨帶腳鐐、頸鎖,有的還隨葬有鐵鑊。説明死者生前可能是刑徒身份的手工業者。[②]

戰國時期采礦業用落後的手段進行開采,無疑是一件最艱苦而危險的工作,睡虎地秦簡《秦律雜抄》有"采山重殿"要罰主管官吏的規定,並由此律文可知秦官府采礦業是由右府、左府,右采鐵、左采鐵等機構負責,直接生産者應亦主要是由刑徒擔任的。這方面,戰國史料難見,《漢書·貢禹傳》言西漢時情況曰:"今漢家鑄錢及諸鐵官,皆置吏卒徒,攻山取銅鐵,一歲功,十萬人已上。"這裏的"徒"即是刑徒,可藉以了解戰國時列國的情況。

戰國時官府工業中身份不自由的勞動者,除多數爲刑徒外,亦當有戰爭俘虜。《墨子·天志》中講,被俘虜者,"丈夫以爲僕圉胥靡,婦人以爲舂酋"。戰國時有大規模地屠殺戰俘之事,但估計戰俘中有技藝的手工工匠一般都要留下,直到後世依然如此,如蒙古人對征服民盡屠之,惟工藝手技之人得免死。《元史》中此類史料甚多。[③]

戰國時各國推行集權政治,法律嚴酷,加之戰爭規模大而且頻繁,人民因觸法或被俘而被降爲奴隸者甚多,官府手工業得以源源不斷地獲得新的生産者。

(四)官府手工業中具有平民身份的工人

戰國時各國官府手工業中除上述那種奴隸身份的生産者外,有一部分工人則是具有自由身份的,他們大多是一般的平民。上文所引睡虎地秦簡《軍爵律》言工隸臣有戰功者"皆令爲工",這種"工"的身份自然要高於工隸臣之類刑徒奴隸,應即是官府中具有平民身份的手工業工人。睡虎地秦簡《均工律》規定新工匠需要"工師善教之,故工一歲而成,新工二歲而成。能先期成學者謁上,上且有以賞之"。學成較快者還可以受到獎勵,證明這些"工"的身份都是非官奴的平民。由此亦可知這種工匠有的是從"故工"(即過去作過工的工人)中選來的,有的則是沒有作過工的人。這種工匠在官府手工業中的地位要比上述官奴身份的工人高,如睡虎地秦簡《法律答問》:"工盜以出,臧(贓)不盈一錢,其曹人當治(笞)不當? 不當治(笞)。"當"工"偷出東西時,同班工匠實際上是被認爲要負失物之責的,

---

① 見吳榮曾:《秦的官府手工業》,收入《雲夢秦簡研究》,中華書局,1981 年。

② 陳應琪:《燕下都遺址出土奴隸鐵頸鎖和腳鐐》,《文物》1975 年第 6 期。

③ 參見李劍農:《宋元明經濟史稿》第 3 章,三聯書店,1957 年。

但當贓不滿一錢時,同班工匠可免於鞭笞。這比起上引《司空律》城旦在工作中損壞了一件值一錢的器物就要受笞打十下的待遇來,自然算是優待。

又睡虎地秦簡《效律》記"工稟絫它縣",即去別的縣領漆時,如漆質量不好,或虧欠時,對工與率領他們的吏只是實行物罰或補賠,不動刑懲。而前引《春律雜抄》城旦作工評爲下等時要笞打一百下。這也説明秦官府工業中這種"工"地位確實要高一些。工與率工之吏受同樣懲罰,則不僅説明工的地位與這種小吏地位相差不太遠,而且表明這種工爲官府作工有一定的報酬,有自己的私有財産。①

由前引《均工律》中看,戰國時秦官府工業中的"工師"是一種較低級的工官。但他們要教新工人,在生産中要負責質量標準,實際上也是一種較高級的手工業技工。"工師"之名亦見於戰國時秦兵器刻銘,是爲主造者。

戰國時秦以外其他各國也多設"工師"之職。

《孟子·梁惠王下》:"孟子謂齊宣王曰:'爲巨室,則必使工師求大木。工師得大木,則王喜,以爲能勝其任也。匠人斲而小之,則王怒,以爲不勝其任矣。'"孟子這裏講的"工師"當是齊國的官府手工業技工,因有技術專長,所以負責選定建築材料,而"匠人"可能即是其手下一般的官府手工業工匠。齊國在春秋時官府手工業中就設有"工師"職,見國差鐀(《集成》10361)。戰國時齊器陳純釜銘中工師稱"師",直接冶造者稱"敦",名"墮(陳)純"(《集成》10371),其氏原屬貴族,亦應是自由民身份的官府手工業者。戰國時三晉兵器刻銘一般記明監造者、主造者與直接鑄造者三級的職務名與人名,主造者一級職名即有"工師"及"冶尹"等,這些工師、冶尹皆隸屬於各國諸武庫,直接鑄造者一般稱"冶"。除上文所提到當監造者爲司寇時冶可能屬於刑徒外,監造者非司寇時的冶有的可能是平民身份的手工業工人。三晉"工師"之稱亦見於司馬成公權(《集成》10385)。戰國晚期楚器中相當於工師的職名稱"冶師",其助手稱差(佐),只銘冶師與助手之名,不銘更下一級的直接鑄造者名,與三晉和秦的制度略有不同。

由燕下都出土的燕國陶文看,在這種平民身份的官府手工業者中,"工師"一職可能是可以由下屬"工"升任的。燕陶文如:

> (1) 廿一年八月右陶尹、倕疾、攺賀、右陶攻(工)湯(潘祖蔭藏器拓本)
>
> (2) 廿二年正月左陶尹、左陶倕湯、攺國、左陶攻攺(同上)
>
> (3) □□年四月右陶尹、倕攺、攺賀、右陶攻徒(前北平研究院院務匯報1.1)

左、右陶尹是主制陶的工官,其下屬倕、攺,可能分別相當於工師與其助手兩級,直接製造者稱"陶工"。由上舉三例看,如非重名,陶工湯、攺均分別升遷爲"倕"。②

---

① 見吳榮曾:《秦的官府手工業》。
② 李學勤:《戰國題銘概述》(上)。

　　儘管由於資料的零散和缺少，我們難以得知當時官府手工業勞動者的詳情。僅就上述，亦可以説明戰國時官府工業中平民身份的手工業者相對於刑徒身份的奴隸，還是具有較高的經濟、政治地位的。他們有一定的經濟收入，幹得好還可能得到官方的獎勵，包括由一般工人升任爲工師。但是，他們畢竟是在官府的直接監督下工作，被官府制定的工律所制約，如前舉秦簡《效律》所講的那樣，一旦有差錯即會受到物質懲罰。與此相近似的是秦簡《秦律雜抄》中還明確規定對官營手工業質量有一定的檢查與考核制度："省殿，訾工師一甲，丞及曹長一盾，徒絡組廿給。省三歲比殿，訾工師二甲，丞、曹長一甲，徒絡組五十給。"訾是有罪而罰納財物。省，考察。殿，末等。這段文字是規定當產品被評爲下等（或三年連續評爲下等）時物罰的數量。整理小組注釋以爲文中的"丞"是工官的"負責官員"，但這裏工師被罰財物數量要大於丞及曹長（工匠中的班長）。丞地位低於工師，應與秦兵器銘文中的丞等同，可能是工師的助手。[①]　這裏，"徒"是指一般有平民身份的工匠。

　　《禮記・月令》一般認爲是講秦國的制度，文曰："命工師令百工審五庫之量……毋或不良。百工咸理，監工日號：毋悖于時，毋或作爲淫巧以蕩上心。""命工師效功，陳祭器，案度程，毋或作爲淫巧以蕩上心，必功致爲上。物勒工名，以考其誠，功有不當，必行其罪，以窮其情。"這裏的"工師"要比簡文中所見職位高一些，也許是衆工種的工師之長，相當於《荀子・王制》中的工師。[②]　由此亦可見，官府手工業中平民身份的手工業者（當然也包括刑徒工人），生產什麼，怎樣生產都不能絲毫違背官府的意志，整個生產過程處於官府監督下，因而他們的人身也非完全自由。《月令》提到的"物勒工名"制度，通行於戰國時代諸國官府手工業中，所以《月令》中所講到的官府手工業工人這種狀況在戰國時代應是帶有普遍性的。

　　從目前所見資料看，戰國時期官府手工業中平民身份的手工業者大概已不像春秋時代的"百工"那樣是"聚族而居"了。他們按照官府手工業諸工種的生產需要安排而組合。而且據前引秦簡《均工律》，他們的勞動技能也不像戰國以前或戰國時期民間手工業者那樣均是依靠家傳的。因此戰國時期官府手工業中平民身份的勞動者無論是身份上還是生活、生產都與以前的官府手工業者有所不同，他們是在這個時期新出現的一種手工業者類型。

　　在戰國時期各國官府手工業中還有一些雇傭性質的手工業技工，這點，我們在下面講獨立小手工業者時敘述。

三、戰國時期大型私營手工業中的勞動者狀況

　　私營的大型手工業大致是在戰國時期才出現的。在私營手工業中做工的手工業者的

---

① 秦兵器銘文中有"丞"，參見李學勤：《戰國時代的秦國銅器》，《文物參考資料》1957 年第 8 期。
② 見吳榮曾：《秦的官府手工業》。

來源與社會地位均有其獨特性,不僅有別於傳統的手工業者,又有別於上述官府手工業的兩種生產者。

(一)戰國時期大型私營工礦業的存在

有關戰國私營手工業的確切記載見於《史記·貨殖列傳》。常爲史家援引。爲了説明其中勞動者的情況,略舉如下:

"猗頓用鹽鹽起。而邯鄲郭縱以鐵冶成業,與王者埒富"。"蜀卓氏之先,趙人也,用鐵冶富。秦破趙,遷卓氏……致之臨邛,大喜,即鐵山鼓鑄,運籌策,傾滇蜀之民,富至僮千人"。"宛孔氏之先,梁人也,用鐵冶爲業。秦伐魏,遷孔氏南陽。大鼓鑄……因通商賈之利"。

司馬遷爲西漢中期偏早人,距戰國不遠,講戰國時猗頓因鹽業致富,而郭縱與趙卓氏、魏孔氏因鐵冶業致富,事無可疑。戰國時私家豪民可以經營冶鐵之業,亦見於《管子》。

《管子·輕重乙》:"桓公曰:衡謂寡人曰:'……請以令斷山木鼓山鐵,是可以無籍而用足。'管子對曰:'不可,今發徒隸而作之,則逃亡而不守;發民,則下疾怨上。邊境有兵則懷宿怨而不戰,未見山鐵之利而内敗矣。故善者不如與民量其重,計其贏,民得其七,君得其三。有雜之以輕重,守之以高下。'"

《管子》這段文字,現一般皆認爲是言戰國時的情況。這裏講到,與其由國家經營冶鐵不如交與"民"經營,這種"民"應即是類如單氏、孔氏之類豪民大家。這篇文字體現管子一派的經濟思想,但在客觀上反映出,戰國時代戰爭頻起,國家壟斷冶鐵業不僅有勞動力的困難,且於軍事不利,故而給私營冶鐵業的産生造成機會,在當時確已有私人經營的情況存在。由這裏我們還可以知道,當時國家對這種私營冶鐵業的政策是:實行三七分利,征收産品税,且在流通領域控制其價格。[①]

(二)私營工礦業中勞動者的來源

關於這種大型私營工礦業中勞動者之來源,見於西漢時《鹽鐵論·復古篇》:"往者豪強大家,得管山海之利,采鐵石鼓鑄,煮海爲鹽。一家聚衆,或至千餘人,大抵盡收放流人民也,遠去鄉里,棄墳墓,依倚大家。"這裏所謂往者應當包括戰國之時。由此可知,豪民經營的工礦業所招收的勞動者主要是流民。

流民的來源在當時可能有如下幾種:一是躲避官府沉重租税的貧苦農民。《韓非子·詭使》:"悉租税,專民力,所以備難、充倉府也,而士卒之逃事狀(伏)匿,附託有威之門以避徭賦,而上不得者萬數。"所言即此種情況。二是兼并戰爭中被戰勝國流放出來的民衆,楊寬先生《戰國史》專論及此。三是因某些政治經濟原因而亡命於山林者,類如《後漢書·夏馥傳》所記夏馥被誣陷,遭追捕,"乃自翦須變形,入林慮山中,隱匿姓名,爲冶家傭,

---

① 參見中國人民大學、北京經濟學院《管子》經濟思想研究組:《管子經濟篇文注釋》,江西人民出版社,1980 年。

親突煙炭"。

(三)私營工礦業中勞動者與豪民手工業主之間的關係

這些流民生產者與其所依附的豪民之間具有何種生產關係,是以往學者們多有爭議的問題,如果從形式上比較,他們在身份上與春秋時代投靠私家的"隱民"相近(見《左傳》昭公二十五年),隱民投靠私家後成爲"徒",即是一種私屬性質的徒役。他們在投靠豪民前,多數並不是國家或私人奴隸(除了少數可能是豪民企業買來的奴隸而外),他們依附豪民的目的是爲了擺脱官府盤剥,並求生計,在没有建立依附關係前,没有任何法律形式可以使豪民能控制他們。然而豪民既能於深山窮澤經營企業,爲了保證必要的正常的生產秩序和工人的相對穩定,必然要對依附者有一定的制約形式,以便能控制他們(只是限於史料,這種關係所賴以建立的具體形式不能確知),否則他們既不敢也不可能收留這些流民。[①] 因此,流民生產者與所依附的豪民企業主之間在其求蔭庇的時間内,必然存在着人身隸屬關係,這點自然不同於往來自由的雇傭工人。從經濟地位上看,他們絶大多數失去了任何私有的生產資料,没有自己獨立的私有經濟,特別是作爲私屬徒役,他們在人身上要受到較强的制約,這與封建農奴也有一定區別。因此,他們與豪民鹽鐵主之間的關係近乎於奴隸制的生產關係。故戰國秦漢間依附於豪民的生產者在《史記·貨殖列傳》中多稱爲"僮僕"。但是,問題比較複雜的是,其一,他們不完全等同於一般的生產奴隸,因爲他們是自願投奔而來,我們没有資料證明他們確實已"賣身爲奴",即是説終身不能離開家主,終身被剥奪人身自由。所以,它們與豪民之間類似於奴隸制的生產關係,只是在其求蔭庇階段内存在,而這段時間的長短可能是要由豪民企業主決定的(這點有些像前文提到的國家官府工業中有期限的刑徒奴隸)。其二,奴隸制生產關係的實質不等於其在生產中所受的待遇必然是殘酷的。開礦、冶鐵本身即極艱苦的勞動,如果待遇還比不上前文所言官府手工業中的刑徒奴隸,那麽流民就没有求蔭庇的必要。而且當時在采礦、冶鐵等工業中欲采取殘酷手段進行剥削,没有相當的强制手段是難以實現的,如前引《管子·輕重乙》所言,即使是官府强迫徒隸去進行,仍會引起逃亡。所以當時的私家工商業主必定要有能籠絡住生產者與下屬的手段,如《史記·貨殖列傳》中曾講到,戰國時大商業主白圭:"能薄飲食,忍嗜欲,節衣服,與用事僮僕同苦樂。"齊人刀閒對齊俗所賤之奴虜"獨愛貴之"而"終得其力,起富數千萬"。因此私家工礦業中的生產者所受到的待遇一般應强於官府手工業中的刑徒生產者。其生產效率自然也要高一些,故豪民能賴以致富。

四、戰國時期獨立經營的小手工業者狀況

(一)獨立經營的小手工業者的出現

從現有史料看,獨立小手工業者至晚在春秋晚期即已出現。

---

① 參見李運元:《怎樣認識戰國時期突出發展的商品經濟》,《經濟科學》1984 年第 2 期。

《論語・子張》中有"百工居肆,以成其事,君子學以致其道"句。研究者多釋肆爲市場,據此以爲這裏的百工是民間的獨立手工業者。但邢昺正義曰"肆謂官府造作之處也……言百工處其肆則能成其事",則是將這裏的"百工"解作官府手工業者。

但戰國時期的典籍已有的講到春秋晚期時的獨立小手工業者。如:《莊子・逍遥遊》講到,"宋人有善爲不龜手之藥者,世世以洴澼絖爲事"。洴澼絖,即漂洗絲絮。《吕氏春秋・召類篇》也講到,春秋晚期宋相國司城子罕家的南鄰即住着三世居於此的爲鞼者。

到戰國時期,獨立小手工業者已多見於文獻與考古材料中。春秋時期,手工業技術一般只在親族内傳播。如同管仲所言"工之子恒爲工"(《國語・齊語》)。春秋晚期、戰國早期,兼并戰爭劇烈,許多小國被并吞,這些國家内的"百工"可能有相當一部分轉化爲個體手工業者,還有一些可能是在類似於上文所列舉出的官府工匠暴動後解脱出來的。這些"百工"及其後代在戰國時流落於各地。《禮記・中庸》:"來百工則財用足。"反映了在經濟發展的戰國時代,各國内都可能采用一些手段招致外來的手工業者。伴隨着商品經濟的發展,他們漸漸成爲一個重要的社會階層。

當時的獨立小手工業者,有的是定居出賣產品的,類如前文提到的宋人洴澼絖者與爲鞼者,有的是非定居出賣產品的,如《韓非子・喻老》:"魯人身善織屨,妻善織縞,而欲徙於越。"這是寓言,但當時類似此魯人之自由遷徙的小手工業者當不在少數。還有的是依賴於手藝遊食於四方的,如《莊子・人間世》:"匠石之齊,至於曲轅……"這裏所謂匠石者,即屬此種工匠。

考古材料中亦有能説明獨立小手工業存在的,如齊臨淄故城出土的陶文中有的多署明製作者之里、名字,燕下都出土陶文中亦有一些只著陶工姓名而没有注明爲"陶攻(工)"者,河北武安午汲趙城、山東鄒縣紀王城均出土有只著陶工姓名的陶文。[①] 這些有銘陶器都可能是獨立手工業者的產品,而非官府工業產物。

睡虎地戰國晚期至秦代初年秦墓中出土有針刻文字的漆器。有的注明生產者的里名與人名(未烙"亭"印)。如戰國晚期墓 M7、M6 出土器物上即刻有"女里□"(M7:19)、"庀里心"(M6:22),很可能是私營製漆工的產品。

上述各種類型的手工業中,除那些靠出賣手藝爲生的匠人與商品經濟無關外,《孟子・滕文公上》中講到,爲農者要以粟易百工所製紡織物與鐵器,一些手工業品都需"紛紛然與百工交易"而獲得,説明小手工業者產品有一些並不都是商品,而是與農民以物交換的。但將產品作爲商品出賣的手工業者應是主要的,這種小手工業者具有亦工亦商的身份。

(二)獨立小手工業者的生活、生產狀況

上面講到的春秋時期的獨立小手工業者有的是世代族居的,例如上引《莊子・逍遥

---

① 河北省文物管理委員會:《河北武安縣午汲古城中的窑址》,《考古》1959 年第 7 期;中國科學院考古研究所山東工作隊:《山東鄒縣滕縣古城址調查》,《文物》1965 年第 12 期。

遊》中講到的世代靠漂洗絲絮爲業的手工業者,有客以千金請買其不龜手之藥方時,他們"聚族而謀曰:'我世世爲洴澼絖,不過數金;今一朝而鬻技百金,請與之。'"可見他們是族居的。

齊臨淄故城出土的戰國陶文上所署明的製陶工匠之里名,主要有(見《季木藏陶》《古陶文春録》):①

丘齊🔲　匋里、辛里、平里、漆彫里

楚章🔲　而里、關里、蘆里、而里

綠🔲　中陶里、東陶里、南匋里、合陶里、蒦圖南里、蒦圖匋里、蒦圖魚里、蒦圖楊里、蒦圖中里、合蒦圖里、中蒦圖里、東蒦圖里、西蒦圖里、南蒦圖里

僅從陶文中所見的工匠名字看,往往一個里中有數個工匠,如僅屬於蒦圖陶里一里的工匠名就見到五十餘人之多,屬合陶里的見到有二十餘人。由此可見當時陶工是按里(即陶里)聚居於齊臨淄城内的幾個鄉一級的🔲中。陶文中的工匠多僅署名而不記氏,"從少數記氏的例子看,同里者大率同氏"。②

這種同行工匠族居的狀況,説明直到戰國時期,非官府的私營手工業者手工技藝仍是在家族内傳授。③　有如《管子·小匡》所言:"令夫工群萃而州處……相語以事,相示以功,相陳以巧,相高以知,旦昔從事於此,以教其子弟,少而習焉,其心安焉,不見異物而遷焉。是故其父兄之教,不肅而成,其子弟之學,不勞而能。夫是故工之子常爲工。"

獨立小手工業者居住區域多在當時城市中的"市"旁。戰國時不僅大都城有市(而且往往有數市),連地方上小縣與邑有的也設有市。《管子·大匡》"凡仕者近宫,不仕與耕者近門,工賈近市",一般認爲講的是戰國時的情況。這裏的"工"即是指自由經營的獨立小手工業者。

上述各陶文中同一里内有若干陶工,每件陶器上分別署一個工匠名,説明他們雖聚居而不實行協作。從現有資料看,戰國時製造產品的獨立小手工業者多經營的是一些成本較低、工序較簡單的手工業工種。例如製陶、漆器,製作農具、手工工具、皮革品及其他生活用具等。這類手工業一般都是小手工業者個人或與其家屬獨立經營的。他們的生產規模雖狹小,但是他們多世代相承同一種技藝,生產技能熟練,而且由於他們有自由經營權,相對官府手工業工人來説就有比較强的生產興趣,爲了競爭都注重產品質量,並不斷地增

---

① 按:原文的里名及工匠人數據高明:《古陶文彙編》(中華書局,1990年)有所訂補。

② 李學勤:《戰國題銘概述》(上)。按:少數記氏名的,如丘齊🔲匋里中已見有稱"王某(私名)"的工匠六人。參見高明:《從臨淄陶文看衢里製陶業》,收入《古文字研究》第19輯,中華書局,1992年。

③ 按:1984年前後,新鄭鄭韓故城内出土的戰國時期的陶器、陶片上或押有陶工的私名印,其中有較多的作"吕某(私名)""尹某(私名)"(見蔡全法:《近年來新鄭"鄭韓故城"出土陶文簡釋》,《中原文物》1986年第1期)。蔡禮彬已指出,他們可能分屬於吕氏、尹氏家族成員(見蔡禮彬:《從出土材料看戰國時期平民手工業者》,《求是學刊》2003年第5期),這也反映出當時私營手工業者手工技藝在家族内傳授的特點。

加産品的數量。

在商品經濟比較繁榮的戰國時期,這些小手工業者生活水平,要高於農民。①《管子·治國》講道:"今爲末作奇巧者,一日作而五日食;農夫終歲之作,不足以自食也。"司馬遷在《貨殖列傳》中亦曾言:"夫用貧求富,農不如工,工不如商,刺繡文不如倚市門。"這種狀況,也是引起諸子中法家與農家爲重農而疾呼抑末的原因之一。

(三) 官府與獨立小手工業者的關係

小手工業者的生活狀況比當時的小農略强。但是他們是在官府的眼簾下經營的,也必然要受到官府的盤剥。前引《管子·乘馬》講道:"工,治容貌功能,日至於市,而不爲官工者,與功而不與分焉。不可使而爲工,則視貸離之實而出夫粟。"即是説,非屬官府的獨立手工業者要爲官府服勞役,而不分配給他們收益。對於那些不能使其按規定服役的工人們,則要視其所欠,而令其交納糧食來頂替。《管子·乘馬》這裏講服役是指耕作,但手工業者爲官府服役,一般仍應是執其技藝而勞作。

秦兵器刻銘中,"工"有的身份是爵二級"上造"。如傳世四年相邦樛斿戟,署工名爲"櫟陽工上造間"(《三代》20.26.2,《集成》11361),咸陽所出"廿一年銅矛",署工名爲"工上造但"(《集成》12041)。有的學者即曾指出,這些"低爵之民,大約是服徭役而來到作坊的"。②

至秦代時此種制度可能仍存在。秦代民營製陶作坊與官營製陶作坊生産的陶器的陶文上,有較多同名的工匠,故亦有學者以爲秦代官府工業有時令民間陶工於其内服役。③又《墨子·迎敵祠》:"脩城,百官共財,百工即事。"也是講要利用百工之技服役於戎事。

此外,在商品經濟比較發達的戰國,官府是要對産銷兼營的小手工業者征收商税的。《荀子·王霸》:"關市幾而不征,質律禁止而不偏,如是,則商賈莫不敦慤而無詐矣。"征,即征商税。當然"不征"只是荀子個人的願望而已,這時陶器及其他手工業品上印或刻有獨立的小生産者之里居與姓名,當是官府對這些作爲商品出售的手工業品實行質量檢查及防止漏税所採取的措施。到漢代時官府要向有市籍的商人征收市井之税,即是承前制。

由以上情況看,戰國時各國官府對獨立小手工業者的管制還是較嚴緊的。這些都在一定程度上限制了小手工業的進一步發展。特別是法家、農家宣揚的重農抑工商思想,對戰國中後期列國的政策發生很大影響。睡虎地秦簡《司空律》:"有罪以貲贖及有責(債)於公,以其令日問之,其弗能入及賞(償),以令日居之……居貲贖責(債)欲代者,者弱相當,許之。作務及賈而負責(債)者,不得代。"這裏的"作務"即指獨立的小手工業作坊,此律特別强調小手工業者與商賈欠官府債務時,不得以他人頂替,反映了商鞅變法後抑工商政策

---

① 古代社會中從事手工業一般比從事農業有利可圖,其原因參見胡如雷:《中國封建社會形態研究》,三聯書店,1979年。

② 俞偉超:《古史分期問題的考古學觀察》(二),《文物》1981年第6期。

③ 袁仲一:《秦民營製陶作坊的陶文》,《考古與文物》1981年第1期。

在秦的繼續實施。

（四）獨立小手工業者中的雇傭勞動者

雇傭勞動者在戰國史料中已有反映，這種雇傭勞動的性質有別於資本主義的自由雇傭，已有學者專文論述，[①]此不贅言。戰國時獨立的小手工業者中也有一些是雇傭勞動者。如前文所言周遊四方出賣手藝的匠人。他們的勞動實際上帶有雇傭的性質。當時，有高超技藝的手工業工人多數則受雇於官府，而且受到一定優待。《管子·小問》："選天下之豪傑，致天下之精材，來天下之良工，則有戰勝之器矣……公曰：'來工若何？'管子對曰：'三倍，不遠千里。'"注曰："酬工匠之庸直常三倍他處，則工人不以千里爲遠，皆至矣。"講的亦應當是戰國時的情況。《墨子》《尸子》等書都講到公輸般爲楚製造軍用器械，公輸般約爲春秋末戰國初人，即屬於這種雇傭工人。戰國文獻中，對備耕者亦有稱"客"者（見《韓非子·外儲說左上》），所以戰國晚期楚器中那些自銘爲"鑄客"的冶鑄工人，正如學者們所指出的，他們也應屬於被楚國雇傭而客居於楚國的高級雇工。《韓非子·外儲說左上》"客有爲周君畫筴者"，"客有爲齊王畫者"，這裏講的"客"亦都是受雇的畫工。《列子》："宋人有爲其君以玉爲楮葉者，三年而成……此人遂以巧食宋國。"這都是以巧技而遊食於列國的雇傭手工業者。據《韓非子·外儲說左上》燕國的官府手工業曾雇傭鄭（韓）國的製削工人。

有手藝的工匠也受雇於官僚、貴族，如《商君書·墾令篇》曰："無得取庸，則大夫家長不建繕……而庸民無所於食，是必農。"這裏的"庸"當是指有建築技藝的工人，又《管子·山至數》言："大夫高其壠，美其室，此奪農事及市庸。""壠"指墳墓，"室"指墓室，奪市庸者，是指雇傭了市上的工匠爲其修造墓室。[②]

以上所舉出的遊食的雇傭手工業者，因其技藝，其經濟收入自然要高於一般的獨立小手工業者，不過他們在當時的手工業者中只能是少數。

五、結語——由戰國手工業者狀況看中國早期集權制社會中手工業經濟的作用及特點

前面我們具體地探討了戰國時期不同身份的手工業者的生產、生活狀況及其經濟地位、階級地位。這裏我們簡要地試述相關的兩個問題以爲結語：其一，這幾種手工業者的生產活動對當時社會經濟發展有何作用？其二，由戰國時期的手工業者的狀況可以看到中國古代集權制社會早期階段手工業發展的哪些特點？[③]

戰國時期獨立經營的小手工業者和私營大型手工業中的手工業工人，前者源於春秋

---

① 參見何清谷：《略論戰國時期的雇傭勞動》，《陝西師範大學學報》1981 年第 4 期。
② 參見何清谷：《略論戰國時期的雇傭勞動》。
③ 按："古代集權制社會"，原文稱"封建社會"。

晚期後發展起來的獨立小手工業,後者則是這一時期出現的新型生產者,他們的社會生產活動主要不是爲官府和少數貴族消費服務,而是供給整個社會。這是對傳統的"工商食官"制的突破。特別是他們的產品相當一部分是作爲商品投放到市場上去的,促使手工業從自然經濟中得到進一步的解脫,使在此以前極微弱商品經濟得到較爲迅速的發展。

戰國時期官府的或私營的冶鐵手工業中的生產者,是當時手工業工人中的重要成分。他們的生產成果對當時社會經濟具有特殊的重要性。鐵製農具與手工工具的大量製造與廣泛使用,使農業生產力與手工業生產力出現一個飛躍。生產力的飛躍、商品生產的擴大也就造成了當時城市經濟的興盛。

從這一時期手工業者的狀況我們可以看到中國古代集權制社會早期階段手工業經濟的如下特點:

(一)官府手工業中集聚了手工業工匠中的精華,他們已多非族居,過去在單個家族內傳繼的生產技術,在這裏得以交流融合,因此官府手工業技術在同時代手工業領域中占有優勢。但是,官府手工業主要是爲王室與上層統治者消費服務,或爲官府生產武器,雖有部分民用產品投入市場,其利潤也主要是爲了擴大王室與上層統治者的消費。官府手工業的這種性質使其所具有的技術優勢未能直接地更有力地造益於社會物質生產。官府手工業的技術水平需要間接地通過其產品及其他方式影響社會手工業技術的發展。

(二)官府手工業中使用大量的刑徒及戰俘奴隸,保留着奴隸制的生產關係,平民身份工匠的生產也帶有強制性勞動的性質。私營大工礦業企業中的手工業者處於私屬徒役的地位,所受剝削的性質亦近於奴隸制。這說明手工業還沒能擺脫舊有的生產方式的窠臼。

由於重要的手工業生產部門,諸如采礦、冶鐵業等被官府和少數豪民工商主控制,在這種較落後的生產方式和管理方式下,生產者的積極性與創造性被扼制,因而使這幾類重要的工業部門的生產技術與工藝水平發展較緩慢。

(三)各種類型獨立經營的小手工業者一般生產民用的生活必需用品,或直接出賣手藝爲買主服務,他們與社會接觸面寬廣,特別是與農村市場有密切關係,這種小生產所需成本少,資金周轉快,較易獲利,所以自此以後,在中國古代長期的集權制社會中獨立小手工業者都成爲手工業者中的多數。但獨立小手工業者生產主要目的是維持生計,而且他們本小利微,處在官府的層層盤剝下,一般停留於簡單再生產階段。特別是在這一時期,獨立小手工業者生產技術多數只在自己狹小的家族範圍內(或師徒間)傳繼,手工業技術不能有更大的推廣與交流。因此生產規模始終是較狹小的。其生產雖可能使商品市場呈現某種表面的繁榮,但不足以動搖自然經濟。在整個社會經濟體系中,這種小規模的商品生產,只是對自然經濟的一種補充。

(四)這一時期手工業者的多數集居於重要城市,而城市自進入戰國以來得到空前的發展,同時成爲中央集權專制統治的中心,根本不同於 12 世紀前後西歐封建早期城市那樣,是一個可以擺脫封建主統治的市民的自由天地。手工業者的生產從一開始就是在官府羈絆下進行的,官府對手工業者采用刑法制度嚴厲控制。而且,戰國以後手工業者脫離了春秋時代還保存着的以幾個大的工族爲生活與生産單位的狀態。官府手工業中的工人則以罪犯爲主,無親族關係。獨立手工業者雖然相當一部分依然保持着族居的狀態,但即使是這樣也多是以較小規模的家族爲單位,各個家族間相互無聯繫。因此手工業者不可能在此時形成自己的組織,形成獨立的政治力量,甚至不能像春秋時官府手工業者那樣可以聯合起來爲自己的權利而鬥爭。

(五) 當時即使是自由經營的手工業者,亦爲統治階級所歧視,被列爲社會的下層,如《禮記·王制》曰:"凡執技以事上者:祝、史、射、御、醫、卜及百工。凡執技以事上者,不貳事,不移官,出鄉不與士齒。"戰國中期以後,重農抑工商的學説對各國政治産生深刻影響,手工業者的社會地位日漸低下,同時抑商政策限制農民自由經營工商業,使手工業者人數不可能有較快的增長,因此嚴重阻礙了手工業生産以更大規模發展。

這些特點在秦漢時代依然大體存在,並對此後的中國古代社會的經濟與政治産生了深遠的影響。

(原載《中外封建社會勞動者狀況比較研究論文集》,南開大學出版社,1989 年)

商周時代社會結構的變遷

　　商周時代，包括商、西周、春秋、戰國四個連續的歷史時期。這一時代是中國古代社會結構發展過程中一個非常重要而又具有特色的階段。言其重要，是因爲中國古代階級社會在此一階段經歷了由早期國家向較成熟的集權制國家形態過渡的重要轉化，[①]因而社會結構之諸要素在此一階段均發生了明顯的帶有質變性質的變化，即發生了制度化狀態的變化。言其有特色，是因爲儘管此一階段末葉實已奠定了秦漢以降社會結構總體模式的基礎，但自商至春秋時期的社會結構卻具有與後世迥然不同的存在形式。

　　正因爲商周時代在社會結構上有着上述重要性與特色，且本章是這本論述中國古代社會結構變遷著作的首章，我們即打算在本章內，在扼要地説明各歷史時期社會結構特徵的基礎上，將重點放在探討社會結構形式變遷的主要表現與其原因上。由於篇幅所限，本章所論社會結構之要素集中在三個方面，一是階級、等級結構，二是家族組織，三是地域行政區劃與行政組織。所以選擇這三個方面，是因爲商周時代社會結構幾個要素（個體、群體、組織、社區）皆可以體現在此三方面中。其中，商周時代的階級、等級結構，是社會群體結構中政治結構的集中體現，是整個社會結構的核心與基礎，對商周階級、等級結構的分析有助於理解當時社會結構基本格局形成的内因；同時等級結構也是當時作爲個人的不同社會成員政治地位的體現，當時社會依賴此種結構維持社會秩序的穩定，因此個人之社會角色也即與此種結構的凝固與鬆動密切相關。商周時代的家族組織不僅是社會群體最基本的類型，同時在相當長的時期内兼有着政治、軍事、經濟等功能性社會組織的因素，故對商周家族結構的研究也是對當時社會組織結構的研究。地域性行政區劃與行政組織在商周時代從滋生到成熟，有一個緩慢的發展過程，其間又有變革，它大致可以認爲是與家族群體並存的社區形態，並與一定階級、等級結構及家族形態相聯繫，故其發展與商周群體組織的演化有着幾近於同步的關係，成爲商周社會結構變遷的重要表現。

---

① 按：本文原文以上一句話作"是因爲中國古代階級社會在此一階段經歷了由早期形態向封建社會形態過渡的重要轉化"，並在"封建社會"下加注曰："這裏采用的是我國史學界傳統提法，即指以地主經濟爲基礎的社會。"

一、商周時代階級、等級結構的變動

商周社會階級的分劃是由今日史學研究者來確定的,而等級則是由統治者明令或由習慣法所規定的,當時人們有等級觀念但未必有階級觀念。可是等級制度實際上仍是在社會階級分化的基礎上建立的,並對階級結構起到制約、强化的作用。故下面論述等級結構均是與階級分析相結合進行的。

（一）商代社會内的宗族貴族與平民族衆

限於史料,我們這裏所論述的商代社會,實僅指商後期社會。這一時期即考古學上所謂殷墟文化時期。在商後期,生活在商王國内的社會成員大致可分爲貴族、平民與奴隸三個階級。

商王國内的奴隸多數是由異族戰俘與被征服者轉化而來,主要隸屬於王室與一般貴族家族。從已發掘的商代墓葬資料可知,約有一半的中型墓中都有殉人,中型墓的墓主人屬於中、小貴族,而這種殉人無隨葬品,亦無葬具,多是被殺殉的,其中甚至有未成年者,顯然應該是墓主人生前占有的奴隸。在已發掘的西北岡王室大墓中,則可以見到有數量驚人的被殺殉者,這些殉葬者的身份現不能確定,他們可能是戰俘,但既在墓主人下葬時被成批殺殉,也可能是王室貴族生前的奴隸。問題是這些奴隸在當時社會經濟生活中起着何種作用？被作爲殉人的奴隸,比較大的可能是屬於貴族生前役使的奴僕,而他們是否被用於生產,難以得知。在殷墟卜辭中只可以看到有的奴隸被役使於田獵,或被送到戰場,[1]確未有明顯的有關奴隸從事農業生產的卜辭。1983 年,長期從事殷墟發掘的楊錫璋先生曾著文報導了在殷墟小屯西地,大司空村及苗圃北地幾處遺址的灰層、灰坑中,發現有無葬坑的人骨架,多無葬具,無隨葬品,少數隨有陶鬲、石鐮等,估計其中有一些是屬於參加田間生產的奴隸。[2] 從這些情況看,商人的奴隸雖有被應用於農業生產的可能,但尚没有證據説明奴隸的生產勞動在當時社會經濟生活中起到主要作用。

從甲骨卜辭及田野考古資料看,在商王國中,主要的直接生產者是生活於各個宗族内的平民階級。平民與貴族構成了商代社會群體内的兩個最主要的階級。

在殷墟卜辭中常可見王占卜是否命令"衆"（或稱"衆人"）到王室農田去從事農耕或去征伐敵方。"衆"在某些場合下可能包括少數中、小貴族（如在奉王命去作戰的"衆"所組成的軍隊中任指揮官者）,但"衆"的主要成分應是平民。在部分卜辭中還可以見到,"衆"在服農業勞役及充當戰士對外征伐時皆是以家族爲組織形式進行的,由屬於貴族的族長率領。此類卜辭啓示我們,商平民生活在血緣性的宗族組織内,這種宗族既是他們的生活組

---

① 參見拙文《殷虚卜辭中的"衆"的身份問題》所舉有關卜辭資料,《南開學報》1981 年第 2 期。
② 楊錫璋:《商代的墓地制度》,《考古》1983 年第 10 期。

織，又是他們從事經濟生產與軍事活動的組織。

　　1969—1977 年在殷墟西區發掘了若干商人家族墓地，[①]根據墓制與隨葬品情況，其墓主人身份絕大多數應是平民，亦即屬於上述卜辭中所見的“衆”。從墓葬總體情況看，商人平民確是具有一定的生活、生產資料的，且在家族中有自己的宗教性活動。如果將平民墓葬按墓制與隨葬品情況的差異再做分劃，可分爲甲、乙、丙三種墓，表明商人平民中大致有上、中、下三個等級，彼此間的經濟狀況與在家族政治、宗教活動中的地位有一定的差別。其中上、下層之間在墓制與隨葬品方面有較大的差異，反映當時在平民中已有較嚴重的兩極分化。平民的上層當是此種家族内的族長一類人物。同時，從小墓中隨葬青銅兵器的情況亦可知，在商人平民成年男子中，戰士占了相當大的比例，他們應是商王國軍隊的主要成分。這與殷墟卜辭中所見“衆”以族爲單位受王命從事征伐的情況是符合的。在商人統治異族的歷史條件下，商人平民充當戰士，既是一種義務，亦是他們擁有一定社會地位與政治地位的表現。

　　由 1969—1977 年發掘的殷墟西區墓地與 1971 年發掘的後岡墓地資料亦可知，商人一般貴族在墓制規格、隨葬品與殉人墓的數量上都要超過以上所述平民墓葬。這證明在商代社會内貴族與平民間確有明顯的等級差別。

　　商人貴族階級的核心是商王及與其同姓的子姓貴族。這些貴族包括歷代商王的後裔與時王的近親（如諸王子）。商人貴族中的多數都擁有規模較大的宗族組織（詳下文），他們作爲族長，從宗法關係看亦即是宗子。在殷墟卜辭中常見某商人貴族“以衆”（即率領衆）、“奴衆”（即集合衆）去征伐，又可見王令商人貴族率衆耕種王田、開荒，皆表明商人貴族有率族衆爲王室服軍役與農業勞役的職責。顯然，貴族族長同作爲直接生產者與一般戰士的平民族衆間的關係，是一種在政治、經濟上的統治與被統治的關係。

　　在一個較大的商人宗族組織内，同屬貴族的家族成員間已有等級身份的差別。處於最上層的是宗族長，他是本宗族祭祀的主持者，同時又是宗族武裝的領導者。在商代青銅器銘文中有子“令”小子與賞賜小子的内容，“子”即是宗族長，“小子”是其下屬分支家族族長。在銘文中子對小子言“令”“賞”，小子則尊稱子爲“君”，並對其恭敬地加以頌揚，都説明當時宗族内貴族間的宗法關係已具有鮮明的政治等級色彩。

　　商人貴族階級内的等級差別亦體現在墓葬制度上。商王作爲貴族階級的最高層，有自己獨立的陵區（如今安陽西北岡），目前所知只有王與極少數近親葬於王陵區或鄰近地點，等級較低的王室成員亦不能入葬。對於多數一般貴族來説，他們可依親屬關係葬在自己的家族墓地中，彼此間的等級差別則主要表現爲墓制（墓室面積、有無墓道等）、隨葬品（青銅禮器的組合及數量）的差別上。

---

① 中國社會科學院考古研究所安陽工作隊：《1969—1977 年殷墟西區墓葬發掘報告》，《考古學報》1979 年第 1 期。

根據上述情況,我們可以看到在商後期社會的等級結構具有一個重要特點,即由於商人宗族組織在當時社會内的政治、軍事及經濟中都起着重要作用,故等級制度亦即主要表現在宗族成員的關係上。處於最高等級的是宗族長,其次是宗族内所包含的若干分族的分族長,多數平民族衆則屬於此種等級關係的下層。平民之間的等級差別亦緣於各成員與各級族長關係的親疏,在父系繼嗣制下,父家長的親子(尤其是長子),即具有高於其他成員的等級身份。家族内部貴族與平民之間的等級差別雖實已構成階級身份的差別,但在表面仍籠罩着親族關係的外衣。

商人内部實行的此種宗法性等級制度,保證了宗族貴族在宗族内的政治統治地位,不僅如此,由於直到商後期商王室與重要的子姓宗族間仍保持着宗族關係,上述宗法等級制度即亦存在於商王與諸子姓貴族間,從而保證了商王對作爲商王朝主要支撐的諸子姓宗族的控制,使商王朝統治的社會基礎得到穩固。

(二)西周封建制度下的世族貴族和庶民階級

周人在滅亡殷商王朝後建立起西周王朝,在政治上推行分封制,並對商人等被征服民在武力震懾的基礎上采取了安撫、利用的政策,分階級而治之,一方面造成周人本身階級與等級結構的新格局,另一方面打亂了商人與其他被征服土著族群内部的舊有階級、等級模式,社會階級、等級結構重新組合的最終結果,使階級與等級的差別得到進一步的強化。

由於征服與分封,周人舊貴族中的一部分獲得新的被征服地,成爲封建諸侯,其下屬貴族得以受封賜而爲世族貴族;一部分留在周王畿地區任王朝卿士,本身亦爲世族貴族。這些人構成了西周貴族的中上層。周人中原來的非貴族成員出於征服與武力擴張的需要,絕大多數成爲武士階層,亦即士,因而躋身於貴族行列,構成了西周貴族的下層。殷遺民中,原屬上層貴族者有相當一部分人被周王朝所利用,成爲王朝或諸侯的官吏,並作爲新的世族貴族,厠身於西周上層貴族中間。商遺民中舊的中下層貴族或成爲周人的家臣,或成爲服役於周人的職業武士,亦因而得以保持貴族身份,惟地位較低。商人中絕大部分平民成爲各級貴族的附庸,加入了庶民階級的隊伍。被征服的商人以外的其他族群的成員當亦有類似的分化。

由上述分析可知,世族貴族與庶民是西周社會中兩個最重要、最基本的階級。下面對此兩個階級的情況作進一步的論述。

1. 西周世族貴族的特點與其内部的等級關係

由於有關西周時各諸侯國的史料甚少,我們只能以王直轄地區即所謂王畿地區的周人貴族情況來説明西周世族貴族的狀況。但相信其基本特徵亦當存在於各畿外封國内的世族貴族中。

所謂世族,是指世襲封土、私邑(包括私邑内的民人)的貴族家族。較高級的西周貴族,其封土、私邑乃直接受賜於周王(如西周晚期的大克鼎銘文記王賜善夫克土田、民人,

《集成》2836），較低級的貴族則多受賜於其所隸屬的上一級貴族（如西周晚期卯簋銘文記榮伯賜卯土田、牛馬等，《集成》4327）。從西周金文中可見王賞賜田邑，均要經過鄭重的册命典禮，並由王朝官吏將賞賜的土田、民人數量登錄於册（在彝銘中稱爲"典"，見克盨，《集成》4465），以爲憑證，可見貴族的土田受到當時法律的保護，是不可侵奪的。同樣，高級貴族對下級貴族的土田封賜亦具有同樣的法律效力。土田、民人爲任何一個貴族及其家族生存之本，因此層層封賜的制度不僅形成了土地占有的等級結構，而且更以之爲基礎造成了貴族間政治上的等級隸屬關係，以上可以視爲西周貴族階級的第一個特點。

　　西周貴族得自於上一級貴族的封土、私邑由於可以世代占有，遂形成世族，但世族是與世官（亦即世世爲官）的制度相關連的。在西周金文中習見周王在新、舊王官更替之際（或在新王登基時）勉勵舊臣之後，繼其先祖爲王官，以效忠於王室，並由王以册命形式對貴族官職加以法權上的認可，表明世官確已制度化。同樣，高級貴族對低級貴族任其家臣亦有類似的册命。世官的報酬即是所賜土田、民人，所以土田、民人的賜予亦即在一定程度上具有官祿的性質。[①] 正因此，西周金文中凡記王册命作爲族長的貴族官職後，即要賞賜土田附庸，且數量與官職高低成正比，如加官晉級則土田、民人益增。如西周晚期貴族克先是繼任其祖考職任師（克盨一，《集成》4467），後被晉升爲善夫，同時受王賞賜衆多的土田、采邑、民人、奴隸（見大克鼎），這些財產與人，顯然是因克獲晉升而追加給他的。世族制由於依賴於族長擔任王官，族長只要守住世襲官職，其家族土田、民人即不會被剝奪，所以貴族世族生存與發展的政治基礎應是世官制，這可以認爲是西周貴族的第二個特點。

　　西周貴族的第三個特點是，他們對於封土不僅有經濟權，而且對生活於其封土上的民人（主要是直接生產者庶民）有政治統治權。這是因爲封建制度從法權上對這種人身依附關係給予規定，西周金文記王賜土田時同時記賜人，《詩經》中的西周詩篇記王封賜貴族時，即明確言使被賜土地上的民人作爲貴族的附庸（《大雅·崧高》），均是證明。

　　由以上特點可見，西周貴族世代占有土地、民人，在經濟、政治地位上與商人貴族有相近處，但商人貴族宗族所占有的土地是否因封建制而得，尚不能得知。此外，西周世族貴族的族屬成分亦是非單一的，除屬姬姓周族的王室宗親外，尚有與王未必有親族關係的王室舊臣、先代望族之後，其中包括上面曾提到的作爲商遺民的貴族。例如由陝西周原遺址出土的青銅器銘文可知，在周原這一周人發祥地居住的世族貴族，其中除姬姓貴族如散氏、虢季氏、井氏外，尚有屬子姓的微史家族，屬妘姓的琱氏，以及其他可能亦非姬姓的華氏、中氏、尸氏、檀氏等貴族。[②] 這說明西周世族貴族階級之形成，主要不是決定於血緣因素，而是緣於西周王朝政治統治之需要，表現了周人政治的開放性，這對於商人貴族身份

---

① 按：也可能還有根據官階高低而支付的實物性質的俸祿，參見拙文《西周金文中的"取徵"與相關諸問題》，亦收入本書。
② 參見拙文《從周原出土青銅器看西周貴族家族》，《南開學報》1988 年第 4 期。

之取得主要基於與商王室的親族關係來説,是很大的變革。

西周貴族階級内部的等級關係,一方面具體表現於上述王與王朝卿士、上級與下級貴族間由於層層土地封賜造成的等級隸屬關係;另一方面則表現於其家族内部。具體表現爲以下兩個方面:

其一,家族長與其他親族成員間宗法性質的等級尊卑關係采取了與西周時期王朝卿士對周王的禮儀相近同的形式,被進一步政治化了。如西周中期的效尊銘文曰:"公易厥涉子效王休貝廿朋,效對公休,用作寶尊彝。"(《三代》11.37.1,《集成》6009)知器主效是"公"之子,因其父賜給他王所賞賜的貝廿朋而對揚其父之恩典,銘文最後甚至言:"效不敢不萬年夙夜奔走揚公休。"又如西周中期繁卣銘文記繁之兄"公"禘祭、彤祭其父辛,繁可能是助祭有成績受到公之賞,故"繁拜手稽首對揚公休"(上海博物館藏器,《集成》5430),再如西周中期虞簋言虞"休朕寶君公伯易厥臣弟虞……虞弗敢望(忘)公伯休,對揚伯休"(《三代》6.52.3,《集成》4167)。像銘文中這些詞語與其所反映的禮儀形式,反映當時作爲宗子的家族長與下屬宗族成員間在政治地位上確已形成嚴格的,猶如君臣關係那樣的等差。

其二,是世族貴族與其家臣間嚴格的等級關係。用異族爲家臣之制約始於西周。家臣雖爲家主之臣屬,但因受家主之封賜而擁有采邑、土田、民人甚至奴僕,故其身份亦當屬貴族。在西周青銅器銘文中也有反映貴族家主與家臣關係的銘文,由這些銘文可知非本族成員的家臣亦是以家族形式依附於家主,且父子相繼,累世貢職於一個貴族家族,職務主要是管家,他們奉自己所服事之貴族家主爲"君",奉其家室爲"公室",對家主竭力效忠。在西周中期後的青銅器銘文中更可以看到,在貴族家族内已建立了一套完整的仿王朝的家臣官職制度與廷禮册命制度。

西周王朝政治統治機構建立在世族世官制基礎上,而世族貴族又是依賴於此種制度才能獲得土田與民人,由於在政治上這種相互依賴的關係,自西周早期始至西周晚期初葉,西周王朝與諸世族貴族及其家族度過了一個較長的共存共榮時期。至西周晚期,各世族内部貴族間的等級關係仍没有鬆懈的迹象,世族貴族與周王間亦在形式上仍保持着嚴格的等級隸屬關係(這從西周晚期以王朝廷禮册命爲内容的青銅器銘文可以得知),但由於諸貴族家族實力自西周中期始即逐漸壯大,並有不斷發展的要求,這即不僅使彼此間發生矛盾(如西周中期以來數篇反映貴族爲土田及附庸相争的青銅器銘文所示),而且亦與西周王室的利益發生一定程度的矛盾,例如,西周晚期周厲王專利(即將原歸畿内世族分享的山林藪澤之利統歸於王室,以解決王室財政收入日緊之困難),結果是促使諸世族聯合起來逐走厲王。周王被逐在周王朝歷史上尚是首次,説明西周貴族階級間上下尊卑的等級關係已不那麼僵化。當然,厲王被逐,不能視爲貴族反對王權與周王室,而只是反對無道之主。此外,隨着周王室的逐漸衰敗,貴族階級内尊重王朝之意識亦日漸淡漠。在西周晚期的動蕩歲月中,貴族階級内形成一種强烈的注重族人團結的意識,在《詩經》的《大雅》《小雅》中,我們可以看到一些歌咏同宗族内兄弟情誼的詩篇,所謂兄弟實際是同宗族人的代名詞。顯然這是世族貴族希望依靠宗族自身力量來求得生存。這種强烈的狹隘的宗族觀念同時也就導致了世族貴族與周王室的貌合神離。① 西周王朝之崩潰的直接原因固然是異族入侵,但西周世族貴族與其離心離德實是致命之内因。

2. 西周時期的庶民階級

西周時期的庶民以從事農作爲本業,在西周農業經濟爲主的社會内是主要的直接生產者,也是周人貴族剥削的主要對象。② 由西周金文與《詩經》中的有關資料可知,西周庶民階級基本來源於被征服的異族民人,即使是岐周故地的庶民,多數也應是周人在早期發祥時代所征服的土著族。由於西周王朝所實行的封賜制度不僅從法權上規定了庶民所依附的土地爲受封貴族所占有,而且規定庶民本身對受封貴族的人身依附關係,從而就使貴族對庶民實行超經濟强制性質的農業勞役剥削成爲可能。③

西周庶民在各級貴族所占有的土田上以集體共耕的形式服農業勞役。這種勞役在當時稱爲藉。屬西周早期的《詩經·周頌·臣工》篇,與屬西周晚期的《詩經·小雅》中的《甫田》《大田》兩篇詩都反映了西周時期庶民爲貴族耕種藉田的事實。其實這種勞役與卜辭所見商代平民("衆"中主要成分)耕種王田的生產形式是一樣的。所以有此共同性當是由於生產力水平接近,個體農耕還不可能實現,税法亦即不能實行,只能采取力役的剥削形式。

在屬康王時期的大盂鼎銘文中記王賜予盂的民人包括"邦嗣(司)四白(伯),人鬲自馭至于庶人六百又五十又九夫"(《集成》2837),人鬲當是邦司所轄之隸屬民,人鬲中有不同等級,馭可能是駕車者,庶人(亦即庶民)是農耕者,等級地位最低。但從經濟狀况上看,庶民並非奴隸。庶民有自己的私田(見《詩經》的《周頌·噫嘻》與《小雅·大田》),有自己的生產工具(見《詩經·周頌·臣工》),在《周頌·載芟》篇中更可以見到西周庶民家族以自己的工具集體耕作私田的情景。而這種私田在封建制度下,在名義上也是由貴族封建主授予的,這就是説西周庶民所擔負的農業勞役在性質上接近勞役地租的形式。如果僅就經濟地位而言,西周庶民與商代的平民("衆""衆人")是接近的,惟商人爲王室(或其他貴族)所服農業勞役雖也是一種無償的剥削,但在觀念上被視作爲宗族共同體所盡之義務,而西周庶民與其所服務之貴族間並無宗族關係,因而其所服勞役更明顯地體現了超經濟强制的性質。此外,從政治等級上看,出身於被征服者的西周庶民的地位要低於屬於商人各宗族成員的平民,此中最重要的一點是他們並無服兵役權(詳下文有關國野的論述)。

---

① 其具體的例子見於西周晚期青銅器瑚生簋的銘文,參見拙文《瑚生簋銘新探》,《中華文史論叢》1989年第1期。
② 西周時稱農業生產者爲庶民(庶人),見於《尚書》的《梓材》與《無逸》等,《國語·周語上》記西周晚期虢文公諫周宣王不藉千畝而追述古之藉禮曰:"王耕一墢,班三之,庶人終於千畝。"仍從西周舊稱,以庶人爲農民。
③ 關於超經濟强制必須有人身依附關係爲前提,見《馬克思恩格斯全集》第25卷,人民出版社,1974年,第891頁。

（三）春秋時期階級、等級結構的新陳交替

西周之滅亡結束了西周王畿地區作爲政治重心的局面。與此同時,各諸侯國經過西周近三百年的生長時期已發展壯大。所以東周社會階級、等級結構的研究重點自應轉向列國。春秋時期是社會形態劇烈變更時期,在社會階級與等級結構上亦處於新舊交替的狀態,下面從四個方面説明這一情況。

1. 春秋時期等級結構的概況

在東周文獻中,有關春秋時期等級結構的記載,主要有如下幾段文字:

《左傳》桓公二年記晉大夫師服曰:"故天子建國,諸侯立家,卿置側室,大夫有貳宗,士有隸子弟,庶人、工、商各有分親,皆有等衰。"①按: 這段話中"天子建國"當是講西周初,但其下諸等次情況與下引《左傳》襄公十四年師曠語近同,仍可作爲春秋情況的參考。

《左傳》襄公九年楚子囊言晉國情況曰:"其卿讓於善,其大夫不失守,其士競於教,其庶人力於農穡,商、工、皂、隸不知遷業。"②

《左傳》襄公十四年晉師曠曰:"……是故天子有公,諸侯有卿,卿置側室,大夫有貳宗,士有朋友,庶人、工、商、皂、隸、牧、圉皆有親暱,以相輔佐也。"③

《左傳》昭公七年記楚國羋尹無宇曰:"天有十日,人有十等,下所以事上,上所以共神也。故王臣公,公臣大夫,大夫臣士,士臣皂,皂臣輿,輿臣隸,隸臣僚,僚臣僕,僕臣臺。馬有圉,牛有牧,以待百事。"④

《左傳》哀公二年晉趙鞅誓詞言:"克敵者,上大夫受縣,下大夫受郡,士田十萬,庶人、工、商遂,人臣、隸、圉免。"⑤據杜預注,遂即進仕,免爲免去厮役。

《國語·晉語四》講晉文公繼位後,晉國社會秩序井然:"公食貢,大夫食邑,士食田,庶人食力,工商食官,皂隸食職,官宰食加。"⑥

上述六段話中,二、四兩段爲楚人所言,惟第二段爲楚人言於晉,餘四段爲晉人所言,或講晉的情況,楚晉地跨南北,故此六段話所言似可大致反映春秋時等級結構的情況。綜合此六段話的內容可知。

(1) 士以上皆屬貴族,天子、諸侯、卿、大夫、士依次是貴族階級的幾個等級,《晉語四》中的"官宰",據韋昭注是指家臣,"加"爲"大夫之加田"。依此説,官宰中的多數人等級身份當屬於士。就此貴族的幾個等級而言,仍可認爲大致是西周舊制。

綜合上引《左傳》桓公二年、襄公十四年文,所謂"諸侯立家"即是分立卿族,"卿置側

---

① 《春秋左傳集解》第 1 册,上海人民出版社,1977 年,第 74 頁。
② 《春秋左傳集解》第 3 册,第 852 頁。
③ 《春秋左傳集解》第 3 册,第 916 頁。
④ 《春秋左傳集解》第 4 册,第 1287 頁。
⑤ 《春秋左傳集解》第 5 册,第 1717 頁。
⑥ 《國語》下册,上海古籍出版社,1978 年,第 371 頁。

室”與“大夫有貳宗”則是由卿大夫家族再分化出小宗分族，“士有隸子弟”即作爲族長的士也有隸屬於他的族人，亦即“朋友”（當時對同族人的稱謂）。這些説明在同一等級貴族内部還可以再細分爲若干等次，實際上亦即是指同宗族内部的宗法等級。

（2）庶人仍作爲農民之稱，亦與西周同。《左傳》襄公十四年言庶人與工商等“皆有親暱，以相輔佐”説明庶人等雖亦有自己的宗族組織，但家族成員間只是“相輔佐”的關係，並未有宗法等級關係。這是不同於貴族階級的。

（3）工、商與庶人等級近同，但多排在庶人後邊，故社會等級地位可能比庶人略低。商在春秋前地位似未有如此重要，至此時始成爲社會一重要階層；工在西周時多在王室與貴族世族内服役，身份近於奴隸，而此時已有所上升。關於《晉語四》所言“工商食官”，韋昭注：“食官，官稟之。”①《説文解字》：“稟，賜穀也。”②《廣雅·釋詁三》：“稟，予也。”③即是説春秋時期工商中的多數是隸屬於官府，爲官府服務的。關於二者的詳細情況在下文論戰國時工商的變化時再作説明。

（4）皂、隸。上引《左傳》昭公七年文將皂直接隸屬於士，且此段文字皆以“某臣某”形式排列，是講官府職事的隸屬關係。《左傳》襄公九年，將皂、隸列於商、工下，曰“不知遷業”，《晉語四》又言“皂隸食職”，《左傳》隱公五年記此二者的職事是管理“山林川澤之實”“器用之資”。從這些情況看，皂、隸是服役於官府者。但二者身份比工商還低，此由《左傳》昭公三年言晉姬姓世族衰落，其族人“降在皂隸”，亦可得知。楊伯峻先生以爲二者均是賤役，④近是。其中隸更近於奴隸，故《左傳》哀公二年，趙鞅所言“免”（使爲自由民）中有“隸”。

上引《左傳》昭公七年中的輿，介於皂、隸間。昭公十八年記鄭子産使輿三十人遷里析之柩，可知其從事賤事，表明其身份亦當近於官府奴隸。《左傳》中另有一種“輿人”，有田疇，事農業，有的人還可能被選爲官吏（均見《左傳》襄公三十年），當屬於平民，與此輿不同。

《左傳》昭公七年僚、僕、臺、圉、牧又皆列於隸之下，均當屬於官府奴隸。圉、牧分別是養馬、牧牛的奴隸，職事最賤，地位亦最低。趙鞅誓詞言“圉”立軍功即可以“免”，亦是圉爲奴隸之證。

根據上述分析可知，春秋時階級與等級結構之基本輪廓大致沿續西周，仍包括貴族、平民、奴隸三個基本階級。貴族等級分層與西周近同，但平民中除庶民外，加進了工、商，工不再是奴隸，商的地位亦有提高，則是與西周不盡相同的；奴隸的諸種類主要是爲官府

① 《國語》下册，上海古籍出版社，1978 年，第 373 頁。
② 《説文解字》，中華書局，1977 年，第 111 頁。
③ 王念孫：《廣雅疏證》卷三下，上海古籍出版社，1983 年，第 13—14 頁。
④ 楊伯峻：《春秋左傳注》第 1 册隱公五年，中華書局，1981 年，第 43 頁。

（及貴族私家）服低賤的雜役，分工似更爲繁雜，但與西周一樣，没有明顯的農業奴隸。從《左傳》《國語》上所見的春秋人對等級制度的叙述，可見等級觀念在當時基本上仍是支配人們社會生活方式的準則。

2. 貴族階級内部傳統等級關係的延續與瓦解

上引《國語·晉語四》言：“公食貢，大夫食邑，士食田。”所謂“公食貢”之貢，當理解爲《廣雅·釋詁二》：“貢，税也。”①此是指公依靠收取公室田地上的田税生活。至於大夫所食邑，則是受賜於公，士食田當受賜於大夫，這表明春秋時期上下級貴族間依然是基於土田、民人的封賜制度而保持着政治上的等級隸屬關係。《左傳》襄公二十七年記衛獻公“與免餘（按：衛大夫）邑六十，辭曰‘唯卿備百邑，臣六十矣。下有上禄，亂也，臣弗敢聞’”。②可見卿大夫的私邑及附屬的土田民人還是以官禄的名義得到的，而且依官職大小而有等差。免餘不敢接受超出自己定額的私邑，是畏懼“下有上禄”造成“亂”，深刻反映出春秋時期在貴族階級内等級制度還有很强的約束力。當時不僅在公與卿大夫間有這種依官職賜予田邑，並因此建立等級隸屬關係的制度，在卿大夫家族内部，上下級貴族間亦保有此制，如《左傳》襄公二十九年記季氏屬大夫“公冶致其邑於季氏”，③公冶是不滿意季武子欺君而將私邑退還給季武子的，以示斷絶主臣關係，表明貴族之間也仍是將主臣之間的等級關係與封賜制度相聯繫的。

其次，在貴族家族内部，宗子仍具有至高無上的政治權力與地位。如《左傳》成公三年記晉知罃被楚俘，楚莊王欲釋放之，問其歸後以何相報，知罃回答曰：“……若從君之惠而免之，以賜君之外臣首，首其請於寡君，而以戮於宗，亦死且不朽。……”④首爲其父荀首，是時爲知氏宗子，由罃所言可知宗子仍可施私刑於族人，惟可能是因罃又是公臣，故尚還要請命於晉君。類似例子在《左傳》中還可舉出數例，這表明作爲親屬組織的貴族宗族本質上仍然是一種建立在宗法等級關係基礎上政治化了的血緣團體。

西周以來的傳統等級關係是以血緣出身爲基礎的，故僵死、凝固，每一社會成員自出生時，其社會政治、經濟地位即已大致固定，作爲獨立的個人，其才能亦只能施展於一定的等級框格内。在春秋時期這種等級制度受到猛烈衝擊，最重要的表現有三：一是作爲世族貴族的卿大夫對公室的抗爭；二是貴族宗族内部對宗子權力的反抗；三是家臣制度及家臣與家主間關係的變化。

卿大夫與公室的矛盾實際上可以看成是西周晚期王畿地區世族貴族與王室矛盾關係的重現，只是到了春秋時期矛盾進一步發展。這是由於至此一時期，卿大夫與其家族的勢

---

① 見王念孫：《廣雅疏證》卷二下，第 2 頁。
② 《春秋左傳集解》第 3 册，第 1074 頁。
③ 《春秋左傳集解》第 3 册，第 1114 頁。
④ 《春秋左傳集解》第 2 册，第 667 頁。

力已進一步坐大,其經濟、政治、軍事實力遠超出於西周貴族,例如《左傳》宣公十七年記晉郤克竟要求以自己一家之私兵去征伐強大的齊國;①《左傳》哀公十一年亦曰:"魯之群室衆於齊之兵車,一室敵車優矣……"②在此種情況下,公室的存在已日益成爲卿大夫極欲進一步擴張其政治、經濟利益的障礙。卿大夫對公室的抗爭主要表現於對公室政治、經濟實力的削刮與對國政的專權,在春秋中期後的魯、晉、鄭等重要諸侯國内皆出現了少數貴族家族世代把持朝政之政局。春秋晚期後,這幾個國家還出現了國君虛設,由幾家卿大夫輪流執政之局面。

春秋中期晚葉之後,貴族内部的矛盾又進一步加深,以至擴大到貴族家族内部,在卿大夫向公室爭奪利益的同時,其家族内一部分中、下層貴族爲爭取自身利益,力圖擺脱傳統宗法等級制度的桎梏,開始與宗子對抗,並爭奪權益,如《左傳》所載襄公十七年宋華臣削弱其宗子皋比(華臣侄)之室,竟殺其宰;③昭公七年,鄭罕氏族人罕朔殺其大宗罕虎(朔從父兄弟)弟罕魋;④定公八年,魯季孫氏小宗季寤、公鉏極與叔孫氏小宗叔孫輒欲顛覆各自之宗子而投奔陽虎。⑤

春秋時期世族貴族内部傳統等級關係之瓦解除上述宗子權威受到衝擊這一主要表現外,家臣制度的重要變化亦是需要提及的。春秋時的家臣已不再像西周那樣是終身供職且世代相延的,私家貴族之家臣已可以改變身份,如《左傳》哀公十六年所記衛國"子伯季子初爲孔氏臣,新登于公"。⑥ 又如齊國之鮑國先爲魯施氏之家臣,後又爲齊人立爲鮑氏之宗子而與施氏脱離主臣關係(《左傳》成公十七年)。⑦ 此外,家臣已可以自行廢除主臣關係,如《左傳》襄公二十三年記季武子家臣申豐因不滿意武子廢庶長子公彌而立悼子,而欲"盡室"出奔。⑧ 再者,家臣亦改變了過去只能專事家主家務而不問國事之狀況。在家臣制度發生這些變化的同時,家臣與家主之間以往僵化的等級關係開始鬆動,家臣甚至可以逆家主之意志行事,如《論語·先進》記季子問孔子,仲由與冉求可否聽從自己,孔子曰:"弑父與君,亦不從也。"⑨春秋晚期在魯國更出現幾起家臣叛家主而投齊或攻打三桓與魯公之事例。

上述幾個方面所表現出的對西周以來傳統等級關係的衝擊,其意義是巨大的。卿大夫對公室的抗爭標明,以世族貴族與其家族作爲國家支柱、依靠封賜建立起等級隸屬關係

① 《春秋左傳集解》第 2 册,第 626 頁。
② 《春秋左傳集解》第 5 册,第 1768、1769 頁。
③ 《春秋左傳集解》第 3 册,第 937 頁。
④ 《春秋左傳集解》第 4 册,第 1299 頁;第 5 册,第 1662 頁。
⑤ 《春秋左傳集解》第 5 册,第 1662 頁。
⑥ 《春秋左傳集解》第 5 册,第 1818 頁。
⑦ 《春秋左傳集解》第 2 册,第 774 頁。
⑧ 《春秋左傳集解》第 3 册,第 1000 頁。
⑨ 《十三經注疏》下册,世界書局,1935 年,第 2500 頁。

的傳統政治模式已衰敗,其抗爭的結果是促進了新型君主集權制的產生;同時亦即使傳統的世族貴族階級失去了其存在的政治根基;世族内部舊有宗法等級關係的瓦解,家臣與家主間僵死的政治等級隸屬關係的破壞則配合了集權政治的發展,在客觀上進一步加速了世族貴族階級的消亡,並促進了與集權政治相應的官僚制之類政治制度的形成。

3. 新興地主階級的出現與庶民階級的變化

春秋中晚期隨着世族貴族與傳統政治等級結構的衰敗,以分封制與世官制爲基礎的國家政體逐漸爲君主集權政治所替代,一部分在與諸侯公室相爭,並在彼此相爭的過程中取得上風的卿大夫(最典型的如晉六卿)以及部分諸侯,因爲理解或感受到分封制與世族政治的危害,開始在自己的勢力範圍内實施新的政治與經濟制度,扼制新的世族貴族之產生,並培養和造成了適應集權政治體制的新的階級與階層,其中新興地主階級與編户齊民是兩個最基本的階級。這裏所講的新興地主階級是一種有異於舊式世族貴族的私人土地占有者。這類土地占有者的出現不晚於春秋晚期初葉,《左傳》襄公三十年(前543)記趙孟賜輿人中絳縣老者,"與之田,使爲君復陶,以爲絳縣師"。① 而所與之田應即是禄田或稱職田。禄田不世襲,職去田歸,占有者只能享其經濟收益而不具有對依附於土田上的農民之政治統治權。晉國初實行此種禄田制度很可能是與始推行縣制同時的。《左傳》昭公二十八年記晉魏獻子爲政時"分祁氏之田以爲七縣,分羊舌氏之田以爲三縣",並任命曾有功於王室者、非嫡長子中能守業者以及有賢能者任這些縣的縣大夫。② 縣大夫並非食封貴族,而已是國家地方官吏,他們與絳縣師一樣亦當是食禄田的。

除因任官吏而得有土地食禄田者外,還有兩種新型的土地占有者:其一是因有戰功而得到賞田者,如《左傳》哀公二年記趙簡子與鄭軍決戰發誓曰,克敵之士可得"田十萬",③此種士僅得到土田,政治身份並未提高,很可能是僅有於所受賜土田上食稅之權。其二是某些有技藝者及進善言者,因能取悦於王或貴族而得到賞田,如《史記》卷十三《趙世家》記趙簡子"賜扁鵲田四萬畝",④趙烈侯好音,因賜鄭歌者槍、石各萬畝(後因公仲連反對,使賢士說烈侯而未賜)。⑤ 又如范獻子因舟人清涓進善言而賜之田萬畝。⑥ 此種土地占有者雖有土地,但富而不貴,亦即只能從土地上得到經濟收益而無政治權。

上述幾種私人土地占有者在形態上有如下特徵:他們對土地的占有並非基於封建制度,因此不屬於層層封賜土地所造成的等級結構範疇中;他們雖有取得地租的權力,即具有對土地的實際所有權,但對依附於土地上的生產者不具有舊式貴族那種政治上的統治

---

① 《春秋左傳集解》第3冊,第1136頁。
② 《春秋左傳集解》第4冊,第1565、1566頁。
③ 《春秋左傳集解》第5冊,第1716、1717頁。
④ 《史記》第6冊,中華書局,1973年4月,第1787頁。
⑤ 《史記》第6冊,第1797、1798頁。
⑥ 《尸子》,四部備要本,據平津館本校刊。

權(如司法、行政、軍事等權力);從戰國時期禄田、軍功、事功賞田的情況可以推知,這些私人土地占有者所得田土並不能像舊式貴族封土那樣可世代占有,一般應是身死田奪,職免田歸的。① 因此由上述幾點特徵看,這類私人土地占有者之身份顯然是與西周以來的世族貴族不同,特別是前兩點特徵已與一般所認爲的私人地主的特徵是相符的。② 他們可因受賜田的原因不同而稱爲官僚地主、軍功地主、事功地主等。在春秋晚期還有一部分官吏無禄田,只取穀禄,如《韓非子・外儲説右上》記子路爲郈令,起衆爲長溝,"以其私秩粟爲漿飯"饗作溝者。③《史記》卷四十七《孔子世家》中記孔子在魯、衛時的官禄是"粟六萬"。④ 戰國以後食穀禄的官吏更多。食穀禄與食禄田之區別僅在於其田租非直接取於農民,而是間接地取於農民,故此種官吏亦應歸屬官僚地主中。新興的私人地主既然無封土與屬民,即不可能形成相對獨立的經濟與政治、軍事勢力,因而不可能成爲國家統治者的離心力與對抗力,相反地,由於他們食租之田地受於國君(或政府),經濟命脈掌握於國家手中,因此他們必然要擁戴集權制國家,成爲新的集權政治所依靠的主要社會力量。

自春秋時期始出現的新興地主階級,除上述私人地主外,還有一種地主形態,即由國家直接控制一部分土地(如所設縣、郡的土地),將其多數按授田制分給編户農民,所得賦税主要用於國家機器(軍隊、官僚機構)之消費。這種情況下國家是以土地所有者身份直接與農業生產者對立的,故可以稱之爲國家地主。⑤ 國家地主是伴隨着郡縣制與授田制的實行出現的,從現有史料看有可能最早出現於三晉地區。國家土地所有制與私人土地占有制一起構成了集權制國家土地所有制兩種最基本的形式。

春秋時期以務農爲生的庶民階級也發生分化,除一部分仍作爲世族貴族屬地的依附農民外,由於私人地主的出現,必然已有小部分庶民始轉向爲新興的私人地主耕田成爲佃農。此外亦有少數庶民轉變爲傭耕農民,如《左傳》襄公二十七年記齊國崔杼殺莊公,申鮮虞出逃,"僕賃於野",⑥賃即庸,亦即爲人傭耕。申鮮虞原爲貴族,雖然不能作爲農民轉向傭耕的典型,但從他曾於野爲人僕賃之事,可以得知當時農民中爲人傭耕者必已存在。又《韓非子・外儲説右下》言:"齊桓公微服以巡民家,人有年老而自養者。桓公問其故,對

---

① 此類資料如《韓非子・詭使》中韓非抨擊當權者治理國家時賞罰不明之弊,對於戰士"而斷頭裂腹,播骨乎平原野者,無宅容身,身死田奪",不利於"厲(勵)戰士"(按:見陳奇猷:《韓非子新校注》,上海古籍出版社,2000年,第991、992頁),又如《韓非子・喻老》:"楚邦之法,禄臣再世而收地。"(陳奇猷:《韓非子新校注》,第435頁)

② 史學界學者過去提出過,在地主制經濟下土地是土地所有者的私有財產,地主的土地可以買賣,這是地主土地所有制的特點之一。地主土地作爲私有財產一般是可以世襲的。但這種特點應是在秦漢以後才形成的。春秋時期出現的上述新型土地占有者的田地是因功或因官職而受賜於國君或其他執政者,故對土地的私有權受到很大限制,基本上還不具有世襲權和買賣權。因此我們可以將其視爲私人地主的第一形態,而將土地可以自由買賣的地主作爲第二形態。

③《諸子集成》卷五(上海書店影印本,1986年)《韓非子集解》,第235頁。

④《史記》第6册,第1919頁。

⑤ "國家地主的概念"本自於馬克思《資本論》,見《馬克思恩格斯全集》第25卷,第891頁。

⑥《春秋左傳集解》第3册,第1090頁。

曰：'臣有子三人,家貧,無以妻之,傭未及反(返)。'"此老者爲人傭工(估計是傭耕)之三子既"未及返",[1]説明來去自由,很可能即是傭耕於私人地主之田。惟言桓公時似過早,或是以春秋晚期以後情況言之。

除以上佃農、傭耕農民的出現外,庶民階級發生的最大變化是有相當一部分人由貴族之屬民轉爲國家之公民。貴族封土在被向集權政治邁進的國家没收後,大多改作縣,原封土上之屬民即變爲國家授田制下的編户齊民。"編户齊民"一詞在漢人著作中多見,但其所指庶民之類型實在郡縣制與國家授田制出現時即已產生。所謂"編户"是言將授之以田的農民皆按户登記人口,如《漢書》卷一下《高帝記第一下》顏師古注曰:"編户者,言列次名籍也。"[2]其目的是爲了以此作爲從這些小土地占有者與耕作者中征收賦税及征兵的根據。《周禮·地官·小司徒》"乃均土地以稽其人民而周知其數",正説明了授田必伴隨編户。"齊民"一詞戰國時已有,《韓非子·安危》:"以無功御不樂生,不可行於齊民。"[3]《漢書》卷二十四下《食貨志第四下》注引如淳曰:"齊,等也。無有貴賤,謂之'齊民',若今言平民矣。"[4]這即是説"齊民"是指其皆爲國家授田制下之公民,身份相平齊。[5]

《漢書》卷二十四上《食貨志第四上》引戰國李悝推行"盡地力之教"的政策時向魏文侯所算的一筆賬,他提到,當時耕田百畝的五口之家,其一年收入,除去食用衣着的消費並交納十一税後,所餘可作幾等。[6] 很顯然,在處於戰國早期的魏文侯時代(前446—前397),作爲編户齊民的自耕小農已成爲魏國農業生產之主體並成爲税收之主要提供者。由此亦可知,編户齊民在魏國始出現時一定不會晚於春秋晚期。其他諸國的情況亦當近似。

4. 士的分化及新型士人階層的出現

上文曾論及西周時期的士主要是指專職的武士。他們專以習武爲職業,擔任王朝、諸侯國及私家貴族所轄軍事武裝中的主力。他們中的一部分可能爲西周初開拓疆土時期的武士之後裔;一部分則可能爲世族貴族宗子之庶孽,因未能承宗而不斷補充入士階層隊伍中,但其家族則多生活於世族貴族之宗族中,作爲貴族家族成員。士在政治等級上屬於貴族的下層,其人數亦較多。至春秋時期,仍屬於貴族下層的士階層發生了較大的變動。首先在職業上,士已不再僅爲專職的武士,按其職業並結合經濟狀況主要可分爲四種:

其一,仍依附於所出身之卿大夫家族内,作爲小宗擔任卿大夫之家臣,如季武子庶子公鉏即擔任季氏之馬正(《左傳》襄公二十三年),[7]叔孫氏使族人公若藐任郈宰(《左傳》定

① 《諸子集成》卷五《韓非子集解》,第 260 頁。
② 《漢書》第 1 册,中華書局,1962 年,第 80 頁。
③ 《諸子集成》卷五《韓非子集解》,第 148 頁。
④ 《漢書》第 4 册,第 1171 頁。
⑤ 關於"編户齊民"概念及意義可參見杜正勝:《"編户齊民"的出現及其歷史意義:編户齊民的研究之一》,"中研院"《歷史語言研究所集刊》54 本 3 分,1983 年。
⑥ 《漢書》第 4 册,第 1125 頁。
⑦ 《春秋左傳集解》第 3 册,第 1000 頁;第 5 册,第 1678 頁。

公十年），①皆爲其例。而家臣的職務在西周時則基本上皆是由異族依附者擔任的。

其二，是脱離開所從出的卿大夫家族而自立門户，擔任公室官吏或其他貴族的家臣或武士。如《左傳》哀公十六年記衛國"子伯季子初爲孔氏臣，新登于公"，②子伯季子即當是先以士的身份爲其他貴族的家臣，後又任公職。又如《左傳》昭公二十八年記魏獻子爲政後，分祁氏與羊舌氏之田，於其地設縣，令賈辛、司馬烏、韓固、趙朝等人爲縣大夫，③其中韓、趙等人皆爲貴族之餘子，即宗子之母弟，這也是士任公臣之例。《左傳》定公十二年及杜注記魯公山不狃任季氏費邑宰，《左傳》哀公十四年記公孫成任孟孫氏成邑宰則是士任其他貴族家臣之例④。爲其他貴族武士者，如《左傳》文公十四年記齊國"公子商人驟施於國而多聚士"，同年七月商人殺昭公太子舍自立，⑤可見所聚士必多爲武士，既言聚，則這些士當非族人。春秋時貴族所養之士有可能皆是以武士爲主的。

其三，亦是由所從出的貴族家族分出，自立門户，平時農耕，戰時爲兵，承擔公室兵役。這部分士實屬士下層，其中多數當是由西周時期貴族武士階層逐漸分化出來的。據《禮記·大傳》可知，士上層之家族奉行五世親盡的親屬制度，⑥則與士上層家族親屬關係超出五世以外之遠親，在政治身份上雖可能仍保持有士的等級身份，但已以務農爲主，其政治、經濟地位已接近於庶民。《國語·齊語》中言齊桓公時管仲改革，設"士鄉十五"，韋昭注曰此士爲"軍士也"，⑦其中即當包括有士的下層與庶民上層，故晚於《齊語》的《管子·小匡》言："士、農之鄉十五。"⑧《小匡》中的士即是指尚保持低級貴族身份的士之下層成員。

其四，部分貴族庶子弟入私學以學士。如《史記》卷六十七《仲尼弟子列傳》所言孔子弟子中南宫括，據《索隱》乃魯貴族孟僖子之子；⑨高柴，據《索隱》引《孔子家語》爲齊貴族高氏之別族；⑩司馬耕乃宋人，據《索隱》乃宋貴族桓魋弟等。⑪ 他們皆是抱着"學而優則仕"的目的，即先成爲知識分子，然後以此身份去作公室或私家之官吏。

由上述可知，士分化的結果實是通過不同渠道擴充了公室與私門的下層官吏隊伍，並進一步充實了公、私之武裝，因而成爲當時社會中最活躍的令統治階級不可輕視的力量。特別是在春秋中晚期卿大夫與公室及卿大夫之間的矛盾鬥爭中，隨着集

---

① 《春秋左傳集解》第 5 册，第 1678 頁。
② 《春秋左傳集解》第 5 册，第 1818 頁。
③ 《春秋左傳集解》第 4 册，第 1565、1566 頁。
④ 分別見《春秋左傳集解》第 5 册，第 1686、1807 頁。
⑤ 《春秋左傳集解》第 2 册，第 493、494 頁。
⑥ 《禮記·大傳》講士之喪服制："四世而緦服之窮也；五世袒免，殺同姓也。"見《十三經注疏》下册，第 1507 頁。
⑦ 《國語》上册，第 230 頁。
⑧ 見《諸子集成》卷五《管子》，第 121 頁。
⑨ 《史記》第 7 册，第 2208 頁。
⑩ 《史記》第 7 册，第 2212 頁。
⑪ 《史記》第 7 册，第 2214 頁。

權政治的發生與發展,士更進而成爲新型官僚集團的主要成分(如上引任縣大夫的韓固、趙朝等人)。

在春秋晚期隨着私學的出現,已有一部分原從等級上看非屬士的社會成員,通過學士亦躋身於所謂士人的行列中,如孔子弟子三千,其中除上述提到的出身於貴族家族者外,還有許多屬於庶人階級,例如子路,《史記》卷六十七《仲尼弟子列傳》記子路爲卞人,而《集解》引徐廣曰:"《尸子》曰子路,卞之野人。"①又仲弓之父爲"賤人",②知仲弓亦出身庶民。據《韓非子·外儲説左上》,趙襄子時重視士人,"中牟之人棄其田耘,賣宅圃,而隨文學者邑之半"。③庶人亦可以有受教育的機會,當然是與私學的興起有直接關係。如私學辦學之原則,集中體現於孔子所提出的"有教無類",④正是這一原則爲庶人學習文化打開了大門。庶人通過私學之途徑獲得了以往不可能得到的社會職業,並漸漸形成了一批獨立的知識分子,成爲所謂士人。士人中出身於庶民者雖可以取得以往只有士階層才能從事的社會職業,但他們在政治等級上並非可列入士階層。出身於不同等級的士人知識分子階層的出現,在先秦政治制度史上是格外具有重要意義的事情。士人通過就學於私門,以自己的才幹爲公、私家所賞識而走上仕途,體現了孔子所提出的"學而優則仕"的方針,⑤同時這批士人雖可能任官職,但多只領受實物俸禄而不占有田地,同時亦非世家,這就極大地衝擊了傳統的世族世官制度,促使其更快地走向瓦解。

(四)戰國時期階級、等級結構的新格局

經過春秋晚期等級結構的劇變,戰國時期的階級、等級結構已呈現出與春秋早、中期有明顯差别的新格局。

1. 私人地主與國家授田制下編户齊民的迅速發展

戰國時地主階級已代替舊式的封建貴族成爲占統治地位的階級。

至戰國早期,隨着集權政治的發展,舊式的封建貴族已經衰亡,大批新興的私人地主成爲新政權的社會支柱,部分原屬於舊式世族的貴族(如韓、趙、魏的統治者)此時成爲國君,他們扶植新興私人地主的主觀動機是爲了培植自己政權的基礎,只是在客觀上促成了自己所隸屬的階級的衰亡,同時也使自己成爲新型地主階級的政治代表。⑥戰國時期私人地主的數量迅速擴展,其中軍功地主仍是主要成分。各國相互征戰,爲强兵而以田宅獎勵軍功。《韓非子·内儲説上》記吴起任魏西河郡守,爲攻克秦地而懸賞曰"有能先登者,

---

① 《史記》第 7 册,第 2191 頁。
② 《史記》第 7 册,第 2190 頁。
③ 《諸子集成》卷五《韓非子集解》,第 209 頁。
④ 《論語·衛靈公》,見《十三經注疏》下册,第 2518 頁。
⑤ 《論語·子張》,見《十三經注疏》下册,第 2532 頁。
⑥ 但這些國君在長時間内仍保留着舊貴族的某些特徵,其所在宗族亦保存世族的特點。此外,戰國封君中有相當多的是國君之宗室,部分較大的封君不僅食邑,亦有某種政治權力,仍是春秋時舊有分封卿大夫之制的形式上的繼續,此亦是表現於國君宗族内的世族遺制。

仕之國大夫,賜之上田、上宅"。① 同書《詭使》言韓國"陳善田利宅,所以厲(勵)戰士也"。②
商鞅於秦孝公時變法,按二十等爵制賞賜軍功,依規定,凡斬一甲士首級,即"賞爵一級,益
田一頃,益宅九畝,[一]除庶子一人,乃得入兵官之吏"。③ 列國獎賞軍功的規定雖不盡
同,但原則是近同的,即使是作爲庶人的農民通過征戰立了軍功也可占有田宅,土田多者
還可上升爲地主。這無疑激勵了大批農民爲改變自己的地位而拼死戰鬥,同時亦就擴大
了私人地主隊伍。

當時私人地主數量擴展的另一原因,是相當一批士人依靠智慧與才能,通過游説受到
各國當政者之賞識而取得官職,從而得到官僚地主的地位。其中位居上層者,如吳起(游
説楚悼王,得任楚令尹)、商鞅(游説秦孝公,得任大良造)、蘇秦(游説六國,得佩六國相
任),位居下層者如馮煖(取悦於孟嘗君)、毛遂(取悦於平原君)。戰國私人地主中有的可
能是通過土地買賣與土地兼并形成的。戰國時期有關耕地自由買賣、兼并的史料甚少,較
可靠而又爲大家所熟悉者,一是秦國,"用商鞅之法,改帝王之制,除井田,民得賣買。富者
田連仟佰,貧者亡立錐之地";④二是趙國,"王所賜金帛,(趙括)歸藏於家,而日視便利田
宅者可買者買之"。⑤ 前一條史料反映的史實時間在戰國中期,後一條史料之史實已在戰
國晚期。雲夢秦簡《日書》有"(……生子)好田野邑屋"語,好即愛好,能愛好田屋,亦反映
戰國晚期楚國亦有土地兼并之事實⑥。耕地自由買賣而土田被兼并的結果雖然進一步壯
大了地主階級的隊伍,但從總體看,戰國時期土地自由買賣似並未盛行,依靠這條途徑成
爲地主者畢竟是少數。

戰國時期各種類型私人地主的湧現,聚成了新型的君主集權制國家的雄厚支柱,標誌
着地主階級從此長時間成爲支配中國社會政治、經濟形態的社會力量。當然,地主經濟的
發展,特別是約戰國中晚期土地自由買賣的出現,爲大土地占有者的形成開闢了道路,因
此實亦即潛伏着危害集權制國家政權的因素。

伴隨着私人地主階級的膨脹,農民中佃農及雇農作爲私人地主階級的對立面,其比重
必然亦有較大的增長。但是戰國時期與地主經濟共同構成社會經濟主要內容的是國家授
田制下的自耕農經濟。此種自耕農即自春秋中晚期逐漸發展起來的編户齊民,他們作爲
國家地主的對立面而存在,其階級身份應歸屬平民。兼并戰爭的不斷擴大使列國政府手
中陸續掌握了大量土地,戰國時期鐵器的廣泛使用使農業生產力有了長足的進步,農民以
個體小家庭形式進行耕作已成爲最基本的農業生產形式,這些都爲更普遍地推行授田制

---

① 《諸子集成》卷五《韓非子集解》,第117頁。
② 見《諸子集成》卷五《韓非子集解》,第316頁。
③ 《商君書·境內》,見《諸子集成》卷五《商君書》,第34頁。
④ 《漢書》卷二十四上《食貨志第四上》引董仲舒語。見《漢書》第4冊,第1137頁。
⑤ 《史記》第8冊,第2447頁。
⑥ 李學勤:《睡虎地秦簡〈日書〉與楚、秦社會》,《江漢考古》1985年第4期。

提供了物質條件,而列國爲增强國力、兵力均積極推行耕戰政策,更使國家授田制成爲各國最基本的經濟國策。① 由於這種歷史背景,進入戰國後,授田制下的編户齊民有極爲迅速的發展。

當時各國在爲本國農民授田以外,還以授田爲誘餌,吸引他國之民以增加勞動力,如商鞅變法時即以"利其田宅"之政策招徠三晉之民入秦耕墾。② 授田制爲廣大庶民提供了較穩定的賴以生存的田地,因此得到自耕小農的擁戴,從而促進了農業產量的提高,以至戰國中期時在齊、秦、楚、趙等國出現蘇秦所謂"粟如丘山""蓄積饒多""粟支十年"之局面,③並保證了進行戰爭所必需的兵源。

2. 工商在社會生活中作用的加强

除了以上地主階級與依附於國家的自耕農外,戰國時期工、商兩種人亦開始成爲影響政治、經濟發展的重要社會成員。此兩種人中,工的階級成分較複雜,包含平民、奴隸兩種,而商大致可歸屬平民。工即是手工業者。早在商代晚期的殷墟卜辭中即有"百工"之稱(《屯南》2525),其等級身份不能詳知。西周金文中亦有"百工",有的可能是官稱,但多數情況下則是指人身隸屬於王室或大的貴族家族之手工業工人。至春秋時期,工多數食於官府,集聚於國都及卿大夫都邑中,如《國語・齊語》記管仲改革齊政,在國中設"工商之鄉"六,"處工就官府"。④ 官府手工業工人無自己獨立經營的經濟,無生產資料,集中於官府工場勞作,在身份上有近於奴隸的一面,但又與一般臣妾之類奴隸有别。《左傳》哀公二年記趙簡子誓師時曰:"克敵者……庶人、工、商遂,人臣、隸、圉免。"⑤説明工的等級身份近於庶人,地位相對西周時的工有所提高,高於人臣、隸、圉等奴隸。不僅如此,春秋時的官府手工業者還曾因受公(國君)剥削沉重,與部分貴族聯合攻擊公室,⑥表明工在當時還有一定的政治力量。

入戰國後,工這一階層的狀況比起春秋時期有較大的改觀。

戰國時期官府手工業者無論是在直接生產者中所占比例,還是分布範圍,都遠超過春秋時期。各國均普遍地推行中央集權的郡縣制,官府工業分爲中央與地方兩類。從考古勘探與發掘資料可知,不僅在各國都城内有規模甚大的手工業作坊遺址,而且在都城以外

① 在戰國典籍中即有關於當時實行授田制的記載,稱授田爲"均地分"(《尉繚子・原官》,見徐勇:《尉繚子淺説》,解放軍出版社,1989 年,第 109 頁。又見銀雀山漢墓竹簡整理小組:《銀雀山簡本〈尉繚子〉釋文(附校注)》,《文物》1977年第 3 期,第 31 頁),"均地分力"(《管子・乘馬》,見《諸子集成》卷五《管子校正》,第 15 頁)、"行田"(《吕氏春秋樂成》,見陳奇猷:《吕氏春秋校釋》,學林出版社,1984 年,第 990 頁)。銀雀山漢墓竹簡《田法》言:"州、鄉以地次受(授)田於野,百人爲區,千人爲或(域)。"(銀雀山漢墓竹簡整理小組:《銀雀山竹書〈守法〉、〈守令〉第十三篇》,《文物》1985 年第 4 期,第 35 頁)更反映當時大面積授田之規模。
② 《商君書・徠民》,見《諸子集成》卷五《商君書》,第 27 頁。
③ 見《戰國策》(上海古籍出版社,1985 年)的《齊一》《秦一》《楚一》《趙二》諸篇,依次見該書上册第 337、78 頁,中册第504、638 頁。
④ 《國語》上册,第 226、227 頁。
⑤ 《春秋左傳集解》第 5 册,第 1717 頁。
⑥ 《左傳》哀公十七、二十五年。見《春秋左傳集解》第 5 册,第 1831、1847 頁。

的城邑也有較大規模的手工業作坊遺址。官府手工業得到迅速發展之原因除了鑄鐵業的擴大這一極重要的因素外,戰爭頻仍對兵器鑄造業的促進,以及商品經濟發展刺激官府手工業將部分產品投入市場也是重要原因。官府手工業日益深刻地影響了社會經濟、政治的發展,官府手工業者在社會生產中的地位亦即格外重要。

此一時期的官府手工業者包括兩個等級,其一是具有平民身份的工人,雲夢睡虎地秦簡《軍爵律》言工隸臣有戰功者"皆令爲工"。[1]《均工律》言"能先期成學者謁上,上且有以善之",[2]即學成較快者可以受獎勵。《效律》則言當"工"去他縣領漆時,如漆質量不好,或虧欠,對工實行物罰或補賠,[3]也表明"工"有自己的私有財產。可證這種"工"的身份高於工隸臣之類奴隸,屬於平民。但官府手工業者的生產過程處於集權制政府的直接監督下,其人身並非完全自由,《禮記·月令》言"百工咸理,監工日號,毋悖于時,毋或作爲淫巧,以蕩上心","物勒工名,以考其誠,功有不當,必行其罪,以窮其情"。[4] 戰國兵器與其他器物上的工匠題名皆可證明"物勒工名"之制的存在。看來戰國時官府手工業工人受到政府嚴厲管制,比起春秋時可以起來聚衆造反的百工來説,其政治地位似要低得多。

戰國官府手工業工人中的另一等級即是刑徒。以刑徒爲工人顯然是與具體歷史條件有關。戰國時推行集權政治,法律嚴酷,故人民因觸法被降爲奴隸者頗衆,其中有手工技巧的人更多用來從事技術性的手工業生產。[5] 這從秦簡及戰國時三晉、秦等國兵器刻銘所署工匠名稱中皆可得到證明。刑徒中無期者用作手工業工人,身份等同於官府奴隸,有期者至少在服刑期間身份是奴隸。此外,當時官府手工業者亦有少數爲戰爭俘虜。

戰國時期出現了私營大型手工業,如《史記》卷一百二十九《貨殖列傳》所記邯鄲郭縱、蜀卓氏、宛孔氏皆以冶鐵業富,[6]在其中做工的手工業者的來源與社會地位均有其特殊性,是一種新型的手工業者,與以往的諸種手工業者相異。西漢時《鹽鐵論·復古篇》曾講到"往者"豪强大家所辦大型手工業中的工人主要來源於流民,[7]此處之"往者"應當包括戰國之時。從戰國史料看,流民一是躲避官府沉重租税的貧苦農民,二是兼并戰爭中被戰勝國流放出來的民衆。此外還有一些是因某種政治或經濟原因而亡命於山林者。在他們求蔭庇階段,與其所依附的豪民之間必然存在着人身隸屬關係(有可能建立類似於奴隸制的生產關係),否則豪民即不能控制這些流民出身的工人。

除以上在官府或私人的大型手工業中做工的手工業工人外,戰國時期獨立經營的小手工業者亦空前活躍。獨立的手工業者在春秋晚期即已出現。工的技藝一般只在親族内

---

① 見《睡虎地秦墓竹簡》,文物出版社,1978年,第93頁。
② 《睡虎地秦墓竹簡》,第75頁。
③ 《睡虎地秦墓竹簡》,第122頁。
④ 《十三經注疏》上册,第1364頁;下册,第1381頁。
⑤ 見《均工律》,《睡虎地秦墓竹簡》,第76頁。
⑥ 《史記》第10册,第3259、3277頁。
⑦ 《諸子集成》卷八《鹽鐵論》,第7頁。

傳承,如《國語·齊語》記管仲所言"工之子恒爲工"。① 經春秋晚期至戰國早期,許多小國被吞滅,這些國家内的"百工"大約有相當一部分轉化爲個體手工業者,並流落於各地。《禮記·中庸》"來百工則財用足",②説明戰國時各國皆可能采用一些手段招致外來的手工業者。這些獨立小手工業者除定居於大小城市的"市"旁出賣産品外,或依賴手藝游食四方,如《莊子·人間世》中所講的"匠石之齊,至於曲轅"之匠石。③ 他們仍保持春秋時的舊習俗,手工技藝只在本家族内傳授,生産規模狹小,但生産技能熟練,具有自由經營權,因而相對官府手工業工人有較强的生産興趣,其生活水平亦高於農民,故司馬遷在《史記》卷一百二十九《貨殖列傳》中講"夫用貧求富,農不如工"。④

總之,戰國時期的手工業工人在成分上比起春秋時期來已較爲複雜,官府手工業工人雖仍是主要成分,但獨立小手工業者所占比例明顯增加,特別是服務於私營手工業的工人與獨立小手工業者中的雇傭工人,更是此一時期出現的新成分。這些非屬官方的手工業者之生産勞動已主要是爲民間服務,這是對傳統的"工商食官"制的重要突破,並促使商品經濟在此一時期得到較爲迅速的發展。但是在集權的專制統治下,手工業者受到統治階級重農抑工商政策與社會興論的壓制,《禮記·王制》曰:"凡執技以事上者,祝、史、射、御、醫、卜及百工。凡執技以事上者,不貳事,不移官,出鄉不與士齒。"⑤也應是言戰國時情況,由此亦可見戰國時工之地位之低下。

商人在戰國時期也成爲極爲活躍的社會成員。在此以前,商人已有較長的發展歷史。《尚書·酒誥》言商遺民中有的"肇牽車牛遠服賈",⑥説明在西周初期即有了游動式的商人。西周時商人亦稱"賈",如《詩經·大雅·瞻卬》:"如賈三倍,君子是識。"此"賈"善獲利,而爲君子不恥,亦當是自由商人。由於商、西周時期生産力水平較低,限制了社會分工的發展,而官府手工業在整個社會的手工業生産中占有較大的比重,其産品主要供給貴族消費,不在市場出售,這些皆使商品經濟長期停留在較小的規模内。同時廣泛的相對封閉的内陸自然地理環境也決定中國早期文明未能如古代地中海文明那樣形成大規模的海外貿易。

春秋時期生産力有所增長,使手工業與農業分工得以擴大,農民個體家庭漸成爲生産單位,過去那種家族手工業不復存在,促使獨立的手工業迅速發展,亦即帶動了商品經濟的發展,商人已成爲一個重要的社會階層。《國語·齊語》中記管仲改革,定四民之居,制國以爲二十一鄉,其中工商竟占六鄉。⑦ 商人的類型與狀況亦有所變化,除獨立經營的小手工業者,有的亦工亦商,出賣自己的産品。專事商業在流通領域謀利的商人資本也顯著

---

① 《國語》上册,第 227 頁。
② 《十三經注疏》下册,第 1630 頁。
③ 《諸子集成》卷三《莊子集解》,第 27 頁。
④ 《史記》第 10 册,第 3274 頁。
⑤ 《十三經注疏》上册,第 1343 頁。
⑥ 《十三經注疏》上册,第 206 頁。
⑦ 《國語》上册,第 229 頁。

擴大,出現了一些富商,如《國語‧晉語八》記晉叔向即講到絳之富商,竟能依靠其財力而交結於上層貴族。① 但從法權上看,他們的地位仍是較低的,前引《左傳》哀公二年趙簡子言"庶人、工、商遂",是商地位同於庶人和工,故雖至富而不能有爵位。

戰國時期鐵器在各生產部門被廣泛使用,生產率顯著提高,遂刺激商業空前繁榮。此外這一時期商業性大城市亦在各國出現,這些城市中人口衆多,如《戰國策‧齊一》記蘇秦說齊宣王,言當時臨淄人口有七萬户。② 大城市不僅爲手工業與商業的發展提供了前所未有的廣闊的市場,而且商業開始從彌補農業、手工業分工造成的消費空缺轉向以城市居民的消費爲重心。同時,金屬貨幣已普遍流通,也促進了貨幣經濟的發展,這樣,比春秋時期資本更雄厚的富商巨賈亦應運而生。除貴族經營商業者外,③非貴族大商人亦不斷增生。當時情況正如《管子‧國蓄》所言:"萬乘之國有萬金之賈,千乘之國有千金之賈。"④商人於此時期的活躍不僅表現爲其對社會經濟生活的巨大影響,而且表現爲其實際社會地位的提高。儘管在官僚階層看來商仍是末業,是賤行,但《史記》卷六十九《蘇秦列傳》記蘇秦出游數年,大困而歸,其家屬耻笑他曰:"周人之俗,治產業,力工商,逐什二以爲務,今子釋本而事口舌,困,不亦宜乎!"⑤表明工商業此時已被民間視爲"本事"。⑥ 不僅如此,這一時期的商人已可以用錢買爵。⑦ 由於官爵可以用錢財買到手,故戰國時富有的商人得以進入仕途,干涉政治,反映了商業資本對當時政治結構產生的深刻影響。對於商人這一在政治制度或習慣中被視同庶民的社會下層來說,買官鬻爵亦爲他們在實際上改換等級地位開闢了道路,正如韓非所感嘆的那樣:"官爵可買,則商工不卑也矣。"⑧

3. 戰國時期等級關係的特點

戰國等級制度儘管於史籍中未有很全面的記載,但並沒有泯滅,而且在君主集權政治體制下,隨着官僚與爵位制度的健全,等級關係亦即越繁瑣。不僅如此,在戰國時期階級結構發生上文所列舉種種變動的同時,等級關係也較之春秋時期發生更深層的變化,形成了新的具時代性的特點。這主要表現在:對於每個人來說,雖皆隸屬於一定的等級,但個人所處的等級地位則並非是僵死的、固定的,即是說個人可以通過努力改變自己的等級(如上述商人致富可以買官爵),於是使社會等級形成流動狀態,等級制度表現出一定的活化,生而貴或生而賤的情況已並非適用於所有社會成員。當然,這種活化並非始於戰國,

① 《國語》下册,第 476 頁。
② 《戰國策》上册,第 337 頁。
③ 貴族經商者有的是封君,如楚國封君鄂君啓(見鄂君啓節)。
④ 《諸子集成》卷五《管子校正》,第 360 頁。
⑤ 《史記》第 7 册,第 2241 頁。
⑥ 對此段材料的解釋參見邵鴻:《戰國時期的商品經濟與社會變遷》,南開大學博士論文,1990 年。按:此論文已以《商品經濟與戰國社會變遷》爲名,於 1995 年由江西人民出版社出版。
⑦ 見《管子‧八觀》,《韓非子》之《亡征》《八奸》。
⑧ 《韓非子‧五蠹》,見《諸子集成》卷五《韓非子集解》,第 350 頁。

其在春秋中晚期已萌發。如春秋中期的齊桓公時代,屬於下層貴族的管仲、鮑叔受桓公重用能在齊國掌重權,不下於高、國世族,這種情況在西周時代則是少見的。又如前文曾言及春秋晚期晉趙孟舉絳縣庶民老者爲絳縣師,這標明當時庶民甚至亦可能改變自己的地位。但這種情況在春秋時期並未成爲社會關係的主流,等級關係顯現出明顯變化還是在戰國時期。

許倬雲先生曾采用統計的方法,利用《漢書》的《古今人表》,説明戰國時期曾湧現了大量的"新人"(所謂"新人"指非貴族出身,姓氏不是巨家大族的姓氏,姓氏中亦無有官銜或稱號)。據他統計,春秋戰國兩時代來歷不明分子(即可能是出身寒微的"新人")分別爲總人數的百分之三十二與百分之六|,"這個對比顯示戰國時社會上的流動性倍於春秋時代"。[1] 戰國時代列國的宰相中亦多有出身寒微者,如趙國宰相中除少數與其他國家王室有關(如田單、魏冉),或身爲公子外,多與王室無關,其中虞卿僅"游説之士",説趙孝成王時"躡蹻檐簦"(即穿草鞋,戴草笠),[2]足見其爲貧窮士人;齊國宰相中鄒忌是以鼓琴之理説威王,而得升於宰相之列者;秦諸相中,如甘茂、范雎、蔡澤皆非出自望門,甚或貧賤,但皆以才幹而受重用;楚相吳起亦平民出身;韓相申不害更出身於"賤臣";魏宰相中可知名者十八人,有九人起自寒微。[3] 戰國宰相中有相當一部分人來自社會下層之事實更説明戰國時期於個人而言,等級制度確有較大程度的鬆動,這顯然是由於個人之人格與才能對社會發展的推動作用已更進一步爲社會所重視的結果。

此種等級制度的鬆動爲社會等級中的下層躋身於上層開闢了道路,而社會等級中的下、上層之間的交匯往往是要通過士這一階層來實現,如《墨子·尚賢上》曰:"雖在農與工肆之人,有能則舉之。"[4]一説這裏所言"舉之"即是舉以爲士。《荀子·王制》也言:"雖庶人之子孫也,積文學,正身行,能屬於禮義,則歸之卿相士大夫。"[5]這些都説明士階層,特別是其中的士人知識分子是社會等級中的下層分子更改自己社會地位的中介。[6] 戰國時期,列國集權政治也正是通過此種形式從社會下層吸收有才智者來補充官僚隊伍的。

戰國時期等級關係的活化還表現於爵制的適用對象上,即是説爵制不僅適用於官吏,而且已推廣於平民階級中,平民亦可因軍功或事功受爵位。有關列國爵制情況以秦國的資料較爲齊備。商鞅變法時分秦爵位爲二十級,各級爵位均有相應的政治、經濟權利。爲鼓勵士兵奮勇殺敵,商鞅規定凡能取敵甲士一人首級者,即賞爵一級(見《商君書·境内》《韓非子·定法》),[7]證明秦爵制主要是用以獎勵軍功。如此則無爵位之平民爲兵者,只

① 許倬雲:《春秋戰國間的社會變動》,"中研院"《歷史語言研究所集刊》34 本下,1963 年。
② 《史記》卷七六《平原君虞卿列傳》,見《史記》第 7 册,第 2370 頁。
③ 此一統計見許倬雲:《春秋戰國間的社會變動》。
④ 《諸子集成》卷四《墨子閒詁》,第 28 頁。
⑤ 《諸子集成》卷二《荀子集解》,第 94 頁。
⑥ 參見劉澤華主編:《士人與社會》第三章第四節"社會關係的活化",天津人民出版社,1988 年。
⑦ 分別見《諸子集成》卷五《商君書》,第 34 頁;同卷《韓非子集解》,第 306 頁。

要立軍功即可受爵位,其爵位之繁瑣、細密,當亦是爲了便於論軍功行賞。秦爵制不僅因軍功而授,而且也用以刺激民衆,以達到某些政治、軍事目的。據《史記》卷五《秦本紀》,昭王二十一年攻魏,"魏獻安邑,秦出其人,募徙河東賜爵……"①又據《史記》卷七十三《白起列傳》,秦趙長平之戰時,秦昭王"自之河內,賜民爵各一級"以增兵救趙。② 秦國還實行以爵位獎勵耕作之制,如《商君書·去彊》言:"粟爵粟任則國富。"③又曾實行賣爵以救災,如秦王政四年蝗災,天下疫,"百姓內(納)粟千石,拜爵一級"。④ 這些皆是秦賜民爵之例。

戰國時在平民中推行爵制並不限於秦,此點於其他零星史料中亦可得知,如《墨子·號令》即講到對守城有功之男子"爵二級",戰爭時貢獻食粟米布帛錢金者,或使之爲官吏,"而欲以受賜,賞爵祿"。⑤《管子·八觀》亦批評商賈"不論志行而有爵祿也"則會使法制毀。⑥ 故西漢時成書的《鹽鐵論·險固》引《傳》曰:"諸侯之有關梁,庶人之有爵祿,非升平之興,蓋自戰國始也。"⑦確是正確地指出了當時列國因戰功而推行民爵這一情勢。⑧

總之,戰國時期爲數衆多的社會等級中的下層分子以士階層(特別是士人)知識分子爲中介充實了官僚階層,大批耕戰之民及商賈通過多種渠道而得到爵位,從而成爲集權制國家的新的社會支柱,所以等級制度此種活化的結果正是進一步强化了集權政治,同時亦使自身進一步得到强化。

二、商周家族結構與功能的變化

在商周時代,伴隨着社會群體中基礎性的結構形式,即階級與等級結構所發生的階段性變化,社會群體中另一結構形式——家族組織結構與其功能也發生了有一定相應關係的變化。在本節中我們將亦依照商周時代幾個重要歷史階段的發展順序對這種變化作一概括性的描述。

(一)商人宗族的組織構成及其社會功能

在《左傳》定公四年中記載了衛國祝陀追述西周初年分封的一段話,他講到册封魯侯時"分魯公以……殷民六族:條氏、徐氏、蕭氏、索氏、長勺氏、尾勺氏,使帥其宗氏,輯其分族,將其類醜,以法則周公,用即命于周"。⑨ 由此可知商後期商人是組織在家族組織中

---

① 《史記》第 1 册,第 212 頁。
② 《史記》第 7 册,第 2334 頁。
③ 《諸子集成》卷五《商君書》,第 10 頁。
④ 《史記》卷六《秦始皇本紀》,見《史記》第 1 册。
⑤ 《諸子集成》卷四《墨子閒詁》,第 351、360 頁。
⑥ 《諸子集成》卷五《管子校正》,第 76 頁。
⑦ 《諸子集成》卷八《鹽鐵論》,第 52 頁。
⑧ 以上論述參見劉澤華:《士人與社會(先秦卷)》第三章第四節"社會關係的活化",天津人民出版社,1988 年。
⑨ 《春秋左傳集解》第 5 册,第 1620 頁。

的,故被周人作爲屬民分賜時才能以"族"爲單位。像上述殷民六族的家族規模即可能較大,從其語意看,六族每一族即是一個宗氏,宗氏下又包括若干分族,這種分層的複合氏的家族組織,在我國古代典籍上一般稱爲宗族。

商人宗族組織的存在,還表現於商晚期與西周早期青銅器銘文中的複合氏名中,這種銘文由兩個乃至兩個以上的族氏名號相組合,在不同的器物中表現出不同的組合形式。通過對典型的複合氏名内涵的分析,[①]可知複合氏名代表的是某一宗族的分支,銘文中在銘此分支氏名的同時亦銘有其所屬宗族的氏名。這種複合氏名的形式顯然是爲了顯示宗族隸屬關係。複合氏名在商代晚期與西周早期的流行正與上述《左傳》定公四年所記相印證,進　步證明當時宗族組織確是商人最基本的生活群體,宗氏與分族間依然有着較强固的凝聚力,即使到了西周早期,在殷遺民中依然保存着聚宗族而營生的形式。

由商代晚期商人墓地的發掘資料可以進一步窺知商人宗族内部基層組織的具體形式。1969年至1977年在殷墟西區發掘了若干片族墓地,[②]對這些族墓地墓葬布局形式進行具體分析後得知,每一族墓地内的墓群皆包含着若干相對獨立的小墓群,可稱作墓組,諸墓組有圍成環形的趨勢,中心留有一塊空地。如此由若干墓組組成的近環形分布的整個墓群即應屬於一個較大的家族,即宗族,其内的墓組則屬於其分支。殷墟西區墓地中這樣的墓組,墓數最多者有十餘座墓,往往包含二至四期墓(按: 此分期指考古所安陽隊對殷墟文化所作分期),據該發掘報告所定各期年代,約合一百四十年,如以三十年爲一代計,則同屬一代的親屬成員不超過四人,其家族規模屬於人類學上所謂主幹家族或直系家族。[③] 在各墓組中還較習見並穴的墓葬,據1984年與1985年殷墟梅園莊南側與安陽鐵西劉家莊南兩處墓地的發掘資料,[④]並穴墓的墓主人有的可能屬於夫妻關係,這反映核心家族的確存在,[⑤]但此類並穴墓皆被組合在墓組中,似表明核心家族尚未能從主幹或直系家族中解脱出來。

如對殷墟西區墓地布局作進一步分析,還可以發現有的不同墓群陶器組合形式及變化規律相近同,且位置相連,表明在西區墓地中可能有高於群一級墓地的存在,可暫稱大群,則此種大群墓地當屬於比群高一級的親屬集團。

將商人墓地所顯示的家族組織結構情況與上述文獻、金文資料反映的情況相綜合,可將商人宗族組織結構的要點概括如下:商人宗族内包含有若干分族,假如分族相當於上述殷代墓群中群一級墓地所代表的家族,那麼可能存在的大群墓地所代表的家族即

---

① 參見拙文《商周青銅器銘文中的複合氏名》,《南開學報》1983年第3期。亦收入本書。
② 中國社會科學院考古研究所安陽工作隊:《1969—1977年殷墟西區墓葬發掘報告》,《考古學報》1979年第1期。
③ 主幹家族(stem family),包括一對夫妻及其子女與夫的父母(男系繼嗣)或妻之父母(女系繼嗣,或招贅婚)。直系家族(lineal family),包括一對夫妻及其已婚諸子(男系繼嗣)的核心家族,或已婚諸女的核心家族(女系繼嗣)。
④ 安陽市博物館:《殷墟梅園莊幾座殉人墓葬的發掘》,《中原文物》1986年第3期;安陽市博物館:《安陽鐵西劉家莊南殷代墓葬發掘簡報》,《中原文物》1986年第3期。
⑤ 核心家族(nuclear family),由一對已婚夫婦及其未婚子女組成。

是上引《左傳》定公四年所謂之宗氏。當分族亦作爲家族形態存在時,其下也有若干分支,則這些分支即相當於殷代墓地中墓組一級墓地所代表的家族,亦即商人宗族組織中最基層的單位,大致屬於一種小規模的伸展家族,其由幾個包括兩三代人的核心家族結合而成。核心家族只作爲最小的生活單位存在於其内,但未構成獨立的經濟或社會活動單位。

商人宗族在人員構成上有一個特點,即作爲宗族長的貴族與其近親同作爲一般族人的平民相聚合於同一宗族内,在血緣組織内存在着成員間的等級乃至階級分化。這種特點由商人族墓地中大、中型貴族墓可與平民小墓同墓地的情況體現出來。當宗族長屬於貴族時,與自己的近親一般組成一個獨立的貴族家族(其内成員皆貴族),成爲整個宗族的核心。此種貴族家族存在於宗族組織中的事實由安陽後岡墓地資料可以得到證明。[①] 已發掘的後岡墓地墓葬可分三組,其中西組墓地有中字、甲字形大墓,其餘墓葬亦皆屬中型墓,且百分之五十的墓有殉人,而東西組墓僅有少數中字墓,餘皆屬小型墓,説明西組墓確屬於宗族長所在的貴族家族。在殷墟卜辭内一部分"非王卜辭"(即王以外的商人貴族卜辭)中,作爲占卜主體的貴族常爲其近親成員占卜休咎,這些近親成員包括諸子(占卜主體貴族的親子、嫡弟及庶兄弟)、諸婦(妻妾、嫡庶兄弟配偶、子媳等),以及"婦多子"(子、侄、孫等),可見這些人以占卜主體貴族爲首組成了一個貴族家族。

商人貴族不僅是商人的生活組織,同時也是社會經濟組織與軍事組織。從殷墟卜辭中可以看到,商王命令商人各宗族耕種分布在各地的王田,或去開墾荒地,這顯然是一種農業勞役。帶領族衆去耕作的是各宗族的貴族族長,而實際生產者自然是各宗族内的平民族衆。除耕種王田外,諸宗族還要擔負王所指定的芻牧、田獵等勞役。此外,商人諸宗族皆擁有宗族武裝,在殷墟卜辭中習見王調遣諸宗族武裝與鄰近的異族方國作戰。商人宗族所具有的這些功能説明在商王國這種早期國家内,宗法性質的血緣團體不僅没有成爲國家政權的障礙,而且成爲國家存立的社會支柱。

(二)西周、春秋時期的貴族家族與庶民家族

西周時期與殷商時期相比較,在經濟發展水平上雖可能有所進步,但以生產工具爲代表的生產力並未與商晚期有質的區別,因此西周社會中人們所能結成的社會關係即具有較多的共性,血緣性家族組織在社會中仍起着重要作用。但西周時期的家族組織已與商人家族組織處於不同的政治歷史環境中,因此在家族組織的類別與家族成員的組成及家族功能上已與商人家族組織的情況有較大的差異。西周早期,周人在武裝征服的同時,進行大規模的移民,加速了原集居於西土的周人與東方的商人以及其他被征服地的土著族群間的融合。在周人貴族所轄封土内,少數周人統治着多數土著居民,此種局面使周人必

---

① 中國科學院考古研究所安陽發掘隊:《1971年安陽後岡發掘簡報》,《考古》1972年第3期;石璋如:《河南安陽後岡的殷墓》,中央研究院《歷史語言研究所集刊》13本,1948年。

須保持一定的武裝以爲震懾力量,於是周人家族成員中的男子絶大多數成爲武士,並因而領有貴族身份。周人並對被征服土著居民中少數上層采取懷柔政策,使其成爲具貴族身份的家臣,同時亦將土著居民中的廣大下層變爲受壓迫受役使的庶民階級。社會群體的階級分割對家族形態的影響,即是形成了西周社會内相互分離的兩類家族組織——貴族家族與庶民家族。這種狀況顯然是與商代晚期商人宗族内包含有貴族、平民兩種階級的狀況是不同的。西周時期上述兩類家族不僅在性質上不同,而且在組織狀況上以及社會功能上亦不相同,並有不同的發展走向,因此必須分别論述這兩類家族各自的狀況。

春秋時期儘管在其中、晚葉社會劇變,但上述貴族與庶民兩種類型的家族組織變化步調並不同一。貴族家族結構變化較遲緩,長時期保存着西周以來的某些傳統模式,故下面論貴族家族組織結構與功能時僅將其附於西周末作簡要的説明。庶民家族狀況則大約在春秋早期即發生較明顯的變化。下文對西周、春秋庶民家族結構與功能的論述亦將重點放在此種變化上。

1. 貴族家族的盛衰

今日藉以研究西周貴族家族結構的資料,無論是青銅器銘文還是文獻典籍,絶大多數反映的是今陝西關中一帶即所謂西周王畿所在地的情況。王直轄區的貴族多有封土,他們亦要依賴自己家族的力量來治理封土,統治封土上的庶民,其家族組織結構與其功能同外封的周人貴族未必有大的區别。所以有關王畿地區貴族家族狀況的資料對於整個西周社會來説仍當有一定的普遍性。

從典籍與西周青銅器銘文資料觀察,西周貴族家族一般是以較大規模的親屬組織形式存在的。在西周青銅器銘文中經常可以見到表明製作食器的目的之一是用以宴饗"友"或稱"朋友",將這類銘文中所反映的友或朋友身份綜合起來看,顯然與今日我們所説非親屬的朋友身份不同,而是指同族内的兄弟,包括親兄弟及非同胞的族兄弟。器銘所言宴饗多友,即是貴族家族内部的聚宴,用以敦睦宗族情誼。在有的器銘中並言及,這種宗族聚宴時所宴饗者除兄弟外,還有"諸考"(如扶風雲塘所出伯公父簠銘文,《集成》4628),亦即叔父、伯父之類,所以西周器銘中所言"友",似可以理解爲是對本家族親屬的泛稱。《詩經》所收西周晚期的詩篇也有一些講到兄弟情誼,這裏所言兄弟,亦當是泛指本宗族成員,未必僅指狹義的兄弟。在《詩經·小雅·楚茨》中,描繪了西周貴族家族祭祖之禮,參加合祭祖先的家族成員除主祭者"孝孫"及其妻"君婦"外,尚有"諸父""兄弟",[1]所含親屬成員的範圍與上述青銅器銘文中所見相同。綜言之,西周貴族家族至少包括同祖的二、三世以内的親屬,即宗子、其同胞兄弟、諸父(如世父、叔父)、從父兄弟與各自之核心家族,這即是

---

[1]《十三經注疏》上册,第 469 頁。

説至少包括兩個旁系,如諸父包括從祖父、族父,則其家族甚至可能包括三至四個旁系,這樣一種規模較大的家族組織已構成宗族。

從西周貴族宗族共同祭享先人,共同舉行宴私之情況觀之,同宗族成員在居住上亦不會分離太遠。約康王時的先獸鼎銘文言及要用此鼎"朝夕饗厥多朋友"(《集成》2655),族人既可以朝夕共食,也可見其族人必是同居的。陝西永壽出土之西周晚期逆鐘,銘文記貴族家主叔氏命令其家臣逆爲之管理"公室僕庸、臣妾、小子室家"(《集成》62),逆要負責"小子室家"(即宗子叔氏諸子弟之家,亦即小宗分支家族),説明諸分支家族與大宗家族是相互聚居的。《詩經·小雅·斯干》言兄弟友好之情,並言要"築室百堵"以"爰居爰處",[1]説明亦是包括大宗本家與若干小宗分支家族的聚居形式。當時一個大的宗族内的小宗分支也可能從其所屬宗族中分離出去,獨立生活,但其條件是要有能以支持其經濟獨立的土地與采邑,而土地、采邑是要由上一級貴族授予的。如在王畿地區,貴族宗族内的小宗只有在擔任王官後才會得到王封賜的土地、采邑。從西周金文可知,從大宗本家所在宗族分離出去的小宗分支家族,雖在經濟上已獨立,但一般仍與大宗本家保留宗族、宗法關係,相互結成一種高層次的宗族組織。

在西周貴族家族内部不僅擁有相當數量的親族人口,並且多有一定數量的臣妾奴僕,爲了使這衆多人口生存,即要擁有足夠的田土,所以西周封建中最實質性的問題是分割土地給予受封貴族。[2] 上引逆鐘銘文言宗子叔氏命令逆主管公室之僕庸、臣妾,並要其管理"小子室家",此外,在西周器銘中雖可見家主賜予家臣土地,但從未見家主賜予與之聚居的小宗土地,均表明聚居的宗族内大、小宗家族在經濟上、土田上皆是統一的。西周貴族家族的土田是由封土上的庶民耕種的,在《詩經·小雅》中的《甫田》《大田》等詩篇即反映了庶民在貴族土田上勞作之情景。如上文所述這種勞作的性質實際上是一種勞役地租。除農業經濟外,在貴族家族内部還擁有自己的手工業經濟,較高級的貴族其家族手工業的規模亦是相當可觀的,如岐山董家村出土的公臣簋,銘曰:"虢仲命公臣嗣朕百工。"(《集成》4184—4187)又師毀簋銘記伯龢父命師毀治理其都邑内的"僕馭、百工、牧、臣、妾"(《集成》4311),都言及家族内擁有"百工",即工種技藝不同的手工業工人。從這些情況看,西周貴族家族不僅是親族組織,也是一種經濟的共同體。

西周貴族家族不僅具經濟共同體形態,而且多擁有自己的獨立武裝。在西周墓葬中墓主人凡有貴族身份者多隨葬兵器,説明其生前曾當過戰士。在記録宗子賞賜族人的器銘中亦可以見到賞賜品中有兵器。這類資料皆可證實西周貴族家族兼有軍事組織的職能。當然,貴族家族武裝除貴族親族成員組成的主力外,還應包括家臣的武裝與封土上的附庸之民,後者在戰時充當徒兵或雜役。此外,在當時的貴族家族内已逐漸形成一套政治

---

① 《十三經注疏》上册,第 436 頁。
② 從西周金文資料看,西周貴族家族的居住地往往集中在都邑中,與其擁有的封土、田地並非在一地。

機構與家臣制度,西周晚期甚至出現仿王朝的廷禮册命等禮儀形式,儼然成爲獨立的政治實體。凡涉獵過西周金文者對此都會有深刻印象。

與商代宗族不同的是,西周貴族家族由於只由貴族親族成員組成,故對中央王朝不負擔農業勞役,但王朝卿士之宗族對於王朝皆承擔有軍事義務。不僅在西周初期周人依賴諸貴族私家武裝爲骨幹進行武裝擴張,而且在西周中期,貴族家族武裝仍有奉王命出征之舉,例如穆王時的班簋銘文即記王遣令於毛班曰"以乃族從父(按:即毛公)征"(《集成》4341),即令毛班率毛氏族人從毛公出征,顯然是擔任統帥毛公之近衛。西周晚期時,王朝已衰敗,由青銅器銘文中可以見到王朝已不得不更多地依賴私家武裝,在禹鼎、多友鼎、虢季子白盤等器中均銘記了私家武裝克敵制勝之事迹(《集成》2833—2834、2835、10173),這一事實可以視爲王朝没落而貴族私家勢力上升之表徵。

西周末葉,西周世家大族更競相發展自己的勢力,與周王室貌合神離,西周王朝的滅亡雖非西周貴族自相爭鬥所造成的,而由外族入侵爲直接原因,但西周世族與王朝離心離德以至使王朝實力損傷實是一重要内因。

西周王朝雖滅亡,但貴族家族模式尚未到終結之時,東周時期列國貴族家族就其結構、功能特徵而言,與上述西周王畿地區貴族家族並無質的區別,只是在西周時期列國貴族家族雖亦在不斷積累實力,但相對王畿地區的貴族家族來説發展較遲緩,進入東周後才得以勃興。就家族結構研究角度而言,東周時列國貴族家族的發展實際可以視爲西周貴族家族之繼續,是此種家族模式由興盛轉向衰落的過程。

春秋列國貴族主要是指服仕於公室的卿大夫,包括卿、大夫兩個等級,大夫家族或已另立氏但仍作爲卿族的小宗分支存在於卿族中,或另立氏後即獨立於卿族之外,爲獨立宗族。卿與大夫雖有等級區別,但就家族組織結構而言,則難以作更細緻的分辨,故可并在一起考察。

春秋貴族家族内部組織的名稱見於文獻的有"宗""室"。"宗"即宗族,"室"指基層的家族。宗族可衍化爲多級,但均以室爲其基層單位。室一般是以小型的近親家族,以核心或直系家族形式存在。此與西周貴族宗族内包含有所謂"小子室家"的情況是相近同的。據典籍所載,同宗族諸室間多采取在同宅内聚居的居住形式。此外也有的宗族諸室采取異居形式,小宗分支家族獨立出去的原因,主要亦是因擔任公臣而有了獨立的經濟基礎,得以發展私室勢力,這點與西周時期小宗家族從大宗本家分出去的條件相近同。但在春秋時期,部分没有擔任公臣的小宗已可以從大宗那裏分得采邑、土田,成爲相對獨立的經濟單位,這是與西周時期有所不同的。除宗族結構、聚居形式外,與西周貴族家族情況亦相近同的是,春秋貴族家族相對公室而言也是獨立的經濟、軍事、政治實體。列國卿大夫多有私邑,私邑附屬有土田,以爲其私家經濟收入之主要來源。私邑土田分布在國君直轄區外圍,而卿大夫家族則居住在國都内,這種情況仍爲西周以來舊制。在春秋貴族家族内還保存着西周時即已形成的家臣制度,並亦有完整的家朝機構。家臣官職分爲兩類,一類存在於國都内宗族居地,負責整個宗族諸事務,一類在采邑内,則負責采邑事務。同樣,貴族家族私屬武裝也分成兩部分,主要私家兵力在私邑,但宗族成員居地也有私家兵力,如《左傳》昭公二十五年記叔孫氏以家臣救季氏,①此種家臣即是私屬武裝。

春秋中晚期貴族家族在政治、經濟結構與功能上相對西周貴族家族而言亦發生了一些重要變化,這些變化除上文曾論及的宗族内部宗法等級關係的削弱外,還有如下幾點:

其一,貴族家族在經濟上不再皆由宗子統一控制,即使是聚居的宗族,小宗分支家族也已成爲相對獨立的經濟單位。如上文所引《左傳》襄公二十九年記季武子族人公冶因不滿季氏欺騙魯襄公而"致其邑於季氏",公冶所致之邑即其從大宗得到的采邑。《左傳》襄公二十七年記齊國崔成因病被廢除宗子繼承人地位,向其弟宗子崔明"請老于崔",②是想以崔爲自己的采邑,表明當時的小宗分支家族確可以擁有私邑,並成爲相對獨立的經濟實體。在春秋末、戰國初期的侯馬盟書中可見到不許納室之盟辭,"納室"即習見於《左傳》中之"取室""兼室",指以暴力兼并其他貴族家財以擴充財産,如坑67所出盟書曰"而尚取或内(納)室者,而或聞宗人兄弟或内(納)室者,而弗執弗獻",③即要遭受神之懲罰。被禁止納室者中的宗人兄弟當即是宗子之兄弟,亦即小宗,這説明小宗分支有的已在宗族内實行財産的兼并。而此類盟書部分盟誓者的身份還可知是趙氏家臣,表明當時家臣亦有私自納室之事實。上述情況反映了當時貴族家族内部中下層貴族有擴大自己經濟乃至政治權益的要求,有反對舊有宗法等級關係束縛的政治趨向,從而促使西周以來貴族宗族内財産等級占有制度逐漸走向崩潰,否定了傳統形式的貴族家族存立的經濟前提。

其二,在貴族家族内部,農業經濟之剥削形式已由勞役地租轉變爲實物地租。此種轉變開始的時間至晚在春秋中期。《左傳》昭公三年記晏子言於晉叔向,齊田氏改變齊舊四量之制"以家量貸,而以公量收之"。④《史記》卷四十六《田敬仲完世家》亦言"其收賦税於民以小斗受之,其(粟)[稟]予民以大斗"。⑤這證明田氏在自己屬地内當時已采用實物地租的剥削形式。齊國改勞役地租爲實物地租的時間,至晚可以追溯至春秋早期末葉至中期偏早的齊桓公時代(前685—前643),在《國語·齊語》中記桓公問管仲"伍鄙若何",管仲對曰"相地而衰征,則民不移",⑥即按土地好惡決定田税數量。在公室實行這種實物地租方式的同時,諸貴族家族當也已於自己屬地内改藉法爲税法了。其他諸國,如魯國在宣公十五年(前594)實行"初税畝",⑦即是改藉法爲履畝而税,時間略晚於齊。晉國在春秋

---

① 《春秋左傳集解》第4册,第1523頁。
② 《春秋左傳集解》第3册,第1087頁。
③ 山西省文物工作委員會:《侯馬盟書》,文物出版社,1976年。
④ 《春秋左傳集解》第4册,第1218、1219頁。
⑤ 《史記》第6册,第1881頁。
⑥ 《國語》上册,第236頁。
⑦ 《春秋左傳集解》第2册,第614、622頁。

晚期已行税法,如《韓非子·外儲説右下》記趙簡子在自己封邑内設吏收税;①《左傳》哀公二年記范氏令公孫尨爲其在周人所與農田中收税;②1972年發現的臨沂銀雀山漢簡亦記韓、趙、魏氏實行履畝而税,估計晉公室與諸貴族始行税法的時間當與齊、魯接近。③ 在貴族家族内部改藉法爲税法只是地租形態的轉變,並非經濟制度的質變,但實物地租使生産者"有了更大的活動餘地,去獲得時間來從事剩餘勞動,這種勞動的産品,同滿足他的最必不可少的需要的勞動産品一樣,歸他自己所有"。④ 因而亦就推動了貴族家族内庶民生産者獨立經濟的發展與土地私有化的進程,同時削弱了他們與貴族封建主之間的人身依附關係,標誌着傳統貴族家族共同體的涣散,並爲集權政治下的新興地主經濟的形成奠定了基礎。春秋晚期至戰國初年,三晉與齊田氏等貴族强宗轉化爲新型集權制國家的君主,原來在他們封土上從事農業生産的屬民即轉化爲國家的編户齊民,他們原來向封建主交納的實物地租亦就轉變爲向集權國家所交的土地税。

其三,貴族家族與中央國家政權之間的關係漸由相互依存轉爲對立。西周世族的存立主要依靠王朝(或公室)推行的與世官制度相聯繫的封賜制度,直到春秋晚期以前,列國貴族仍然依靠擔任公臣而從公室得到采邑、土田,同時公室在長時間内仍是諸貴族家族在複雜政治環境下生存之依靠。另一方面,公室官吏一直取自諸世族,世族還是公室政權機構的基礎,列國中多出現國家政權被幾家貴族家族所控制的局面;此外,公室在軍事上亦仍要依賴於貴族家族,不僅卿大夫家族私邑要擔負一定的公室軍賦,而且在春秋中期後當公室日益衰落時,私家武裝已成爲國家軍隊之主力。以上這種共存關係随着卿大夫家族實力的膨脹而削弱,公室之存在已成爲其擴張政治、經濟權益的障礙,於是自春秋中期以後,在晉、鄭、魯諸國,都出現了由少數貴族家族世代把持朝政的局面,在春秋晚期後甚至出現了卿大夫家族代表輪流執政、國君虚設的政治局面。政治上的得勢爲卿大夫家族從軍事、經濟上削刮公室創造了條件。最典型事例即如魯三桓三分、四分公室⑤,類似私家與公室相爭之事迭見於《左傳》,不煩贅舉。

春秋貴族家族私家勢力成爲公室對立面的歷史事實,無非是上述西周晚期貴族與王室關係的翻版與發展,説明政治上的封建制與世族世官制終將導致受封者勢力之膨脹,而朝廷當政者之失控的政局。對這種歷史教訓,統治者是逐漸領悟到的。自春秋中期偏晚,列國公室即開始采取措施制約卿大夫家族勢力之發展,如晉靈公、景公、厲公均先後誅殺

---

① 《諸子集成》卷五《韓非子集解》,第260頁。
② 《春秋左傳集解》第5册,第1717頁。
③ 秦國僻居西部地區,在改藉法爲税法上可能進展較緩慢,《商君書·墾令篇》仍言:"農不饑,行不飾,則公作必疾,而私作不荒,則農事必勝。""公作"如是指耕種政府之公田,則説明直到戰國中葉秦國仍部分保留着藉這種勞役地租的剥削形式。
④ 《馬克思恩格斯全集》第25卷,第2頁。
⑤ 《左傳》襄公十一年、昭公五年。分别見《春秋左傳集解》第3册,第881、882頁;第4册,第1257頁。

大夫,剥奪大夫的采邑、土田,①特別是自春秋中期始,集權政治萌生,列國始推行郡縣制,以逐步減少分封制對公室所帶來的威脅。

總之,從上述春秋以來貴族家族内部及與公室間諸種矛盾關係深化發展的事實,可以看到傳統形式的貴族家族在實際上已走向衰敗。在其内部宗子權力的逐漸喪失,宗法等級關係的涣散,宗族財產等級占有制度及屬臣與居民人身依附關係的減弱都已造成自身的瓦解。而隨着舊的世襲封土民人的世族日益失去其社會政治功能,新型國家的當政者始努力於建立集權政治,已從政治、經濟上逐漸剥奪其存在的基礎。這樣内、外兩股力量的匯合,終於導致西周以來傳統貴族家族形式的消亡。

2. 庶民家族從共耕群體向小型農户的轉化

如前文所論述那樣,西周時農業生産者稱庶民,他們中的多數是被周人征服的土著居民中的下層,這與商代晚期以商人共同體中的下層成員爲主要農業生産者的情況是不同的。西周時期,無論是王直轄區域,還是在諸侯國内,隸屬於各級貴族封建主的庶民,其居地皆與貴族居地相分隔,而生活於國都或都城外圍的田野之中。在前文我們已論及,西周庶民階級身份近於平民,他們有自己的私田,以爲生産資料之來源,要以農業勞役的形式爲封建主貴族耕種公田。

與貴族家族具政治、軍事團體的性質,因此往往受政治制度的制約之情況有别,西周庶民家族是與農業生産相聯繫的,亦即是説他們的家族同時亦是基本的農業生産組織單位,因此庶民家族的規模及構成都必須適應於當時的農業生産力與生産形式。

迄今所見考古發掘資料表明,西周時期農業生産工具與商代晚期相比没有太大的區别,仍是以石、骨、蚌質製品爲主。1951年至1981年三十年間,考古工作者發掘西周豐鎬遺址,在較大面積内出土了衆多木、骨、蚌質料的農業生産工具,但可以作爲農具使用的青銅工具只有一件青銅鏟。② 豐鎬遺址所在地正是西周王朝統治的中心,並非經濟落後區,上述考古資料反映的情況可以認爲確是西周農業生産工具發展水平的表徵。農業工具的比較落後以及農業生産技術水平的局限,使得西周時期庶民在從事農業生産時不得不主要依靠集體協作的形式,仍與殷墟卜辭所見衆人集體在王田上耕作的生産形式相同。在我國民族志資料(例如雲南地區的少數民族社會歷史資料)中常稱此種生産形式爲共耕,早期共耕集體往往是由血緣近親與姻親組成的,③這是與商晚期及西周時期農業生産以家族爲生産單位的情況相近同的。

西周時期庶民家族集體共耕的情況,見於《詩經・周頌》中的《噫嘻》《良耜》《載芟》諸

① 《左傳》文公九年,《春秋經》成公八年,《左傳》成公十七年,分别見《春秋左傳集解》第2册,第467、691、777、778頁。
② 胡謙盈:《豐鎬考古工作三十年(1951—1981)的回顧》,《文物》1982年第10期。
③ 參見宋恩常:《雲南少數民族社會調查研究》,雲南人民出版社,1980年;《民族問題五種叢書》雲南省編輯委員會:《怒族社會歷史調查》,雲南人民出版社,1981年。

篇。《噫嘻》是以王之農官傳布王戒農之命的口吻寫成,言周王在向上帝祈穀後,布令戒農,命令農民諸家族族長"率時農夫,播厥百穀,駿發爾私",並言"十千維耦"。① "率時農夫"即率是農夫。"駿發爾私"之"私"是指農民私田,"發"是起土翻田。"十千維耦",十千是指萬人,言共耕者之眾,"耦"本義是兩人合作翻土,這裏是指合作耕種。所以此詩證明了西周農民在耕種私田時也是采用家族共耕的形式。《載芟》一詩言耕作者有"侯主侯伯,侯亞侯旅,侯彊侯以",耕作場景是"千耦其耘",②則是較具體地描寫了農民家族中家長帶領老少族眾在田地上耕作的場景。《良耜》篇在言及家族共耕後更言及農民耕作獲得豐收,"以開百室,百室盈止",鄭玄箋:"百室,一族也。……一族同時納穀,親親也。百室者出必共洫間而耕,入必共族中而居……"③正確地解釋了詩中所反映的農民家族生產、生活的情況。

由《詩經》中的農事詩,我們可以看到,具有農業生產組織功能的庶民家族在西周時期是一種規模較大、包含着若干小家族的父系家族,似不小於大型的伸展家族。這種較大的家族實行共同耕作,收穫則分配於各個基層的小家族,基層的小家族雖非生產單位,但是生活單位。由此亦可推知,私田也是由整個共耕家族占有的,生產既非由基層的較小家族進行,則基層的較小家族也無占有耕地的可能。至於作爲生活單位的基層小家族的規模,可能相當於小型伸展家族或核心家族。④ 在《詩經·豳風·東山》中,以一個出征三年的普通士兵之口吻咏及其思念妻子之情,⑤《小雅·杕杜》亦着重描述服役於王事之"征夫"對其妻的想念,⑥皆説明在庶民階級中的核心家族,即一夫一妻家庭已有相當的獨立性。

上述西周庶民家族結構與其功能,至西周晚期仍無變化的迹象。《詩經·豳風·七月》的内容是描寫西周晚期豳地農民家族一年間爲貴族服勞役的情況。⑦ 據詩中所言可知,農民仍是以一種較大規模的家族爲經濟單位的。由典籍資料看,大約至春秋早期以後,作爲庶民生產組織的家族在規模上已縮小,西周時期那種較大規模的父系家族似不再在庶民中廣泛存在了。《左傳》僖公三十三年曰:"初,臼季使,過冀,見冀缺耨,其妻饁之,敬,相待如賓。"⑧事又見於《國語·晉語五》,⑨冀乃晉邑,野即冀邑郊外之地。冀缺爲貴族出身,因其父冀芮獲罪而降爲庶人,故耕種於野。由此可見,至晚在春秋中葉,在晉國,庶

① 《十三經注疏》上册,第591、592頁。
② 《十三經注疏》上册,第601、602頁。
③ 《十三經注疏》上册,第602、603頁。
④ 伸展家族(extended family),是從單純的核心家族逐漸繁衍出來的,小型者分爲主幹家族、直系家族兩種。大型者包括一對夫妻及其諸子的核心家族、夫之父母及諸兄弟、諸侄男的核心家族(男系繼嗣),或諸女的核心家族、妻之父母及諸姊妹、諸侄女的核心家族(女系繼嗣)。
⑤ 《十三經注疏》上册,第396、397頁。
⑥ 《十三經注疏》上册,第416、417頁。
⑦ 《十三經注疏》上册,第389—392頁。
⑧ 《春秋左傳集解》第1册,第411頁。
⑨ 《國語》下册,第393頁。

民中一夫一妻式的核心家族已可以成爲獨立的生產單位。

《詩經·唐風·鴇羽》以晉地一位爲統治者服徭役的農民之口氣寫成,服役者感嘆曰:"王事靡盬,不能蓺稷黍。父母何怙?"[①]由於服役者長期在外不能務農事,父母即要因此而受餓,可見服役者父母已衰老而與之同居,而他本人是這一家庭的主要勞動力,則其家屬於直系或主幹家族之類小型伸展家族,説明春秋時晉地農民一般亦以小型家族爲生產與生活組織。

《國語·齊語》講春秋早期末葉至中期初葉齊桓公時,管仲在齊君直轄區域中進行改革,將鄉內居民組織與軍事組織編制相統一,以"家"作爲整個居民行政組織的細胞與對公室納賦(出兵丁)的基本單位。齊鄉中有服兵役義務之居民,包括士的下層與庶民中的上層,他們皆屬國人。士屬低級貴族,但至此時士的下層已與所從出的士上層家族親屬關係疏遠,經濟地位已近於國人中的庶民。《齊語》記桓公問復事之鄉長曰:"於子之鄉,有居處好學,慈孝於父母……有則以告。"[②]可見當時居民之家可以包括父母與成年之子。實際上鄉內居民之家不會僅是核心家族,因按管仲新制,當時每家要出兵士一人,所以如皆爲核心家族,則一旦作戰,家家即無成年男子,農業生產就要受影響,所以當時齊國鄉中居民可能以直系家族,即含父母與幾個成年之子(及其核心家族)爲主要家族組織形式。

《國語·齊語》還言及管仲改造鄙地五屬居民組織,鄙中居民爲庶民下層,亦以"家"爲基本經濟生活單位。以三十家爲一邑,十邑爲卒,十卒爲鄉,[③]可知邑是小邑,一家的規模也不會大。《齊語》所記桓公親問負責鄙事的五屬大夫,內容同於上引桓公問鄉長之語句,所以可以推知鄙中庶民下層家的規模與鄉中居民大致相同。以上諸例皆説明春秋早期以後,在庶民階級中開始以直系或核心家族作爲基層生產組織與生活單位。

春秋庶民家族組織縮小之原因,限於目前所見資料難於作具體説明。但庶民家族既同時作爲農業生產組織,則生產組織規模的縮小仍當與生產力水平的發展有直接關係,前文曾講到春秋中期列國中多數已改藉法爲稅法,可見大規模集體耕作已不是必要的生產形式。以往的考古資料表明,鐵製農具的普遍使用,是在戰國早期以後。1990年2月至5月,三門峽上村嶺虢國墓葬 M2001 中出土了銅柄鐵劍,劍身經鑒定爲人工冶鐵製品,[④]證明中原地區在春秋早期已使用人工冶鐵技術,惟春秋時期是否已較廣泛地使用鐵製農具尚待證明。但如大家所熟知者,春秋晚期孔子弟子司馬耕字子牛,另一弟子冉耕字伯牛,[⑤]反映牛耕在當時已是被普遍應用的技術,則牛耕之初起當不會晚於春秋中期。此

---

① 《十三經注疏》上册,第 365 頁。
② 《國語》上册,第 233 頁。
③ 《國語》上册,第 237 頁。
④ 《三門峽虢國墓地出土珍貴文物》,《光明日報》1991 年 1 月 8 日。
⑤ 《史記》卷六十七《仲尼弟子列傳》,見《史記》第 7 册,第 2214、2189 頁。

外,一年兩熟的農業技術亦在春秋初期後即在中原地區推廣。[1] 這些農業生產技術的重要進展,必然促進了農業生產力得到空前的提高,從而使農民生產組織縮小爲小型家族(直系或核心家族)成爲可能。

與庶民家族組織規模逐漸縮小的同時,庶民階級自西周末葉春秋早期始即擺脱過去大家族血緣聚居生活方式的約束,部分庶民已於社會呈流動狀態。《詩經·小雅·黄鳥》《王風·葛藟》與《魏風·碩鼠》都反映了從故土流亡、自由遷徙於他鄉的庶民階級的狀況及其情感。庶民流動的直接原因固然可能是由於政治動亂或戰亂所造成,但藉耕公田制度瓦解使公、私家爲保證藉耕公田勞動力而采取之限制農民遷徙的政策有所鬆懈也是重要原因。流民的出現不僅促進這一社會階級非血緣雜居狀況的形成,同時亦爲新型貴族間爭奪土田,招徠新的屬民耕作以及新興私人地主階級雇用傭耕農民提供了條件,從而加速了經濟上傳統的封建等級占有制度的破壞。

(三) 戰國時期家族組織的狀況與作用

經過春秋中晚期社會的巨大變動,至戰國時期,家族組織已呈現出一種新的面貌。在列國,西周以來舊式的封建制與世官制被廢除,因而鏟除了舊式封建主世族存在的基礎。《戰國策·趙一》記趙臣腹擊曰:"臣羈旅也,爵高而禄輕,宫室小而帑不衆。"吴師道注:帑當讀如孥,即子孫之義。[2]《説苑·政理》記孔子弟子孔蔑言"奉禄少,鬻鬻不足及親戚,親戚益疏矣"。[3] 説明了以俸禄爲生的官僚階層難以造成較大規模的家族。部分等級較高的官僚雖可能因享有優厚的俸禄,而使其所在家族仍能保持較大的規模,但一般亦不再有家臣、家朝等家族政治機構,不具有私家武裝,其家族成爲較單純的生活組織,不再像西周、春秋那時的貴族家族一樣因具政治、軍事組織的功能而活躍於政壇。因此亦不再對社會政治歷史的發展起重要作用。

有的學者認爲,戰國時一些大的封君亦可稱强宗巨族,仍是"政壇上的重要因素"。[4]但事實上,戰國封君僅食封邑,有經濟特權,但其政治權力則受到中央政權的約制,且多數封君不世襲,僅少數有世襲權。[5] 當時幾個著名封君,如齊孟嘗君、魏信陵君、趙平原君等,於封邑内禮賢下士,廣養食客,主要是爲了在政治風浪中使自己立於不敗之地。此外,食客與封君之間並非主臣關係,因而未有人身隸屬關係,不可能形成强固的政治、軍事組織,因此戰國封君的勢力顯然不能與西周、春秋時作爲王朝、公室的社會基礎與國家、政治、軍事單位之世族相比。孟嘗君、信陵君等所以能施影響於政局,主要是基於他們本人

---

[1] 見楊寬:《戰國史》,上海人民出版社,1980年,第60頁。

[2]《戰國策》中册,第602頁。

[3] 四部備要本,上海中華書局據明刻本校刊。向宗魯:《説苑校證》(中華書局,1987年)引盧文弨説,以爲此段話中前一鬻字乃饘字之訛,饘鬻即饘粥。

[4] 陳槃:《中國古史論稿商榷》,載《"中央圖書館"館刊》,1986年第19卷第1期。

[5] 楊寬:《戰國史》,上海人民出版社,1980年,第246頁。

的貴族身份與政治地位,而不是依靠其私家勢力。

對於戰國時期舊式世族勢力已不再成爲影響政壇的重要因素這一變化,顧炎武即已明確指出過,其曰:"春秋時猶論宗姓氏族,而七國則無一言及之矣。"①

伴隨着世族制度與其功能的消失,以往家族長收族的作用、家族的血緣凝聚力因失去功利意義而大爲減弱。《管子·問》篇有"宗子之收昆弟者……幾何家?"②顯示了宗子已不盡收族的歷史事實。劉向在爲《戰國策》所作《書録》中説:"仲尼既没之後……父子不相親,兄弟不相安,夫婦離散,莫保其命,泯然道德絶矣!"③實際即是講戰國時的情況,所謂"道德絶矣"指傳統宗族倫理的喪失。戰國時導致大家族制度瓦解的另一重要因素,是當時商品經濟發展對社會成員所造成的深刻影響。即使在某些同居共財的大家族中,親族成員已有的爲錢財而相爭,如張儀即以"夫親昆弟、同父母,尚有爭錢財"之例來説明合從之難成,④由此亦可知當時在家族生活中此種情況已非鮮見。⑤ 不僅如此,同一宗族内由於爭奪財富甚至發生嚴重貧富分化,如《管子·問》篇問及宗子"以貧從昆弟者幾何家"。⑥更説明在宗族中已有宗子由於貧困而被迫依附於小宗的局面,宗族内部等級關係已遭到進一步破壞。

戰國時期作爲社會主要直接生産者的農民多已成爲政府授田制下的編户齊民,由於鐵製農具的廣泛使用,農業生産技術相對春秋時期有了進一步的提高,自春秋中晚期即在農民中逐漸發展起來的小規模家族形式已得到普及。

與這一時期一般農民家族之規模有關的,有以下幾條爲大家較熟悉的材料:

《孟子·萬章下》:"耕者之所獲,一夫百畝;百畝之糞,上農夫食九人,上次食八人,中食七人,中次食六人,下食五人。"⑦

《孟子·梁惠王上》:"百畝之田,勿奪其時,數口之家可以無饑矣。"⑧《孟子》中與此引文相同的議論還有《盡心上》:"百畝之田,匹夫耕之,八口之家足以無饑矣。"⑨這是講一家種百畝田,可以養活一家八口人。

銀雀山漢墓竹簡中的《田法》篇曰:"食口七人,上家之數也。食口六人,中家之數也。食口五人,下[家之數也]。"⑩此與《周禮·地官·小司徒》中所言"上地家七人""中地家六

---

① 《日知録》卷十三"周末風俗",《日知録集釋》上卷,上海古籍出版社,1985 年,第 1006 頁。
② 《諸子集成》卷五《管子校正》,第 147 頁。
③ 《戰國策》下册,第 1196 頁。
④ 《戰國策·魏一》,見《戰國策》中册,第 793 頁。
⑤ 參見邵鴻:《戰國時期的商品經濟與社會變遷》第五章。
⑥ 《諸子集成》卷五《管子校正》,第 147 頁。
⑦ 見楊伯峻:《孟子譯注》上册,中華書局,1984 年 5 月,第 235 頁。
⑧ 《孟子譯注》上册,第 5 頁。
⑨ 《孟子譯注》下册,第 310 頁。
⑩ 引自銀雀山漢墓竹簡整理小組:《銀雀山竹書〈守法〉、〈守令〉等十三篇》。

人""下地家五人"所言三等家人數相合。[①]

《漢書》卷二十四上《食貨志》："是時,李悝爲魏文侯作盡地力之教。……又曰……今一夫挾五口,治田百畮……"[②]

據以上幾條資料所言,戰國時農民一家人口爲九口至五口。《孟子》中對農民一家人口的説法,曾有學者認爲並非是具體講當時標準的家族規模,而是比現實的家族規模要大,是一種理想的反映,[③]這是有一定道理的。但銀雀山竹簡《田法》篇中所言七至五口之三等家,與《孟子》所説仍有相合處,只是《孟子》中《萬章下》所言一家九人與幾篇中都講到的一家八人人數略高於《田法》所言上家。所以《孟子》所講農民家族規模與實際可能相差不會太大。《漢書·食貨志》引李悝所言一家五口,合於《田法》與《小司徒》中下家五口人數,可能是當時家族人口中最基本的數字。綜言之,我們可以認爲戰國時農民的家族人口一般在七至五口間,不排斥有多到八或九口者。這樣一種規模的家族,其成員除夫妻二人外,可能包括有夫之父母與子女,人數如多達八至九口人,則還有可能包括兄弟,所以大致相當於小型伸展家族中的主幹或直系家族。至於五口之家的規模,也可能即是核心家族。

綜上所言,戰國時農民家族一般以直系或主幹家族之類小型伸展家族爲主要形式,核心家族亦是當時農民的一種生活生產單位。對於農民來説,年老後一般均要子女贍養,這可能是造成小型伸展家族存在的主要原因。

秦國在戰國中期時采納衛鞅政策實行改革,其中一項重要措施即是對秦人家族規模進行限制。[④] 秦孝公三年(前359)與十二年(前350)兩次變法(《史記·秦本紀》),規定"民有二男以上不分異者,倍其賦","而令民父子兄弟同室内息者爲禁"。[⑤] 其主要目的仍在於通過按人口征賦,使游惰閑散之民無處寄食,同時核心家族農户數目增多亦有利於更多地開墾荒地,增加農業產量。但雲夢睡虎地秦簡中的《秦律雜抄》所引成律言"同居毋并行"[⑥]。即同居者不要同時征服邊戍,可見此同居者是成年男子。"同居"在律令中也是專有名詞。其含義由秦簡有關内容看,是指同户的同母兄弟。[⑦] 由此看來,商鞅變法之後的秦國也沒有能完全禁止成年兄弟同居的直系家族的存在,核心家族在戰國晚期亦並未成爲秦國唯一的家族形式。所以儘管商鞅變法促使秦國農民中核心家族成爲農民家族主要

---

① 《十三經注疏》上册,第711頁。

② 《漢書》第4册,第1124、1125頁。

③ 佐竹靖彦:《中國古代の家族(家族的社會秩序)》,《人文學報》第14期,東京都立大學。

④ 衛鞅改組秦家族規模,《史記·商君列傳》在秦孝公三年與十二年兩次均提到。但《史記·秦本紀》講孝公十四年才"初爲賦"。楊寬:《戰國史》即將"民有二男以上不分異者,倍其賦"定爲第二次變法後實行。

⑤ 《史記》卷六八《商君列傳》,見《史記》第7册,第2230、2232頁。

⑥ 睡虎地秦墓竹簡整理小組:《睡虎地秦墓竹簡》,文物出版社,1978年,第147頁。

⑦ 睡虎地秦簡《法律答問》:"可(何)謂'同居'? 户爲'同居'。"(睡虎地秦墓竹簡整理小組:《睡虎地秦墓竹簡》,第160頁)"可(何)謂'同居'? '同居',獨户母之謂殹(也)。"(睡虎地秦墓竹簡整理小組:《睡虎地秦墓竹簡》,第238頁)此種用法亦見於漢代,如《漢書》卷二《惠帝紀》中的元年詔。《法律答問》又有"父子同居,殺傷父臣妾,畜産及盜之,父已死,或告,勿聽,是胃(謂)'家罪'"。(睡虎地秦墓竹簡整理小組:《睡虎地秦墓竹簡》,第197、198頁),此處"同居"則是動詞。

形式,但就農民家族類型而言,仍是與上述戰國時期其他諸國相近同的。

三、西周至戰國時期地域性行政區劃和行政組織的發展

西周早期,周人以急劇的武力擴張在較短的時期内即控制了廣袤的土地。他們在征服地是以少數征服者統治多數被征服的土著居民,此種形勢迫使其將自己與被征服的土著居民之間以地域區劃相分隔,以便於集聚與保存自己武裝的實力,同時爲了便於管理下層民衆,特別是爲了减弱被征服者的反抗力量,又進而開始設置了地域性行政組織。自此後,反映階級等差制的地域行政區劃措施延續了一個較長的階段,直至春秋晚期才開始解體,而地域性行政組織則由於適應於君主集權統治,在春秋時期得到較快的發展,終於取代血緣性家族組織成爲社會行政單位。下面分國野制、郡縣制以及基層地域組織三個方面來約略地勾畫一下兩周時代地域行政區劃與行政組織發展、演化的情況。

（一）西周、春秋時期國野制的形成與解體

國野制明確的表述見於《周禮·地官》,其要點是:王都地區包括國都都城與周圍郊地,統稱爲國,國人居住地分作六鄉,六鄉以外的田野稱爲遂,遂以外是都鄙,爲卿大夫采邑區,遂與都鄙又統稱爲野。與這種地域區劃相適應的是國野中的居民具有不同的身份與義務,六鄉居民負擔兵役、力役,但不服農業勞役,而遂中居民擔負農業勞役、出貢賦,負擔其他徭役。惟《周禮》成書較晚,約成於戰國時期,西周時期是否即有這種制度,没有更早的文獻與金文資料可以確證。但在《國語·齊語》中記管仲與桓公言古制曰:“昔者,聖王之治天下也,叁其國而伍其鄙。”“昔聖王之處士也,使就閒燕……處農,就田野。”①這裏所言聖王,當指(或包括)西周之先王。如按此説,則西周時已有類似國野之分的制度,其文雖也晚出,但純屬虛構似亦未必。

前文所引《詩經·大雅·崧高》咏周宣王時封申伯於謝之事,②其中言及“申伯之功,召伯是營,有俶其城,寢廟既成”。即召伯爲申伯在謝地建城,其中安設了申伯家族的宗廟。又言“申伯番番,既入于謝,徒御嘽嘽”,徒御是申伯私屬武裝,徒是徒兵,應屬下層家臣,御是御車武士,屬下級貴族,一般應是貴族家族成員。由詩意看,這些人也隨申伯一起“入于謝”即居住於謝邑之中。同詩又言“王命申伯,式是南邦,因是謝人,以作爾庸。王命召伯,徹申伯土田……”是講命申伯治理土著謝人,使他們作爲附庸。這些附庸係農業勞動者,應在謝邑周圍土田中居住。故詩繼言“徹申伯土田”,即整治與規劃田地,以作爲附庸之民耕種之藉田。由此看來,西周時周人貴族家族與封土上的土著居民不僅政治、經濟地位不同,在居住空間上確亦相分隔,其狀可能與《周禮》所言國野之制有類似之處。

前文引用過的江蘇丹徒出土的西周早期宜侯矢簋,記王賜矢“在宜王人口又七里”,

①《國語》上册,第224、226頁。
②《十三經注疏》上册,第565—567頁。

“易宜庶人六百又□□夫”。“在宜王人”是在宜地的直屬於周王的周人族屬，“里”在當時是城内地域區劃單位或是獨立的小邑(詳下文)，表明在宜之王人單獨生活於城内十七里中，或分屬於□又七個獨立小邑中，其顯然與下面所言“宜庶人”不相雜居，也表明周人與土著居民居住空間的相分隔。

由以上情況觀之，國野的基本布局與其所規定的相應的居民身份、義務與西周封建制的歷史背景多有吻合之處，説明西周時有與《周禮》所言國、野制類似的制度，西周封建制無疑是産生類似制度的土壤。只是西周時的情況不一定有《周禮》所言國野制那麽規範。至春秋早期末葉，東方齊國齊桓公聽從管仲的設計，進行了改革，其措施見於《國語‧齊語》，即仿先王“叁其國而伍其鄙”之制，將國君直轄區分爲國、鄙兩部分，國是指國都與其近郊之地，分爲二十一鄉，“工商之鄉六，士鄉十五”。十五士鄉分布在國都都城内(詳下文)，由公、國子、高子各帥五鄉。韋昭注曰：“此士，軍士也。”[1]士的主要職責是服軍役，但其中多數人平時務農，戰時爲兵。鄙是指近郊周圍田野之地，分爲五屬。鄙中屬民是農，納田税而不服軍役。齊國這種行政區劃與其内居民之狀況，與《周禮》所言國野制更爲相近。《周禮》之鄉與《齊語》之鄉接近，而《周禮》之遂則大致相當於《齊語》之鄙。學者或以爲《周禮》一書屬東方系統，很可能即以齊國情況爲本。[2] 如果管仲的鄉、鄙設計確如《齊語》所記爲仿先王之制，而《周禮》又出於齊，則《周禮》國野制之來源即更可以説明。當然《周禮》不是實録，並非齊國專一時期之定制，其中多有理想化的構擬，其鄉遂制與《齊語》所記鄉鄙制及行政組織的名稱、進位亦多不相同，而明顯地帶有人工修整的痕迹。從《齊語》中所記齊桓公親自訓誥並監督鄉、鄙之長官，全力推行新制的情況看，管仲所設計的國、鄙行政區劃與其内的各級行政組織制度確已在齊國推行。國人服兵役，而鄙中之居民則提供田税，成爲這一制度的特徵。清人江永《群經補義》認爲齊國兵制於春秋時有代表性，據此“他國兵制亦大略可考而知”。[3]《左傳》定公八年記魯陽虎於壬辰戒都車而令第二日癸巳至，楊伯峻先生認爲由此可見“魯國之兵，無論士卒車乘，皆出於國都近郊”。[4]

春秋時期國野之制雖存，但與西周時期相比已有所不同，比如國人中爲軍士者的身份，像《齊語》所記服兵役的士已有十五鄉之多，顯然不再可能像西周時期那樣以貴族武士身份爲主了。關於《齊語》之士，韋昭注認爲是指軍士，[5]這些軍士當是西周時期貴族武士的後裔，其中有的可能在等級上仍屬於貴族下層之士，有的則因是士之庶子，或是與士親屬關係疏遠了的親族成員，其等級地位已降至平民，平時以務農爲主，戰時爲兵。故《管

① 《國語》上册，第 229、230 頁。
② 顧頡剛：《周公制禮的傳説和〈周官〉一書的出現》，《文史》第 6 輯，中華書局，1979 年。
③ 收入《皇清經解》卷三五。
④ 楊伯峻：《春秋左傳注》第 4 册昭公五年，第 1261 頁。
⑤ 《國語》上册，第 230 頁。

子·小匡》記管仲改革措施時,稱《齊語》所言十五士鄉爲"士、農之鄉十五",①是亦認爲所謂士鄉中之士已包括農。即使是下層貴族之士可能有的亦要依靠耕田生活了,如《管子·問》曰:"問……士之身耕者幾何家?"②這是等級與階層的背離。

至春秋中期偏晚以後,國野制已出現瓦解的迹象,主要表現在各國爲適應戰爭規模擴大的需要而不斷增開兵源,使服兵役者不再限於國人。魯成公元年(前590)魯國"爲齊難故,作丘甲"(《左傳》成公元年)是擴充征兵範圍以禦齊,學者或以爲此即是征兵的範圍從國都之地以外擴充到其他重要軍略都邑。③ 前548年,楚蔿掩爲司馬,"書土、田……量入脩賦:賦車籍馬、賦車兵、徒卒、甲楯之數",④是征軍賦對象遍及全國。前538年,鄭國子產亦作丘賦。⑤ 至魯哀公十二年(前483)魯國"用田賦"。⑥ "用田賦"之義諸家説異,如是指按田畝受賦,讓過去只納田税不納賦的野人也納軍賦,則亦是全農皆兵。⑦

春秋晚期後,郡縣制得到更迅速的發展,縣均開始提供軍賦。《左傳》昭公五年(前537)記晉國執政韓起與叔向被扣於楚,楚靈王欲辱之,大夫蓬啓强阻之,論及晉國軍事實力,其中講道:"韓賦七邑,皆成縣也……晉人若喪韓起、楊肸,五卿、八大夫,輔韓須、楊石,因其十家九縣,長轂九百,其餘四十縣遺守四千,奮其武怒,以報其大耻……"⑧可見晉國之縣均出軍賦。長轂爲兵車,九縣各出一百,故有兵車九百乘。餘遺守四十縣,亦每縣出百乘,故有四千乘。僅縣即能出兵車四千九百乘,如再計算上隨兵車的徒兵,則人數頗爲可觀,足見此時縣已成爲晉國重要兵源。縣制之下編户齊民原多是身份甚低的野人,現已成爲軍隊的重要組成,説明進入戰國時期後,國野制從更深層次更徹底地被瓦解。

此時國都内士階層已分化,軍事力量已不能依靠國都之士了,這可以齊國爲例。春秋時期管仲改革將士鄉的行政與軍事組織統一,其長官皆與親族組織無關,但同時又要求士安於此種閉合的組織内,通過祭祀、死喪等活動相親近,"居同樂,行同和,死同哀",以達到"守則同固,戰則同彊"的目的,⑨實際是灌注一種共同體因素。但至戰國時期,齊國士的經濟狀況有很大差別,《管子·問》:"貧士之受債於士大夫者幾何人?"⑩説明已有部分士降爲"貧士",因而負債。這反映士内原有的共同體式組織已破裂,在經濟上出現明顯的兩極分化。同時原來主要擔負軍事義務的士中漸分化出少數從事其他職業的成員,其中即有相當於知識分子階層的文士,包括所謂"處士"(據《管子·問》,處士屬於閑居而未出仕

---

① 《諸子集成》卷五《管子校正》,第121頁。
② 《諸子集成》卷五《管子校正》,第147頁。
③ 杜正勝:《"編户齊民"的出現及其歷史意義》,"中研院"《歷史語言研究所集刊》54本3分,1983年。
④ 《左傳》襄公二十五年,見《春秋左傳集解》第3册,第1038、1039頁。
⑤ 《左傳》昭公四年,見《春秋左傳集解》第4册,第1247頁。
⑥ 《春秋經》哀公十二年,見《春秋左傳集解》第5册,第1782頁。
⑦ 亦參見杜正勝:《"編户齊民"的出現及其歷史意義》。
⑧ 《左傳》昭公五年,見《春秋左傳集解》第4册,第1266頁。
⑨ 《國語·齊語》上册,第232頁。
⑩ 《諸子集成》卷五《管子校正》,第147頁。

的士),故《管子·問》曰:"士之有田而不耕者幾何人? 身何事?"①由於這些情況,士内軍政合一的組織系統已失去存立的前提。因此士服兵役已不再是一種必要的義務。故《管子·問》曰:"問士之有田宅,身在陳(陣)列者幾何人? 餘子之勝甲兵有行伍者幾何人?"②由此可見此時士服兵役者無固定數目,有些有田宅,在户籍的士亦可不服兵役,且宗子現在亦可以征發,顯然是打破了以家爲單位,每家出一人之舊制。原來主要具有軍士身份的士不再承擔軍事義務,是舊有國野制瓦解的重要標誌之一。

在軍事力量不能再依靠國都之士的同時,隨着戰國列國疆域的擴大、郡縣增設,國家征發兵役的重點已轉向歸國家控制的郡縣。《戰國策·齊一》蘇秦謂齊宣王曰:"臨淄之中七萬户,臣竊度之,下户三男子,三七二十一萬,不待發於遠縣,而臨淄之卒固以二十一萬矣。"③這説明齊國已從各縣征兵。《戰國策·魏三》記須賈爲魏謂穰侯曰:"臣聞魏氏悉其百縣勝兵以上戍大梁,臣以爲不下三十萬。"④亦是郡縣征兵制建立之證明。當時各國一些大的城市更成爲徵集兵力的中心,如《戰國策·東周》記秦攻宜陽,周君謂趙累曰:"宜陽城方八里,材士十萬,粟支數年……"⑤齊國曾建有平陸、即墨、高唐等五都。《戰國策·燕一》講齊國伐燕時"王因令章子將五都之兵",⑥五都之兵力已可伐燕,足見都城出兵之衆。戰國時期不僅在征賦(包括軍實與兵力)制度上徹底改變了國野制度的舊規,使過去未有當兵權利的,在國都以外鄙野之地的平民成爲軍隊的主力,同時在田税征收上亦已由春秋時主要從國君直轄區的鄙野之地取得進而擴展到邊遠之縣,廣大依靠國家授田制而得到土地的編户齊民成爲國家田税的主要承擔者,可以認爲是國野制瓦解的另一重要標誌。

(二)西周至戰國地域性行政組織的出現與發展

1. 西周時期的里

目前所知較早的居民地域性行政組織出現於西周。由西周早期青銅器令彝銘文中可見當時内服諸臣中有"里君",里君是里之長官。里即是此一時期出現的行政組織名稱。⑦在《逸周書·商誓》中也提到"里"與"里君",其文言:"王若曰:告爾伊舊何父□□□□幾、耿、肅、執,乃殷之舊官人序文□□□□及太史比、小史昔,及百官、里居獻民……予既殛紂,承天命,予亦來休命。爾百姓里居君子,其周即命。"⑧文中"百姓"即指幾、耿、肅、執等

---

① 《諸子集成》卷五《管子校正》,第 147 頁。
② 《諸子集成》卷五《管子校正》,第 147 頁。
③ 《戰國策》上册,第 337 頁。
④ 《戰國策》中册,第 857 頁。
⑤ 《戰國策》上册,第 5 頁。
⑥ 《戰國策》下册,第 1061 頁。
⑦ 《尚書·酒誥》中講到商人官職,其中有"宗工越百姓里居","里居"是"里君"之訛,里君即里尹,但至今在殷墟甲骨刻辭與金文中未見到"里"與"里尹"之稱,從商代晚期社會情況看也難以説明當時已有地域性行政組織存在,所以,説商人已有"里"的組織,尚證據未足。《酒誥》在講商人官制時有可能屢雜了周人語言與周人官職名稱,詳見拙文《先秦時代的"里"——關於先秦基層地域組織之發展》(收入《先秦史研究》,雲南民族出版社,1987 年。亦收入本書)。
⑧ 朱右曾:《逸周書集訓校釋》卷五(國學基本叢書本),商務印書館,1940 年,第 67、68 頁。

殷人大族，稱殷遺民爲"百姓里居君子"，表明殷遺民皆已組織在"里"中，故文中又稱之爲"里居獻民"。

值得注意的是，百姓既是指商人宗族，則仍是血緣組織，但里卻是地域性組織，這即是説當時是兩種組織並存的，在地域組織内保存着較大規模的血緣組織。關於這種狀況產生的原因，李玄伯在《中國古代社會新研》中有很好的解釋，他指出周人認識到殷遺民的家族組織（他稱爲團組織）"若仍舊維持，其團結力不減，則統治者與被統治者對峙的狀態，始終不能少止，地域組織是打破團組織的最適當的方法，聰明的周人豈有見不及此，他們必一方面維持士大夫階級的貴族組織以加强周人的力量，另一方面施行民的地域組織以减弱殷人的團結"。[①] 可以認爲周人將殷人"百姓"加以"里"的地域組織劃分，實是治理殷遺民的一種手段。

關於西周時期"里"的設置，需要説明的是，此種地域組織並非僅針對殷遺民。如西周晚期史頌簋銘文記王令史頌省蘇，在蘇地亦有"里君百生（姓）"。這裏仍以里君、百姓並提，也反映出西周時期地域組織建立於血緣組織之上並長期共存的事實。前引宜侯夨簋銘文中賜給夨的"在宜王人"也是按里組織起來的。這説明"里"這種地域行政組織是周王朝對其所統治地區下層民衆加强控制的一種帶普遍性的措施，只是其中尤以統治殷遺民爲重點。

由傳洛陽馬坡出土的令方彝銘文可知，里君屬於内服職官。于省吾先生認爲由此銘"是可證里君職務之崇要，決非管五十家之里司也"。[②] 此説有相當的道理。西周時里的規模可能較大，當時地域組織系統層序可能並不多，結構比較簡單，故不見里之上下還有何種地域組織，在屬西周晚期的戲簋銘中言王册令戲治理"成周里人"（《集成》4215），里在這裏既是成周城内的區劃單位，同時又是居民的行政組織單位。但是西周中期的大簋銘文中，記周王將屬於某貴族的里轉賜給大，徑稱爲某（該貴族名）里（《集成》4298、4299），這種里實即是獨立的邑。

2. 春秋時期國野制下的地域性行政組織系統

在有關春秋時期情况的典籍中，我們可以看到地域行政組織已有系統，除里這一名稱仍較普遍地存在外，在國、野不同的行政區劃中，又分别出現其他成系統的地域組織名稱。

下文論春秋時期國中居民的地域組織，以齊國情况爲主，兼采用他國資料。《國語·齊語》中記管仲對於國内地域組織的規劃是："五家爲軌，軌爲之長；十軌爲里，里有司；四里爲連，連爲之長；十連爲鄉，鄉有良人焉。"[③]共分國爲二十一鄉。這其中里、鄉地位重要，故《齊語》在他處言及國中地域組織系統時，往往僅言"鄉里"，鄉下即里，里下即家。齊

① 李玄伯：《中國古代社會新研》，開明書店，1948年。
② 于省吾：《管子新證》，收入《雙劍誃諸子新證》，中華書局，1962年。
③ 《國語》上册，第231頁。

二十一鄉中包括工商之鄉六,士鄉十五,二十一鄉內居民居住位置的安排則是基於"定民之居,成民之事"的考慮。[①] 其中工商按管仲仿先王之制"處工,就官府;處商,就市井"之設計,[②]分別居國都都城內臨近官府所在地與市井周圍,由此亦可知當時工主要還服事於官府手工業。至於十五士鄉的位置似亦當在國都城內,但士鄉所占有的田地則散布於國都以外郊地中。[③] 據臨淄齊故城的勘探與發掘資料,[④]其城西部(南北大道以西)低窪之地可能有一部分是耕地,然其耕地多數應在城外近郊。《管子·大匡》曰:"凡仕者近宮,不仕與耕者近門,工賈近市。"[⑤]其中近門(即近都城門)居住的"不仕與耕者"當主要是指鄉中之士,所以要近門,是因爲其雖居於都城內,而耕地主要在城外。士鄉之士身份是軍士,是國家主要兵力,其集居於國都都城內,仍保存西周時期國野制中國人、武士居城內之舊制。齊二十一鄉設於國都都城內,故鄉中之里不僅是鄉內居民組織,同時也可作爲城中的區域單位。由《齊語》所言鄉里制,一里十軌,一軌五家,一里包括五十家,其規模可能比西周時要小。春秋時其他各國的里也是設在城邑之中的,如《左傳》襄公九年:"九年春,宋災,樂喜爲司城以爲政,使伯氏司里。"[⑥]楊伯峻注曰:"里即里巷,城內居民點。司里者,管轄城內街巷。"[⑦]從東周時的文獻可知,一個城邑內包括若干里,里之間則以墻垣相區劃,里中各家又各以院墻相間。

　　春秋時期國中地域性鄉里組織已非屬血緣聚居。《國語·齊語》中記管仲規劃士鄉組織後,提出"內教既成,令勿使遷徙",[⑧]則鄉里之居民在此前已可自由遷徙,顯非閉合的血緣聚居狀態所能允許。此時一里之中的居民亦非同族。《論語·里仁》:"子曰:'里仁爲美,擇不處仁,焉得知!'"鄭玄注:"求居而不處仁者之里,不得爲有知。"[⑨]則可擇仁而居之里必非血緣聚居。當時里內一般國人的居民生活組織以小型伸展家族中的直系家族爲主要形式,此在前文已論及,不再贅述。較高級的卿大夫貴族家族,有的仍采取同一宗族聚居於一里的住居形式,如《史記》卷三十五《管蔡世家》記晉文公伐曹國,禁止軍士入釐負羈宗族之閭(里)。

　　此一時期國人中的里之類基層地域組織雖多已非家族血緣聚居,不與宗族組織相統一,但同里之人在階級等級身份上是接近的,幾個相鄰的家族間(如同伍間)甚或仍有同宗

① 《國語》上册,第 224 頁。

② 《國語》上册,第 226 頁。

③ 據《國語·齊語》"制國以爲二十一鄉"韋昭注:"國,國都,城郭之域也,唯士、工、商而已,農不在焉。"則二十一鄉在國都城郭之內。但同文"叁其國而五其鄙"韋昭注則云:"國,郊以內也。鄙,郊以外也。"則郊亦屬國。綜合二説,國包括國都城與其郊,但二十一鄉皆在城郭內,城郭外之屬於國的地域應主要是士所耕之田。

④ 群力:《臨淄齊國故城勘探記要》,《文物》1972 年第 5 期;劉敦愿:《春秋時期齊國故城的復原與城市布局》,《歷史地理》創刊號,上海人民出版社,1981 年。

⑤ 《諸子集成》卷五《管子校正》,第 110 頁。

⑥ 《春秋左傳集解》第 3 册,第 847 頁。

⑦ 《春秋左傳注》第 3 册,第 961 頁。

⑧ 《國語》上册,第 232 頁。

⑨ 《十三經注疏》下册,第 2471 頁。

關係,故管仲實行行政與軍事組織相合,將"卒伍整於里",①即以里作爲整套軍事組織之基礎,使一里之中同伍之人"祭祀同福,死喪同恤,禍災共之。人與人相疇,家與家相疇,世同居,少同遊……居同樂,行同和,死同哀"以達到"守則同固,戰則同彊"的目的。② 尤值得注意的是,管仲對鄉里的治理,除"令勿使遷徙"及同文中桓公對鄉師、有司所下舉薦,③檢舉令爲法令外,其他要求均不伴隨强令措施,而主要是依靠鄉里居民某種程度的自治。

有關春秋時期野中居民的地域組織情況資料甚少,仍以齊國情況較爲清楚。《國語·齊語》中記管仲將相當於野的鄙地分爲五屬,其中居民的地域組織系統是:"三十家爲邑,邑有司;十邑爲卒,卒有卒帥;十卒爲鄉,鄉有鄉帥;三鄉爲縣,縣有縣帥;十縣爲屬,屬有大夫。"④鄙中居民爲庶民下層,以家爲基本經濟生活單位,三十家組成一小邑,即一小型的農業聚落,其家規模小者爲核心家族,大者當爲小型伸展家族中的直系家族,此亦在前文提及。在上述鄙内地域組織系統中,縣的設立是值得注意的。縣在春秋時期多設於國家的邊境地,管仲改革將公室屬地之外圍地區也開始設縣,似反映齊國在春秋早期偏晚已將縣制作了進一步推廣,縣上之屬,可能相當於後來戰國時列國縣上之郡的作用。縣制的設立是與國家授田制、編户齊民及税畝制構成體系的,《國語·齊語》:"桓公曰:'伍鄙若何?'管子對曰:'相地而衰征,則民不移。'"⑤亦可知鄙地中確是實行税畝制,且只有視土地好惡區別田税輕重,才能避免民的遷徙,表明鄙中農民家族血緣聚居之局面已不存在。這些亦透露出此時齊國鄙地居民是以小型家族爲生産生活單位的。像縣以下邑、卒、鄉各層地域組織主要起着編制農户與保證國家田税收入的作用。

這裏需要提及的是,春秋時期部分國家於邊鄙之地設有稱爲"書社"的行政組織。《左傳》哀公十五年記魯子服景伯與齊陳成子言曰:"昔晉人伐衛,齊爲衛故,伐晉冠氏,喪車五百,因與衛地,自濟以西,禚、媚、杏以南,書社五百。"⑥禚、媚、杏三邑爲齊西界地(見《左傳》定公九年杜預注⑦)。"書社"或只稱"社",《左傳》昭公二十五年:"齊侯曰:'自莒疆以西,請致千社,以待君命。'"⑧此社在"莒疆以西"可知亦是齊邊域。由此看來,當時的書社確在邊地。"書社"之義,杜預以爲是"二十五家爲一社,籍書而致之"(《左傳》哀公十五年注),⑨二十五家社之制見於《説文解字》"社"字注引《周禮》。⑩ 杜氏以此社之規模解春秋

① 《國語·齊語》,見《齊語》上册,第 232 頁。《管子·小匡》作"卒伍政定於里",見《諸子集成》卷五《管子校正》,第 123 頁。
② 《國語》上册,第 232 頁。
③ 《國語》上册,第 232 頁。
④ 《國語》上册,第 237 頁。
⑤ 《國語》上册,第 236 頁。
⑥ 《春秋左傳集解》第 5 册,第 1812 頁。
⑦ 《春秋左傳集解》第 5 册,第 1672 頁。
⑧ 《春秋左傳集解》第 4 册,第 1524 頁。
⑨ 《春秋左傳集解》第 5 册,第 1813 頁。
⑩ 《説文解字》,第 9 頁。

書社未必合適,但其釋書社之義,是將一社所包含之户口書於籍册,可能是對的。這説明書社是一種將共祭一社(社神祭所,社神即土地神)的居民歸劃爲同一行政組織中,是一種自然的聚落,因而同時亦可作爲一種行政區劃。① 社祭作爲自然崇拜不同於宗廟之祭,所以書社中的居民未必有血緣關係。書社是否歸屬於縣尚不清楚。隨着郡縣制進一步發展,書社之制可能漸融於鄉里之制中,未得以發展,書社之組織與功能遂爲里所替代。

3. 戰國郡縣制下的地域性行政組織系統

縣與卿大夫封邑不同者,即是縣歸國君直接統治,縣既爲國家提供軍賦也提供田税。縣的推廣是君主集權政治發展的重要標誌。早在春秋早期,秦、楚、晉等國已開始在新兼并的小國中設縣。② 前文曾提到齊國至晚在春秋早期末葉已設縣,並已將縣從邊域推及內地。春秋中期縣制在列國出現已較多,至春秋晚期縣制有了更迅速的發展,在各國卿大夫刮分公室及相互兼并的鬥爭中,某些占了上風的卿大夫在擔任國家執政時,爲了削弱舊的世族割據勢力,減少封建制對國家政權的危害,建立以自己爲核心的集權制國家,即開始在被消滅的強宗舊地中設縣,如晉魏獻子爲晉執政時即在晉祁氏、羊舌氏舊有封地上設立十縣,③同時卿大夫中的一部分亦在自己的屬地內設縣,這樣即促使封建制與世族世官制在列國更快地衰敗。到戰國時期,縣已基本上成爲列國普遍設置的地域行政組織,而郡作爲列國設於邊域的地域行政組織,在軍事上發揮了重要作用。唯齊國未設郡,而在軍事重鎮設都。在郡縣較普遍實行的情況下,舊有的國野行政區劃制度已基本上不復存在,關於戰國時列國縣制下的地域行政系統散見於典籍中,其序列大多爲縣、鄉、里或縣、鄉、州、里。西方秦國在商鞅變法後實行縣、邑、里行政系統,在雲夢睡虎地秦簡中常見“名事邑里”,有時縣下徑稱里,邑可不提,可見里之重要。

戰國時期里在地域設置上除有可能像西漢時的里可作爲獨立聚落外,④多與春秋時期舊制相同,爲設置於城邑中的區域單位。《戰國策·齊六》:“(王孫賈)其母曰:‘女朝出而晚來,則吾倚門而望;女暮出而不還,則吾倚閭而望。’”⑤是里有閭(即里門),里中居民各家有宅門。雲夢睡虎地秦簡《法律問答》:“越里中之與它里界者,垣爲完(院)不爲? 巷相直爲院,宇相直者不爲院。”⑥“院”即圍墙,由此説明里與里間還有界墙。秦簡整理小組估計此條律令説明秦國法律對越院者要給以處罰。

---

① 童書業先生曰:“以置社書户言,謂之‘書社’;以聚居互保言,則謂之‘邑’。”以爲是古之村社制也。見其《春秋左傳研究》,上海人民出版社,1980 年,第 188 頁。
② 參見閻鑄:《郡縣制的由來》,《北京師院學報》1978 年第 3 期。
③ 《左傳》昭公二十八年,見《春秋左傳集解》第 4 册,第 1565 頁。
④ 長沙馬王堆三號漢墓出土的西漢早期《地形圖》《駐軍圖》中即有此種屬於獨立的小聚落的里(見馬王堆漢墓帛書整理小組:《馬王堆三號漢墓出土駐軍圖整理簡報》,《文物》1976 年第 1 期)。
⑤ 《戰國策》上册,第 450 頁。
⑥ 《睡虎地秦墓竹簡》,第 231 頁。

　　戰國時期鄉里組織中的地域性更明顯，一里與一個血緣組織相同一的情况已罕見，如《莊子·則陽》："太公調曰：丘里者，合十姓百名，而以爲風俗也。"①丘里即丘與里，丘可能是里上一級地域組織單位，丘里"合十姓百名"，可知是不同親族人的雜居。又如《墨子·明鬼下》"内者宗族，外者鄉里，皆得如具飲食之"，②則是明顯地將鄉里之人列於族人之外。又《史記》卷七十九《范雎蔡澤列傳》："鄭安平曰：'臣里中有張禄先生……'"③説明同里之人不同姓氏。典籍中類似例子較多，皆反映戰國時的鄉里組織也是較單純的地域性組織了。需要説明的是，當時列國手工業者還保持着春秋時期聚居的形式，這是因爲手工業爲專門技藝，仍只能在同族内傳承，"工之子恒爲工"的舊制度尚未打破。如臨淄齊故城中出土的陶器印文所印陶工居址，一里之中往往有數個工匠，但多僅署名而不署氏，從少數署氏的例子看，同里者大多同氏。④ 所以多不署氏大約也是因爲他們是同氏，僅以名區分即可。我們還可以由此作進一步的推斷，即一里中有若干陶工，但每件陶器上又都只署一個陶工名，這表明他們雖多按氏聚居，而生産方式卻是個體勞動，各陶工家庭間並不實行勞動協作。

　　從戰國時的文獻考察當時里中居民的階級等級身份，可知當時里中居民一般是士或工、商、農，政治地位較低。由於商品貨幣經濟在這一時期的迅速發展，使社會成員貧富分化、階級分化加劇，因而春秋時期同里的居民經濟地位相近同的情况亦被打破，里中已有不同階級的人雜居。如《管子·立政》："閭有司觀出入者，以復於里尉，凡出入不時，衣服不中，圈屬、群徒不順於常者，閭有司見之，復無時。若在長家子弟、臣妾、屬役、賓客，則里尉以讓於游宗，游宗以讓於什伍，什伍以讓於長家。"⑤這裏"圈屬、群徒"泛指里中所有居民與外來之賓客徒役。"長家"則指富室，"長家"以外一般里民當屬較貧窮者，和"長家"之間已有階級的差别。此外"長家"内的成員除子弟、賓客外，還有受剥削的臣妾與屬役。又如《管子·問》："問獨夫、寡婦、孤寡、疾病者幾何人也？……問鄉之良家，其所收養者幾何人矣？問邑之貧人，債而食者幾何家？……問人之貸粟米有别券者幾何家？"⑥亦反映出當時鄉里之内，已出現貧疾孤寡而無人關懷者，出現了對本鄉里者實行高利貸剥削的事實。

　　由於鄉里中居民出現較嚴重的貧富分化與階級分化，類似於春秋時期管仲在齊國所推行的使里成爲共同體的措施，已失去實現的可能與基礎。在集權政治下，國家對鄉里組織以前所未有的嚴厲的法律措施進行管制。主要表現爲監督與連坐制度的深入推行。監

---

① 《諸子集成》卷三《莊子集解》，第 392 頁。
② 《諸子集成》卷四《墨子閒詁》，第 154 頁。
③ 《史記》第 7 册，第 2402 頁。
④ 李學勤：《戰國題銘概述》（上），《文物》1959 年第 7 期。
⑤ 《諸子集成》卷五《管子校正》，第 10 頁。
⑥ 《諸子集成》卷五《管子校正》，第 147 頁。"孤寡"之"寡"，許維通改爲"窮"（見郭沫若等：《管子集校》，科學出版社，1956 年）。

督制度首先是對出入里門進行限制與監察,如上引《管子・立政》文。這一時期什伍制亦被較普遍采用,以防止居民的自由遷居與流動,如《管子・禁藏》論什伍制之作用時所言:"輔之以什,司之以伍,伍無非其人,人無非其里,里無非其家,故奔亡者無所匿,遷徙者無所容。不求而約,不召而來,故民無流亡之意,吏無備追之憂。"①連坐制度的形成可能在戰國早期以後。《墨子・尚同下》:"若見惡賊家不以告,亦猶惡賊家者也。"②似已有連坐思想。《周禮・地官》中的《族師》與《比長》也均講到連坐制。③據《史記》卷六十八《商君列傳》,商鞅在秦"令民爲什伍,而相牧司連坐"。④後來韓非亦力主此制,見於《韓非子・制分》⑤。從雲夢睡虎地秦簡可以看到連坐制在秦國的確盛行,不僅用於防奸,征役時如有謊報行爲,同伍之人皆要每户罰一盾並流放⑥,表明連坐制度已成爲秦政府征發兵役與徭役時的法律保障。

由以上情況可知,戰國時期郡縣制下的鄉里之類地域性行政組織,其主要社會功能除了維持統治階級所需要的社會秩序外,即是保障對居民的徭役與兵役的征發,從而成爲君主集權政治的工具。

四、結語——商周社會結構變遷的階段性、特點及趨勢

上文對商後期至戰國時期社會結構中幾個要素之變化過程作了分別的論述,由這些論述可知,各要素變化過程中均體現出階段性,在同一階段内,社會結構各要素在相當長時間内呈現出一種相對穩定的狀態,而在不同歷史階段,該要素則呈現出不同的形態特徵。但是,當我們將各要素變化的階段相比較即會看到,其各自的階段在時間上近於相同,由此亦可見商周社會結構諸要素在變化時是近乎同步的。這樣我們即可以依照這幾個要素演化過程中的共同階段,將商周時期社會結構的發展與變遷過程亦大致分作以下三個階段:

1. 商後期
2. 西周至春秋中期
3. 春秋晚期至戰國時期

在此三個大的歷史階段中的每一階段,社會結構的諸要素相互聯繫,構成一種特定的社會形態。當諸要素間聯繫破裂,新的社會要素産生並在彼此間建立起新的聯繫方式時,社會結構即轉入新的發展階段,同時構成新的社會形態。按照上文對社會結構要素所作具體論述,循此三個大階段順序,對商周社會結構的發展與變遷情況可作如下概括:

---

① 《諸子集成》卷五《管子校正》,第 292 頁。
② 《諸子集成》卷四《墨子閒詁》,第 57 頁。
③ 《十三經注疏》上册,第 719 頁。
④ 《史記》第 7 册,第 2230 頁。
⑤ 《諸子集成》卷五《韓非子集解》,第 367 頁。
⑥ 見《睡虎地秦墓竹簡》第 143 頁《秦律雜抄・傅律》。

（一）在商後期社會中，商人貴族與同宗族内的平民族人構成社會主要對立階級，貴族與平民内部又都分化出不同的等級。在商人宗族内部，血緣關係與階級、等級關係並存，此種宗族組織與當時的階級關係相適應，成爲商後期社會普遍的生活組織形式，同時亦是具有行政、經濟與軍事功能的社會組織，從而構成商王朝政治統治的基礎。

（二）西周社會代替商代社會，不是商代社會結構諸要素自然發展的結果。周人的武力征伐是造成商代社會形態滅亡的決定性的外部力量。西周社會與商後期社會相比，在生產力發展水平上是相近同的，社會結構要素也就有許多相近處。西周與商後期在社會形態上並未有質的差别，但是周人與商人政治傳統與統治方式的不同，亦造成了社會結構要素間的較大差異。在西周社會，封建制度與世族世官制的推行，在周人及依附於周人的異族上層中造成了貴族階級，並形成了兼有行政、軍事功能的具宗族形態的貴族家族組織。在這種家族内，進一步強化了貴族階級内部帶宗法性質的等級制度，同時培育出了完整的家臣制度。封建制在造成世族貴族的同時，亦使廣大被征服的異族下層成爲附着於貴族封土上的庶民階級，與世族貴族構成西周社會相對立的兩個基本階級。庶民作爲農業生產者，其家族僅具有農業生產組織功能，在當時生產力水平下，仍保持着較大規模的親屬組織形式，具有共耕團體的性質。西周貴族、庶民兩個基本階級的對立不僅反映在家族形態的差異上，而且以居住空間的對立體現出來，於是形成了國野制度的雛形。主要出於治理異族被征服者的需要，最早的地域行政組織也在此一時期出現。

與商代社會消亡近似，西周社會也主要是由於異族入侵而遭到覆滅，因此西周社會結構的諸要素（階級等級、家族與地域區劃組織等）並未發展到頂點即被扼制了，但西周晚期貴族階級内部的矛盾實已發展到一定程度，並將矛盾的根基深深地縶入了春秋社會。春秋社會雖將政治重心由王朝轉向列國，然從社會形態角度看，春秋早、中期只是傳統社會形態的沿續，將西周社會没有充分發展的矛盾發展到極端，因而使舊有的社會要素急劇分化，新型的社會要素不斷萌生。在貴族階級中，傳統的等級結構與宗法制度已開始受到衝擊。此外庶民階級則由於農業生產力的提高而縮小了其作爲農業生產組織的家族規模。儘管社會要素正在新陳代謝，但至春秋中期，舊的社會要素仍在勉強支撐着西周以來的社會結構模式。

（三）春秋晚期和戰國時期是商周社會結構變遷的第三個階段，從社會形態上看，戰國時期已與商至春秋中期社會形態有質的區别，春秋晚期則可以視作這一新社會的發育時期。這一時期，舊有的社會要素仍在分化，如貴族階級内部等級關係的瓦解正在繼續深化，世族世官制度已在逐漸地走向崩潰，國野制度亦由於集權政治的發展與庶人地位的提高實際已被瓦解。同時，在這一時期新的社會要素已壯大，彼此間的相互聯繫亦在加強，如所謂的新興地主階級（私人地主與國家地主）迅速發展，庶民隨着郡縣制與國家授田制的擴大更多地轉變爲國家的編户齊民，相應地，庶民家族形式已轉化爲小型農户，地主階級與新型農民之間的階級對立開始成爲社會的主要矛盾方面。戰國時期則是新社會結構的成熟時期,這表現在:其一,商、西周以來傳統的貴族家族形式已不復存在;其二,等級制度與等級觀念已經活化,家族出身也不再成爲社會成員改變地位不可踰越的障礙,個人的智慧、才幹與人格開始被社會所重視。大批士人知識階層成爲新型官僚,甚至耕戰之民及商賈亦已可獲得爵位,從而構成新型君主集權政治的社會支柱;其三,地域行政區劃與行政組織已較徹底地代替了血緣組織的功能,郡縣制下的地域行政組織成爲鞏固集權政治的重要工具。

由上述商周社會結構變遷的過程可以看出,在當時社會結構的幾個要素中,階級、等級結構具有中心的、支配的地位。首先是家族的結構與功能往往取決於家族成員階級、等級狀況,並隨其變化而變化。商人宗族組織雖然將貴族與平民以血緣爲紐帶組合爲一體,但嚴重的階級、等級差別使這種宗族實際上成爲實現商人貴族對平民階級(及異族奴隸)統治的政治單位與宗法性質的團體。商人宗族組織正是由於以貴族爲主宰才進而具有商王朝行政及軍事組織的功能。西周、春秋時期貴族與庶民不同族,因而改變了商代貴族、平民同宗族的狀況。貴族與庶民家族因爲階級差別而在形態與功能上具有很大差異,貴族家族組織結構與功能的變化基本取決於政治因素,即主要是家族成員對政治權益及經濟利益的爭奪及其與國家政權間相互依賴與相互制約的矛盾關係;而庶民家族由於是農業生產組織,其結構與功能往往取決於農業生產力水平及國家政權的經濟政策。春秋晚期後,集權政治興起,舊有封建貴族因成爲發展集權政治的障礙而被消滅,傳統的世族組織形式亦隨之消亡,無出身背景的士階層的活躍表明家族組織的政治功能已不復存在。

其次,地域性行政區劃與地域組織之類社區結構,亦是隨社會階級、等級結構的變化而產生與發展的。如國野制即是出於周人貴族對異族庶民階級政治統治及經濟剝削的需要,而鄉里之類地域組織之建立也是貴族階級控制下層民衆的政治措施。當作爲野人的庶民階級有了服兵役的權力,政治地位有所提高,而國人在經濟、政治地位方面發生嚴重分化時,國野制亦即失去存在的必要。在春秋晚期後,特別是戰國時期,郡縣制的發展、鄉里制度的強化,作爲代表新興地主階級利益的國家對編户齊民的政治統治方式,又顯然是與新型的階級、等級結構相適應的。

由上述商周社會結構變遷的過程亦可以看到其有如下幾點發展趨勢:其一,社會成員個人在社會上的等級地位由僵死狀態轉向活化;其二,家族血緣關係對社會生活的影響與家族的社會政治功能均逐漸減弱;其三,社區形態的地域性行政組織在社會生活中的作用逐漸加強。

(原載《中國社會結構的演變》,河南人民出版社,1994 年)

從生産方式看商周社會形態

　　商周社會形態是中國古代社會形態問題討論的焦點之一。按一般的理解，所謂社會形態是指與生産力一定發展階段相適應的經濟基礎和上層建築的統一，經濟基礎是生産關係各方面的總和，而生産關係與生産力相聯繫，兩者對立統一構成生産方式。雖然討論商周社會形態要涉及諸多方面，但因生産方式與社會形態關係密切，故在此僅從商周社會生産方式的角度對當時社會形態問題談一些不成熟的看法。

　　商代的農具以石、骨、蚌、木質爲主，是效率較低的生産工具，這對於當時的生産方式及土地占有形式有着極重要的影響。影響之一，是使農業生産力水平從總體上看處於一個較低的層面上；影響之二，是決定了農耕生産至少要由大於核心家族的親屬組織承擔，如擴大家族中的若干名男子協力耕作；影響之三，與第二點影響相關聯，即土地是由足以承擔生産過程的規模較大的家族組織占有的。

　　與上述狀況相應的是，商後期商王國内貴族對主要農業生産者進行經濟剝削的形式。學者們數十年來對殷墟甲骨刻辭進行研究的結果已大致明確：商王室占有的農田，由農業生産者以集體服勞役的形式耕作，這些生産者被稱爲"衆"或"衆人"。[①] 有相當多的學者認爲"衆"的身份是商人各家族的族衆。"衆"在王田上的耕作是由所屬家族族長帶領進行的，有小臣之類的王朝官吏監督。迄今仍未有確切的卜辭資料證明"衆"符合典型奴隸身份。"衆"不僅要擔負王田上的勞役，還要以族爲單位出征打仗。在當時能當兵打仗是有政治地位的表徵，此種亦農亦兵的"衆"的主體當是平民。雖然他們在王田以集體耕作的形式服勞役，但他們保持着家族組織，則必定有自己的族田，通過必要勞動來養活自己。所以，商王對諸屬族中平民族衆的剝削形式，在實質上已很接近勞役地租。在農耕經濟爲主體的商後期社會，如果主要的農業生産者不能被證明是奴隸，則商後期社會顯然不能劃歸奴隸社會。也有學者將卜辭中所見爲商王服農業勞役的家族劃於商人諸族之外，認爲

---

① 按：實際從事耕作的應只是"衆"中居多數的平民勞動者。

"衆人"是種族奴隷,即被征服民族的族人整體降爲奴隷,但是,在政治上受統治與壓迫的被征服者,並不一定是經濟意義上的奴隷,何况衆人也不能被證明是被征服民。

從現有的考古與文獻資料看,西周時期的農業工具與生産力水平不會比商後期有飛躍式的發展。西周初期,周人推行封建制度,在畿外封國與畿内,部分封建主近親與隨同其分封的屬僚,建築了城邑,成爲最初的"國人"。而在貴族們被封賜的土地内,保留着家族結構的原居住民及從外地遷來的被征服民中,除少數上層人物外,絶大多數圍繞着受封貴族所在的城邑居住,成爲提供農役與其他勞役的庶人,亦即主要農業生産者,從而構成東周文獻中所謂的"野人"。這種生産者的政治身份顯然與殷墟卜辭中所見"衆人"有所不同,但是,决定其所服勞役性質與階級身份的主要因素應當是經濟的,即經濟地位,而不是政治身份。從《詩經》中的西周詩篇等文獻中可以清楚地看到,在王田與貴族公田上,擔負農業勞役的庶人有自己賴以生活的土地等生産資料。他們所受到的"藉田以力"的剥削,自然也應當劃歸勞役地租的範疇中。庶人對土地的占有,仍是以規模大於核心家族的親屬組織爲單位。西周王朝推行的封賜制度不僅在法權上將土地歸屬於各級貴族,同時也在法權上規定了庶人對貴族的人身依附關係,這成爲貴族對庶人實行超經濟强制的前提。過去常有學者將西周金文中被賞賜給貴族的屬民當成奴隷,這實際上是把依據法律虚構而規定的支配權、統治權當成是完全工具式的人身占有。西周的庶人,從階級角度分析,還應歸屬於平民。

綜上所言,西周社會農業經濟中的剥削形式非常符合勞役地租制,這種生産關係與典型的奴隷制是有差異的。應該注意的是,商後期與西周時期在王室作坊裏或高級貴族家族内集體從事手工業勞作的有較多的身份可能近於奴隷的勞動者。這些勞動者,大致應歸於家内奴隷的範疇。在商周以農業爲經濟主體的社會中,這種手工業的近於奴隷制的經濟,顯然不會對整個社會經濟産生支配性的影響。

商以來的傳統生産方式模式在春秋中晚期開始發生變化。從各方面資料看,至晚在春秋中期,在部分地區,農業剥削形式已由勞役地租向實物地租轉化,而且與這種地租制度的改變基本上同時出現或稍早,農業生産基本組織的規模也在縮小,首要原因當然是由於生産力水平的提高。鐵的冶鑄工藝自春秋中期後開始得到較快發展,且逐漸影響並改造了農具。此外,耕牛被使用,一年兩熟的農業技術在中原地區推廣,生産經驗與技術亦得到了深厚的積累,均成爲農業生産力水平有較大改觀的重要因素。

勞役地租向實物地租的轉化成爲新型生産方式與新的社會階級出現的催化劑。春秋晚期之後,承擔實物地租的小型農民家庭已較普遍地成爲農業生産基本單位,在列國政府逐漸擴大國家所有土地的同時,推行國家授田制已成爲可能。並且,作爲編户齊民的自耕農得到迅速發展,因此造就了國家地主。同時,藉耕公田制瓦解,限制農民遷徙的政策有所鬆懈。流民的出現爲貴族間爭奪土地,招徠屬民,以及爲由軍功、事功形成的新興地主階級雇用傭耕農民提供了條件。總之，這些皆爲逐漸加强的集權政治下地主經濟的形成奠定了基礎。

根據以上論述，則可以對商周不同歷史階段社會的名稱問題做進一步的討論。一個比較主要的問題是，對"封建社會"的内容應如何理解。

"封建"一詞，就其本義及最初産生的時代背景而言，當然是指封邦建國，這一概念顯然是偏重於政治的。當然，某一種特定的"社會形態"即是某一特定的經濟基礎與上層建築的統一，而西周時推行的封建制度不僅決定國家結構形式，也與其特定的生産方式，主要是與生産關係相聯繫，所以，如果仍保留"封建社會"的提法，則中國古代典型的"封建社會"應是西周。此種社會形態延至春秋早期，春秋中晚期則屬向下一形態過渡的階段，也可附於此形態之内。商後期社會不宜稱爲奴隸社會，但當時是否已有封建制度，目前尚不明朗，而且殷商國家結構形式也與西周有所區别，儘管在生産方式上有相近之處，似仍不宜歸入這種嚴格意義上的"封建社會"範疇。經春秋中晚期這一過渡時期後形成的戰國社會，如果以這種嚴格意義的"封建社會"標準衡量的話，顯然是不適合的。其後的秦漢社會，從政體、國家結構形式與生産方式上看都與戰國社會没有質的區别，只是戰國時期尚未實現國家的統一。有意思的是，史學界以往采用的是一種將所謂"封建社會"的開端定在春秋、戰國之際的説法，這恰恰是把真正的封建社會的瓦解當成了"封建社會"的開始。所以，戰國以後的古代社會形態應當從"封建社會"這一概念中脱離開，綜合考慮經濟基礎、國家形態等特徵，給予適當的定名。

（原載《歷史研究》2000 年第 2 期《中國古代社會形態研討會筆談》）

商與西周時期的天神崇拜

本文所論商、西周時期之"天神"主要是指商時期的上帝、[①]西周時期的"上帝"與"天"。這一類天神,在當時宗教神靈系統中地位崇高,對它們的崇拜構成了當時宗教觀念的核心,並因此對這一時期(乃至整個中國古代)的政治思想與社會生活發生巨大的影響。鑒於此,有關商、西周天神問題的研究,素爲鑽研中國古代社會史、宗教史、思想史的中外學者所矚目,不同學術見解的表述與論爭至今仍方興未艾。筆者在拜讀諸家論著後,感到有以下三個問題對本課題研究的深入至關重要,頗有必要作進一步討論:(一)如何從宗教學角度認識商人"上帝"的性質?[②](二)西周時期的"上帝"與商人的"上帝"有何不同?(三)西周時期的"天"與"上帝"的區別何在?這幾個問題聯繫起來實際上亦即關係到商、西周時期宗教觀的演變。下面即按以上順序作分別論述。

一、商人"上帝"的性質及相關問題

有關商人"上帝"的問題,過去已有不少學者作過研究,其中以胡厚宣先生在 20 世紀50 年代發表的《殷卜辭中的上帝和王帝》所引資料最爲詳盡,[③]論述亦最爲深刻。故這裏不再一一縷述殷墟卜辭中所見"上帝"的狀況,而只是着重於從宗教學角度探討商人"上帝"的性質,並在此基礎上説明商人"上帝"之性質所反映的商人宗教觀的發展程度。搞清這幾點,也才能爲下文作商、西周天神觀念的比較奠定基礎。

關於商人上帝的性質,以往著作中有兩種最有影響的看法:其一是認爲上帝擁有最高的、無限的權威,有廣泛的神力,例如提出上帝"把殷人以前的宗祖神和自然神的一切權

---

① 商人之"上帝"在殷墟卜辭中多僅稱作"帝",稱爲"上帝"的僅有少數幾條卜辭(《合集》10166、24979、30388),但足證"上帝"之稱的存在。"上帝"是帝在天上,爲天神之意。商代後期,商人已將部分死去的先王稱作"帝"。本文所言"帝"均是指上帝。

② 本文所稱"商人""周人"各指商、周兩古代族團的共同體。

③ 胡厚宣:《殷卜辭中的上帝和王帝》(上)、(下),《歷史研究》1959 年第 9、10 期。

力總攬在自己一手之中"，①認爲商人的上帝"已是較爲完備形態的至上神"，②類似的見解還可以舉出多種，不一一贅引。其二是認爲商人的上帝具有保護神的性質，例如言殷人的上帝"其主要的實質是農業生産的神"，是"保佑戰爭的主宰"，③"是殷商王朝貴族的保護神"。④ 細讀卜辭則可知，上述見解實有商榷的餘地。

先論上帝的權威與是否"至上神"問題。所謂商人的上帝之權威，是指其權能的範圍與大小。而這只有將上帝置於商人神靈系統中，將其權能與其他神靈的權能作比較才能説清。殷墟卜辭中所見商人諸神靈，其中重要的大致可以歸劃爲如下四種類型。⑤

A. 上帝。

B. 自然神，如土(社)、方(即四方之神)。

C. 由自然神人神化(即將自然神與有功德的祖先合二爲一)而形成的，有明顯自然神色彩的祖神，如河、岳。

D. 非本於自然物的祖神，包括以下三種亞型：

a. 與商王有血緣關係，但年代久遠、世系關係已不可考的祖神，其中有的在卜辭中稱爲"高祖"，如夒、王亥。

b. 與時王有明確世系關係的祖神，包括上甲及其以後諸先王、先妣(母)。

c. 部分對商王朝發展有功績的舊臣，如伊尹、黃尹及部分戊(即巫)，如咸戊、盡戊等，也可以認爲是商人即商民族的祖神。

商人賦予以上各類神靈以不同的權勢、意志與能力，因而它們也就具有不同的影響及人世和自然界的權能。根據現有的殷墟卜辭資料，諸神權能之範圍可以簡示如下表(其中B、C類型與D類型中的a所列神靈僅爲舉例。✓表示具有該項權能。△表示該欄神靈中一部分神靈具有)。

如果可以暫且將神靈影響及天象、年成的權能稱之爲自然權能，將神靈施作用於戰事的權能稱爲戰事權能(惟對"我"即商王國的影響單從卜辭中難以搞清是施以自然還是戰爭權能)，將神靈施作用於王以及其他貴族成員人身的權能稱爲人事權能，則下表所示四類神靈的權能範圍即可以總結如下：

(一)上帝主要具有自然權能與戰事權能，在人事權能上僅作用於王本身，而從不作用於王以外的其他人。

---

① 李亞農：《殷代社會生活》，收入《欣然齋史論集》，上海人民出版社，1962 年。
② 郭瑞祥：《先秦天人觀的辯證發展》，《世界宗教研究》1985 年第 1 期。
③ 陳夢家：《殷墟卜辭綜述》，科學出版社，1956 年。
④ 朱天順：《中國古代宗教初探》，上海人民出版社，1982 年，第 258 頁。
⑤ 關於以下商人神靈性質與類型的分劃，詳見拙作《商人諸神之權能與其類型》，已收入《盡心集——張政烺先生八十慶壽論文集》(中國社會科學出版社，1996 年)。上帝並非商人的祖先神，關於這點，陳夢家：《殷墟卜辭綜述》有明確的説明，見該書第十七章第四節，其説可信。

神靈類型	主要神靈	天象(風、雨、雷等)	年成	"我"(即商王國)	對敵方之戰事	王自身(身體)	王以外諸貴族	王室諸婦	王室婦女生育
A	上帝	✓	✓	✓	✓	✓			
B	土(社)	✓	✓						
B	方	✓	✓	△					
C	岳	✓	✓	✓	✓				
C	河	✓	✓	✓	✓	✓			
D a	夒	✓	✓						
D a	王亥	✓	✓	✓	✓				
D a	上甲	✓	✓			✓	✓		
D b	上甲以後諸直系先王	△	△	△	✓	△	✓	△	
D b	旁系先王			△		△	△		
D b	直系先王配偶或時王已故配偶					✓	✓	△	△
D c	舊臣	△	△	△	△	✓			
D c	戊(巫)					△			

（二）自然神土(社)、方基本上只具有自然權能。[①]

（三）具自然神色彩的祖神,如岳、河,亦具有自然與戰爭兩種權能。河還可以施作用於王自身。

（四）在非具自然神色彩的祖神中,除夒僅具自然權能,王亥具有自然與戰事權能外,上甲與其後部分直系先王則在自然、戰爭與人事上皆具有權能,特別是能施作用於王以外的其他貴族,甚至於王室諸婦。具直系王配身份的女姓先人,則主要作用於王與其他貴族,而尤有影響於王室婦女生育之能力。旁系先王、舊臣與戊(巫)之權能如上表所示,不再概括。

由上述商人神靈的權能分割情況可知,商人的宗教作爲一種多神教,除上帝以外,自然神、祖先神仍在商人宗教觀念中有很重要的地位,尤其是不同等級的祖先神作用之突出與深入更是不能忽視的。如僅就大體的權能範圍而言,上帝在人事權能上只影響及王自身,不關係到王以外其他貴族,這是上帝與上甲以後的祖先神所不同的。舊説商人事無巨細均要卜問上帝亦是不嚴格的。除此而外,上帝與部分祖先神如岳、河、王亥等遠祖、高祖以及上甲之間在權能範圍方面差別似並不明顯,而且也並未形成諸自然神、祖先神各有分

[①] 卜辭中有一例問西方是否作崇於"我"(《合集》33094),但不知是以何種形式來加害於商王國,也可能是指降天災。又有二例卜問是否向方"寧疾"(即免除疾病,《合集》30258、30260),似不能排除是求方神終止惡劣氣候以利於健康。如是,則方神的權能皆在自然權能範圍內。

工,各司其職,而由上帝以萬能之神的姿態將一切神權總攬在手中的局面。

上帝與上舉諸祖先神在權能範圍上雖相近同,然細讀卜辭,則可知二者在施展權能的方式上以及權能的大小上還是有差別的,主要表現在兩方面:

其一,在自然權能上,二者的表現方式有所不同。如卜辭可見卜問向河、岳、夒等神乞求降雨(《合集》12853、34196、63 正)。但在卜辭中又可以見到卜問它們是否"戋雨"(這裏雨仍作降雨解,即是破壞降雨之意)。這説明,這類祖神本身具體控制着降雨,使雨降下或阻止其降下。但對於上帝,卜辭則習見卜問是否"令(命)雨",何時"令(命)雨",而從不見卜其作祟於降雨,①由此可見上帝對於降雨有使命權,有決定降雨或不降的權力,但其本身並不直接操縱或破壞降雨。此外,卜辭還可見卜"帝不令鳳(風)"(《合集》672 正)、帝"令雷"(《合集》14127 正),皆是其他祖神所未有的權能,所以上帝給人一種高高在上,在地位上高於上舉諸祖神的印象。

其二,上帝還具有其他一些祖先神所未有的特殊的自然權能。例如卜辭中可見卜問帝是否"降我堇(饉)"(《合集》10171),即降下饑荒;"降戠","降"下一字于省吾先生讀作"摧";②"戋我年"(《合集》10124 正)即損壞年成。此外有卜問帝是否"冬(終)茲邑"(《合集》14209),從上面所舉的帝降災禍均屬自然災害而言,"終茲邑"或許也是指其降水旱之災,破壞城邑存立條件。

從上舉情況看,商人心目中的上帝有着廣泛的自然權能,更有着其他諸類自然神與祖先神靈所没有的對人間強大的破壞力,這種權能上的差異反映出上帝是與自然神、祖先神二者均不相同的一種天神,卜辭中惟對"上帝"施展其權能常用"降"字,亦可證明帝確是高居於天上的神。上帝之權能雖如上述,強大、寬廣,超出於其他神靈,但在商人的神靈世界中,是否已構成一定的秩序,即已由上帝做主宰而統領(支配)其他一切神靈呢? 從卜辭中看,上帝只在天神中建立了自己的臣僚系統,在卜辭中稱作帝臣(《合集》14223、30298),③並無資料可以證明商人上帝與祖先神、自然神之間也形成明確的等級秩序。卜辭有並卜祭祀帝臣、岳宗、夒宗是否可以降雨的辭例(《合集》30298),由兩位遠祖神(之宗廟)與帝臣並卜,正可以證明商人的祖神並不屬於帝臣。

卜辭中直接地體現上帝與祖先神相互關係的,是曾爲不少學者所注意到的貞問祖先神是否"賓帝"的卜辭,即卜問咸、大甲、下乙是否"賓于帝",並卜問大甲、下乙是否"賓于

---

① 卜辭有卜問河是否"令(命)雨"(《合集》23121 正),但僅此一見。似乎表明在河等神靈之下尚有更具體的負責操縱實施降雨的神靈。

② 于省吾:《甲骨文字釋林》,中華書局,1979 年,第 223 頁。

③ 其中包括有"帝五丰臣"(如《合集》34148),又稱"帝五臣"(《合集》30391),陳夢家《殷墟卜辭綜述》以爲此五臣近於《周禮·小宗伯》鄭玄注所言之日、月、風師、雨師和司中、司命。帝之下屬天神還有"帝史(使)"(《通》別二),"帝史(使)鳳(風)"(《合集》14225、14226)之稱,如風屬五臣,則帝臣亦可兼爲使。卜辭又有"燎于帝雲"(《合集》14227)句,"帝雲"當亦屬帝臣範圍内。如上文所述,帝可以"命雨""命風""命雷",當即是由於雨、風、雷等皆由天上諸帝臣控制。

咸"(《合集》1402正)。"賓"的含義有不同的説法,但與《楚辭・天問》"啓棘賓(商)[帝]"相印證,知"賓"義當以釋爲賓客之賓爲宜,在此作動詞,即作客。《山海經・大荒西經》"開上三嬪于天,得《九辯》與《九歌》以下",開即夏后啓,"嬪"即"賓"。啓可"三賓"於天,是"賓"後又可降於地,亦可見賓非久留,乃是作客之義。

分析此組卜辭,知商王是要了解究竟大甲、下乙(即祖乙)哪一個王可以賓於帝,這是核心的問題。但所以又要卜大甲、祖乙是否會作賓於咸(即巫咸,大戊時有權力之巫師),可能是因爲巫咸作爲巫,具有與天神溝通的特殊權力,[①]希望通過咸來使大甲、祖乙實現與上帝之交往。那麽,商王通過占卜了解哪位先王可"賓于帝",可與上帝交往,其目的究竟何在? 胡厚宣先生曾提出,由先王"賓于帝"可知,先祖是時王向帝表達企望的中介。[②]這種解釋有相當的道理。在卜辭中可見到有商王在先祖宗廟中卜問上帝之行爲的辭例,如:

> 來戊帝其降永。在祖乙宗,十月卜。(《屯南》723)

"降永"即降以長福。於宗廟內占卜,在卜辭中還可以舉出數例,其用意是希望能直接得到作爲該宗廟之主的某先王的啓示。而有關上帝之行爲所以要在祖乙宗占卜,當即是因爲如上引卜辭所示,祖乙之類聖王可"賓于帝",故可通過祖乙了解上帝的意向。這樣看來,商王卜先王"賓于帝",可能即是爲了選擇某一可賓於帝的先王(一般是聖王),以通過在此先王宗廟內占卜來與上帝溝通。其他有關上帝的卜辭雖未標明"在某宗卜",但可能有不少也是在此類聖王宗廟內卜問的。

所以,有關先王"賓于帝"的卜辭,雖反映了祖先神可與帝交往,且上帝在神格上確高於祖神,凌於祖神之上(由上引卜辭《合集》30298,祖神與帝臣並卜,可知二者神靈地位相近,祖神的神格必在帝之下),但是僅據此,似還是不能證明所有先祖神皆已被上帝所統領,且已與上帝形成有秩序的隸屬關係。

由上述可知,在商人的宗教觀念中,上帝雖有廣泛的權能,但並未達到"擁有無限的權威"之程度,亦不能説已把宗祖神與自然神的權力全攬在手中,特別是祖先神對商王以外貴族所擁有的權能更是上帝所不具備的,祖先神與自然神對商人的庇護作用也是上帝所不能代替的(對這點下文還要論述)。再有,上帝雖有高於其他類神靈的地位,並已在天上建立了一套以己爲核心的、有秩序的天神系統,然而其直接行使使命權的範圍也就大致限於這一系統內,上帝並不能號令於商人的祖先神與商人所樹立的自然神,諸神靈與上帝間的從屬關係並不明確,因此,從宗教學角度看,似不能把上帝簡單地列爲商人的至上神。

[①] 《尚書・君奭》:"在太戊時,則有若伊陟、臣扈,格于上帝,巫咸乂王家。"陳夢家:《殷墟卜辭綜述》第十章"先公舊臣"引此句,並謂"格于上帝"或應在"王家"之後,"謂巫咸格于上帝"。

[②] 胡厚宣:《殷卜辭中的上帝和王帝》(下),《歷史研究》1959年第10期。

　　下面討論有關上帝性質的第二個問題,即上帝是否可稱爲商人的保護神。這可以從商人對上帝與對祖先神及自然神所懷有的不同心理與不同對待方式中搞清楚。商人認爲自然神及祖先神雖可以作祟於己,但那是因爲自己對這些神靈不敬,只要對它們恭敬地祭饗,皆可以博得其歡心而給以庇佑,所以卜辭習見通過祭祀向它們乞求農業豐收,求他們“御年”(即免除災禍、保佑年成)等。在此種情況下,這些神靈實際已處於商人之保護神的地位。但是上帝是可崇敬而不可親近的,是不易被感動的,故而從未見過直接向上帝乞求年成,求上帝“御年”的卜辭存在。不僅如此,像上帝“堇(饉)我”(《合集》10172)、“蚩我年”(《合集》10124 正)之類卜辭,顯示上帝破壞年成的淫威,更是祖神與自然神所不見的。所以,説上帝是商人的“農業之神”的看法是不够確切的。[1] 上帝之非商人保護神的性質還突出地反映在有關戰事的卜辭中。卜辭卜問征伐敵方的事,常卜問帝是否會“受(授)又(佑)”,這説明商人認爲上帝並非必定保佑於己,也存在保佑敵方之可能。但祖先神就不會這樣。如卜辭習見卜問當敵方入侵時或出發征伐敵方時是否要告祭於祖先神,而在此時從不卜問祖先神是否會授佑,這顯然是因爲,商人認爲祖先神作爲商王國的保護神在聞知戰事情況後,必定會在冥冥中護佑自己。這樣比較來看,無論如何也不能認爲上帝對於商人有“保佑戰爭的主宰”之身份。

　　除了上述有關年成與戰事方面的卜辭外,有關疾病的卜辭也表明上帝於商人之不可依靠。此類卜辭中凡有關禳除疾病的御祭、告祭,皆是以自己的祖先神爲對象的,而從未向上帝作過此類乞求,亦可見上帝非保護神。

　　綜上所論,上帝對於商人來説,既非嚴格意義上的至上神,亦非保護神。在商人多神教的神殿中,上帝是商人所塑造出來的一種特殊的神靈。就宗教學的意義而言,上帝與有着特定的本原物(無論是自然物還是人、獸)的諸神不同,當起自另一種造神方式。在卜辭時代,商人的宗教已由自然宗教(亦即自發宗教)發展爲人爲宗教,具體而言,其宗教形態尚屬於人爲宗教之第一階段,即民族宗教階段。此時,商王室的祖先神已被奉爲國家神與商民族之神。但是,人類所難以控制的、千變萬化的自然界與紛繁複雜的社會現象促使商人去進一步探尋與追溯那種超出於祖先神與自然神的權能之上的統一整個世界,並給予其秩序的力量。上帝的出現應該與此種宗教觀的發展有關,但上帝的權威尚未達到無限,尚未深入到能給予所有的社會存在以影響,特別是上帝與商人的祖先神、自然神之間缺乏明確的統屬關係,都表明商人對這種統一世界的力量的宗教性思索,還在繼續發展之中,並未濃縮到一個最高品位的神上,故而上帝雖已在具自然權能的諸天神中具有主宰的地位,但作爲整個商人神靈體系中的至上神的形象在卜辭時代

---

[1] 歷組卜辭中有貞問是否要“寧秋于帝五丰臣”(《屯南》930)的,“寧秋”是爲免除秋收時的災害所舉行的祭祀。此外歷組卜辭也有卜問秋收後報祭帝五丰臣的辭例(《合集》34148)。所以,上帝雖不能通過祭祀得到其佑助,其下屬帝臣卻可以享祭並佑助於農業。由此亦可見帝與帝臣等有具體本原的諸天神在神性上的差異。

似未能建立起來。①

與商人上帝性質相關聯的一個問題是商人的上帝崇拜究竟有無相應的宗教儀式。商人可能不采用祭享祖先與自然神的形式祭上帝,這是據現有卜辭資料引出的看法,已爲甲骨學家所論證。② 但《逸周書·商誓》記武王曰:"在商先誓王明祀上帝□□□□亦惟我后稷之元穀,用告和用胥飲食。""誓王"當讀爲"哲王"。據此文,商王似也有某種祀上帝之禮儀。由卜辭中所見上帝有自己的意志與情感,可以發號施令,説明商人已賦予其"人性",已是人格化的神。而且卜辭中的上帝更有舉動,顯示其並非虚幻,這即是上帝可以降、陟於人世與上天之間。卜辭有卜"帝降"是否"入"於某地之宫室的辭例(《合集》30386),胡厚宣先生認爲這是説上帝下降到人間,③其説叫信。此外,卜辭有卜"帝其陟"的(《合集》30387),"陟"在卜辭中常以"陟于"某祖神形式出現,當是指祭祀時上祭至某祖神。但在這條卜辭中,"陟"的主語是帝,當是指上帝在降到人世後又返回天上之舉動。商王卜知上帝陟降,想必要有某種相應的宗教儀式。下面一條卜辭可能與對上帝的宗教儀式有關:

……叀五鼓……,上帝若,王……又(有)又(佑)。(《合集》30388)

鼓在古代常作爲舉行各種儀禮時所奏樂器。在卜辭中可見以鼓聲配合祭祀。《禮記·郊特禮》言:"殷人尚聲,臭味未成,滌蕩其聲。……聲音之號,所以詔告於天地之間也。"商人上帝不享牲,此條卜辭未必是祭祀,擊五鼓或是爲震動天廷,以將某事詔告於上帝。"上帝若"者,是卜問上帝是否降若,若即允諾。

除此條卜辭外,帝辛時的青銅器二祀邲其卣,其銘文末尾有"惟王二祀,既䢼于上下帝"句(《集成》5412),"䢼"在此確切字義不明,④從文義看似與對上帝的宗教儀式有關。如此字與祭祀有關,則標誌殷末對上帝的宗教崇拜及禮儀已較前有了重要的變化,唯例證太少,尚有待於新資料的發現。

二、西周時期的"上帝"

西周金文與文獻中均有"上帝",表明當時周人亦尊上帝。但此一上帝究竟是周人自己原已有的神靈,還是承接了商人的上帝,是研究西周天神崇拜情況時首先需要明確的問題。過去與現今都有一些學者持"承接"説,其中較早提出這一見解的是傅斯年。20世紀

① 需要説明的是,以上討論商人上帝性質的卜辭資料,缺乏屬殷墟晚期的,所以商人的上帝觀念在殷末時是否已有變化,尚未可確知,有待再考。
② 見陳夢家:《殷墟卜辭綜述》第十七章第四節。按:《合集》22073、22075卜用牲祭帝,此字或釋作"帝",但字形與帝字構造不同,實非帝字。此兩版卜辭屬所謂午組卜辭,常卜祭"庚",故此字疑爲"上庚"之合文,上是冠於日名前的美稱。
③ 胡厚宣:《殷卜辭中的上帝和王帝》(上),《歷史研究》1959年第9期。
④ 西周共王時的墻盤銘文中有歌頌共王的語句,言上帝保佑天子,以至"方蠻亡(無)不䢼見(視)"(《集成》10175),由此字在這句銘文中的意思可知其尚有晉見之義。

30 年代初,傅斯年曾在《新獲卜辭寫本後記跋》一文中,詳論殷周人之帝天觀念的演變,提出:"周的上帝確是從東方搬到西土的。"[①]他在文中所引徵的重要證據即是《詩經·大雅》中的《皇矣》一詩,詩中曰:"皇矣上帝,臨下有赫。監觀四方,求民之莫。維此二國,其政不獲。維彼四國,爰究爰度。上帝耆之,憎其式廓。乃眷西顧,此維與宅。"傅氏釋詩中"乃眷西顧,此維與宅"句爲"於是轉東西看,看中了意,便住在這裏了"。認爲由此即可説明"這個上帝雖在周住下,然而是從東方來的"。但詩明言上帝"臨下有赫。監觀四方,求民之莫",可見上帝是高在上天,臨於四方之上,言其本在東方則與詩意不合。詩中言上帝在天上先審視了東方夏、商"二國",[②]但此二國政治不得人心,而使四方之國"爰究爰度"(於是皆恐慌,不得不各自謀度其出路)。[③] 上帝在作了如此考察後,非常憎惡此二國的樣子,所以才"乃眷西顧"(即掉轉頭來向西看,注意到周),並決定"此維與宅",即以此岐周之地,給與周人爲居宅。[④] 所以,從詩意看,上帝一直在天上,只是先面向東方,審視東方,後又轉過頭去看西方。傅氏之説是先將上帝從天上降下,安排在東方住下,然後以此爲基點解釋"乃眷西顧",故有上帝"從東方搬到西土"之説。按照我們上面對詩意的理解,此詩似並不能證成傅氏的見解。

除傅氏外,持周人上帝承襲商人説的,較早的還有美國的顧立雅(H. G. Crell)。1935 年他在《釋天》一文中統計《詩經》與《尚書》中西周作品及金文中的"天""帝"出現次數後提出,上帝是商之部落神,天爲周人部落神,至殷周二民族接觸後,天帝乃成爲一神之異名。[⑤] 實亦是講周人所崇拜之"上帝"本於商人。1970 年他又發表《天神的源流》一文,仍强調周人征服商後將"上帝"與"天"合二而一,是"想要把商民族和周文化加以同化"。[⑥]

顧立雅僅根據西周文獻中"帝""天"出現次數之差異即斷定上帝非周人之神,理由並不充足。"天"在西周文獻中多見,雖能説明周人對"天"的崇拜之深,但並不能證實上帝本與周人無關。我們從《詩經》中追溯周人初期史迹的輝煌史詩,會感受到詩中多洋溢着一種對上帝的敬仰之情。尤其是《大雅·生民》,咏姜嫄因無子而"克禋克祀",祭天神而求子,終於通過"履帝武敏歆",即踏着了帝的足迹而感生后稷,此"帝"無疑是所禋祀之天神,即詩中屢言之上帝。值得注意的是,詩末言"上帝居歆,胡臭亶時。后稷肇祀,庶無罪悔,

---

① 傅斯年:《新獲卜辭寫本後記跋》,《安陽發掘報告》第 2 期,1930 年。1940 年出版的傅氏之《性命古訓辨證》一書中卷亦迻録了此文中要點。按:傅氏文中所云"上帝"是指帝嚳。其根據則是《國語·魯語上》所記商、周人皆禘嚳。傅氏將上帝認作帝嚳,是因爲他信從"商代的帝必是個宗族性的"。
② "維此二國"句,毛傳:"殷、夏也。"馬瑞辰《毛詩傳箋通釋》認爲"二"乃古文"上"之誤,上國指殷。
③ 《左傳》文公四年記"楚人滅江"而秦穆公懼。傳文釋曰:"君子曰,詩云'惟彼二國,其政不獲,惟此四國,爰究爰度。'其秦穆之謂矣。"杜預注曰:"《詩·大雅》言夏商之'君政'不得人心,故四方諸侯皆懼而謀度其政事也。"
④ 朱熹《詩集傳》釋"此維與宅"曰:"以此岐周之地與大王爲居宅也。"此從之。下面的詩句繼言周人開闢岐周建立邦國之事,與此句義相合。或釋爲上帝與周同住,似與詩意不相符。
⑤ 顧立雅:《釋天》,《燕京學報》第 18 期,1935 年。
⑥ 顧立雅:《天神的源流》,見黃俊傑譯本,載《大陸雜誌》第 45 卷第 4 期,1972 年。

以迄于今",也表明周人自后稷時代始即已祭上帝,[①]遂一直蒙受上帝之福佑。可見周民族已將自己的形成、生長的史實與對上帝的崇拜融和在一起。此外,《詩經·大雅·大明》言文王"小心翼翼,昭事上帝",《文王》言"文王陟降,在帝左右",《皇矣》則曰"維此王季,帝度其心",並三次以"帝謂文王"的句式,將文王所以能開創克商大業的原因歸功於上帝之啓示。這些詩篇皆雄辯地證明了周人克商以前很早即有自己的上帝,絕非周初臨時從商人那裏搬過來的。何況周人雖可能如顧立雅所言,在克商後爲了同化商人而把其上帝吸收進自己的神殿(這在宗教史上是不乏事例的),但不能設想周人竟會爲此而在極短的時期内歪曲自己神聖的信仰,使被征服者的神凌駕於自己偉大先祖之上,甚至當作自己民族淵源之所在,故周人承接商人上帝之説實無道理。

細讀文獻則可知,周民族的"上帝"崇拜似能追溯到文獻記載的夏代。《尚書·吕刑》篇以王(一説即周穆王)的口吻講述古史傳説曰:"皇帝清問下民,鰥寡有辭于苗。……乃命三后恤功于民:伯夷降典,折民惟刑;禹平水土,主名山川;稷降播種,農殖嘉穀。"這段文字大意是講上帝(懲罰了帶給人們災害的有苗首領蚩尤後)問民之疾苦,鰥寡之人皆對有苗帶來的損壞抱有怨言,於是上帝即命令三后愛護人民,[②]爲民建功業。派伯夷授以法典,以刑法制定民之案;派禹平定水土,主持爲山川定名,又命令后稷教民播種,民於是才懂得努力種莊稼。據典籍,伯夷是姜姓之四岳族的首領,[③]禹是夏民族的祖先,后稷則是姬姓周族之先祖。《吕刑》此段文字約成於西周中期,仍是周人自己以上帝的傳説來神化其祖先,但把夏人的上帝與自己的上帝納入同一系統,由此透露出周人與作爲禹之後裔的夏人似有着相接近的上帝崇拜觀念。《尚書·多方》記周公誥多方之人曰:"惟帝降格于夏。"《尚書·立政》"古之人迪惟有夏,乃有室大競,籲俊尊上帝迪",亦可證在周人觀念中,夏人也有與自己相同的上帝信仰。從文獻上看,周人與夏人的關係也確實比較密切,[④]這可能是形成近似的宗教信仰的基礎。

至於商人上帝觀念之歷史根源現在還講不清楚,其在克夏以前與黄河流域夏民族的接觸或可能影響其亦采取"上帝"這一名稱來稱呼自己的主要天神,但他們是按自己的宗教觀念塑造了前述那種上帝形象的。商人的上帝與周人的上帝,在神的性質上實際有着較大的差異,這可以概括爲以下三個方面:

(一) 商人的上帝雖主宰天廷諸帝臣,但與祖先神及自然神間没有明確的上下統屬關係。周人之上帝則與周人祖先神及自然神間結有此種統屬關係。西周晚期周厲王所作青

---

① "后稷肇祀",注家多釋爲后稷開創了對上帝的祭祀,但詩中前面已言姜嫄禋祀上帝,所以詩言"肇祀"當是以后稷爲周人始祖,由此意義而言,才可以説后稷開創了周人祭上帝之制度。
② 后,在甲骨文、金文中本作"毓",指男性君主。
③ 《國語·鄭語》:"姜,伯夷之後也。"韋昭注:"伯夷,堯秩宗,炎帝之後,四岳之族。"
④ 據《史記·周本紀》:"后稷之興,在陶唐、虞、夏之際,皆有令德。"又言后稷卒後,其子不窋繼其官爲稷,直至夏后氏政衰,方失其官(按:其子一人不能生存時間如此之長,當是泛指此間周人數代先祖)。依此記述,知整個夏代,周人皆職事於夏王朝。

銅器𪾢鐘(舊稱"宗周鐘","𪾢"是厲王名,可讀爲胡),有銘曰"惟皇上帝、百神保余小子"(《集成》260),"百神"之稱又見於《逸周書·世俘》,其文記武王"用牛于天、于稷五百有四;用小牲羊、犬、豕于百神、水土二千七百有一"。天與上帝有相通處,故在神的等級上亦相近同,則這裏的百神是指天(上帝)、后稷以及水、土(社)兩種重要神靈以外的自然神、祖先神。𪾢鐘僅言"百神"則可能包括上帝以外的諸自然神與祖先神,"皇上帝"排在"百神"前,足見上帝等次明顯地高於其他衆神。周厲王在所作另一件青銅器𪾢簋之銘文中言其作此簋是爲了"用康惠朕皇文剌(烈)祖考,其各(格)前文人,其頻在帝廷陟降,綏周皇帝大魯(旅)命,用令保我家、朕立(位)、𪾢身……"(《集成》4317)。其大意是講:作此簋是爲了用以安樂、順和於我的光彩的、有德行的且又光烈的祖考,至於前文德之人,他們並行在帝廷(與人世間)陟降,繼續貫徹上帝偉大而美好之命令,[①]因而能够善保王家、朕之王位與生命。由此可證上帝對祖先神有直接的使令權,諸祖先神不僅在帝廷陟降而且皆聽命於上帝,貫徹上帝之意旨。至於周人的上帝與自然神之間的關係,從《詩經·大雅·雲漢》也可以得到啓發,此詩背景,舊説爲宣王因旱災而求雨。詩中曰:"祈年孔夙,方社不莫,昊天上帝,則不我虞。"這是説:祈年之祭很早即舉行,方、社亦祭得不晚,然昊天上帝並不幫助我。按詩人之意,既祭方、社等自然神,上帝就應該因滿意而給予自己佑助,則方、社必當爲上帝下屬之神。

根據上述情況可知,西周時期周人的上帝居於其他諸類神靈之首,與諸神結成有秩序的等次關係與統屬關係,並對諸神有使令的權力。按照現代宗教學對至上神的定義,周人的上帝應當即是他們的至上神。這顯然與商人的上帝在商人神靈中的位置不盡相同。

(二) 周人上帝與商人上帝第二方面的差異是,對於商人來説,上帝是一種强大而意向又不可捉摸的神靈,但西周時期周人的上帝已被周人奉爲保護神。

上文曾論及周人崇拜上帝可能有悠久的歷史,可以追溯到后稷時代,然而按照前引《大雅·皇矣》的詩意,上帝並非是自初即寵愛周人的,只是因爲厭惡東方二國(夏、商),才轉向西方的周,所謂"帝遷明德",其時在太王遷岐之時。詩又言"帝作邦作對,自太伯王季",可見在周人的宗教觀念中,上帝成爲自己保護神始於周人初建立王國之時。在此時以前的上帝在周人心目中是一種什麽形象呢?《大雅·生民》雖歌咏姜嫄"履帝武敏歆"而生后稷,但后稷出生時卻多顯示怪異現象,竟使"上帝不寧",於是姜嫄棄之。所以此時的上帝雖神聖、威嚴,但並沒有給予周人以恩寵。另一首史詩《公劉》,上承《生民》,歌頌公劉遷豳之業績,但全詩並未言及"上帝",只是贊揚了公劉創業的艱苦卓絶,完全是對人的自身力量的頌揚,體現了一種非宗教的質樸觀念,這似乎也客觀地反映出上帝在那時還未被賦予保護神的地位。此外,即使在追述太王始遷岐周、開發周原過程的《大雅·緜》中,亦

---

① "綏周"之字釋,參見張政烺:《周厲王胡簋釋文》,《古文字研究》第3輯,中華書局,1980年。

只是咏周人自身功業,未言及上帝,與《皇矣》中將上帝描繪成周人救世主形象的基調大不相同。

這樣,我們似可以推測,《大雅》中像《生民》《公劉》《縣》幾篇歌咏文王以前史事的史詩,並未以上帝爲保護神或根本未言上帝,似較客觀地表現了周人在遷至岐周建國以前或剛建國不久時較樸素的思想情感與宗教觀念。所以這幾首詩可能保留了較多的周人舊咏的成分,西周時雖有文句加工與藝術上的提高,内涵與基調終未變。但是在《皇矣》《文王》《大明》等主要歌頌文王而始作於西周時期的詩篇中,上帝已明顯地具有了保護神的形象,詩中因而洋溢着對上帝極其尊崇的宗教情感:"有周不顯,帝命不時。文王陟降,在帝左右。"於是使上帝與周邦和义王達到極和諧的統一。這表明周王國建立後,周人的上帝崇拜觀念有重要的發展。周人建立此種上帝觀顯然是出於政治統治的需要。從《尚書·多士》《逸周書·商誓》等文獻中可見,周人在利用這種宗教觀神化自己的政權,從思想上瓦解商遺民的反抗情緒。侯外廬先生在《中國思想通史》(第一卷)中曾稱西周時的支配思想是"政治宗教化"。如從宗教觀角度看,宗教既進一步服務於現實政治,故也可以稱之爲"宗教政治化"。但是,既然是宗教,那麼以上帝爲自己保護神的觀念就不僅僅是用來作爲統治殷遺民等被征服者的工具,周人克商大業的成功,周初政治局面的順利召開,使得周人貴族自己實際上亦已深情地沉浸在這種構擬的宗教信念中。如在《尚書·康誥》與《君奭》兩篇文章中,即可以看到周公對其弟康叔、對召公奭均在講上帝,認爲文王是因爲有德行,使上帝滿意,於是集大命於文王之身,使其承受殷國之命。周人王室貴族在對話中講上帝,顯然不含有政治功利的意思,只能證明周人貴族本身也以上帝信仰爲自己的精神支柱。共王時青銅器墻盤之銘文在贊美文王受上帝所降美德與有力的輔佑之臣,從而能廣有天下、聚合萬邦後,又贊美共王:"上帝司夒(擾),允(匡)保受(授)天子綰令(命),厚福豐年。"(《集成》10175)墻是殷遺民後代,但此時在情感上與宗教觀上已同化於周人,這反映出,到西周中葉時上帝爲周人(具體而言即是周王)保護神在貴族階級中已成爲一種宗教信條。至西周晚期,周人的上帝觀亦見於金文。前引周厲王自製的馭鐘,其銘曰:"惟皇上帝、百神保余小子",下面繼言"我惟司配皇天王",使人感到厲王對上帝會保佑自己仍充滿信心。又如西周晚期的師詢簋,句式多與宣王時的毛公鼎相合,時代亦當相近,其銘文記王在誥命中言"皇帝"(即上帝)滿意文、武王與其臣正之政績,於是"臨保我厥周雩四方,民亡不康靜"(《集成》4342)。實是以此勉勵師詢在王室艱難之時能仿效其先祖考輔弼於王,以繼續得到上帝之佑助。由以上馭鐘、師詢簋銘文可知,在西周晚葉,社會動亂,周王室已走向衰微,一部分周人貴族對"天""天命"發生疑惑與怨恨(見《詩經》之《大雅》《小雅》部分詩篇)時,周王與上層貴族仍對他們所樹立的上帝這一保護神虔誠地寄托着期望。周人奉上帝爲保護神,不僅相信上帝會在政治上降予佑護,而且認爲上帝會給他們帶來農業的豐收。前引《周頌·思文》頌揚上帝命后稷養育烝民。《周頌·臣工》則言"明昭上帝,迄用康年”,是以上帝爲農業之主宰。《大雅·雲漢》一詩中周王以焦急的心情叙述旱災饑饉的發生,是由於“天降喪亂”,但並未譴責上帝,而只是不明白爲什麼無神不祭,而“昊天上帝,則不我虞”,可知對周人來説上帝永是吉祥之神,永不會像商人的上帝那樣降下巨大災難。

總之,上述諸例足以證明西周時期上帝對於周人來説不僅是至上神,而且是多權能的保護神。過去的論著由於多着眼於周人的“天”,或者籠統地認爲周人的上帝與殷人的上帝崇拜無大差別,因此對周人上帝研究得很不够,甚至忽略不談,對於上帝在周人宗教觀念中的上述重要地位即未能充分揭露,因而亦不能全面説明西周時期天神崇拜的實際情況。

(三) 周人與商人上帝的第三方面差異,表現爲商人的上帝看不出具有理性,恣意降災或降佑,但周人卻賦予上帝主持正義、有明確的是非觀念的品格。這樣做首先是克商後政治形勢的需要,是爲了將自己的信仰與商遺民的上帝信仰順接起來,並改造後者。商人也一直在崇拜他們的上帝,但是什麼原因使上帝如此偏愛周人而徹底抛棄了商王朝,這是周人對商人實行武力征服後欲在思想上進一步征服商人所必須回答的問題。在《尚書·多士》中可以見到周公訓誥殷多士,成湯至帝乙諸殷先王,皆“罔不明德恤祀”(無不勉力地實行德政,慎重地對待祭祀),“罔敢失帝”(没有敢違背上帝旨意的),故能“配天其澤”(合乎天意,得到上帝的恩澤),但後嗣王(指紂王)放縱淫逸,根本不顧天之明與民之疾苦,所以“惟時上帝不保,降若兹大喪”。這樣,就將商人的失敗歸之於上帝之主持正義,懲罰邪惡,周人則受上帝之命成爲這種懲罰的執行者。如《逸周書·商誓》記武王對商百姓所言:“肆上帝命我小國,曰革商國。”又如《逸周書·克殷》記武王於甲子克商,翌日“即位于社”。尹逸“筴曰”:“殷末孫受德,迷先成湯之明,悔滅神祇不祀,昏暴商邑百姓,其章顯聞于昊天上帝。”武王於此時“再拜稽首”曰:“膺受大命,革殷,受天明命”,武王又再拜稽首,乃出。①文中言尹逸“筴曰”,即“讀筴書祝文以祭社”,②是在祭商都之社時向社神祝告克商之理由,實際上是爲此次克商之合理性製造政治輿論,意義相當重大。宣讀祝文之尹逸,朱右曾《逸周書集訓校釋》以爲即《逸周書·世俘》之“史佚”。周人强調上帝的正義性、理性,應即是由武王與史佚之類具有神職的周人上層貴族在克商的新形勢下對傳統上帝觀念進行補充的結果。

與將上帝作爲保護神一樣,給上帝以明辨是非、懲惡揚善的神性,即不僅有從思想上統治殷遺民的作用;作爲宗教信念,同時也感染了周人貴族自身的上帝信仰,使之增添了新的道德色彩,成爲約束貴族行爲之準則。例如在《尚書·康誥》中可見,文王“克明德慎罰”,聞於上帝,遂得以受天命,這一歷史被周公用來教育其弟康叔。在《君奭》中周公亦以上帝因周文王之有德而“集大命于厥躬”之事例,與召公相勉勵。周人賦予上帝理性,相對

---

① 以上所引《克殷》文,據朱右曾:《逸周書集訓校釋》。
② 見《史記·周本紀》正義。

於商人視上帝爲不可捉摸,是一個巨大的進步,已由被動地聽從上帝的安排轉向積極地、自覺地去爭取上帝的佑助,上帝成爲正義的代表,因而在一定程度上促進了理性思維的發展。

三、西周時期的"天"及其與上帝的異同

過去已有不少學者提出對天的宗教崇拜源於周人,商人不崇拜天。就現所見商代文字資料看,説天並未成爲商王室宗教崇拜對象,大致是可以成立的。但在殷墟卜辭中還是可以見到"天"這一概念,並可以知道"天"已在商人的詞語中具有值得尊敬、景仰的含義。①

成於西周時期的文字資料則表明"天"在當時已成爲最重要宗教崇拜對象,《尚書·多方》中有句曰"惟我周王靈承于旅,克堪用德,惟典神天",所謂"神天",即説明"天"確被視爲神靈。顯然,這是與商人不同的。對"天"的崇拜確是周人與商人宗教的重要差別。

在西周時期,"天"與"上帝"是同一的,還是兩種不同的神靈,這是數年來使學者感到迷惑的問題,古代注釋經典的學者多認爲帝即天,現代學者一般亦是較簡單地將二者看作爲一種神,不再區分,認爲二者只是稱呼的不同,未有實質的區別。但在西周金文與文獻中,甚至在同一段話語或詩篇中,"天"與"上帝"都可能並出,如果二者沒有區別,爲什麼要在神的稱謂上搞得這麼複雜? 這個問題總不好理解。也有少數學者力主帝不等於天,强調二者之差異,但對二者所具有的同一性似有所忽視,亦不够客觀。所以帝、天之異同還是需要通過仔細研究有關的文字資料來搞清楚。爲了説明這個問題,需要先説明天的權能。

綜觀西周文字資料,作爲神靈的"天"的權能舉其要者,有以下三意:

(一) 天主宰王朝興亡。《詩經》《尚書》中的西周文獻多言天終絶殷之命,如《尚書·召誥》:"天既遐終大邦殷之命。"天廢棄王朝或亦稱作"降喪",如《尚書·君奭》:"弗弔天降喪于殷。"又《梓材》"皇天既付中國民越厥疆土于先王(按:指周武王)",是説周王有土有民也是天所付與。正由於天主王朝興亡,故西周早期銅器何尊銘文言:"惟武王既克大邑商,則廷告于天,曰:'余其宅兹中國,自之乂民。'"(《集成》6014)即是將克商建立西周王朝並立都於中國之事上告於天,以邀得天之首肯與庇佑。西周金文與文獻中還明言天對周王及其王朝的佑護,如大盂鼎銘"古(故)天異(翼)臨子,灋保先王,□有四方"(《集成》

---

① 例如在甲骨學家稱之爲"午組卜辭"(《合集》收入"一期附丙二"中)的非王卜辭中,可以見到用牲祭"天戊"(《合集》22054)、歲於"天庚"(《合集》22077)及御祭於天庚(《合集》22097)、祭於天癸(《合集》22094),這些受祭者采用日名,當屬先祖神。日名前的"天"字應屬於廟號前的美稱,應即是指上天。或以爲當讀爲"大"字,似不妥。西周金文中家臣有稱家主爲"天尹"(公臣簋,《集成》4184—4187)、"天君"(內史鼎,《集成》2696)的,"天"亦是美稱。在此組卜辭中,還可以見到單稱爲"天"的受祭者,見《屯南》2241,可能是泛指上述"天某"(日名)之類祖先神,也可能是指上天。如是這樣,則説明雖然商王室貴族並未尊奉"天",但下面某些商人貴族家族因有自己一套獨立的祭祀系統,也可能將天(上天)作爲自己家族的神靈。

2837)這裏"子"還是以釋作天子爲好。又如《尚書・大誥》："天休于寧(文)王,興我小邦周。"

(二) 天選立君主。如《尚書・多方》言夏王暴政,於是"天惟時求民主,乃大降顯休命于成湯,刑殄有夏"。民主,即民之主。又如,《左傳》襄公十四年"天生民而立之君,使司牧之",雖是東周人所言,但符合西周時對天的看法。

(三) 天降佑或降災於人世。降佑之例,如《周頌・我將》:"我將我享,維牛維羊,維天其右之。"《大雅・下武》:"昭茲來許,繩其祖武,於萬斯年,受天之祜。"降災害之例,如《尚書・大誥》"弗弔! 天降割于我家,不少延",此是指武王之喪。《逸周書・祭公》"天降疾病",指祭公病重事。《詩經・大雅・雲漢》"天降喪亂,饑饉薦臻",此"喪亂"指旱災。《詩經》中屬西周晚期的詩篇中更有不少所謂怨天之詩,如《小雅・雨無正》《巧言》《小旻》《節南山》等,皆是怨天給人世降下深重災難。

將天的主要權能與前文所論及之西周時期周人上帝之權能相比,可知二者有差距,但上帝作爲周人保護神所具有的權能也在天的權能範圍内,如天降喪於殷,在政治上、經濟上降佑於周王與周人等。天與上帝共有的涉及周王與周王朝命運的重要權能表明二者在神性與本質上有相同之處。

天與上帝的相同處,除表現在上述諸方面外,也體現在二者皆被周人認作自己民族生命之本源,《大雅・生民》咏姜嫄禋祀上帝,並因而得踐帝足迹生下后稷,是爲民之初生,所以周人自認是感受上帝之神力而生。但《大雅》的《蕩》與《烝民》中皆言"天生烝民",烝民即衆民,自然包括周人,故周人也被認爲是天所生。在這裏,上帝與天相混同。與此相關聯的是西周時期出現的"天子"之稱,王是天所生衆民之首,故被視爲天之元子。[①]《尚書・召誥》記召公言"嗚呼! 有王雖小,元子哉"。這是稱成王爲元子。同文又記召公言:"嗚呼! 皇天上帝改厥元子茲大國殷之命。"此"元子"注家多以即是指商王紂。是"天子"也被認爲是上帝之子,天與上帝於此又相混同。

在周人宗教觀念中,天與上帝具同一性,也可以從西周文獻的語句中體會到。如《尚書・康誥》記周公對康叔追述文王之德政"克明德慎罰……惟時(是)怙冒聞于上帝,帝休,天乃大命文王殪戎殷……"清楚地表明上帝與天在情感與意志上的一致。正因爲二者具有共同的神性,在西周文獻與金文中,二者有時即可以相互代用,例如《尚書・召誥》:"(召公)曰:'……嗚呼! 皇天上帝改厥元子茲大國殷之命。'"又言:"天既遐終大邦殷之命。"這裏的"皇天上帝"與"天"即可以互代。類似例子甚多,不煩贅舉。

在以上所言天、帝以同一性爲主的情況下,帝似乎可以理解爲是天的代表或象徵。朱熹《詩集傳》卷十一《小雅・正月》注曰:"上帝,天之神也。程子曰:以其形體謂之天,以其

---

① 曾運乾注下文所引《尚書・召誥》文引鄭玄云:"凡人皆云天之子,天子爲之首耳。"見其《尚書正讀》。

主宰謂之帝。"從天、帝具同一性這一個側面來看,這種解釋有一定道理。然而漢以後多數學者只注意到天、帝同一這一面,忽視了二者的差異,所以只簡單地以帝爲天之別名、美稱。《逸周書·世俘》記"武王降自車,乃俾史佚繇書于天號",陳逢衡《逸周書補注》以爲"天號"即《周禮·大祝》"辨六號,一曰神號"之神號,鄭玄注:"號謂尊其名,更爲美稱焉。神號,若云皇天上帝。"顧頡剛先生亦引及此,並補引《尚書緯·帝命驗》:"帝者,天號也。"①可見陳氏、顧氏皆以漢人之説爲是。唯將帝、天關係作如此解釋未必符合西周時的宗教觀念。② 天與上帝的關係並非僅是同神而異稱的問題,二者除去上述同一性之外,還有一定的差別,這可以從三個方面作比較得出:

(一)上帝是周人的保護神,但天卻不單是授佑於周人,而且也會對周人降下各種災害,這在上文説明天的權能時已講到。成於西周晚期的《詩經·小雅》《大雅》中部分詩篇,出於對當時社會動亂的强烈不滿,對於天的理性、正義性發生疑問,有大量申述天對下民所降災害,甚至譴責天的語句,此爲大家熟知,不需贅引。當然,這類怨天之詩的作者多屬中小貴族,並不一定代表上層貴族的觀念。前文論西周的上帝時曾提到,西周時人在遇到災害時並不敢譴責上帝。在此類詩中亦是如此,只有《小雅·正月》云"有皇上帝,伊誰云憎",是問上帝究竟憎恨誰,其語氣只是疑惑,且仍尊稱天爲"有皇"(即光明、偉大),並不像質問天那樣憤慨。③

(二)在神靈人格化的程度上,天與上帝亦有較大的差別。所謂神的人格化,不僅是指與人同形,更重要的是指與人同"性",即有與人相同或相似的性格,如思想、感情、意欲等。④作爲神靈的天有自己的思想意志(比如周初誥命中多次言及商紂因罪惡受到天懲),也有情感(如《尚書·召誥》"天亦哀于四方民")。此外,天還可以直接聞知人事(見《尚書·酒誥》),天亦可以監視人間(見《詩經·大雅·大明》)。這些情況表明天屬人格化的神。但是與上帝比起來,上帝的人格化(或曰擬人化)即顯得更强一些。⑤ 上帝不僅具有上述天的人格化行爲,而且能够直接對人説話,故《大雅·皇矣》幾次云"帝謂文王",《尚書·吕刑》:"皇帝清問下民。"但在西周文獻及金文中雖可以見到"天"對人王降下命令,卻見不到明言天開口講話。⑥《大雅·文王》"上天之載,無聲無臭"證明天並無話語。此外,《大雅·生民》頌姜嫄"履帝武敏歆"而生后稷,上帝既有足迹,自然具有人形。《大雅·文

---

① 顧頡剛:《〈逸周書·世俘篇〉校注、寫定與評論》,《文史》第 2 輯,中華書局,1963 年。
② 朱熹《詩集傳》卷一九引陳氏曰:"天,即帝也。郊而曰天,所以尊之也……明堂而曰帝,所以親之也……"此説亦是認爲天、帝爲一神之異稱,所以如此與祭禮有關。
③ 又《大雅·蕩》言"疾威上帝,其命多辟"。"疾威"是形容上帝之威嚴。"多辟"之"辟",傅斯年《性命古訓辨證》認爲即《小雅·雨無正》"辟言不信"之"辟",毛傳訓爲"法",傅氏引申爲峻厲,認爲是"爲下文斥商之張本"。按在此似亦可訓,見《禮記·王制》"天子曰辟雍"鄭玄注。同詩稱上帝爲"下民之辟",又以文王口氣言"匪上帝不時,殷不用舊",可見並無怨恨上帝之情緒。舊釋多以爲此詩乃影射周王,故釋"疾威"爲暴虐,釋"多辟"爲邪辟,似不可信。
④ 吕大吉:《宗教學通論》,中國社會科學出版社,1989 年,第 116 頁。
⑤ 對於這個問題,杜而未:《中國古代宗教研究》(學生書局,1983 年)有較細的論述,可以參看。
⑥ 森三樹三郎:《從上古至漢代的性命觀之展開》(創文社,1971 年)根據《詩經》與《尚書》的資料即曾指出過這一點。

王》曰"文王陟降,在帝左右",《大雅·皇矣》言上帝"乃眷西顧",皆説明上帝是具有人形的。上引《大雅·文王》言上天行事,不僅無聲,且"無臭",即没有氣息,可知作爲神靈的天則是虛無飄渺的。西周詩文中常稱天爲昊天,甚至言"浩浩昊天"(《小雅·雨無正》)、"悠悠昊天"(《小雅·巧言》),亦説明周人雖賦予天一定的"人性",但並未見賦予人之形象,天是一種超感性形態的靈性力量。[①]

(三) 周人之天與上帝的另一重要區别,表現爲周人已在篤信天主宰國家(王朝)命運的基礎上,將此種"天命"明確地與道德觀念緊密地結合起來。[②] 周人雖視帝爲正義之維護者,因而已將上帝的行爲賦予一定的道德標準,但這主要是出於從思想上進一步瓦解商人,爲周代商製造輿論的目的。西周王朝建立後,上帝既被奉立爲王朝保護神,其懲罰邪惡的威力不能再制約周人自身,於是天命與道德觀結合便適應周人鞏固統治的需要而得到發揮與强調。

周人固自認享天命,但又從社會實踐中體會到,命之吉凶、長短難以推測。特别是商人之亡國,更使周人堅信"天命靡常"(《大雅·文王》)。從《尚書·君奭》篇中可以見到對周王朝命運的憂患自克商勝利不久即纏繞於周初統治者的心中。顯然,後繼者只有敬德,秉德爲政,才能不重蹈殷人覆轍。由於在當時的歷史條件下這一政治思想必須披上宗教的外衣才能得到貫徹,因而能否敬德即被作爲久享天命之關鍵。周人提出,夏、商"墜厥命",是因爲"不敬厥德","王其德之用,祈天永命"(《召誥》),即王只有根據德行事,才能祈求天命之長久。此種觀念在周人貴族,特别是上層統治者中一直被承繼下來,成爲一種"官方哲學"。西周中期穆王時的班簋銘文記毛公伐東國亂戎後將獲捷事告於"上"(按:"上"應是指周王,或是指在天之先祖,如是後者則屬告祭),其言曰:"惟民亡(無)遂在彝,昧天命,故亡。允才(哉)! 顯! 惟敬德亡(無)卣(攸)違。"(《集成》4341)西周晚期宣王時的毛公鼎銘記周宣王仍以文武行德政,使"皇天弘厭厥德,配我有周,膺受大命"(《集成》2841)來勉勵毛公。享天命以人爲的敬德爲必要條件,即不再要求人們以盲目的宗教情感支配人事,實際上已爲獨立的人事開闢了道路,並促使人們開始把外部世界與自身予以理性的區分,去尋找現實的客觀規律。[③] 從這個角度看,西周時期天的崇拜在一定程度上已進入哲學思維的高度。

綜上所論,在周人的宗教觀念中,天與上帝是兩種既有同一性又有差别的人格化的天神,其同一性是建立於某些共同的權能(特别是順應克商政治形勢的需要而賦予二者共同

---

① 又《史記·殷本紀》記武乙作天神偶像,但商人似未以"天"爲神靈,且周人之"天"神並無具體形象,故武乙作天神偶像之説尚難肯定爲實事。

② 作爲名詞用的"天命",在西周文獻中含義似非單一。《尚書·大誥》"天命不僭,卜陳惟若兹",是周公向諸邦君與群臣强調卜兆顯示天命没有差錯(即天命平定叛亂),這裏的"天命",應是指天的命令(指命),但《詩經·大雅·文王》"侯服于周,天命靡常"(靡常即無常),《小雅·十月之交》"天命不徹"(不徹即不均,見朱熹《詩集傳》)此二例中之"天命",均應理解爲天所授予之生存之命,亦即命運。"天命"也有釋作"天道"的,見《周頌·維天之命》鄭玄箋。

③ 參見劉世銓:《先秦天道觀的發展——論哲學史的研究對象》,《中國哲學》第10輯,三聯書店,1983年。

的人事權能)之上的,就此而言,天與上帝可以説是二位一體的。但是天在神性上有更爲複雜的特徵。天在人格化程度上不如上帝而接近於自然,天有並非周人保護神的一面,其意志難以揣測,似乎反映了周人對支配世界的客觀規律的探求(按:其這一神性而言,頗似商人之上帝);作爲天所主宰之命運的"天命"與道德觀的結合是周人爲尋找客觀規律所作的一種努力與嘗試,使其宗教色彩較之上帝已明顯淡化。

天與帝在西周人的宗教觀念中既然並非完全一致,各有一些不同的神性,而當時天神崇拜之一個重要方式即是祭祀,那麼西周時對上帝與天的祭祀有何差別呢?從現有文獻、金文資料看,這個問題似乎不够明朗。故這裏只能作初步的探討。《逸周書·世俘》記有周王祀帝、人之活動:二月:辛亥,"薦俘殷王鼎,武王乃翼矢珪、矢憲告天宗上帝";四月:辛亥,"祀于位,用籥于天位"。越五日乙卯,"告于天、于稷",用牛五百有四。辛亥日所告"天宗"亦見《禮記·月令》,鄭玄注曰"'天宗'謂日月星辰也"。顧頡剛先生因而主張"'上帝'爲主宰,'天宗'爲泛稱"。但典籍中没有王泛告於衆天神的情況,且將上帝置於衆天神後連稱亦不妥。故"天宗上帝"之"宗"當訓爲"尊"(《吕氏春秋·孟冬紀》"天子乃祈來年于天宗"高誘注),"天尊"應理解爲天之尊長,即天神之首,"天宗上帝"還是指上帝。辛亥日作爲祭所之"天位",楊樹達《積微居金文説·大豐簋跋》疑即該簋(按:即天亡簋)銘中之"天室",則"祀于位,用籥于天位"所祭還是上帝。如此,則二月辛亥、四月辛亥均爲祀上帝,辛亥日或是祭帝之日?乙卯日則告於天和稷,正符合《史記·封禪書》所言周人"郊祀后稷以配天,宗祀文王於明堂以配上帝"。祭天用牛,與《尚書·召誥》周公"用牲于郊,牛二"相合。而《封禪書》所言"明堂"即相當於天亡簋銘文所言以文王配祭上帝之"天室"。

據上述,初步可以認爲:西周時祭上帝是在天室(或曰明堂)一類祭所内,以文王配享;祭天則於郊,不設祭所,以后稷配享,多用牛牲。天與上帝所以有祭祀地點的不同,當與二者人格化程度的差異有關。天不成形,蒼茫浩大,接近於自然的天,亦無所謂降陟,故在郊外設壇而祭;上帝有人形,可降陟於天上、人間,故可祭之於天室、明堂之類祭所。朱熹《詩集傳》卷十九《我將》解題,認爲后稷爲遠祖,尊而不親,故配祭於天,文王爲近親,配享上帝於明堂,是親文王。東周時期,道德化的天以外,作爲神靈之天往往稱上帝,故在成於東周(或稍晚)的文獻(如《周禮》《禮記》等)中郊祭已是祭上帝,且祭日亦用了西周時祭上帝之辛日,如《禮記·郊特牲》:"郊之用辛也。"

有關西周時期的天與上帝之關係,最後還有一個問題需要考慮,即從宗教學角度看,由天與上帝具同一性而言,二者可以視爲一體,皆可稱爲周人之主神,或稱至上神。但二者的差別又昭示它們可能有不同的"出身"背景。前文曾論及,上帝是周人古老的神靈,上帝的崇拜肇始於周民族初期歷史,至於周人對天的崇拜開始於何時,還需要研究。

這個問題仍可以根據《詩經·大雅》中涉及上帝與天的史詩作一些探討。這幾篇史詩是《生民》《皇矣》與《文王》。其中《文王》專頌文王,肯定成於武王之後。餘二詩中,《生民》詠姜嫄、后稷與周人之初生,《皇矣》詠大王遷岐至文王一段光輝的創業史。此二詩成爲今天所見到的形式,亦當是在西周時期,但詩中所涉及的重要史實必當本自克商以前周人舊典,詩中的神話色調則亦大致可以反映周人早期的宗教觀念。

我們細讀《生民》,可知全詩只歌頌上帝,以上帝爲周人得以降生於世的神聖本原,但無一言及"天"。如"天"在周人早期活動時期即已像後世那樣被尊奉,則《生民》詩中似不能不言之。《皇矣》一詩頌揚上帝更爲熱烈,將周人所以遷岐與所以能興旺發達皆歸功於上帝之旨意,而極罕言"天"(僅"天立厥配"一句提到"天",謂天在太伯遷岐後爲之立太姜爲配)。《文王》一詩即已不僅言上帝,同時亦將文王功業與天命相聯繫了。綜合上述情況,似可以作出這樣一種推測,即周人對天的崇拜可能是遷岐之後才開始,在此前只尊上帝而未尊天。

從世界各民族宗教發展的歷史看,一個民族在自己傳統宗教信仰的基礎上,又接受新的神靈,並漸與傳統的神靈混同,往往是與其他民族相互融合的結果。從周人早期歷史看,他們在殷代中晚期選定了岐周一帶爲政治統治中心,並與當時西北甘青地區處於青銅文化階段的諸民族發生密切關係,在血緣上、文化上相互融會,終於形成更廣大的周民族共同體。① 周人在遷岐後始尊奉天,或許同其與甘青地區的古代民族的交融有關。唯限於資料,這些古代民族的種族情況尚不甚清楚。

與討論這個問題有關的是,20 世紀 20 年代日本學者白鳥庫吉曾撰文指出,蒙古語謂天(蒼天,也指神天)爲 tegri、tengeri,突厥語謂天爲 tengri、tegri、tangri、tängri,與漢語之天(ten、tien)音頗類似,意義亦相同,故疑其爲同語源。他並指出,匈奴語謂天爲"撐犁"(《漢書》卷九四上《匈奴傳》),"撐犁"按韓音與安南音讀爲 T'aing-li 或 danh-li,較近於原音,正是 tangri 的異譯。② 近年來已曾有學者提出:根據人類文化多有淵源關係的學說,周人的"天"原就是土耳其(Turk,即突厥)與蒙古族的"天",因爲三者的"天"所有的文化綜合體彼此相同(如三種語言中"天"皆指物質的天,也指至上神,祀天皆於圓丘,皆焚化祭物等),所以周人與土耳其族有不少文化關係是無疑的。③ 蒙古、突厥、匈奴等古代民族皆爲北方民族,屬阿爾泰語系。所以奉"天"爲至上神,可以認作是屬此語系的多數古代民族共同的古老宗教信仰。如此,則上述與周人融合並對周人實行天之崇拜產生直接影響的我國西北古代民族,或可能本身即屬於此一語系,或是受到過崇奉天的北方阿爾泰語系諸民族的深刻影響。當然,上述看法是否符合實際,尚有待更多的資料發現,以作進一步的研考。

---

① 詳見拙著《商周家族形態研究》第二章第一節,天津古籍出版社,1990 年。
② 白鳥庫吉:《蒙古民族之起源》,《史學雜誌》第 18 編第 2 號,1923 年。
③ 杜而未:《中國古代宗教研究》。

周人能在自己的神殿中接納天,是因爲其上帝本來即在天上,二者的神性頗有相通之處。緣於此,天與上帝很容易發生一定的融合,在神性上即表現出前文所言之若干同一性,在名稱上二者也有交融的表現,如"昊天上帝"之稱(是在上帝前面冠以昊天,但還是上帝之稱)。然而二者始終亦未能達到完全融合,無形的天帶有命運之神的色彩,特別是適應克商之後的政治需要,天與道德結合,被賦予更多的理性。

四、餘　論

有兩個問題與上文所論有密切關係,尚需作簡略的説明:

(一)過去學界有一個傳統的看法,認爲周人在克商前比較後進,西周的思想文化多承繼於商人。由上文所論,知此看法是不妥當的。周人在自己的早期歷史階段即已有獨立的宗教系統,至遲在商代晚期即已奉上帝爲至上神。至上神的產生,將神靈系統秩序化,是探討支配世界發展法則的一種宗教思維,但在一定程度上,反映了思想中理智因素的進展,比起商人的上帝觀是一種進步。特別是周人在遷岐建立國家以後,即樹立上帝爲保護神,並在克商後立即將後起的對天的崇拜引向以敬德爲實際目的的天命觀,推動了人本精神的發展,也説明周人在克商前其政治思想相對商人已較進步與成熟。也正因爲有此種思想、文化的基礎,周人才可能在建立西周王朝後立即推行空前規模的分封制,以一個小邦成功地控制了比商王朝勢力範圍廣闊得多的領域。總之,在今後研究思想史、政治史、文化史時,似都不宜低估周人在克商以前思想、文化水平所達到的高度。

(二)西周時對帝、天的崇拜相當强烈,但何以没有導致一神教宗教觀的出現與神權政治的形成? 這可能是由以下三方面因素決定的:首先,如上述,周人將對天的崇拜落實到以敬德爲宗旨的人事上,此種具濃厚理性因素的人本精神的發展,從根本上阻絕了一神教與神權政治出現的道路。其次,周人將對帝、天的崇拜與祖先崇拜更緊密地結合起來,使祖先崇拜不僅没有削弱,反而得到加强。殷墟卜辭中占卜先王何者可以"賓帝",知商人並不認爲所有的王死後皆可以"賓帝",但周人的先王皆在帝左右,[①]而且周人貴族先祖之亡靈也皆被認爲高居於天上,[②]雖未必在帝廷,但必在上帝、先王之外圍,仍足使後世子孫景仰。在西周金文中可見,周人貴族每在頌揚先祖之靈在天之後,必虔誠地乞求如此神聖的先祖降自己以"多福",説明深深地根植於濃厚的血緣與宗法關係基礎上的祖先崇拜,在周人心靈中仍要比天神崇拜更具有實際的功利性,這也是使至上天神獨專的一神教最終未能形成的重要因素之一。再者,西周文獻與金文證明《國語·晉語八》子産所言"是故天

---

① 見《逸周書·度邑》與周厲王㝬簋、㝬鐘銘文。

② 見虢叔旅鐘、番生簋、井編鐘銘文,郭沫若《周彝中之傳統思想考》(收入《金文叢考》,人民出版社,1954 年)已指出:"神其祖若父以配天帝之事,即人臣亦可爲,蓋謂人死而魂歸於天堂也。"

子祀上帝，公侯祀百辟"，即由王主宰對上帝(或天)的祭祀，大致符合西周的情況。[①]《禮記·表記》所言"天子親耕，粢盛、秬鬯以事上帝，故諸侯勤以輔事於天子"，文雖晚出，但有助於了解王主祭上帝(或天)之宗教權力對强化王權的作用。在此種制度下，王本人即具有溝通上帝(或天)與人類的能力，並因而使王權得到最高程度的神化。所以西周時的天神崇拜並未能造成另一與王權對立的神職權力機構，而是使神權融於王權中。上述西周時期的宗教觀及與其相聯繫的政治制度，作爲一種模式，爲後世歷代王朝所承襲，對中國社會產生了深遠的影響。

（原載《中國社會科學》1993 年第 4 期，原篇題作《商周時期的天神崇拜》）

[①] 據《禮記·明堂位》，西周各諸侯中只有魯公受成王之册命，可以天子之禮樂"祀帝于郊，配以后稷"。由《左傳》哀公十三年與《魯頌·閟宮》可證明魯公確有此權。惟《禮記·禮運》記孔子言，認爲魯公此舉是僭越。春秋中期後，獨立的集權政治化的列國多已有祭上帝之舉。

論商周女性祭祀

在中國古代的宗法制家族中,宗子的權力是父權的一種集中體現。由於父權是與夫權相聯繫的,所以在不同歷史階段的這種家族内,皆存在着某種程度對女性的壓抑,女性在家族内的地位從總體上看要低於男性。而能用來説明女性在家族内地位高低的標誌之一,就是女性在家族祭祀活動中所處的位置。因爲祭祀祖先神等神靈無疑是宗法制度下家族成員顯示其身份的最重要的活動之一。也正因此,女性參與祭祀的程度亦可以説在一定程度上反映了家族内宗法形態的差異與父權的强弱,是從一個側面探討古代家族制度的重要課題。但對於這個問題,以往研究古代宗法制度和婦女史的學者雖有所涉及,但卻缺少較深入的、專門的論述。本文僅就有關的古文字與文獻資料來説明商周時期女性所參與的祭祀活動與其表現出來的地位的變化,並進而對商周的宗法制度的某些變化做一探討。

一、殷墟卜辭與商金文中的女性祭祀

由於現在發現的卜辭多屬王卜辭,所以殷墟卜辭中所見到當時的女性祭祀,實際上主要還是商王室,也即商王自身所在的那個家族内的情況,這當然不能涵蓋當時諸類不同身份女性的狀態,但仍不失爲了解商代婦女在家族祭祀活動中所處地位的一種重要表徵。

殷墟卜辭中所見到的王室祭祀活動,絶大多數是王直接主持的,如果不是王主持,王即占卜由哪一個親近的貴族進行(在卜辭中常采用"乎"某某人祭何神靈形式表示),而被王指令祭祀者基本上是男性貴族,可知當時商王室内的祭祀主要是男性貴族的事。也正由於凡王以外的貴族參與王室祭祀必要占卜,凡不言及女性的,即無女性參與祭祀,我們就可以由少數卜女性祭祀的卜辭來探討當時王室内女性祭祀的内涵。

有關女性祭祀的王卜辭中以卜婦好祭祀爲主,包括以下幾條賓組卜辭:

(1) 乙卯卜,賓貞,乎(呼)帚(婦)好⿰山⿱止又于匕(妣)癸。(《合集》94 正)

(2) 丁巳卜，쒐貞，酌，帚(婦)好卸(御)于父乙。(《合集》712)

(3) 貞，弓乎(呼)帚(婦)好往燎。(《合集》2641)

(4) 甲戌卜，貞，帚(婦)好不往于匕(妣)庚。(《合集》2643)①

(5) 貞，帚(婦)好굴呂于多匕(妣)，酌。(《合集》2607)

(6) 貞，帚(婦)好굴……(《合集》2608)

(7) 乎(呼)帚(婦)好굴굿于父……(《合集》2609)

(8) 貞，翌□卯，弓乎(呼)帚(婦)好굴……父……(《合集》2610)

(9) 貞，乎(呼)帚(婦)好祼于母……(《合集》2650)

　　婦好是商王武丁的配偶。婦好受王指令所祭祀者從上引諸辭中可知爲父乙、妣癸、妣庚、多妣。父乙是武丁父小乙，即婦好之舅(即公)。妣癸是中丁配，妣庚是祖乙或祖丁配。婦好祭祀先王、先妣要由王占卜決定，説明此種祭祀實際主持者是王。王所以要指令婦好祭祀某些祖先神，當是出於這些神靈對婦好會施加影響，婦好只有祭祀這些神靈才可免災之考慮。

　　在卜辭中曾可見卜問父乙(武丁父小乙，婦好舅)、靡后(先王配偶，后即王后)會否作祟於婦好(《合集》6032 正、《合集》759 反)，而王爲婦好被除災害而御祭的先王有父乙(小乙)、母庚(小乙配)、妣庚(祖乙或祖丁配)、妣甲(祖辛配)、굿甲(某先王配)、②甲介(某日名爲甲的介父即庶父)等。御祭對象雖未必本身即是作祟者，但這些祖先神肯定對婦好有施展某種特定權能的可能。概言之，在此類祭祀活動中與婦好有關係的先人一是其舅，其夫君(武丁)之親父及其兄弟。二是諸女性先人，即母庚(婦好之姑，即其婆)與屬直系先王配偶的多妣。這兩類先人也正是婦好本人直接祭祀的對象，其中舅、姑即公、婆是夫家與其關係最近的先人，也是生前與其最易發生利害關係的先人，死後自然可能成爲婦好主要祭祀對象；另一些作爲直系先王配偶的女性先人所以成爲王所御祭對象與婦好本人直接祭祀之對象，當是因爲這些女性先人對婦某等王室婦女有作祟與主掌其生育之權力。③ 上引卜辭(1)占卜乙卯日王呼婦好以굴祭妣癸，同版尚有：

　　　(10) 辛丑卜，殼貞，帚(婦)好굴(有)子。三月

　　　　　辛丑卜，亘貞，王固(占)曰：好其굴(有)子。굿(《合集》94 正)

這是辛丑日占卜的，通過占卜，王判斷婦好已有子(即懷孕)。在本版卜辭(1)乙卯日卜婦好祭妣癸前十四天，所以王要特意指令婦好祭妣癸，可能正與辛丑日所卜得的婦好已有子

---

① "往"是祭名。于省吾認爲往祭即後世之禳祭，禳乃往之借字，見《甲骨文字釋林》，中華書局，1979 年，第 154—159 頁。

② 見拙文《商人諸神之權能與其類型》，收入《盡心集——張政烺先生八十慶壽論文集》，中國社會科學出版社，1996年。亦收入本書。

③ 見拙文《商人諸神之權能與其類型》。

有關,因爲直系先王之妣是唯一具有影響時王之配生育權能的一類祖先神,①婦好祭妣癸,應是爲其生育之事乞求平安。上引《合集》2643,如果"往"祭確是如于省吾先生所釋讀爲禳,②則也是祭妣庚而爲自身禳災。總之,由以上分析可知,婦好受王指令所祭祀對象只是在上述兩類先人中,有一個較小的範圍。祭祀的目的只是爲婦好自身平安而求佑,與商王及其近親王室男性貴族所進行的正宗祭祀活動不同。

卜婦好祭祀以外,王卜辭中所見到的確與女性祭祀有關的卜辭還有以下幾條:

(11) 癸未卜,帚(婦)鼠㞢匕(妣)己青豕。(《英藏》1763)

(12) 帚(婦)鼠㞢匕(妣)庚羊、豕。(《英藏》1763)

(13) 癸未卜,帚(婦)鼠㞢母庚青。(《英藏》1765)

(14) 己亥卜王,余曰:帚(婦)鼠母(毋)褅……(《合集》2804)

(15) 貞,羽(翌)辛亥乎(呼)帚(婦)姘宜于磬京。(《合集》8035)

以上有關婦鼠的卜辭(11)至(14)均爲自組,③卜婦姘的卜辭(15)爲賓組,皆屬武丁時期,卜辭中還有卜婦鼠與婦姘生育之事,④故二者也皆爲武丁配偶,婦鼠多見於自組,⑤活動年代可能稍早。以上所舉辭例中婦鼠祭祀對象已知者爲妣己(祖乙或祖丁配)、妣庚(祖乙或祖丁配)、母庚(武丁父小乙配),仍在上述婦好祭祀對象範圍內,顯然祭祀的動機也是相同的。上引卜辭(15)卜其"宜于磬京",宜是一種殺牲祭祀的方法,卜辭中可見宜祭對象有祖乙、父甲、妣辛等,也是王室先人,惟婦姘在磬京之地宜祭對象因辭殘而不能確知,但估計不會超出上述婦好與婦鼠祭祀範圍。

除殷墟卜辭外,有關商王室內女性祭祀問題的資料還有以下一篇青銅器銘文:

(16) 龏姤昜商貝于后,作父乙彝。(方鼎,《集成》2434)

有此銘文的器物有一組器。作器者爲"龏姤(后)",即商王之配。本銘記龏姤(后)受到后之賞賜,因而爲父乙作器,父乙當是先王,銘文中"昜商貝"是被動式。本組器器形屬殷末,或即是帝辛時器,則父乙可能是帝乙,也即是龏姤其舅,則此后是帝辛之配。"龏后"之稱也見於卜辭,時代不同,但皆屬龏氏,是出身於龏氏的王后。"龏后"與"后"之關係,最可能的情況當是"龏后"爲時王之配,"后"是其姑,即時王之母,也即後世所謂"太后"。⑥本器是龏后爲自己的舅即公公作器,仍在上面據卜辭所總結的商王室女性祭祀對象範

① 見拙文《商人諸神之權能與其類型》。
② 見于省吾:《甲骨文字釋林》,第154—159頁。
③ 按:似應歸入所謂自賓間組。
④ 自組卜辭有:"戊辰卜,王貞,帚(婦)鼠冥,余子。"(《合集》14115)"貞,帚(婦)鼠冥,余弗其子。四月"(《合集》14116)有關婦姘生育的卜辭較多,見《合集》13949—13953,14008—14314。
⑤ 按:也見於自賓間組。
⑥ 關於此器銘的解釋,請參閱拙文《論卜辭與商金文中的"后"》,收入《古文字研究》第19輯,中華書局,1992年。亦收入本書。

圍内。

　　商王室婦女祭祀情況如上所述,非王室的貴族家族内婦女祭祀情況則可由"非王卜辭"資料及商金文資料窺知,其資料較少,且"非王卜辭"占卜主體之貴族與商王室有較近的親屬關係,但對於了解王室以外商人貴族家族内女性祭祀情況仍是有意義的。在較集中地出於 YH251、253、330 的一類武丁時期"非王卜辭"(《合集》劃分爲丙二類)①中,有占卜"十帚(婦)"於亞(廟室)祭祀妣庚的成組卜辭。妣庚是該類卜辭占卜主體之"子"的女性先人,是此類卜辭中所見受到尊崇的重要的女性祖先神。此組卜辭可按占卜時日排列如下(摘録):

　　　　(17) 戊午卜,兄(祝)亞用十……

　　　　　　束歔。

　　　　　　束亞。

　　　　　　于來己。(《合集》22130)

　　　　(18) 己未卜,十帚(婦)匕(妣)庚。

　　　　　　十帚(婦)于亞束。

　　　　　　束豕。

　　　　　　匕(妣)庚宰束羊、豕。

　　　　　　庚申卜,至帚(婦)卯(御)母庚牢,束小宰。

　　　　　　庚申卜,卯(御)束豕。(《合集》22226)

這是該家族十婦(即此家族内占卜主體之貴族的配偶及其子媳、弟媳等)束(刺)歔(或豕、牛、羊)爲牲在亞内祭祀妣庚。可見在商人貴族家族内,婦女所祭仍是夫家已故的女性先人,即已故的宗子之配。這與上舉王卜辭中時王之配與所祭對象的關係相同。在已發現的"非王卜辭"中有較多的祭祀卜辭,諸貴族均有自己一套相對獨立的祭祀系統,涉及婦女祭祀的卜辭甚少,這似乎也説明在非王的商人貴族家族内,祭祀亦主要是男性貴族而不是女性的事。

　　在商晚期青銅器銘文中,也可見有非王的商人貴族家族内婦女做祭器或接受祭器之内容。有這類器銘的器物中,有的已晚至西周初,不排斥屬商遺民之可能。其中所爲作器者(即受祭者)身份較清楚的有:

　　　　(19) 橐女爯父癸(鼎,《集成》2020)

　　　　(20) 姬作厥姑日辛尊彝。(鼎,《集成》2333)

　　　　(21) 婦闌作文姑日癸尊彝。橐(卣,《集成》5349.1—2;圖一)

---

① 《合集》分作丙二類的卜辭中夾雜有不當歸屬此類的卜辭,參見拙著《商周家族形態研究》,天津古籍出版社,1990年,第 187 頁注[4]。

（22）陸婦作高姑尊彝。（簋,《集成》3621）

（23）丙寅,王易宬貝朋,用作母乙彝。（卣,《集成》5367.1—2）

（24）天黽作婦姑鬻彝。（甗,《集成》891）

（25）顯作母辛尊彝。顯易（賜）婦𡥩曰:用鬻于乃姑宄。（卣,《集成》5389.1—2;圖二）

（26）子作婦姁彝,女子母庚宄祀尊彝。其（卣,《集成》5375.1—2;圖三）

（27）女子小臣兒作己尊彝糞。其（卣,《集成》5351）

（28）亞俞　糞入鬻于女子,用作又母辛尊彝。（鬲,《集成》688;圖四）

圖一　婦闌卣銘文（蓋銘）　　　　圖二　顯卣銘文（器銘）

圖三　子作婦姁卣銘文（蓋銘）　　　圖四　彝鬲銘文

以上器銘皆是女性自己作祭器,或接受其夫爲之所作祭器以祭祀,故皆可以反映當時女性祭祀之情況,其中(21)、(24)、(25)、(26)均各有同銘的一組器。諸銘文中女性爲“父某”作器的僅有銘(19)。銘(19)女酋是在糞家族內爲父癸作器,酋是卜辭與商金文中常見的氏名,女斿之稱很可能類似於"婦某",是以親稱加氏名構成,氏名昭示其父族。如此,則女斿所爲作器之父癸當是其舅,即其公公,很可能是羑氏之宗子。

再看其它器銘,銘(20)、(21)、(22)皆是女性爲其姑即其婆婆作器。婆婆稱"姑",見《爾雅·釋親》,曾被許多學者用來追溯中國古代婚制。銘(20)作器者言"姬"未言"婦某",但其身份也必是婦。《詩經·衛風·氓》:"三歲爲婦,靡室勞矣。"鄭玄箋:"有舅姑曰婦。"《爾雅·釋親》言"子之妻爲婦",是"婦"爲已出嫁的女子之稱。銘(21)"文姑"之"文"是溢美之稱,金文中習見。銘(22)"陸婦"是陸氏之婦。"高姑"之"高"或也是溢美之稱,言其尊貴。由此幾銘也可知當時在貴族家族內婦爲姑作器,專以之祭祀姑,是爲時尚。這與殷墟卜辭中所見到的婦某祭祀對象多爲其近親或其他尊貴的女性先人相吻合。銘(23)王賜貝給庝,[1]字從女,可能也是女性。卜辭中女性之名在字形上多有類似構造。得王所賜貝,因而爲母乙作器,母乙爲其姑的可能性較大。

值得注意的是銘(24)、(25)、(26)、(28)這幾件器銘皆有一個共同特點,均是夫爲婦作器指定婦用來祭祀夫之母,即婦之姑。其義頗近於卜辭中王呼婦某祭祀某先人,有指令之意。銘(24)言"天黽作婦姑"之器,"天黽"是商與周初金文中常見之氏名,此當是指稱該氏宗子,器是爲其母即其婦之姑所做,不徑稱爲母作器,而言所做爲"婦姑"之器,則是爲了説明此器是指定其婦專門用來祭祀姑的。(25)言顕爲自己的母親母辛作器,但轉過來賜予其妻,以命令性口吻要求其妻以此器供祭於其姑之廟室,此中男性家長與其妻之間的尊卑關係極爲明顯。

銘(26)、(28)意思不太明朗,需作分析。銘(26)中"子"是㠱氏宗子之稱,言其作婦嫿之器,也是夫爲妻作器,但下文又説明此器是在母庚廟室中祭祀母庚所用之器。既言是給婦嫿作的器,又言是用來祭母庚之器,則顯然也是與銘(25)所顯示的情況相同,是夫爲妻作器指令祭其姑。本銘中"女子"應即是婦嫿,"女子"是相對其姑母庚所言。《左傳》僖公元年"女子,從人者也",即是言已出嫁婦女也可稱"女子"(此義也可參見楊伯峻等所編《春秋左傳詞典》"女"字欄)。[2] 明確了這一點,銘文(28)似也容易解釋了,龔是亞俞氏中男性貴族,或即是該氏宗子,"入"即"内",當讀"納",[3]在此是致送之意,入(納)後一字是器名,即本器(鬲)之名稱,是形聲字,以量爲聲。[4] 龔將此鬲致送"女子",用來作專祭母辛之器,則此"女子"之義同於銘(26)也是龔之妻稱。銘(27)言作器者爲"女子小臣",則此小臣爲女性,所爲作器之"己"身份不明確,但無疑是此女子之先人,銘末署羑氏,故很可能該"女子"也是羑氏之婦,此也是爲其姑或舅所作器。

---

① 過去諸家釋文,或將貝作爲庝字偏旁讀爲"賓",似誤。

② 楊伯峻、徐提:《春秋左傳詞典》,中華書局,1988 年。

③ 參見陳邦懷:《嗣樸齋金文跋》第 70 頁"虵匕跋",香港中文大學吳多泰中國語文研究中心出版,1993 年。

④ 同上注引書第 78 頁"龔鬲跋"。

總之,以上幾件夫爲妻作器而令其祭姑之器銘,非常生動地表現了在當時貴族家族内女性在祭祀中的角色與地位。現在可將上文所論商代女性祭祀問題作如下小結:

(一) 商代(根據本文引用資料的時代,嚴格地講應是商後期)在商人王室或其它貴族家族内,祭祀主要是男性貴族的活動,女性祭祀活動非屬基本祀典,不占主要地位。

(二) 已出嫁女子在夫家的祭祀常常是由其夫即男性家長支配的,祭祀對象與地點、時間多爲男性家長所指令。

(三) 女子在夫家祭祀的主要對象,一是夫家上一代近親,即其夫的父、母,也即婦之姑、舅;二是其他有地位的女性先人。後者可能主要體現在商王室與其近親家族中,而女性祭祀其姑尤爲其夫與其本人所重視。

(四) 當時女性祭祀的主要目的,似僅在於爲其個人祓除不祥,爲其本身之生育、疾病等問題乞求免災與保佑。

二、周金文與文獻中的女性祭祀

有關西周時期女性祭祀的資料甚缺乏,西周早期的資料尤少。約屬康、昭之際的庚嬴(嬴)卣銘文曰:

> (29) 隹王十年既望,辰才己丑,王逆于庚嬴宫,王蔑庚嬴曆,易(錫)貝十朋又丹一柈,庚嬴對揚王休,用乍厥文姑寶尊彝,其子子孫孫萬年永寶用。(《集成》5426)

庚嬴爲女子,庚是所在夫家氏名,嬴(嬴)爲其父家之姓。王光臨庚嬴所居宫室因某事而表彰其功績,並賜給她貝與物,庚嬴因受王賞而作器,值得注意的是,她仍是爲其"文姑"作器。可見,商代晚期婦女重視與其姑的關係,以至姑卒後必要爲其作器以供奉之的習俗至此時猶存。但是昭王以後的西周銅器銘文卻昭示了與傳統的女性在祭祀中的地位有所不同的某些因素,如約屬昭王時期的縣改簋銘文曰(有省略):

> (30) 白(伯)屖父休于橎(縣)改曰:叔,乃任橎(縣)白室,易女(汝)婦爵、鋝之半、周(琱)玉、黄𠦪……(《集成》4269)

銘文記伯屖父賞賜縣白之妻改的物品中有爵。白川靜認爲這種爵是供婦人在寢廟中進行家祭所用的器,[1]這是很有道理的。不是夫致祭器於婦,而是上級貴族以祭器作爲賞賜物。這在以往有關女性祭祀的材料中是極罕見的,似表明伯屖父對於縣改在家族祭祀中較高地位的認可,這也透露出女性在祭祀活動中的地位有所提高。

另一件屬西周中期中葉時的器物尹姞鬲,也透露出這一變化,該銘曰:

---

① 白川靜:《金文通釋》八八"縣改簋",白鶴美術館,1962—1984 年。

（31）穆公作尹姞宗室于絲林，隹（惟）六月既生霸乙卯，休天君弗望穆公聖粦明
龡事先王，各于尹姞宗室絲林。君蔑尹姞曆，易玉五品、馬四匹，拜稽首，對
揚天君休，用作寶鼎。（《集成》754.755）

尹姞是女性，即作器者，穆公當爲所在宗族之大宗，穆公爲尹姞作宗室，很可能是因爲尹姞之夫已逝，此宗室是用以祭其夫君（尹姞即便有子，或此時尚年少，故主祭仍需尹姞）。穆公要爲尹姞作此宗室，是尹姞之夫當爲小宗，爲穆公弟或其子。尹姞作此器時穆公似已去世。天君某是其上級貴族，一説可能是王后。天君各于尹姞宗室，是表示對穆公族人之關懷。尹姞可以擁有自己主持的宗室，即祭祀場所，對於以前的女性來説，這顯然是不可能的。

到西周晚期之初，女性在家族祭祀中的地位可能有了一種新的態勢，如約夷王時的器物盧鐘銘文曰：

（32）隹正月初吉丁亥，盧作寶鐘，用追孝于己白（伯），用享大宗，用濼好賓，盧眔
蔡姬永寶，用邵大宗。（《集成》88—92）

盧作鐘的目的，當是用作其前人己伯宗室中的禮儀用樂器，故言其要用來助享大宗，用來招待賓客。而邵在表示他作此套編鐘的目的後，强調他與其配蔡姬要共同寶愛此器，並用來“邵大宗”，邵是祭祀用語，大師盧豆“用邵洛（格）朕文祖考”（《集成》4692）、宗周鐘“用邵各不顯且（祖）考”（《集成》260）、秦公簋“以邵皇祖”，均是使先祖聖靈昭顯之意。蔡姬作爲盧之妻能與盧並稱，並使用共同的禮樂器以祭先人，這種地位是此前所不能見到的。這説明自西周晚期貴族家族內婦女已有權參與家族內重要祭祀，介入了男性貴族的世襲領地。

以上盧鐘銘文所表現出來的宗子之婦與宗子在祭祀活動中相配合的關係，也見於反映西周晚期貴族家族祭祀活動的《詩經·小雅·楚茨》。在這首詩中，可以見到“君婦”（即宗子之妻，亦即主婦）在恭敬而緊張地準備祭神的祭品，在祭祀結束尸離開後，君婦還要適時撤去祭品，説明君婦作爲助祭者參與了這種正式的家族祭祀活動的全過程。

西周時期女性在祭祀活動中身份、地位相對商晚期發生變化的原因與周人宗法制度的漸成熟，漸與家族倫理觀念結合有直接關係。從現存西周文獻中不易深入了解其宗法思想，但在東周以後的禮書中對於在一個家族內宗子與其夫人如何及爲什麼要在祭祀中相輔相成、組合爲一體卻有具體的論述。例如在《儀禮·特牲饋食禮》與《少牢饋食禮》等篇章中，我們皆可以看到“主婦”緊密配合主人（即宗子）忙碌於祭祀的每一個重要環節，而且在宗子與其他男性助祭者祭畢後，主婦還要單獨貢獻祭品於尸。在較晚出的《小戴禮記》中也有不少篇幅論及宗子與宗婦在祭祀中的關係及其倫理化之社會意義。如《禮記·禮器》中也言“太廟之內，敬矣……君親制祭，夫人薦盎；君親割牲，夫人薦酒；卿大夫從君，命婦從夫人……”而《禮記·祭統》更明言：“夫祭也者，必夫婦親之，所以備外内之官也，官

備則具備。"所謂外、内之官是指在祭祀中分別助宗子、宗婦祭祀之諸家臣。祭祀中所以必要"夫婦親之",則是周人之宗法制度爲夫妻關係所設定的特殊的義務。如《禮記·哀公問》記魯哀公問孔子爲何昏禮必要設親迎之禮,認爲"不已重乎",孔子愀然作色而對曰:"合二姓之好,以繼先聖之後,以爲天地、宗廟、社稷之主。""大昏,萬世之嗣也。""内以治宗廟之禮,足以配天地之神明",鄭玄注云:"宗廟之禮,祭宗廟也;夫婦配天地,有日月之象焉。"這是將婚姻關係與整個之家族的傳宗接代(對於國君還有社稷之生存)相聯繫,宗族内宗子與其妻共行宗廟祭祀則是鞏固此種關係之重要環節與表徵。正因此,女性在家族祭祀中的地位在周代相對商代晚期有了形式上的明顯提高。

東周禮書中的上述思想未必是在西周即已完備化、系統化了的,這其中有後世相當多的儒家學説的構擬成分。但這種思想的主體部分,即對宗法家族中夫妻的看法,對女性在家族中地位的認識應該是在西周時期即已存在並逐漸深化的。需要説明的是,周代女性祭祀地位的提高在表面上是"夫妻一體"的體現,但實質上,在以父權爲核心的宗法制度下,女性在實質上並非真正與男性平等,而是在承擔生育職能以延續家族之宗旨下,依賴於男性並將自身融化於男性意志之中。西周時期的女性地位與商代相比,只是形式上的改變而非本質的變化。商代貴族家族内的宗法制度以更爲直接的、露骨的父權、夫權爲特徵,顯得較爲原始,而周代宗法制度已漸走向倫理化,父權、夫權已有某些隱蔽,以一定的倫理、道德加以包裝。由商周女性祭祀問題的考察有助於我們從一個側面了解商周時代宗法制度在形式上的變化。

(原載《中國社會歷史評論》第 1 卷,天津古籍出版社,1999 年。收入本書時略有補充)

試論中國早期文明諸社會因素的物化表現

經過近年來熱烈的討論,大家對中國文明起源這一重要學術課題已有了較深入的認識,但在一些問題的看法上仍有較大的分歧。這其中,我以爲如何科學地認識與理解中國早期文明(按:這裏指社會已進入文明階段,但處於早期)的物化表現可能是一個比較關鍵的問題。本文僅就此談幾點不成熟的看法。

一

由於中國早期文明的同時代文字記載資料尚未發現,後世的文獻中有關的記載也很缺乏,且含有一定傳説成分,所以,有關中國文明起源的研究主要依賴考古學的方法和手段,這是大家都没有異議的。考古學的研究對象是古代人類通過各種活動留下的實物,研究文明起源自然也是要發現、考察文明的物化表現。所以,科學地認識、歸納與理解中國早期文明的物化表現應該是對中國文明起源作考古學觀察的基礎。

回顧前一階段的中國文明起源研究,可以説主要是從三個角度來進行:一是探討與論證中國早期文明的"標誌"或稱"因素"(實際上都是指文明的物化表現)包含哪些内容,説明各種"標誌"或"因素"的發生、發展的過程,以及某一考古學文化是否具備了這些"標誌"或"因素",即是否進入文明。二是用聚落考古的方法研究文明的起源與形成,這種方法雖然也是在研究文明的物化表現,但重在從聚落形態演變(特別是作爲中心聚落的都城的形成)角度闡述文明形成的過程,力圖避免上述第一個角度的研究方法中某些不科學的、簡單化的傾向。第三種角度則是比較中國與西方在文明起源、形成的原動力及過程(或説程序)上的共同點與差異,比如從金屬工藝(如青銅工藝)應用的範疇説明文明形成的動力的差別(是政治因素還是生產技術爲主)。

從以上第一種角度作研究,已有相當多的學者提出批評或持保留意見,認爲不同地區文明標誌是不同的,而且學者之間也往往有不同的看法,企圖用比較固定的模式來套中國的情況未必適當。這是有道理的。由於世界各古代民族步入文明時期的人文的、歷史的與地理的條件不盡相同,所以其早期文明的物化表現也會有所差别。如果一定要説只有具備哪幾種帶普遍性的標誌(或因素)才算進入文明,確實有不科學的一面。這樣一來,即產生一定矛盾,一方面,探尋中國文明時要有可操作性,即需要通過考古學的方法與手段去發現和論證中國早期文明形成時的物化表現,找到足以反映文明出現階段的若干考古學文化特徵(這方面形不成一個看法,則以上第二個角度的研究顯然就没有一個科學的下限,文明形成過程的研究思路就不會清晰;第三個角度的研究也不可能有作比較的具體對象與考慮問題的着眼點);另一方面,又確實不存在一種爲人類社會普遍適應的早期文明出現的物化表徵。

因此,解決這個矛盾的唯一方法,是擺脱模式化的研究方法,實事求是地從考古學已揭示的且已爲世所公認的中國較早期文明的歷史實際出發,歸納出中國較早期文明在特定的人文、歷史、地理條件下所顯現出來的物化表現,亦即特定的考古學文化特徵,並以此爲參照與出發點,通過考古學的方法與手段(並與其他學科相結合)來進一步尋找、發現並認識年代更早的早期文明。

有一個事實是大家都承認的,即迄今爲止可以確認的中國比較早期的文明是商文明,能有較多了解的較早期的國家是商王國。約在公元前 16 世紀始建立於黄河中下游地區的商王國,是自此後約 5 個世紀內東亞區域內先進文明的代表。而且,據文獻記載,在商王國形成前若干世紀(即殷墟甲骨刻辭所示湯以前先公階段),商民族曾在華北平原内多次遷徙,不僅與其有所接觸的古代民族可能有血緣的融合,也必然有文化的融合,逐漸匯成商文明的基本文化特徵。而且商民族在南漸過程中,與盤踞在豫西(及晉南)的夏人發生接觸與衝突,也必然吸收了應該是已步入文明階段的夏民族的若干文化因素。所以,商滅夏以後形成的商文明,並不是簡單地在一個較封閉的區域内,在一種單一文化基礎上形成的,而是在一定程度上反映了當時若干古代民族共有的傳統的文化特徵。而且商文明在初步形成後憑藉其已具有的國家機構擴張其勢力範圍與文化影響,同時也就進一步吸收了周邊區域甚至更遠地區的文化因素。所以商文化的許多特徵具有相當寬泛的涵蓋面,我們可依據已取得的研究成果,來歸納商文明最重要的物化表現,分析其中所蘊含的深刻的社會因素,亦即對考古學資料作深入的人文歷史思考,藉以作爲探尋客觀上應存在的、比商文明更早的文明之基本文化特徵的參考,並以此爲基礎,加深對有關考古學文化是否具有文明物化表現的意義與其所能反映的文明化程度的理解。這種由下向上推,由已知推未知的方法,由於是從中國歷史實況出發的,應該具有可操作性。

二

根據 20 世紀中國考古學研究對商文明的了解,可以將其主要考古學文化特徵概括爲以下幾個方面：

（一）以宗廟、宮室等大型夯土臺基宮殿建築群爲核心（未必皆在中心位置）的都城（多數有規模宏大的較寬厚的城垣）的設立。

（二）獨立於一般非王貴族與平民墓地以外的大型陵墓區即王陵區的存在。王陵有規格遠超出一般大、中型墓的巨大的墓室與豐厚的成組的隨葬品。

（三）青銅禮器與青銅兵器被比較廣泛地使用。

（四）已能記載語言的文字的應用（按：早商時期的文字發現甚少，但殷墟甲骨文系統的文字已是較成熟的文字，在此前必當有一個較長的發展時期。早商時期商人已使用了此種文字，事在情理之中）。

即使不考慮後世文獻與殷墟甲骨文資料所指示的情況，僅就商文明以上幾點文化特徵，也可以認爲當時已屬於一個比一般所謂複雜社會更高級的社會形態，已有了國家。因爲以上幾種文化現象確實包涵着豐富的社會因素，以物化的形式綜合反映了一種文明形態。

講到這裏，有一個問題需要說明，以往在有關文明起源的討論中，通常徑將文明的諸種物化表現稱爲文明的因素，嚴格而言，這是不確切的。現在中國歷史學界與考古學界所講的"文明"，一般是用作一個社會發展階段的概念，認爲社會發展到階級社會即步入文明階段，國家是文明形成的根本標誌（本文沒有在文章開首即擺明所用文明之概念，亦緣於此。但是"文明"一詞歷來可有多種解釋。夏鼐先生在文物出版社 1985 年出版的《中國文明的起源》一書中基本上採用這個說法，但在同文中他也說明有人認爲"文明"這一名稱"也可以用低標準來衡量，把文明的起源放在新石器時代中"。惟讀此文，他說文明的"起源"在新石器時代，可以理解爲文明初生，也可以理解爲文明諸因素的開始出現。夏先生的意思在這裏可能是指前者，介紹了"文明"的另一用法）。所以，文明既是指特定的社會發展階段的概念，則它不等於若干考古學文化現象的集合。如果說文明的因素，也應該是指社會因素，諸如：A. 社會分工的擴大；B. 社會分層化的加劇，等級與階級的形成；C. 作爲貴族集團利益代表的君主（王）的出現；D. 具有超經濟强制權力的政治權力機構的形成（如政府、官吏、常備武裝等國家機器）。文明的物化表現，應該是分別地、具體地體現了類似的幾種文明社會因素，所以也可以更直接地稱爲文明諸社會因素的物化表現。

上面列舉的商文明的幾點文化特徵，所以能稱爲是商文明諸社會因素的物化表現，從以下表一所列舉之更詳細的現象及所作更爲細緻的分析可以看明白。

列出下表的用意，主要是想比較具體地解剖商文明的幾種重要的文化特徵各自所能象徵的文明的社會因素究竟是什麼，是對考古學資料做社會的歷史學的理解。

對表中所列有關青銅器生產的事項還應再着重作一說明。在目前發現的幾座商代都城內及附近，只發現有鑄造青銅器的作坊，說明從礦石中冶煉銅及其他礦料應是在采礦地點完成的。根據對從偃師商城時期到殷墟文化三期的青銅器中鉛同位素的測定資料,可知這些青銅器中都含有一種地質上十分罕見的高放射成因鉛,而有學者甚至認爲,出有此種鉛的礦產區應該位於與商王國所在地並不近的西南地區。① 所以,在當時開采、運輸(也可能包括掠奪、强迫貢納)、鑄造青銅器的金屬原料本身即體現了具有相當强的徵集、調動人力(包含武裝力量)及財富的能力這樣一種國家行爲。

這幾種文化現象中有一部分與西方學者所歸納出來的文明出現的主要現象,即文字、城市、金屬工業、宗教性建築、偉大的藝術從類別上看多有重合。② 在目前還没有可靠的證據能説明有所重合緣於文化傳播的情況下,則只能用基於人類在思維與創造力上的共性,在物質生產與精神文化發展到類似高度時會造就相類似的文化成果來解釋。這也説明,從世界範圍看,文明在剛出現時,物質與精神文化方面會有某些近於必然的體現。

但是,上舉商文明中有幾種社會因素的物化表現是具有濃厚的古代中國文化的特色的。如以宗廟爲主的禮儀性建築在都城中居明顯的位置,正合乎先秦文獻中所言"凡邑,有宗廟先君之主曰都"(《左傳》莊公二十八年),而且宗廟類禮儀建築與衆多貴族墓葬中出土的成組的青銅禮器,都體現了以維護父權宗族內部的等級關係爲目的的禮制在社會生活中的重要地位;此外,青銅冶鑄工藝基本上未應用(或説未直接應用)於改良農具,而主要是用來鑄造禮器、兵器,亦與古代中國國家政治生活的準則即"國之大事,在祀與戎"(《左傳》成公十三年)相吻合。

表一

社會分工、社會分層與國家機器	權力與能力	用途與需要	物化表現(文化特徵)
實行君主專制的王與王朝的出現	調動與集中大量勞動力及物質資源的行政權力與能力	主持作爲"民族神"的王室祖先祭祀及朝政之需要	以宗廟爲主的大型夯土臺基宮殿建築群處於都城的核心
		强化與神化王權之需要	獨立於貴族家族墓地以外的大型陵墓(區)
			大規模的城垣
王室貴族集團與多階層的貴族階級的形成	在都城與本宗族內部集中專職手工業者的權力與采掘、運輸、集中青銅原料的能力	從事多種旨在維護王權與父權宗族內部宗法等級關係的禮制活動之需要	設立於都城內及附近的較大規模的青銅器鑄造遺址 多種類型、已具組合形式的青銅禮器(及品種衆多、雕刻精美的玉質禮器)

① 金正耀:《二里頭青銅器的自然科學研究與夏文明探索》,《文物》2000 年第 1 期。類似的看法亦見平尾良光:《古代中國青銅器の鉛同位體比》,收入《日本中國考古學會會報》第 9 號,1999 年。
② 張光直:《中國古代史在世界史上的重要性》,收入《考古學專題六講》,文物出版社,1986 年。

社會分工、社會分層與國家機器	權力與能力	用途與需要	物化表現（文化特徵）
常備的王朝軍隊與作爲王朝軍事力量補充的貴族宗族內部(以貴族武士爲主力的)武裝力量的形成	同上	從事較頻繁戰爭之需要	都城內外青銅鑄造作坊內鑄造兵器的陶範，多種類型、數量較多的青銅兵器
服務於王室、王朝與貴族宗族的專職手工業者集團的出現(多可能在奴隸制經濟條件下生產)	因世代相傳而具有獨特的手工業技巧		設立於都城內及附近的各種手工業作坊遺址，作爲大、中型墓葬隨葬品的主要爲貴族使用的青銅禮器、兵器、玉質禮器及其他多種珍稀質料的手工業製品
脫離生產的知識階層的形成	有專門從事非直接生產活動的腦力勞動的條件、世代相傳的知識積累	職事王朝政治及從事宗教、天文、曆法等活動之需要	刻、寫、鑄於各種不同載體上的，已能記錄語言的文字(殷墟甲骨文系統)

　　與上述商文明社會因素的物化表現相聯繫的是商文明聚落形態中的一些特點，亦即都城布局方面的特點：都城一般有具防禦功能的夯土城垣(僅晚商的安陽小屯殷墟遺址尚未發現，惟在宮殿區西、南兩面有壕溝環繞。都城在無必要以城垣作防禦設施時自然可以不設，西周時亦然，也是特點之一)；都城中地勢較高處建有以王室宗廟等大型禮儀性建築爲主的宮殿區，實際上構成了都城的中心與重心；以爲王室與王朝官吏消費服務爲主要職能的各類手工業作坊圍繞宮殿區分布；王陵在距宮殿區稍遠的高地獨立存在；王室宮殿區附近周圍分布有貴族及平民的居址與家族墓地。商代都城布局的上述特點顯然是與社會分層所形成的金字塔形結構相適應的，尤其是突出顯示了王室貴族，特別是王的崇高地位。

　　以上所歸納的商文明諸社會因素的物化表現形式、聚落形態的某些特徵，以及對它們所反映的社會形態的分析，似可以作爲追溯、探索比商文明更早的、更古老的文明形態時的參考。也就是說，古代中國比商文明更古老的早期文明很可能有與商文明相近或相類似的上述物化表現。當然，中國地域廣大，商文明誕生於黃河中下游，古代中國的其他地域範圍內如果有與商文明同時或更早的文明形成，是否一定會與商文明諸因素的物化表現相同，自然不能講得太絕對。但是如上面所分析的，商文明諸因素的物化表現，既有與世界其他古代民族早期文明相重合之處，又頗具中國古代文化之特色，對在中國土壤上滋生起來的其他文明的探尋應該是有借鑒作用的，至少上面所談對商文明物化表現內涵之人文的、社會的、歷史的理解，對於認識與理解、詮釋其他考古學文化中與文明有關的現象是有幫助的。

三

文明的形成必然有一個過程,這個過程可以采用有的學者的"文明化"提法,即將"文明化"理解爲構成文明的諸多社會因素由出現、發展、匯聚而形成文明的整個經過。上文曾舉出文明的幾個較重要的社會因素,它們彼此有聯繫,如 A 項(社會分工)、B 項(社會分層)二者間有因果與相互促進的關係,而 C 項(君主、王)、D 項(政治權力機構即國家機器),應該是在 A、B 項發展到一定程度時才會出現,是派生出來的因素。當然,這也即是說,就這些因素本身而言,它們各自所能昭示的文明化程度是不同的,C、D 兩項可能與文明形成有更直接的關係。但這幾項因素本身又各有自己的發展過程,即從萌生,逐漸强化至形成。例如王的出現,雖是社會層級化的最終產物,但對外族的戰爭也是王權形成的因素,而王權是從首領權逐漸發展而形成。那麼所謂文明,應該是類似這些社會因素,在同一個社會共同體範圍内,都已各自發展到了一個較高的程度時的綜合體。

按照這種分析,作爲文明諸社會因素的物化表現也應該與這些社會因素在文明化過程中的發生、發展、相互影響及最後的綜合有大致對應的關係。具體而言,從考古學角度做文明起源的研究,似應該注意以下兩點:

(一) 單獨的文明因素之物化表現的存在雖可反映某一種文化所屬社會文明化的程度,但未必即能説明文明已形成。即使是能體現上舉C(君主、王)、D(政治權力機構)兩項社會因素的出現,也要考慮由於它們本身有個發展、形成的過程而對其反映的社會文明化程度做適當的估計。

(二) 只有文明諸重要社會因素的物化表現在同一時間段、同一地理區域内均以較高的發展水準匯聚爲一體,從考古學的角度而言,即體現於同一種考古學文化的同一時段中,説該社會已進入文明階段理由才比較充足。

當然,也可能某一文化所屬社會已步入文明,只是我們的工作做得不够,或文化遺存保存不好,與文明諸重要社會因素直接相關的物化表現未能得以全部揭露,以致影響對該文化性質的認識。但是從嚴格的學術研究角度出發,還是以做更深入的工作,或等待更新的發現來做結論較爲妥當。

下面,在以上兩點認識的基礎上,參考商文明的物化表現,對早於商文明的區域性考古學文化所代表的社會之文明化程度做一些思考。

偃師二里頭遺址中最能顯示其文明化程度的遺存有三點:第一,規模較大的成組的夯土宮殿群基址,附近有各種手工業作坊遺址;第二,墓葬中出土的青銅酒器已屬禮器範疇(四期墓已出現爵、斝的組合,這類酒器作爲禮器主要用來作祭祀祖先的祭器);第三,出土的青銅兵器中有較多屬一次消耗性的鏃,反映青銅工藝已較發達。以此幾點物化表現與商文明的物化表現相比,顯然還是有欠缺的,比如迄今未發現可以認定的文字,没有發現較大型的夠上王陵的墓葬。此外二里頭遺址内部的布局也還未完全搞清楚,從聚落考古角度看,它與周圍其他二里頭文化遺址間的層級關係也不很清晰。現在的情況是,多數的中國考古學家已把二里頭文化視作夏文化(夏王朝的文化)。得出這種認識恐怕不完全是憑藉對上述文化遺存從文明諸因素物化表現角度所作分析,而是考慮到了二里頭文化的晚期可以與早商文化相接(末尾可能在時間上有一段重合),其文化分布地域和存在年代落在文獻所記夏王朝的主要活動區域和時段内,這種時空關係的相合、文獻的印證,堅定了學者們對二里頭文化性質的認識,並因而肯定其所屬社會已進入文明。嚴格而言,對二里頭文化的認識是將考古資料與歷史文獻記載進行相互印證的成功探索。單就其所含有的可作爲文明諸因素之物化表現而言,要更確切地證實文明形成,還需要做進一步工作。但是應該指出,將上舉二里頭遺址中的幾種重要的遺存與上文所列舉的商文明同類現象相比照,可以認爲二里頭文化反映了其所屬社會中文明的一些重要因素已發展到一個相當高的程度,而且也頗具中國文化特色,所以,二里頭文化中更多的文明物化表現如王陵,甚至文字的發現也許是個時間問題。

近年來,在史前(及原史)考古中不斷有重要發現,例如遼西屬紅山文化的凌源、建平交界地的牛河梁的祭祀遺址(發掘者稱爲"女神廟")與積石冢群,[1]喀左東山嘴大型祭祀建築群址;[2]太湖地區位於浙江餘杭西部良渚、安溪、長命、瓶窰四鄉鎮地區内的以莫角山爲中心的良渚文化遺址群(含有大型建築遺迹、祭壇與大墓群);[3]黃河中下游地區河南、山東境内多座龍山文化城址。[4] 由於這些重要發現遠高出所屬文化中一般遺存的規格,特別是多顯示了權力體制的形成與社會層級化的鮮明,從而使研究者很自然地將這些發現作爲文明的物化表現,並對其所屬社會的文明化程度作出較高評價。但是這些遺存與文明之間的關係應如何理解仍值得作認真的推敲。

紅山文化上述祭壇性質的大型建築遺址應是屬於一個較大規模共同體的祭祀中心,對某種神靈體系的崇拜顯然有維係整個共同體的作用。在當時的生產力水平下,修築這種大型祭祀建築無疑要耗費共同體内大量的人力;而且大型積石冢墓的墓制與隨葬品比較精美,表現出與普通墓葬之間墓主人等級、身份的差異。將這兩種遺存所反映的問題相聯繫,所能説明的是所屬社會内社會成員已有較明顯的分層,上層成員有支配下層成員從事勞役的權力;積石冢中出土的部分玉飾與大型祭祀遺址中出土的陶塑人像之製作水平,

① 遼寧省文物考古研究所:《遼寧牛河梁紅山文化"女神廟"與積石冢群發掘簡報》,《文物》1986 年第 8 期。
② 郭大順、張克舉:《遼寧省喀左縣東山嘴紅山文化建築群址發掘簡報》,《文物》1984 年第 11 期。
③ 任式楠:《中國史前城址考察》,《考古》1998 年第 1 期;任式楠:《我國新石器時代聚落的形成與發展》,《考古》2000 年第 7 期;嚴文明:《良渚隨筆》,《文物》1996 年第 3 期。
④ 任式楠:《中國史前城址考察》;蔡全法、馬俊才、郭木森:《龍山時代考古的重大收穫》,《中國文物報》2000 年 5 月 21 日;張學海:《試論山東地區的龍山文化城》,《文物》1996 年第 12 期;(美)安·P·安德黑爾(陳淑卿譯,方輝校):《中國北方地區龍山時代聚落的變遷》,《華夏考古》2000 年第 1 期;宿白:《中華人民共和國重大考古發現》,文物出版社,1999 年。

表明當時社會分工與專業化程度已達到較高程度,與社會分層的水平相協和。所以,僅就現已發現的資料,即可以認爲牛河梁、東山嘴紅山文化遺存昭示了其所屬社會的社會分工、社會分層等社會因素已發展到較高程度,在此基礎上,共同體的上層首領也已相對顯貴化,不僅擁有集中財富的權力,也有支配與役使共同體成員的權力。這都説明這樣一個社會的文明化的趨勢已很明顯,應對其文明化的程度有足够的認識。但遺址中冶鑄金屬的遺存不能證明與遺址同時,且未有文字的迹象,説明社會物質生產的技術水平與知識文化的水準還不是很高,社會分工還未達到文明社會應達到的程度;較大型積石冢墓中隨葬的玉飾的情況與墓地的布局(與小型石板墓共處於同一墓地),未能充分證明已有國家君主(王)的存在,也不能反映與父權宗族制度相聯繫的禮制的形成;而且大型祭祀遺址只能認定爲祭祀中心,尚未發現具都城性質的遺址與其他居住址,聚落層級化是否存在亦尚未搞清。鑒於上述情況,現在即認爲紅山文化已進入文明階段,已有國家形態似還缺乏足够的物化表現的證據。

　　相對紅山文化來説,良渚文化的遺存所顯示的該社會文明化的程度要高出一個層次。這主要體現在以下幾點上:(一)良渚文化已存在獨立於小墓群以外的較大型墓地。[1] (二)較大型墓有相當豐厚的遠超出一般墓葬的隨葬器物,主要是成組的玉器類隨葬品,且部分已有棺椁。(三)較大型墓的隨葬物已有較固定的組合形式。瑶山墓地中,南組墓出玉鉞及石鉞與琮,但不出璜;北組墓則出璜、紡輪,不出玉鉞。玉鉞、琮與璜不出於同墓的情況亦見於反山墓地。隨葬玉鉞,也可能與商代較大型墓隨葬青銅大鉞的意義是相近的,是用來象徵權力(是否皆象徵軍權還應再研究)。隨葬琮,如果琮有像《周禮·大宗伯》所言有"禮地"的功用,則象徵墓主人有主持祭祀禮儀的身份。不同類的玉器既已有社會功能的象徵,亦可用來區分身份、性別,即已有了禮器的性質。(四)玉器製作已達到相當精緻的程度,特別是其中飾有淺浮雕的所謂神人獸面的玉琮,表現了高層次的專業水平。(五)良渚聚落已形成以莫角山大型長方形土臺遺址爲中心,含有50多處在規格上有明顯級差的遺址(及墓地)之遺址群。上述現象説明良渚文化社會分工、社會分層已更爲明顯,共同體内的上層在社會地位上比紅山文化積石冢的墓主人要進一步貴族化,與中下層成員已有了更明顯的差距,有了更大的控制社會財富及支配、調動勞力與專業化的手工業者集團的權力;類似於禮器的隨葬物中以玉鉞、玉琮配男子,以玉璜、紡輪配女子,體現了對上層成員中男性的統治權力的強化與對女性社會地位的規限;聚落的層級化出現,表現了一個有相當空間範圍的層級化社會的形成。

　　但是,用上文所舉出的較早期的文明之物化表現作比較,現已揭露的良渚文化遺存距離充分顯示國家與文明之形成亦有一定差距,例如,如果反山、瑶山墓地即是良渚文化最

---

[1] 浙江省文物考古研究所:《餘杭瑶山良渚文化祭壇遺址發掘簡報》,《文物》1988 年第 1 期;浙江省文物考古研究所反山考古隊:《浙江餘杭反山良渚墓地發掘簡報》,《文物》1988 年第 1 期。

上層顯貴的墓地,則從此類墓地的墓位布局看,更像是上層首領與其配偶的家族墓地,兩個最高規格的墓,也同時葬有配偶(?)或身份較低的親屬,與王陵獨立設置、專門突出王的地位那種"獨尊"的局面尚有差別。而且,類似反山、瑤山這樣的墓地在莫角山西北不遠就有匯觀山墓地(其中 M4 也是厚葬玉器,有玉鉞、琮的大墓)。① 此類墓地的墓主人最大的可能是統屬於良渚文化圈内的若干個較大共同體的各自的首領(與其近親)。從聚落考古角度看,像莫角山那樣的中心聚落内部的布局情況及其與下屬各層級聚落及墓地的相互關係(含相對的時空關係)也尚未能取得具體資料。此外,大墓隨葬的玉器雖已有近於禮器的作用,但不能證明有祭祖先的功能,所以良渚文化遺存所顯示的宗教崇拜未必可與祖先崇拜相聯繫。再有,良渚文化雖有發達的製玉工藝,但迄今尚未發現金屬器與冶鑄遺存,能够確認是都城性質的遺址亦尚待進一步的揭露與證實。

　　根據現已掌握的資料可將良渚文化所屬社會的特點概括爲:社會成員明顯分層,權力與財富急劇向上層顯貴集中,而且形成以顯貴居址與大型禮儀性建築爲中心的層級化的聚落布局。對於這樣一個處於文明化發展到較高階段的社會,有的學者稱之爲"酋邦"(chiefdom),②這種看法肯定了良渚文化的前國家社會之性質。惟"酋邦"概念説法不一,③綜合諸家見解,其所具有的一些特徵,像社會顯著分層,少數上層成員享受占有各種資源的特權;已有最高首領,只是權力機構還没發展到國家水平;多聚落形成層級關係等,與良渚遺存已揭露的情況大致相合。④ 但是良渚文化的考古學研究工作還正在進行,還有待深入。⑤

　　黄河中下游地區的龍山時代衆多城址及相鄰聚落的研究對中原地區早期文明的形成有更爲直接、更爲密切的關係,一是因爲在空間上,黄河中下游地區是夏商文明根植的土壤,在文明諸因素的物化表現亦即考古學文化特徵方面必然有直接的承襲與影響關係;二是從時間上看,黄河中下游地區龍山時代大約在公元前 2600 年至前 2000 年間,與夏商文明產生年代亦相衝接,自然應成爲探尋早期文明的重點。龍山時代的城址,目前在河南和山東都發現了多座。這些城址多是所在區域内規模最大的中心聚落,周圍有不同級別的

① 浙江省文物考古研究所、餘杭市文物管理委員會:《浙江餘杭匯觀山良渚文化祭壇與墓地發掘簡報》,《文物》1997年第 7 期。
② 謝維揚:《中國早期國家》,浙江人民出版社,1995 年。
③ 參見張光直:《從夏商周三代考古論三代關係與中國古代國家的形成》,收入《中國青銅時代》(三聯書店,1983 年);陳淳:《酋邦的考古學觀察》,《文物》1998 年第 7 期;許倬雲:《古代國家形成的比較》,《北方文物》1998 年第 3 期。
④ 1997 年許倬雲先生在吉林大學作講演時曾提出,應將之歸屬於"離國家形態還遠"的"複雜社會"(處於"初期的國家"與"正規的國家"前的一個社會發展階段),他强調的是社區、社群之間的等級關係。(見許倬雲:《古代國家形成的比較》)。當然,"複雜社會"也有用得較寬泛的,比如史徒華(Julian H. Steward)所講的"複雜社會"即包括了國家階段(史徒華[Julian H. Steward]著,張恭啓譯:《文化變遷的理論》一書中第 3 節《實際研究》中第 11 小節《複雜社會之發展:早期文明之發展的試探》,允晨文化實業股份有限公司,1984 年)。
⑤ 按:良渚文化的考古工作近年來有重要進展。2007 年以來,先是在餘杭瓶窑鎮發現面積可達 800 萬平方米的有城垣的古城遺址,繼而又在古城外圍發現規模龐大的水利工程系統。這些發現自然顯示了良渚社會上層權力機構與管理機制所達到的發達程度。

較小聚落,從外觀上看,可能也形成了層級化的聚落群結構。在一些城內,已發現夯土建築基址,如河南淮陽平糧臺、新密古城寨等,其中像新密古城寨城址內還有大型建築基址。個別城址內還發現冶煉銅或鑄造青銅器的遺存(如平糧臺出土有煉銅渣,登封王城崗更出土有銅容器的腹部殘片)與陶窯等,平糧臺城門道下還鋪了陶排水管道。山東鄒平丁公城址出土刻有不同於殷墟甲骨文系統的另一種文字的陶片。上述文化現象已與上文所歸納的商文明諸因素的物化表現中的一部分相接近,表現出龍山社會文明化已發展到了一個更高的水平。但這些城址面積較早商城址都要小得多,而且平面形狀也較多樣化,可見還處於早期較初級的城市階段,也不排斥其中較小者屬軍事城堡。由於大多數城址都未作系統的鑽探與試掘,所以城內遺存還多未能講清,而且中心城址與周邊聚落文化的時空關係,與某一特定的中心城址相聯繫的居住者內上層顯貴的墓地(現已發掘的這一地區內的龍山大墓較少,山東臨朐西朱封大墓 M202 及較小的泗水尹家城 M4 隨葬陶器,[1]表明已有陶禮器制度,但組合形式兩墓不盡同,說明這種組合因地域、家族等因素而有別。但兩處墓地都還未發現與中心城址的聯繫),類似這些問題也都有待作深入的考察。因而,儘管無論從已發現的遺存所帶來的信息,還是從歷史的邏輯的推測來看,龍山時代城址呈現早期文明的可能性是存在的,但在工作還未做得很細緻的情況下即肯定其所屬社會已步入文明似乎亦還缺乏充分的證據。

四

學者或提出,中國早期文明是以中原爲中心的多元一統的格局,意即中原早期文明是中原史前文化在其發展過程中受周圍文化的影響,匯聚周圍地區多種文化的先進因素而形成的。這一見解,從理論上看是客觀的、全面的。但其中有的問題似亦值得思考,如既然早期文明的研究主要要靠考古學的方法與手段,那麼從考古學角度看,中原早期文明中的“多元”亦即多種文化因素究竟體現在哪些方面? 能够說明多少問題呢? 在實際研究過程中,可能只能從已屬早期文明,或處於文明化過程中的中原某考古學文化遺存的特徵上去考察,比如金屬器、陶器、玉器的工藝特徵,各類器物的形制、紋飾、風格,又比如城垣與建築的構造形式與建造方法,文字的符號特徵等,從這些方面體現出來的周圍文化特點來說明中原文化受到哪些考古學文化的影響,與哪些文化有過交流,說明這些文化交流對早期文明的文化面貌的形成究竟起到什麼作用。

但是,上文已提出過,嚴格而言,文明作爲一個社會發展階段的概念,其形成(對原生文明而言)主要是所在地區內以某種考古學文化爲表徵的共同體(古代民族共同體)內部諸社會因素(如上文所舉出的類如社會分工、社會分層、王與政治權力機構等)自我發展、

---

[1] 于海廣:《山東龍山文化大型墓葬分析》,《考古》2000 年第 1 期。

演進的過程,當然不排斥社會因素也會受到來自其他民族共同體的影響。而上述考古文化遺存中反映出來的多元的文化因素,只是文明諸社會因素的物化表現在伴隨社會因素的發展而發展的過程中,由於文化交流而形成的特徵。因此,如果把研究僅局限於考察這種物化表現所顯示的多元的考古學文化的特徵,雖可以了解上文提到的多種考古學文化交流對文明的文化面貌的形成所起的作用,或進而透過這些現象,去推測民族共同體間血緣的與文化的交融之過程與程度,但是並不能具體地展現文明諸社會因素自身發展到一定高度終而匯聚形成文明的社會的歷史的過程。

根據上面的分析,對中原地區早期文明的研究即應該着重從兩個方面進行:

其一,是應該加强作爲中原地區早期文明"載體"的共同體自身文明化過程的探討。即通過研究反映該共同體文化面貌的考古學文化的來源、發展、演化過程,特別是研究其中作爲文明諸社會因素物化表現的發展過程來系統地説明該共同體步入文明的途徑。比如,對於夏文明的探索,似應在以前研究的基礎上,在進一步全面揭露二里頭遺址文化面貌以更充分地從考古學上證實夏文化的同時,着力探討其文化來源,探討反映在二里頭文化中的諸社會因素物化表現的初生形態;對於商文明,則應進一步加强對早商文明形成過程的考察,不僅從考古學文化類型角度探尋二里岡文化的直接前身,而且應加强對早商文化中出現的各種文明社會因素的物化表現發展過程的研究。只有通過上述工作,才有可能較具體地勾畫出中原地區早期與較早期文明自身形成的主綫,並作出歷史學的闡釋,這將對研究中國文明的形成有極重要的意義。

其二,從考古學文化類型角度,具體地探討中原地區早期與較早期文明諸社會因素物化表現形式與内涵的多種文化來源,比如反映在各種器類的形制、工藝、藝術特徵或其他文化遺存方面的不同的考古學文化因素,進一步揭示中原早期文明與其他地區文明(或文化)的聯繫,判斷其所受到的影響或相互影響的程度。比如良渚文化雖在發展到一個相當發達的狀態後即比較快地消失了,但其以琮爲代表的玉器之工藝、形制、紋飾及其使用制度等都可能對商文化有過影響,這是不少學者均曾注意到的,然而兩種文化間有較大的時空差距,這種影響是通過何種中介産生的,即是需要細細研究的問題。

(原爲"中國文明起源和早期國家形態研討會"論文,
北京,2000 年 7 月;後載《文物》2001 年第 2 期)

論中國考古學與歷史學的關係

談論考古學與歷史學的關係,有必要先對概念(或稱定義)問題做一申述,以爲討論的前提。這里所謂"歷史學",可以做兩種理解,一是廣義的歷史學,或稱歷史科學,即研究人類社會歷史的科學;另一是狹義的歷史學,指依靠文獻資料研究人類社會歷史的學科。討論歷史學與考古學的關係時,所云歷史學可以是指前者,即廣義歷史學;也可以是指後者,即狹義歷史學。至於"考古學"的定義,在中國考古學界,爲多數考古學者接受者,可以舉出《中國大百科全書·考古學》分卷中由夏鼐、王仲殊兩位先生合作的序言《考古學》一文中所下之定義,即"考古學是根據古代人類通過各種活動遺留下來的實物以研究人類古代社會歷史的一門科學","考古學屬於人文科學的領域,是歷史科學的重要組成部分"。依據這一定義,考古學歸屬於廣義歷史學應該是沒有問題的,需要討論的只是考古學與狹義歷史學的關係。但實際上並非如此,考古學與廣義歷史學的關係仍然是一個存在疑義、值得討論的問題。

一、考古學與廣義歷史學

從世界範圍看,考古學並不都是劃歸於歷史學(廣義歷史學)這一大學科之下的。在歐洲,考古學基本歸屬於歷史學;在美洲,考古學則多歸屬於人類學。其原因在於這兩個地區考古學學科形成的歷史背景不同。[①] 在歐洲,考古學是 19 世紀中葉由古物學發展而形成爲一個學科的,其研究目的是利用古代遺物研究文獻所未能揭露的歐洲古代史。歐洲有着漫長的成文歷史時代,有着悠久而深厚的歷史學研究傳統,自然習慣於將考古學作爲歷史學的組成部分。即使是無文獻記載的史前時代的考古,也歸屬於史前史研究範疇。而且歐洲考古學家認爲考古的研究對象是自己的祖先,如此也使這種研究帶有很濃烈的

---

① 下文所論參考格林·丹尼爾(Glyn Daniel),黃其煦譯:《考古學一百五十年》,文物出版社,1987 年;俞偉超:《爲更多學科服務是考古學的宗旨嗎》,載《中國文物報》2002 年 6 月 21 日第 7 版;楊建華:《外國考古學史》,吉林大學出版社,1999 年。

民族主義意味與歷史責任感。在美洲,由於對美洲本土的考古學實際上主要是由歐洲殖民者對印第安人歷史的研究引發的,而印第安人没有成文歷史與文獻史料,所以這種研究不可能采用傳統歷史學的方法。同時,歐洲人進入美洲後,大量的印第安族群仍存在,通過對當時尚存的印第安部落的調查去研究與追溯古代印第安人的人種、歷史與文化便成爲主要研究手段,並由此形成了發達的獨立於歷史學之外的人類學。而其調查研究也逐漸從生存的印第安人部落過渡到歷史上印第安人的土丘建築,並開始了對土丘建築的發掘。所以,在美洲,考古學很自然地成爲發達的人類學的補充,並歸屬於人類學之中。當然,在美洲,研究文明古國與歐洲大陸的考古學,也還是歸於歷史學範疇。可見,歐、美考古學定位的差別實際上並非緣於研究對象有本質區別,而主要是由二者產生於不同的學術背景下,研究的對象、出發點、資料與手段有某些差別。但不論在哪一地區,嚴格意義上的考古學既然在本質上都是通過研究歷史上人類所創造的文化遺存來研究當時人類的社會行爲,研究古代社會,那麽,如果將劃分學科的基本點放在研究對象上,則美洲考古學當其以古代印第安人的歷史與文化爲研究對象時,它實際上也可以歸入廣義歷史學即歷史科學的範疇。[①] 因此,對於中國考古學與歷史科學關係的傳統定位似不必因爲考古學在國際上歸屬有別而產生懷疑。

目前,在中國主張考古學應脱離歷史學(即廣義歷史學)成爲獨立學科的學者,另有一個重要的理由,即認爲現代考古學在研究範疇、方法與技術手段上都超出了歷史學本身。例如中國社會科學院考古所與美國明尼蘇達大學曾聯合開展過對古代洹河流域約 800 平方公里範圍内人類社會發展與自然環境的關係問題的考察(包括研究該地區史前至原史時期的城市化過程)。考察中根據自仰韶時期以來洹河流域的人類聚居分布規律,結合地質鑽探,確定了史前至東周時期洹河流域的改道情況;同時通過土壤磁化率分析、動植物遺存鑒定等資料,掌握了 3000 年前洹河流域土壤與氣候的狀況。顯然,這類研究已屬地理學與氣象學範疇。所以,提出這一看法的學者認爲,現代考古學實際上已成爲獨立學科而走出了歷史學和人類學範疇。[②] 但是,這種看法實際上仍涉及"考古學"的定義問題,即是將"考古"之"古"僅定義爲古代人類的活動,還是將古代氣象、地理等屬自然科學的内容也包含進去,或者説考古學的定位是僅限於人文科學範疇還是亦擴展至自然科學範疇。環境考古學在研究古代人類生存的自然環境時,雖可能也兼及屬自然科學學科的一些問題,但其終極目的仍是意在通過自然科學研究成果來説明環境與演變對人類生存與發展的影響。上舉對洹河流域的考察項目,即明確表示"這些工作是試圖恢復洹河流域史前

---

① 即使是 20 世紀 60 年代以後在美洲興起的"新考古學"仍將考古學歸爲人類學,並明確其目標是"説明和闡釋整個時空内的人類生存之物質及文化上的異同現象"。參見路易斯・賓佛(L. Binford):《作爲人類學的考古學》,轉引自楊建華《外國考古學史》。而這一目標顯然仍可歸入研究人類歷史的廣義歷史學中。

② 參見《"考古學的定位"學術研討會筆談》中唐際根、荊志淳的論述,載《考古》2002 年第 3 期。

時期以來至商周時期的人類生存環境,爲進一步認識該地區人類社會的發展儲備必要的知識",亦即最終還是要將研究目標鎖定在對人類社會的研究上。從這個意義上講,考古學似乎並沒有也無必要一定要"走出"歷史科學,亦即廣義的歷史學;至於它和狹義歷史學本來就是有區別的,似亦談不上要"走出"。

　　環境考古學雖涉及諸多自然科學學科,但這些學科均有各自獨特的專業研究領域(如同考古學涉及體質人類學,而體質人類學的專業知識並非包含在一般考古學的知識體系中一樣),所以,環境考古學實際上只是采用了考古學(及其他人文學科)與自然科學學科相互交叉進行研究的方法與手段,並充分利用了這些學科的研究成果。實際上,從考古學發展史中即可得知,在考古學形成階段,其研究方法便采用過諸如地質學等自然科學方法,並促成考古學建立了一套具有自然科學研究特點的方法與手段。但是它並未影響考古學的人文科學的歸類與屬性。格林·丹尼爾曾經講過:"考古學首先是一種工藝技術,那麽從事調查、發掘、保護、收藏的實踐者都是具有技藝的工藝師。其次,考古學又是一門科學研究,在這門學科中已運用了各種科學分支中的手段方法。但是,工藝技巧和科學技術如果沒有歷史闡釋和寫作藝術的專業也無法完成考古學的研究。"[1]當然,現代考古學已經日益發展爲一種采用人文社會科學與自然科學等多學科交叉的方法,並利用各種科技手段進行研究的學科,而且爲了更全面、更深入地闡述古代人類活動的特定生存環境與生存資料,研究範圍會更廣泛地滲入自然科學領域,已不僅僅是在技術層面上的學科交叉。但是,如果從理論上討論學科的界定,那麽從可操作性角度看,決定學科性質與分類歸屬的不應該是其手段與方式,也不是研究過程中兼及的其他已有各自明確學術界域的相關學科,而應該取決於其本身終極的研究對象與研究目標。鑒此,筆者認爲,現代考古學本質上仍當歸入人文科學,亦即廣義歷史學中。

二、中國考古學與狹義歷史學

　　考古學與狹義歷史學的關係是一個久已存在的帶有國際性的老問題。近年來,在中國考古學界乃至國際學術界,圍繞中國考古學與狹義歷史學的相互關係問題又展開了空前熱烈的討論。其原因可能與以下因素有關:在近年來非常興盛的中國文明起源問題研究中,一些學者簡單地將並不充足的考古材料與文獻所載古族、古都、古國相聯繫。如在缺乏可靠證據的情況下將屬史前考古的仰韶或龍山文化遺存與文獻記載中的堯、舜、禹,甚至傳説中的三皇五帝挂鈎;又如僅據年代與地望的接近,即將一些遺址尤其是城址定爲文獻記載中的夏商王朝的都城。類似情況使一些考古學家尤其是中青年考古學家感到不滿,促使他們提出"應當適當强調考古學研究的一定的獨立性",[2]以强調考古學與狹義歷

---

① 格林·丹尼爾(Glyn Daniel)著,黄其煦譯:《考古學一百五十年》。
② 許宏:《早期城址研究中的幾個問題》,《中國文物報》2002年6月14日第7版。

史學的區別。自 1996 年開始的"夏商周斷代工程",明確提出要給出較可靠的夏代始末年代,並以對偃師二里頭及偃師商城遺址的文化遺存所作14C 年代測定數據及現存文獻所記夏積年爲依據。但二里頭文化爲夏文化(按：指夏王朝時期夏民族的文化。下同)的觀點被相當一部分外國學者反對,他們認爲應該對二里頭文化的意義做獨立思考,不要受文獻史學的影響而失去考古學研究的獨立性。其更爲激烈的批評,甚至提出夏朝存在的觀點本身就是由於"對古籍的迷信所驅動"。[1] 可以說,斷代工程的開展,實際上激化了有關中國考古學是否科學,是否爲歷史學附庸的爭論。

由此可見,在中國學術界,考古學與狹義歷史學之間的關係確已成爲一個不能不澄清的、影響到二者未來發展的至關重要的問題。以下圍繞這一問題從幾個方面談一些不成熟的看法。

根據研究對象的時段差別,考古學大致可分爲史前考古學、原史考古學與歷史考古學三個組成部分。

歷史考古學研究的是處於已有了文字記載的歷史時代人類活動的遺存。在中國,歷史考古學研究的時段目前的劃分方法是從商代開始止於明代。[2] 這一階段同時代的文字記載非常豐富,有包括史籍在内的多種文獻資料,因此,中國的歷史考古學必然會與以研究文獻資料(以及各種古文字資料)爲主的歷史學(含歷史文獻學)形成特別密切的聯繫,二者構成了研究歷史時代的歷史科學的雙翼。

目前,無論是從理論層面,還是實際操作層面上說,問題較大也最有爭議的是原史考古學與狹義歷史學究竟應該構築怎樣一種關係。這種爭議是直接由中國考古學與歷史學界對中國古代文明起源問題,尤其是上文所述夏文化與夏史的探討引發的。

關於"原史"(protohistory)一詞,當前中西學界有不同的解釋。在西方一般是指處於史前與歷史時代之間的一個過渡階段。[3] 也有一種意見認爲原史時代已有文字,只是文字資料與文獻甚少,故考古材料對於研究這一時代的重要性超過或等於文獻材料。[4] 但是這種意見既認爲原史時代已有文字,則此時代嚴格地說就應歸屬歷史時代。所以,相對而言,還是法國《史前大辭典》一書所言較爲確當,即：原史時代自身尚未有文字,但卻爲同時代的其他人群記述,或通過後世口頭傳說記憶或記載保存下來其歷史。[5] 根據目前

---

① 陳星燦、劉莉：《夏商周斷代工程引起的網上討論紀實》所引 Colonge 東亞美術館的 Nickel Lukas 文,載北京大學古代文明研究中心：《古代文明研究通訊》總第 9 期,2001 年。

② 這裏引用了夏鼐、王仲殊兩位先生的意見,見《中國大百科全書·考古學分卷》序言。

③ 見《美國傳統詞典·英語語言卷》(*The American Heritage Dictionary of the English Language*)。其解釋"原史"是"僅早於有最初文字記載的歷史"。

④ 克里斯托福·霍克斯(Christopher Hawkes)：《考古學的理論與方法：古代世界的啓示》,收入《美國人類學家》第 56 卷,1954 年,第 155—168 頁。又見 *The Oxford English Dictionary*(《牛津英語詞典》第二版)。轉引自吳曉筠：《中國的"原史時代"》,北京大學古代文明研究中心：《古代文明研究》總第 12 期,2002 年。

⑤ Andre Leroi-Gourhan (Directeur de la publication), *Dictionnaire de la Prehistoire*, Press Universitaires de France, 1988 年,轉引自吳曉筠文。

掌握的資料,在中國,這一階段的下限,應該包括典籍中記載的夏代。因爲迄今爲止,我們還不能確切證明夏代已有了真正的文字,但現存的西周以後的歷史典籍中,卻存在着描述這一階段歷史的文獻資料,如《尚書》中的《周書》與《史記》的《五帝本紀》《夏本紀》等。中國考古學家與歷史學家努力探討的中國文明起源的時間即應在此階段内。所以在中國,原史考古學也有着如何科學地對待有關歷史文獻的問題。

對中國學術界探討夏文化與進行夏史研究批評最爲激烈的一些國外學者所發表的意見,本文開首已提到一些,如果將這些批評意見更全面地概括一下,①大致有這樣幾點:

(一) 認爲夏或夏王朝的存在只是傳説而非信史,儘管夏被公元前 2 世紀的司馬遷述及,但是没有任何出土文物可以證明其記載。二里頭遺址雖發掘了很長時間,但並未有如同商代甲骨卜辭那樣的東西出土以證明夏朝的存在。在缺乏足够證據之前,對於夏只能存疑。

(二) 周代文獻中,如《尚書》,雖有關於夏的記載,但多是出於周人政治宣傳的需要。

(三) 有關二里頭文化的考古發掘資料只是被削足適履地用來解釋後來關於夏的歷史記述,而並非讓資料本身説話。如果没有歷史文獻的記載,二里頭遺址表現的社會就不會被稱作具有國家水平的社會。有的批評意見甚至認爲,夏只是中國人的一種信仰。

由此可知,如何對待夏史研究,如何進行夏文化探索,實際上也即是應該如何正確地、科學地開展中國原史考古學研究的問題。這個問題直接關係到中國歷史科學的純潔性與科學性,是迫切需要澄清的。

上舉主要來自國外學者的批評中,有些看法是值得重視的。例如在二里頭文化中迄今没有發現可以確切稱爲文字的資料,不能像殷墟甲骨刻辭證實商王朝那樣證明夏王朝的存在和鑿實夏文化,這當然也是目前將對夏文化的考古研究歸入原史考古學的原因。此外,二里頭遺址如果作爲一個王朝的都城應具有相應的規模,但迄今其總體布局情況尚不十分明朗,王陵等大規模的貴族墓地尚未發現。此外,從聚落考古角度看,二里頭遺址與其周圍其他二里頭文化遺址間的層級關係亦尚未明確。所以,目前考古學對夏文化的研究嚴格地講仍應稱爲探索,尚需繼續做更多的工作,通過獲得更多的考古新資料與對可能與夏文化有關的遺存做更深入的研究來證實夏文化及夏王朝的存在。不過,夏文化的考古學研究雖尚屬探索階段,卻並不能因此而簡單地隨意否定中國古代文獻中有關夏的記載的真實性。在對夏文化考古學探索的進展狀況給予客觀、科學評價的同時,也應對中國古代的歷史文獻持有一個科學的態度。

記載"夏"的文獻,現存最早的爲《尚書》中的部分篇章,例如《召誥》《多士》《多方》《君奭》及《立政》《吕刑》。其中《召誥》與《洛誥》及《多士》所記述的皆爲同年之事,即洛邑新建

①　參見許宏:《早期城址研究中的幾個問題》。

成，周公、召公爲成王相宅、卜宅，内中記録了召公與周公的談話，《多士》爲同年周公訓告"商王士。"《多方》爲周公在宗周訓告殷遺民及其他被征服者，《君奭》爲周公攝政初期誥召公，《立政》記載周公告誡成王，《吕刑》一般認爲是西周中期穆王時講刑律的文章。根據文章的内容與遣詞用句等文辭格式，當前學術界基本認同以上諸篇確成文於西周早期至中期。① 至於夏民族的文化英雄般的首領與夏王朝的建立者禹的名字，亦見於《詩經》中西周詩篇與西周中期青銅器銘文中。此外，被學者們視爲至晚於戰國時期成文，對研究中國先秦史有着非常可靠的史料價值的史書——《左傳》與《國語》中，不僅有多處記載了春秋時人有關夏的言論，並且《左傳》中還有多處文字是直接援引《夏書》的。《夏書》爲東周時人將記載夏人言行的一部分"書"彙編而成的書。② 這種"書"顯然不會是夏代的文字，但可以肯定的是，春秋時人的觀念中相信有過這樣一個歷史朝代。不惟如此，夏的存在在西周、春秋時人的觀念中是與較具體的史實聯在一起的，而不是模棱、含糊的。如《尚書·多士》中記周公訓告殷遺民曰："我聞曰：'上帝引逸'，有夏不適逸，則惟帝降格嚮于時夏。弗克庸帝，大淫泆有辭。……乃命爾先祖成湯革夏。"這説明周人清楚地了解夏人政績敗壞、商人革了夏命。《左傳》襄公四年與哀公元年還記載有夏史中一些極爲重要的史實，如羿代夏政，寒浞殺羿，生子澆、豷，滅斟灌及斟尋氏，滅夏后相，以及相子少康滅澆、后杼滅豷等不見於《史記·夏本紀》的事件。成於戰國時期的《楚辭·離騷》與《天問》亦咏及這些史實。其詳細程度，使人們不得不認爲這些具體史事記述應該本於成文年代更早的文字記録。此外，公元 281 年在汲縣古墓中出土的魏國史書《竹書紀年》現存輯佚本（即古本《竹書紀年》）中也保存了較多的夏史記録，所載世系與《史記·夏本紀》所記大致相同，與戰國晚期時趙國人所做《世本》也近同。③ 這部竹書中還記載了夏代諸王都邑所在，特別是記載了夏與東方諸夷的密切關係，甚至還有夏代一些王的在位年數與夏積年數。此外戰國時期的諸子書（如《孟子》《莊子》《墨子》等）、《戰國策》及《山海經》等亦均曾言及夏的歷史。戰國時期列國史官所著史書均當本自各國各自的歷史檔案，未必出自一轍；戰國中晚期學派林立，師從關係歧異，而不同學術體系的私人著述中都講到夏的歷史。凡此種種，都可以説明夏史故事淵源有自。

從上舉先秦典籍中有關夏的多種文獻記述可知，對於西周至戰國時期的人來講，歷史上有夏人（即夏民族）和夏人政權存在是個常識。如果將多種產生於不同地域文化系統或不同學派淵源的先秦文獻關於夏的記載均簡單地説成是虚構，與中國先秦文獻對夏的記述實況反差太大，而且這種推測由於無法拿出確鑿的證據，因而自身也成了一種很難令人

---

① 按：以上一段文字收入本書時略有訂補。
② 參見劉起釪：《尚書學史》第一章第二節，中華書局，1989 年。
③ 《史記·趙世家》集解引《世本》曰"今王遷"，王遷爲趙國末君，前 235 年至 228 年在位。由此可知，《世本》很可能是成於此時段的趙國史書。

信服的假説。何況3000年前西周早期人已講到夏,他們距夏末的時間,相當於我們今日距明代早中葉之際,並不太久遠,完全虛構的可能應該並不大。

至於上舉國外學者評論認爲西周文獻中的夏是周人政治宣傳的需要,也是難以成立的。西周早期文獻已言及夏,時克商未久,商遺民衆多,如果周人生生地造出一個虛構的夏來,用以宣傳周代商猶如商代夏,是秉承天命,那麼如何能使早已有歷史典册的商遺民相信?[1] 而且收在《詩經·商頌》中的《長發》是春秋時期商人後裔宋人歌頌其先祖業績的詩,其中也咏及"武王"(成湯)"韋顧既伐,昆吾夏桀"。

關於認爲夏是中國人的信仰的説法,也與歷史實際情況不合。中國古代對夏的看法最典型、最集中地反映在司馬遷的《史記·夏本紀》中,而從《夏本紀》中實難看出司馬遷是將夏當成一種"信仰"。衆所周知,《史記》有《五帝本紀》,以傳説筆法記録了傳説時代的聖王。在司馬遷看來,孔子所傳《宰予問五帝德》及《帝繫姓》等有關上古"聖王"之説皆非虛妄之言,[2]就是説他認爲早在夏之前即有對華夏文明做出貢獻的傑出人物,如果認爲《五帝本紀》是樹立一種傳説中的聖王形象倒還可以説得過去。在司馬遷筆下,終夏一代,除用了較大篇幅記述王朝最早的君王禹之事迹外,自禹子啓始直至桀,皆記録極簡,並無一位"聖王",也就根本談不上崇拜。所以,説司馬遷是爲了信仰與迷信而造出夏顯然與其史學思想與思維邏輯不合。

當然,文獻中所講的夏,其社會究竟發展到怎樣的水平?是不是確實已進入了國家狀態?是否確如司馬遷在《夏本紀》中所記述的那樣有了一個具有嚴密王位繼承體系的王朝(儘管《殷本紀》已被殷墟卜辭證實,令人們相信《夏本紀》也應並非虛構),仍需要進一步通過考古工作與新的考古發現來驗證。此外,由於現存有關夏的文獻記載所能告訴我們的,也只是一些粗略的信息,從狹義史學角度來做研究,恐怕不適宜在現有的有限文獻史料基礎上做過分發揮、論説,諸如僅憑有限史料即論其社會形態,論其經濟與文化發展水平等等。當前,在夏史研究上最重要也是首要的任務,仍是做夏文化的考古學探索,即通過科學的考古學研究去證實確切是夏文化的考古學文化,并深化對其内涵的認識。

那麼在二里頭文化的性質問題上,是否如上舉國外學者所認爲的那樣,二里頭文化完全是因爲文獻記載才被説成是夏文化呢?這樣講並非完全不合實際。相當多的把二里頭文化視做夏文化的中國考古學家,其立論根據,一方面是二里頭遺址中已有能顯示其文明化程度的遺存,如規模較大的成組的夯土宫殿群基址,附近有各類手工業作坊遺址,這已具有古代中國都城遺址的特徵;另一方面,二里頭墓葬中出土有成組的青銅酒器(如四期

---

① 《尚書·多士》記周公言"惟殷先人有册有典",從今日所見殷墟甲骨刻辭情況亦可相信商人肯定會有毛筆墨書的成文且文字較多的簡册(甲骨文中的册字作 形,諸家皆認爲即是本於簡册形),也必定會有自己的"史書",否則何以會有見於卜辭的嚴整的王世記録。
② 見《史記·五帝本紀》卷末司馬遷之贊詞。

墓中出土的爵、斝的組合），已可歸入古代中國特有的禮器制度的範疇；遺址中出土的青銅兵器中已有了供一次性消耗的鏃，也反映了青銅鑄造業已有了一定規模。這些文化遺存反映出二里頭文化所屬社會已達到了相當高的文明化程度。但僅據這幾方面來顯示一個較發達的、已有了國家與王朝的文明社會還是有一定差距的。這點上文已經談及，不再贅述。在這種情況下，許多考古學家之所以仍將二里頭文化視爲夏文化顯然是考慮到了二里頭文化晚期恰可與早商文化相銜接，在文化遺存形態上有某些相近處。同時，非常重要的是，二里頭文化分布地域又恰恰在文獻所記夏王朝時期夏人主要活動區域之內。[①] 很顯然，這的確是將歷史文獻與考古資料相結合得出的一種推斷，不能否認歷史文獻因素對於將二里頭文化認作夏文化的作用。

問題是做這種推斷是不是科學？對此似可以從以下幾個層面去回答。

其一，作爲原史考古學的一種探索，將有可信性内核的文獻史料同考古調查與發掘資料結合，得出帶有探索性質的學術見解，應該是可行的。自然，從嚴謹的治學角度看，將二里頭文化稱爲夏文化，還應該只是一種有一定根據的説法，而不是定論。夏文化還在探索中，還需要有更多的考古新資料作爲依據加以確認。

其二，在對二里頭文化性質的探索中，完全摒棄有關夏的歷史文獻去思考，既是唯心的，也是難以做到的。因爲作爲一種早於早商文化而又有許多不同於早商文化特徵的文化，二里頭文化恰恰坐落於文獻所載夏人活動圈内。所以將二里頭文化視爲夏文化，不失爲一種頗具可能性的解釋。如果完全無視文獻記載，正如上文所言，實非科學態度。

其三，二里頭文化是否爲夏人（古代夏民族）的文化，與二里頭文化是否爲夏王朝時夏人的文化（即二里頭文化所屬社會是否已達到國家水平）是兩個不盡相同的問題。對前者，即使是就現有考古發掘資料，亦已可結合文獻對夏的記載進行討論，並得出肯定或否定的看法；後者則有待於今後更深入的考古工作來驗證。

此外，對於國内外學者所提出的中國考古學未能保持獨立性的批評，也可以從研究方法角度考慮其合理成分，至少應該注意以下兩點。

一是在從事原史或歷史考古學研究時，不要在文化遺存揭露得尚不充分、所取得的考古資料尚不十分充足，而且對所揭露出來的考古學文化尚未能做深入研究時，即牽強附會，與有關文獻强做聯繫。

二是在采用多學科方法具體研究某一原史或歷史考古學課題時，應儘可能地保證各學科研究手段與方法的科學性。比如其中考古學與狹義歷史學等學科可以先各自獨立地

---

① 1959 年，徐旭生先生曾帶領幾個年輕的考古工作者尋訪“夏墟”。在他動身以前，曾先仔細梳理了文獻中有關夏代地名的史料。經過分析，他確定與夏代都邑有關的區域中有兩個值得特別注意，一是河南中部洛陽平原及附近地區，特別是潁水上游的登封、禹縣地帶；二是山西西南部汾水下游（約霍縣以南）一帶。根據此種判斷，他認定夏民族早期活動的中心在上述第一個區域，即河南中部，並由此經過艱苦的步行調查在這一區域發現了著名的二里頭遺址，揭開了夏文化探索之序幕。

去做一段研究,進行到一定程度再結合。筆者在參加"夏商周斷代工程"時即曾建議實行此種研究方法,並曾稱之爲"相對封閉式的研究"。這種方法的好處是,可以儘可能地保證各學科研究手段與方法的科學性,並有利於追求最終研究結果的嚴謹與客觀性。但這種"封閉式"研究一般適用於較具體、較小的專題,例如研究西周年代,即應該從歷史文獻、西周金文(含青銅器斷代)、天文學、田野考古及 ^{14}C 測年諸方面各自獨立研究一段時間,到適當時候再融會起來做綜合歸納。這種方法對於相關歷史文獻較少,且文獻有大量的可信性研究要做的原史時代專題考察就更有必要。但是,對於一個要多學科合作的大的歷史課題,從整個科研程序的安排角度,考古學與狹義歷史學從總體上説就不應實行相互封閉的研究方式了。因爲雙方各自的研究成果與新進展,都會在事實上影響着科研目標的設定與對方的研究過程和方法。特別是對這兩個學科都有相當素養、有較廣闊知識面的學者,實際上很難做封閉式的思考與研究。

總之,中國的原史、歷史考古學和狹義歷史學相互間需要找到一個科學的結合點。狹義歷史學要通過考古學得到印證與檢驗,而原史與歷史考古學則要以歷史文獻記載爲確定課題與研究途徑的重要參考,在上升到研究層面時也需要藉狹義歷史學做詮釋。中國原史與歷史考古學研究似乎不必爲了追求"純潔"與獨立的地位而刻意造成一種絕緣於豐富歷史文獻之外的學問。而且在有着豐富歷史文獻與悠久歷史學傳統的學術背景下,中國的原史與歷史考古學對古代文獻如果采取忽視或過分懷疑的態度,人爲地隔離二者,恐怕也是難以行得通的。

三、中國考古學與狹義歷史學的隔閡及交融趨勢

儘管如上所述,中國考古學,無論是歷史考古學還是原史考古學,實質上都與狹義歷史學有密切的内在關係,而且客觀上也建立了一些聯繫,中國原史考古學由於與狹義歷史學之間聯繫密切甚至被部分外國學者批評爲失去獨立性;但在實際上,中國的考古學與狹義歷史學兩個學科間的關係長時間以來仍然處於較嚴重的隔離狀態。考古學家與以研究文獻爲主的歷史學家之間的交流應該説是很不夠的,彼此間在心態與操作層面上都有隔閡,甚至缺少對話,特別是在 20 世紀 90 年代中葉以前。曾有學者對此進行分析,認爲主要原因在於:考古學與文獻史學不同,重構歷史憑藉的是實物遺存,"爲了利用這些没有文字的實物資料搭建起一個歷史的時間框架",於是創建了一套辦法,一套概念工具與表述語彙,由於這些東西過分專業,因此不爲其他學科理解。[①] 此説有一定道理。考古學、狹義歷史學之間形成隔閡確實是與二者研究的具體對象及習慣性的研究手段、方法的差異有關,但是以下兩方面因素可能更爲直接,更爲重要。

---

① 北京大學考古文博學院:《考古學與中國歷史的重構——爲紀念北京大學考古專業成立五十周年而作》,《文物》2002 年第 7 期。

第一，中國的歷史文獻，尤其是先秦文獻或已殘缺不全(如著名的《竹書紀年》)，或有後世輾轉傳抄造成的訛誤，所述史事也夾雜有後世的某些構擬，所以，利用起來要做科學的可信性考證。興盛於20世紀二三十年代的"古史辨派"，以審慎考實的態度對傳統經學體係下的舊史學做了無情的批判，剝去了摻雜在傳統歷史文獻中的許多虛妄、不可信的成分，從而對中國古史研究造成了極大的震撼，自然亦動搖了史學家利用這些文獻的信心，同時也在客觀上促進了中國田野考古學的形成與發展，使中國考古學相信自己能解決故紙堆研究所不能解決的問題。這種背景必然也影響到現代中國考古學家在研究原史與歷史考古學時對歷史文獻的重視程度與對歷史文獻研究成果的關注。

第二，以文獻研究爲主的歷史學家對考古研究成果也不甚關注的原因，首先是因爲書齋史學在中國有悠久的傳統，而當代大學培養歷史專業研究人才時知識框架設計也不科學(這點下面還要談到)。歷史學研究者習慣於傳統的拘泥於文獻的治學方法，而這種史學研究方法又經師承關係被數代沿襲。考古學的理論、方法與手段在不少歷史學家看來完全是另一套學問。如果説有的史學家還能注意考古學成果的話，也多數是關心挖出了什麼東西，有什麼可以證實或影響自己某些學術見解的新發現，而一般不去注意(或由於缺乏有關專業知識，難以通曉)考古學家所得出的結論的根據，不關心他們的研究過程及手段的科學性與合理性。因而，歷史學家也難以與考古學家在共同感興趣的學術問題上展開對話與討論。此外，由於衆所周知的原因，中國歷史學在20世紀50年代至70年代末，研究的重點與目的，一方面在於用階級鬥爭的理論去探討歷史上不同形態社會變革的原因；另一方面則是利用歷史進行優秀民族文化傳統的教育。所以在很長時間內，歷史學家與考古學的接觸，主要是利用類似商代人殉這樣的資料來證明所謂奴隸社會的存在，用考古發現的文物來説明中國古代勞動人民的創造力以進行愛國主義教育等。由於歷史學界不重視做深入的社會史層面的研究與中國古代文明形成、發展過程的研究，所以最能爲中國社會史與中國古代文明研究提供豐富實物資料的考古學在這兩方面取得的成果並沒有受到重視和被充分利用。

中國考古學與狹義歷史學長期的較嚴重的隔閡狀態，不僅阻礙了兩個學科的發展，也從一個側面影響了中國歷史科學的現代化進程。當然，這只是講總體情況，並不是否定一些考古學家與歷史學家基於他們本身的學術素養在結合兩個學科進行綜合研究方面做出的成績。

對於這種隔閡形成的社會與學術層面的原因，上文已經做了分析。從根本上講，我很贊同張光直先生的話，他認爲："考古學與歷史學不能打成兩截。那種考古歸考古，歷史歸歷史，搞考古的不懂歷史，搞歷史的不懂考古的現象，是一種不應有的奇怪現象，説明了認識觀的落後。"[①]他將這個問題提到"認識觀"的高度是很深刻的。考古學所研究的是歷史

① 王和：《考古學與青銅文化及其它——訪美籍華人學者張光直教授》，中國社會科學雜志社《未定稿》1988年第4期。

的物化表現,狹義歷史學研究的是對歷史的文字記錄,應該説二者的根本區別不在於研究對象的本體,而只是研究對象的不同表現形態。兩個學科間因爲研究對象表現形態的差異造成的方法、手段與技術層面的差別,只能決定學科各自教學方式與訓練方式方面的區別,不應該成爲學科間相互結合的障礙。如果僅僅因爲這種差異,形成學科間的封閉與各自的"孤芳自賞",就恰如張光直先生所言,是非常落後的認識觀。在提倡多學科交叉進行學術研究的今天,歷史科學的這兩個分支學科間的不正常狀態實在有必要努力加速改善。

我們應該注意到,最近十多年間,中國考古學與狹義歷史學之間的隔閡狀態已有了很大的改變。這種改變的原因,首先是由於近年來田野考古不斷從地下發現新的文字資料,包括殷墟甲骨刻辭、青銅器銘文、戰國與秦漢的簡牘、陶文及封泥,以及歷代碑刻、墓誌等,這些出土文獻爲各斷代史、專門史與歷史文獻學研究提供了前所未見的新的文字史料,極大地吸引了研究歷史學與文獻學的學者們的注意,使人們越來越認識到"考古發現將成爲中國歷史學研究的新的增長點"。① 其次是由於改革開放以來,學術界思想得到進一步解放,研究領域大大擴展,對中國古代歷史從社會史層面進行研究成爲方興未艾的趨勢。在這種趨勢下,許多中青年歷史學家,包括一些老專家,已更充分地認識到考古發掘出土的文化遺存本身所含有的獨特的史料價值,從而更自覺地進入考古學領域,關注古代的城址、聚落形態、墓地與墓葬制度等考古發掘所能提供的新資料、新啓示,藉以深入窺探文獻史料所未能言及的社會結構、社會文化面貌、政治制度與等級制度、社會生活狀況、社會思想及心理情況,同時尋求與考古學家在更多的共同感興趣的問題方面進行對話。

在中國考古學界,對於歷史文獻及相關研究成果於考古學研究所具有的重要參考價值也不斷地加深認識,這與若干重大學術活動的開展和重大考古新發現有直接關係。

從 20 世紀 70 年代後半葉即開始的對中國文明起源問題的研究及相關的若干重要考古新發現,重新引發了人們對記載商以前的夏代及所謂堯舜禹時代的歷史文獻進行深入研究的興趣。應該承認,正是由於這些記載的存在,才鼓舞並啓迪了中國考古學家去尋求與證實比商文明更早的古代文明。1978 年以來,晉南陶寺類型龍山遺存獲得若干重要發現,由於其地理位置恰與文獻記載中堯舜所在及"夏墟"接近,時段也相當,有可能與有關歷史文獻記載相印證,因而顯現了特殊重要的學術價值,成爲探討中國文明的起源與形成的學術亮點。

20 世紀 70 年代至 90 年代,北京房山琉璃河燕國遺址與山西曲沃天馬—曲村晉國遺址、晉侯墓地的發現,引發了考古與歷史學界對司馬遷《史記》中關於召公封燕與叔虞封於唐及西周晉國諸侯世系等有關記載的重視,並力求結合這些珍貴記錄,對若干重要考古遺存做出合理的解釋。類似的重要考古發現,極大地豐富了歷史學界對西周封建制度及整

---

① 參見劉慶柱:《二十世紀中國百項考古大發現》一書序言,中國社會科學出版社,2002 年。

個西周歷史的認識。

除以上歷史時期的考古爲豐富此一時期歷史學研究提供了新的實物史料外，近年來考古學界與史學界通過重大科研合作，彼此間更產生了一種息息相關的感覺。

自 1996 年 5 月開始進行的"夏商周斷代工程"，儘管在國內外有各種不同的評價，但這一項重大科研活動畢竟融會了中國人文科學與自然科學領域多學科的 200 餘位專家 4 年來付出的心血，而且其意義也許並不僅在於提出對夏商周年代的一些看法，更主要的在於使中國歷史科學以空前的規模實現了多學科的交叉研究，加速了其現代化的進程，特別是人文社會科學與自然科學之間的學科合作在深度與廣度上更是空前的。這一科研項目的實施也使中國考古學與狹義歷史學兩個學科有了一段長達 4 年的密切合作科研的體驗，使更多的考古學家關心、了解了歷史學家對文獻典籍及古文字資料研究的過程與看法，也使歷史學家對考古學家的研究方法、研究手段有了前所未有的認識與理解，並且開展了非常有益於兩個學科共同發展的討論。對歷史文獻與古文字資料所做的系統的可信性研究與精細考證，對工程所含若干考古學專題研究的開展起到了構築研究框架、提供參考依據與印證研究結論等作用。例如作爲工程重要課題的西周金文曆譜的研究，由於實際上是以文獻記載的西周諸王年代爲參考，才使從若干個金文曆譜方案中遴選出相對合理的方案具備了可操作性。

中國考古學與歷史學之間近年來這種日益密切的溝通與合作，正在改變着人爲地將二者隔成兩截的狀態，這是 20 世紀與 21 世紀之交中國歷史科學極爲重要的新進展。可以預見，未來這兩個學科的交融及與其他學科建立的更廣泛的聯繫，必定會產生重要的研究成果。

張光直先生曾講到，他的理想是"一個歷史工作者，也能做野外考古工作"。他希望中國能培養一批兼有歷史學和考古學兩種學問的人才。[①] 他的這種看法後來似未能引起中國大學歷史學科的注意，但它的意義是很深刻的，對於大學歷史學科的改造有着重要的參考作用。我們的大學歷史專業應該改變那種對學生只進行文獻史學研究訓練的做法，特別是應該要求研究斷代史或專門史的研究生進修考古學課程，而且應該有適量的田野考古的實踐課程，以培養能有文獻史學與考古學兩種學術視野，並掌握兩個學科研究方法與手段的學術研究人才。同樣，大學的考古文博學院、考古系也應該加強對學生的歷史文獻學（包括古文字學基本知識）與史學思維方面的專業性訓練，以培養出具有更全面學識、具有優秀科研素質的年輕一代考古學家，使他們做出超越前輩的學術業績。

（原載《歷史研究》2003 年第 1 期）

---

① 王和：《考古學與青銅文化及其它——訪美籍華人學者張光直教授》。

探索中國特色的古代社會

——朱鳳瀚談《商周家族形態研究》與中國古史研究

　　讀書報(以下用■代表)：朱先生，看到您的這本新書，我很感慨。12年前您接受采訪的時候，送了我這本書的第一版。十多年的時間，您還在修訂這本書，這種學術精神，在現在這樣一個時代，這麼一個學術氛圍中，實在太罕見了。從這本書第一版出版，到現在已經14年，現在您如何評價自己這本書的價值，或者説它的學術史意義？您這次的增訂本，是否對書中的某些具體觀點有所修正？

　　朱鳳瀚(以下用□代表)：學術史是個大範疇，個人著作只是其中一個體現。這本書的寫作背景，反映了一個史學研究的時代氛圍。我開始寫這本書，是在(20世紀)80年代中後期，選這個題目，所得出的認識則與70年代末80年代初伴隨着中國改革開放的大變動，學術界也產生重大演變的那樣一個學術背景是分不開的。當時是那樣一種形勢，史學研究範疇由傳統的比較單一的政治史、經濟史擴展到社會史，研究方法也有很大變化，由原來的史論打頭、史料作注，轉向更加注重"實事求是"，重視"論從史出"，國際學術界的一些有價值的新理念被引入。這本書原先的一些具體看法，未必都是允當的，但着眼點在選題，在於實事求是地分析歷史上的重大問題——如中國古代國家形態中的血緣組織及相聯繫的宗族觀念的作用；在方法上，是在先秦史研究中，注重多學科交叉，多種史料的參照運用，這對於激活中國古史研究是有促進作用的。這本書當然也有缺點，但是它的主要觀點、研究方法，還是被大家承認的。這本書特別爲十餘年來青年學者所矚目，得到他們的贊許，可能正是因爲上述原因。

　　■：是不是也有一些不同意見？或者説學術批評？

　　□：當然有，但一般都是較微觀的。比如有幾位學者就曾指出了本書中對甲骨文與西周金文及文獻的某些理解問題。

　　■：爲什麼選擇在原來的篇幅之外，又寫續編的形式呢？

　　□：這本書出版社約了我好長時間，2002年就和我説，但就是没時間來做這個工作。

原來出版社是說再版,我想再版沒有什麼意思,還是做個訂補。對上一版,我做了部分勘誤,主要是改了一些文字與文句上的硬傷,包括這些年來其他學者在論文中指出的不妥之處,和自己發現的錯誤,特別是一些古文字釋文的錯誤。同時加了不少插圖,沒有圖讀者檢索起來比較困難。但是原來的框架沒動。這個原因,倒不是說學術思想沒有發展,也不是說沒有新的學術發現,而是覺得當初研究時的基本思路和這本書的基本構架,好像沒有必要做大的修改,一些主要觀點,比如商周家族基本形態特徵與對商周社會的作用等等,沒有什麼改變。因爲這本書反映的是我當時的學術思想——今天再重新審視,感到不必做大改動,實際上也還是在這個課題上做了反復的思考後的認識。從這個角度來說,對我個人來講,也有點學術史的味道了。——所以剛才你說,這麼多年還在這一個題目上做研究而沒有脫離開,還在修訂,這才是做學問的精神,我想也可以這樣說吧。

■:續編的集中寫作,聽說就是利用前年鬧非典的那一段時間了?

□:是這樣的。2003 年"非典"期間,SARS 猖獗。4 到 6 月間,我們館閉館,社會活動也驟然減少,我哪里也去不了。"非典"對我們國家當然是一場災難,但對我,倒是意外得到大概兩個月時間,能比較安靜地做了修訂,寫出了續編。

■:增訂本的具體觀點,是否也有修改、有所發展?

□:具體觀點當然有修正,比如對商晚期"臣"的看法,現在看,稱"臣"者未必皆是奴隸,而可能是最初的家臣,爲貴族服務的家臣,西周時這種制度又得以有更大的發展;而眉縣楊家村窖藏青銅器資料則加深了對西周貴族家族的認識。再有就是幾個商周大墓地的發現。春秋以前,墓地在很大程度上反映了家族結構與等級狀態,最近幾個大墓地的發現補充了很多材料。安陽花園莊甲骨發掘出的非王卜辭,很生動地反映了商代家族結構,使我們對商晚期出身於王室的貴族家族的規模與諸貴族家族間的等級差異,有了更深刻的認識。在續編當中寫出了我讀了這些新資料後的認識。和其他斷代史學不一樣,這也是搞商周史的一個有利的地方,就是總有新東西出來。

■:從一個更大的學術史背景來講,這本書似乎還不單是反映帶時代性的研究範疇與研究方法變化,而且牽扯到對一些重要史學理論問題的看法的深入與研究態度問題。

□:是的,我在 1978 年春才上大學,當時年齡已經很大了。那時上課,教材講商代是奴隸社會,講大墓裏的殉人都是奴隸。這都是正統的觀點,我們當時也都相信。可是到 1979 年初,我爲讀研究生,開始鑽研甲骨文、鑽研金文,分析商晚期的墓地,看了很多原始的第一手的材料後,發現情況並非如此。我在讀大學期間發表的《殷虛卜辭中的"衆"的身份問題》一文明確指出了"衆"的階級身份應該是平民。作爲商代社會的主要生產者是平民。那麼這樣的社會與奴隸社會應該是有區別的。史學的認識,還是應該從事實出發。這就促使我不得不重新思考。比如,70 年代末以前講國家,什麼是"國家"? 一是血緣關係變爲地緣關係,由血緣統治變爲地緣統治,居民血緣關係被打破,國家通過地域性的行政組織來統治;再有一個就是國家機器。這大致是對恩格斯在《家庭、私有制和國家的起源》中的基本觀點的理解。當時講到中國古代的國家,也這麼講。但中國商周社會早期國家的實際情況卻是,國家雖建立,血緣關係仍然很強,貴族的家族勢力在國家政治生活中仍然起很大的作用,家族主義很濃厚。過去講中國古代帝王家天下,這個根,顯然在商周。由家族研究來認識國家與社會形態,可以説是我當時研究中國古史的一個思路與目的。

■:關於商周家族研究,20世紀三四十年代孫曜、胡厚宣、丁山等都有論著。20世紀60年代張光直《商王廟號新考》一書出版。但商周家族研究成爲學術界的一個熱點,確如您所言,是在改革開放以後。12年前您接受我采訪的時候曾説,您的《商周家族形態研究》的出發點是:戰國以前的家族是當時社會活動的基本單位,個人的意志往往湮没於家族群體之中。商周社會形態以及國家結構形式、政體、政權結構、軍事組織、經濟制度等諸多問題皆可從當時的家族形態及其制度這一角度進行分析。看來,當時社會確是一個非常有特色的社會發展階段。那麼您認爲進入文明時期的先秦社會在中國歷史上有一個怎樣的地位呢?

□:我覺得先秦是非常有意思的一個時期,非常重要。中國歷史,史前是一個大的段落(史前史的研究現在尤其需要加強)。進入文明歷史階段後,夏(這個時期的情況現在實際上還不能深談)、商到西周、春秋是一個大段落。在這個歷史時期,中國社會有幾個重要特點:在政治體制上,世卿世禄,貴族世襲;再有即是,西周建立了典型的封建制,把貴族逐級分封到土地上,貴族對所占有的土地上的人民有政治統治權與經濟支配權,政治權力與經濟權利結合。還有勞役地租,農民自己有用以維生的土地,又必須到貴族的土地上以集體服勞役的方式幹活。自春秋中葉以後,世卿世禄變成官僚制,平民可以當官,像戰國時蘇秦、張儀都是憑自己的辯才得到重用。再後來,國家靠科舉從不同社會階層中選拔人才。在政治上,封建制度變爲郡縣制。在經濟上,勞役地租變爲實物地租,農業上是以地主經濟爲主,也包括國家地主,很多土地是國家授予的,國家直接把土地分給農民。這些劇烈的變化發生在春秋中葉後到戰國初期。所以可以説先秦是中國古代社會劇烈變動的時期。秦以後的政治、經濟模式在這個歷史時期的最後階段(即春秋、戰國時期)的大變動之中已經奠定。而從秦漢直到清代,中國的社會政治結構與經濟形態的變化基本上可以説只是一個量變而非質變的過程。

在20世紀五六十年代乃至七十年代後期,囿於當時的情況,我們對古代中國那一段歷史的認識都比較膚淺,甚至於不論是大學生還是中學生,學歷史都感覺比較枯燥,死記硬背一些概念。其實中國古代社會是很生動的。現在如果寫一本商周歷史的書,内容是會十分豐富的。

■:最近十多年,先秦史研究都有哪些新成果?其中哪些對您的研究有比較直接的幫助?

□：首先，在研究理論上，學者們更加實事求是，對先秦時期的國家形態、社會結構、生產關係等方面的研究，都有了長足的進步。其二，方法上，在狹義歷史學與考古學及自然科學的方法、手段的結合方面邁出了很大一步，而其"革命"的力度，超過了其他史學分支。

還有，近年來的考古學發現，大大促進了對中國古史的了解：有關文明起源問題的發現與研究，深化了對中國文明形成原因與過程的認識，比如，充分認識到多元文化的交流是中國文明形成與發展的重要因素。商代考古的新發現，加深了對非常重要的商文明發展特性的認識。近年來一系列西周考古發現，使我們對西周封建制與封國歷史有了古人不可想象的新認識。地下出土的竹簡帛書，不僅豐富了先秦社會歷史與思想史的史料，也啓發了學者如何正確認識古代文獻的形成過程及其學術價值。

■：2003年第1期的《歷史研究》上，您在《論中國考古學與歷史學的關係》那篇文章中認爲，中國原史、歷史考古學與利用文獻進行研究的狹義歷史學間不應人爲地相互封閉，而應建立一個科學的結合點。同一期上，謝維揚教授發表長文《二十一世紀中國古史研究面對的主要問題》，談到中國古史研究如何取得突破性進展。那麼您認爲，目前中國古史研究面臨的主要問題和挑戰是什麼？

□：中國古史研究要深入發展，除了研究方法、手段等方面的問題（這些在上面已經涉及）外，自然首先要解決理論問題，如何做到實事求是、具體問題具體分析，我想是個關鍵。這關乎到對歷史上許多事物的科學認識與評價。

■：比如，2000年，您在《歷史研究》上發表文章談到對中國"封建"社會的理解。

□：從專業的史學研究角度來看"封建"，它的原始意義自然是一個政治範疇，所謂"封邦建國"。這一點，大家並無異議。當然如果是作爲一個社會的稱呼，即應該包含有與此種政治制度相應的經濟社會形態。當中國社會進入我們現在通常所説的"封建社會"的歷史時期之後，原本意義的封建實際上已經衰落了。有的學者説，不能説中國古代沒有封建社會，這個觀點我同意，但是似應把這個封建的涵義説清楚。典型的封建社會應該是西周（至春秋早期），而這個原本意義上的封建社會的一些特徵，如世卿世祿、封邦建國、勞役地租，顯然已非戰國以後社會的特徵。如果説，因爲長期以來，中國理論界已習慣於這樣稱戰國以後的中國古代社會，已成爲一個約定俗成的概念，自然亦無可不可以的問題，但那是另一回事。不應影響我們對"封建"作爲古代中國一項重要的政治制度及相應的經濟社會形態的本質的正確認識。

■：您是在强調，做歷史研究，要從事實和材料出發。

□：是這樣的。但是在很長時間内，我們的一些研究卻是將經典著作中對某些具體問題的看法作爲普適性理論，去剪裁史實。歷史唯物論揭示了人類歷史發展的基本規律，但並不排除不同民族、不同國家文明歷史發展的個性與特殊性。而且，歷史上的許許多多生動的、獨特的社會形態特徵,也需要我們作更深入、細緻的研究分析。就中國古代社會而言,在人類社會發展共性趨勢下,也有其許多自身特性。因爲它植根於中國地理、氣候與人文背景中。中國既然是世界上幾個古代文明獨立起源的地區之一,有着特定的歷史背景與地理環境,那麼對其具體社會發展情況、社會形態就不宜簡單地套用西方的模式。爲什麼兩千多年前的古代中國,它的社會歷史發展就一定會與西方一樣呢? 在與世界其他古代文明比較的過程中,正確地闡釋中國古代文明與階級社會形成的過程,深入探索中國先秦社會的形態特徵與不同歷史階段的演化情況,正可以豐富對人類社會歷史發展規律的認識,有助於説明中國古代文明對人類文明史的貢獻,説明人類文明的進展是多種文明、多元化文明相互交流、互動的結果。如果説古史研究的現代意義,我想這正是一個。

■:多學科的交叉,是否將會大大有助於中國史學的發展?

□:我給博士生所開設的課程中有一門叫"先秦史研究中的多學科交叉方法"。我們任何一個人的知識面都是有限的。從我自己狹窄的知識面來説,在研究中,我可以運用歷史文獻學、古文字學以及部分考古學的知識,理論上包括文化人類學、社會學等,但也基本上限於人文科學及社會科學範圍內。更真正意義的多學科交叉,應該是人文、社會科學和自然科學的交叉,這就不是我們一般的哪一個人所能够做到的了。"夏商周斷代工程"的階段性研究結論這裏不談,但是我覺得,組織這個研究,有一個好處,那就是把多種人文學科的學者與許多自然科學家集合到一起,真正做了一種廣泛意義上的多學科交叉,這是很有意義的,我本人即從中學到了許多新的知識與研究方法。

(原載《中華讀書報》2005 年 3 月 9 日 A09 版)

夏文化考古學探索六十年的啓示

　　在 1986 年出版《中國大百科全書·考古學》相當於序言的《考古學》一文中,夏鼐、王仲殊先生講到:"考古學屬於人文科學的領域,是歷史科學的重要組成部分。""考古學和歷史學,是歷史科學(廣義歷史學)的兩個主要的組成部分,猶如車的兩輪,不可偏廢。但是,兩者的關係雖很密切,卻是各自獨立的。"①在今日,考古學的研究手段與範圍都遠比這段話發表時要豐富得多,特別是大量自然科學手段被引入,看一下近年出版的考古報告即可知。但考古學的終極研究目標仍應是人類的歷史活動,是研究人類社會的歷史,這點不應改變。所以兩位先生指出的考古學屬於人文科學,屬廣義的歷史學即歷史科學的組成這個定位沒有問題。考古學中的歷史考古學與廣義歷史學的另一個分支——文獻史學,即以文獻研究爲主的歷史學(或可稱狹義的歷史學),二者的"各自獨立"只是研究對象、手段之差異,終極目標則無異。因此,將二者比作歷史科學的兩輪也是恰當的。②

　　但是,在實際的學術研究中,這樣的"兩輪"要和諧運轉卻並非易事。一方面,無論是狹義的歷史學(以下言"歷史學"皆指狹義歷史學),還是歷史考古學,如需找到結合點,自身都要有一個科學提煉的過程。歷史較悠久的文獻(包括出土文獻)在流傳過程中可能會不斷地被改動,史學研究者需要對所依據作爲史料的文獻的可信性作審慎檢視,對於先秦史學而言尤其如此;而考古學所提供的信息之可信度,不僅取決於發掘過程的嚴謹、發掘資料的豐富程度,也取決於研究者對所發掘資料認識的深淺與闡釋的科學與否。這就是説,歷史學與考古學要做到科學對接,其前提之一,即加强上述兩學科自身研究的深度與規範性。另一方面,在中國,歷史學、考古學兩個學科由於專業教育長期未能融會貫通,以致彼此間缺乏深刻了解,學科區隔在心理上被過分强調,也成爲彼此深入交流的障礙。

　　中國的歷史學與考古學這種因同作爲歷史科學的一部分而天然不可分離的本性,與

① 中國大百科全書總編輯委員會《考古學》編輯委員會、中國大百科全書出版社編輯部:《中國大百科全書·考古學》,中國大百科全書出版社,1986 年,第 1、2 頁。
② 關於該問題的討論,請參見拙文《論中國考古學與歷史學的關係》,《歷史研究》2003 年第 1 期。

二者間在學科對接上存在的上述障礙及隔閡,這種相互糾纏不清的狀況,真可謂"剪不斷,理還亂"。這方面的例子,以對夏文化的考古學探索最爲典型。

一、夏文化探索符合中國歷史學與考古學整合的必然趨勢

希望通過考古學去發現與證實夏文化,起源於歷史學家。1931 年 6 月"中研院"歷史語言研究所編《安陽發掘報告》第 3 期所刊徐中舒先生之《再論小屯與仰韶》一文,引《左傳》僖公三十二年所載"殽有二陵焉,其南陵,夏后皋之墓也……",認爲夏后皋的居地必在殽的鄰近。據杜預注,殽在澠池縣西,而仰韶文化正始發現於澠池縣的仰韶村,所以徐先生斷言"仰韶必爲夏代遺址無疑",①爲此又特意寫了"仰韶爲夏民族曾經居住之地"一節。雖然今日再看此文,會覺得徐先生將仰韶文化與夏人挂鈎的斷言誤差甚大,但重要的是,這種推測的意義在於表達了當時歷史學家希冀通過考古發現尋找夏代遺址的願望。

與徐先生此説年代接近,1933 年顧頡剛先生在爲燕京大學授課所編《春秋戰國史講義》中,也曾認爲仰韶文化的分布與"夏以河南爲中心,它的勢力範圍及於山東、山西、河北"之地望相合,"然則這十余年來新石器時代末期的遺物大批發現,或者就是給我們看一部夏的歷史吧?"②直到 1964 年後,他在《古史雜記》第 3 册中還專寫了"夏王朝"一條,又提出:"它(夏)相當於龍山文化的黑陶階段,所以《禮記》上説'夏后氏尚黑'。"③

老一輩史學家之所以不斷嘗試將考古新發現資料與夏聯繫,既是出於對典籍中提到夏的存在的深信不疑,也是堅信考古學的發展能解決夏的疑問。他們雖不懷疑夏的存在,但又渴望在考古發掘資料中找到夏存在的根據,這不僅含有内心對以往單純由"故紙堆"而侈談夏的那種傳統史觀的不滿,更是在推崇與寄望於剛剛興起的以田野調查與發掘爲主的考古學去澄清這一古史研究中的疑團。

上舉 1931 年徐中舒先生的文章所以會將當時發現不久的仰韶文化與夏聯繫,④其思想的這一飛躍實源於 1928 年開始的殷墟發掘給以文獻研究爲主的史學家產生的震撼。徐先生講到,1929 年 11 月他曾在北平看到李濟帶來的殷墟第三次發掘所獲得的遺物,並由李濟出示殷墟出土的一片彩陶,已聯想到前於小屯若干年的仰韶文化與夏的關係。⑤應該說,殷墟發掘所揭示的商王朝的存在,不僅激發了中國史學家希望也能由考古發掘尋找夏的願望,更使中國史學家感悟到從西方傳入的現代考古學對中國歷史科學發展的重

---

① 徐中舒:《再論小屯與仰韶》,李濟總編輯,傅斯年等:《安陽發掘報告》第 3 期,中央研究院歷史語言研究所,1931 年,第 533 頁。
② 顧頡剛:《春秋戰國史講義》第一編(民族與疆域)第六章"茫昧的夏民族",《顧頡剛全集》四《顧頡剛古史論文集》卷四,中華書局,2010 年,第 120 頁;亦可參見王煦華:《顧頡剛關於夏史的論述》,中國先秦史學會、洛陽第二文物工作隊:《夏文化研究論集》,中華書局,1996 年,第 124—127 頁。
③ 顧頡剛:《古史雜記》,《顧頡剛全集》二九《顧頡剛讀書筆記》卷一四,第 30 頁。
④ 1921 年安特生(Anderson)在河南澠池縣發掘仰韶村遺址,1921—1922 年提出"仰韶文化"的命名。
⑤ 徐中舒:《再論小屯與仰韶》,李濟總編輯,傅斯年等:《安陽發掘報告》第 3 期,第 523—557 頁。

要性,特別是使他們認識到,中國歷史學(尤其是没有或缺少文字資料的上古史研究)必須依靠現代考古學開闢新的途徑。

因此,中國考古學從最初發展時刻起,即與歷史科學聯在一起,中國文獻史學攜手考古學前行,是中國歷史學發展之自然而又必然的發展趨勢。這條道路一旦開始,就未有休止。

二、神話、傳説還是歷史:文獻中所見夏史可信性辨析

上述老一輩史學家希望結合考古資料來研究古史,並根據當時初步開展的考古發掘資料來聯繫夏,雖是這種結合的萌芽狀態,但已暴露出兩個問題:其一,已獲得的考古資料對所研究的問題是否具有針對性;其二,記録古史的文獻資料本身是否具有可信性。關於第二點,實際涉及考古學要不要與某一古史題目相聯繫的前提。具體到考古學與夏文化探索這個重要課題,其前提自然亦是,文獻能否説明,中國歷代史家與當代考古學家所相信必然存在的夏王朝是否確實存在過。

曾領導"古史辨派"學説,對經書所載古史系統給予嚴厲批判的顧頡剛先生,並不認爲夏是虚妄的、不存在的。他在《春秋戰國史講義》中曾説:"在西周和東周人的記載裏,很清楚地告訴我們:在周的前邊有夏和商二代。……夏的存在是無可疑的。"[1]顧先生不懷疑有夏,不懷疑有個夏代,但他不認爲禹與夏有關,他對於戰國以後史書中所講到的夏王朝世系的人物,如啓、太康、中康、相、杼是否存在過,則持否定態度。其根本原因,在於顧先生秉持東周與漢代人多有僞造歷史以爲現實服務的思想,他所以對夏史研究下功夫,其實際目的是要説明戰國以後是如何演變出夏史的。[2] 顧先生所承認的與夏有關的文獻記載,主要是東周人所講夏代史事中涉及夏的都城與疆域的部分,他認爲:"夏代疆域可能較廣,但其政治中心始終未遠離今河南一省。"[3]顧先生一方面並不認爲有關在這塊地域中活動的夏代人物與其活動的記述都是真實的,另一方面又認爲所涉及的這些地名還是與夏有關的,這當然有一定矛盾。他大概認爲,從這些傳説中的地名所圈定的地域總還是與真實的夏事迹有關,故努力於用傳説之地域來推斷真古史之地域。[4]

顧先生質疑戰國以後文獻中提到的夏史人物及其事迹,但不否認夏的存在,應該主要緣於現存成文於西周的文獻中即記述了"夏",[5]而他亦從未批評過傳世西周文獻中有關

---

[1] 顧頡剛:《春秋戰國史講義》第一編(民族與疆域),《顧頡剛全集》四《顧頡剛古史論文集》卷四,第114頁。

[2] 顧頡剛、童書業:《夏史三論》,《顧頡剛全集》一《顧頡剛古史論文集》卷一,第553—611頁。

[3] 顧頡剛:《法華讀書記》一四,《顧頡剛全集》二一《顧頡剛讀書筆記》卷六,第26頁。

[4] 王煦華:《顧頡剛關於夏史的論述》,中國先秦史學會,洛陽第二文物工作隊:《夏文化研究論集》,第124—127頁。

[5] 1937年顧先生在評議楊寬先生《中國上古史導論》一文時即云:"顧甲骨文發得若干萬片,始終未見有關於夏代之記載,則二先生(引者按:指楊寬、陳夢家先生)之疑誠不爲無理。惟《周書·召誥》等篇屢稱'有夏',或古代確有夏之一族……吾人雖無確據以證夏代之必有,似亦未易斷言其必無也。"顧頡剛:《(楊寬)〈中國上古史導論〉第十篇〈説夏〉附函按》,《顧頡剛全集》一《顧頡剛古史論文集》卷一,第612頁。

"夏"的記述。早在 1923 年顧先生即將今文《尚書》二十八篇依其可靠程度分爲三組，[1]將《尚書》中的十三篇歸爲第一組，這十三篇包括《盤庚》《大誥》《康誥》《酒誥》《梓材》《召誥》《洛誥》《多士》《多方》《吕刑》《文侯之命》《費誓》《秦誓》。他認爲這十三篇"在思想上，在文字上，都可信爲真"。[2] 這即是説，這十三篇中言及西周史事與話語的都應是西周時文獻。但他分入第二組的十二篇，即認爲有可能是後世僞作，或是史官追記，或是"真古文經過翻譯"，然而這第二組中的《無逸》《君奭》《顧命》等，只是有的在文字或受東周人影響，[3]而内容實際亦應較爲可靠。顧先生自己也説，這歸入第二組的書篇還没有確實的把握把它們與第一組分開。在上述成文於西周時的書篇中，以下諸篇都言及"夏"。

《召誥》：該篇記載召公在洛邑爲成王修建宫室，請周公向成土轉述其陳言，並誥庶殷之語。其中有曰："相古先民有夏，天迪從子保，面稽天若，今時既墜厥命。""我不可不監于有夏，亦不可不監于有殷。我不敢知曰，有夏服天命，惟有歷年；我不敢知曰，不其延。惟不敬厥德，乃早墜厥命。""上下勤恤，其曰，我受天命，丕若有夏歷年，式勿替有殷歷年。"

《多士》：該篇記載周公向"殷遺多士"發布的誥令。其中講到："我聞曰：'上帝引逸。'有夏不適逸，則惟帝降格，嚮于時夏。弗克庸帝，大淫泆有辭。惟時天罔念聞，厥惟廢元命，降致罰。乃命爾先祖成湯革夏，俊民甸四方。""惟爾知，惟殷先人有册有典，殷革夏命。今爾又曰：'夏迪簡在王庭，有服在百僚。'"這段話中，講到殷先人有典册，繼言"殷革夏命"，是説殷遺民們應親知，其先人的典册中記載了商革夏命的史事，[4]講此話的周公之類周人上層貴族肯定已有看到。

《多方》：該篇記載周公以成王之命誥令殷遺民及其他原服屬於商現已臣服周人的四方舊貴族。其文曰："周公曰：王若曰……洪惟圖天之命，弗永寅念于祀。惟帝降格于夏，有夏誕厥逸，不肯感言于民，乃大淫昏，不克終日勸于帝之迪，乃爾攸聞。厥圖帝之命，不克開于民之麗，乃大降罰，崇亂有夏……亦惟有夏之民叨懫日欽，劓割夏邑。天惟時求民主，乃大降顯休命于成湯，刑殄有夏。""乃惟成湯克以爾多方簡，代夏作民主。""王若曰：誥告爾多方，非天庸釋有夏，非天庸釋有殷，乃惟爾辟以爾多方，大淫圖天之命，屑有辭，乃惟有夏圖厥政，不集于享。天降時喪，有邦間之。"

在這些話語中，凡言及夏的，均是講要接受夏人亡命、以致被商人革命的歷史教訓，而且這種以夏亡命爲戒的話語不是只對商遺民所説，以證明周人克商之合理性，重要的是像上引《召誥》文句所顯示的，當時在周人上層貴族間亦以夏之亡作爲相互勉勵的警言。從這些記載可知，商前有夏，在周初已是一種常識，周初貴族講到的夏應該不是（也無必要）

---

[1] 劉起釪：《尚書學史》第九章第三節"顧頡剛先生與《尚書》研究"，中華書局，1989 年，第 499—514 頁。

[2] 顧頡剛：《論今文尚書著作時代書》，《古史辨》第一册，上海古籍出版社，1982 年，第 201 頁。

[3] 劉起釪：《尚書學史》第九章第二節"甲骨文與《尚書》研究"，第 498 頁。

[4] 僞孔傳曰："言汝所親知，殷先世有册書典籍，説殷改夏王命之事。"

杜撰而來的。如果説夏是編造出來的，是爲了以殷革夏命來説明周克商命的合理性，那麽作爲談話與誥命對象的周人貴族、殷遺民等，與發表講話的召公或周公是同時代的人，很難想象他們會接受一個編造出來的故事。① 特別是周人上層貴族，更無由以虛構的歷史來互相欺騙。以顧先生爲代表的"古史辨派"學者，可以無情地批判他們認爲的東周以後人"僞造"的夏代歷史，但多數並不懷疑夏的存在，正是基於對上述講到夏的西周文獻之真實性的考證。因此中國考古學以尋找夏的遺存爲目標，絕非是在捕風捉影，而是有實在意義的、事涉中國古代文明起源的重要學術課題。

當然，目前所知西周時期的文獻中雖確實講到夏，講到殷革夏命，但仍屬於後世對前世的追述，而不是同時代的文字記録。這些西周人的誥命中也只是講到，歷史上有夏之先民，這個夏有類似於商一樣的王朝，這個政權曾存立較長時間，最後被商湯伐滅，但並未能告訴我們更多有關夏的情況。而相關較具體講夏史的記述，確如顧先生所云，是見於戰國以後成書的文獻中。顧先生曾云："我們不該用了戰國以下的記載來決定商周以前的史實。至於用了戰國以下的記載來決定戰國以下的某種傳説的演變，這依然是該做的工作，我們決不該放棄這時代的責任。"②

顧先生説不應該用戰國以後文獻記載"來決定"商周之前的史實是對的，但不能"決定"，似不應該走向另一極端，即完全摒棄戰國以後文獻中的記載，或將這些記載皆歸結爲僞造或竄入，視爲純粹的神話。在顧先生等人筆下，由戰國以前文獻中未明言禹與夏的關係，即判定"直到墨子才把禹與夏正式發生了關係"，認爲《左傳》中有關少康滅有窮的記載是啓滅有扈的傳説衍化，少康中興出自東漢人僞造，等等。其所以斷然否定這些記載，上文已説明，應是緣於"古史辨派"學者在史觀上很大程度沿襲晚清今文學者之看法，認爲《左傳》《史記》中的記述多有史官作僞的成分。這些記述出現的時間，確實離夏的歷史年代甚遠，嚴格而言，亦應歸入古史傳説範疇。這樣就有一個如何從史學研究角度，正確對待中國古史傳説的史觀問題。

在《中國古史的傳説時代》中，徐旭生先生對"古史辨派"治學方法中存在的問題作了批評，其中提到，上述稱戰國以後的記述爲僞造的看法，有武斷地對待"反證"與"太無限度地使用默證"的弊端。説戰國以後人講夏史是僞造，但又無十分確切的證據，這本身自然也陷入無據的假説範疇，在邏輯上，確屬默證，雖可爲一説，但無助於澄清問題。徐先生在對"古史辨派"的批評中，還提出他們"混淆神話與傳説"，③這一批評也是對的。純粹的神

---

① "夏"在史書中被作爲王朝之稱與族屬之稱。但在先秦典籍中，"夏"常被後世注家訓爲"大"。"夏"與"大"上古音並不近，"夏"訓"大"，並非音訓，亦非是"大"的假借字。這固然可能確實是族屬自稱，但也不排斥是同時代人或稍晚的人，對在中原這個地區存在過的一個大的族邦、大的聚落之稱。換言之，"夏"很可能是因其族邦在當時規模龐大、文明程度發達於周邊族邦而得名。

② 顧頡剛、童書業：《夏史三論》，《顧頡剛全集》一《顧頡剛古史論文集》卷一，第553頁。

③ 徐旭生：《中國古史的傳説時代》，廣西師範大學出版社，2003年，第26—27、28—29頁。

話不能作爲史學研究的直接依據,但傳説中隱含着史實的成分。這一點,王國維1923年所撰的《古史新證》中亦已指出。①

以上所以要再次檢討這樣一個如何正確對待有關夏史的古史傳説資料的老問題,一方面是因爲,在微觀上就此實際上並未完全形成共識,仍然牽扯到今天考古學的夏文化探索還要不要考慮古史傳説中有價值的素材的問題;另一方面,在宏觀上則關乎中國的原史時代的研究與原史考古學如何深入開展的問題,②因而這也是正確處理中國考古學與歷史學關係中一個非常典型的案例。因爲如果完全摒棄戰國以後記載中的夏史綫索,不僅會減少考古學作夏文化探索時的參考綫索,而且對於考古發掘資料的闡釋亦會失去必要的參考依據。

近些年來,有些主張考古學要保持"獨立性"的學者,指出考古學不應被文獻牽着走。對於要客觀地認識考古發掘資料,不要套用文獻記載牽强解釋考古發掘資料這點來説,這種説法完全是正確的。但是,在作歷史考古學或原史考古學研究時,參考有關文獻記載,在確定調查與發掘地點、規劃調查與發掘計劃時仍是可以采用的。在中國這樣一個歷史上有着豐富文字書寫材料的國度,在這樣一個漢字文化至少延續三千餘年的民族共同體中開展歷史或原史考古學研究,主觀地拒絶以文獻爲參考,籠統比之於在美國開展的印第安人考古,似乎是無必要的。此外,以往對新出土的考古資料,包括出土文獻,是否可用以"證經補史"似亦不宜完全否定。學者或認爲"證經補史"是經學思維,是舊史學觀念,然而,將"證經"即證成經説作爲目標,雖已非現代史學之需要,但"補史"卻無不可。從今日來看,"補史"似不必簡單理解爲補充典籍,作典籍的注脚,而更多是指補充新的史料,改變文獻記載之不足的狀況。

當然,考古學資料不僅可用於"補史",而且有着驗證或否定文獻記載訛誤的功能。依靠考古學作夏文化探索,屬於原史考古學範疇,在實施中,必然會驗證或否定戰國以後文獻中夏史記載的可靠性。上文已言及,顧頡剛先生曾依靠這些文獻中所記春秋、戰國人所講到的夏人活動地點來推斷夏都所在、夏人活動空間及有關方國的地理區域,其結論是:"夏民族的政治中心在河南,他們的勢力範圍,大部分在山東,小部分在河北、山西。他們享有了黄河流域的下游和濟水流域的全部。"③他所勾畫的這一區域中所着重指出的"夏民族的政治中心在河南""小部分在河北、山西",與考古學上已揭示的二

① 其文曰:"研究中國古史爲最糾紛之問題,上古之事傳説與史實混而不分,史實之中固不免有所緣飾,與傳説無異,而傳説之中亦往往有史實爲之素地,二者不易區别,此世界各國之所同也。"(王國維:《古史新證》,來薰閣書店,1935年影印本,第1頁)

② 對於"原史"(protohistory)的定義,學界有不同説法。其中,Milan K. Chauley對"原史"所下的定義是:"有文字,但未能解讀,或後其文獻有提及,但未有確實的考古證據者"(*Prehistory and Protohistory of Eastern India*, Agam Kala Prakashan, 2008, p. 103),與本文所云"原史"大致相合。關於"原史",亦請參見拙文《論中國考古學與歷史學的關係》,《歷史研究》2003年第1期,第16頁,亦收入本書。

③ 顧頡剛:《春秋戰國史講義》,《顧頡剛全集》四《顧頡剛古史論文集》卷四,第116頁。

里頭文化之分布區域還是大致相合的。顧先生認爲夏的勢力範圍大部分在山東,除判定其都城有在今山東者(如認爲相居斟灌即在"今山東觀城縣")外,也當與《古本竹書紀年》記夏人與東夷關係密切有關。這一點,還有待考古學新資料的發現進一步驗證。

1959 年,徐旭生先生在動身對"夏墟"作考古調查前,即首先依靠戰國以後成文的傳世文獻記載對"夏民族或部落所活動的區域"作了分析。對相關記載進行梳理、歸納與去粗取精後,徐先生進一步指出:"對我們最有用的僅只不到三十條關於夏后氏都邑的記載,絕大部分是在《左傳》《國語》《古本竹書紀年》裏面。就是在這些很少的條文裏面還有些條不大能用。"他最後得出的結論是,有兩個區域應該特別注意:"第一是河南中部的洛陽平原及其附近,尤其是潁水谷的上游登封、禹縣地帶;第二是山西西南部汾水下游(大約自霍山以南)一帶。"[①]由於時間關係,晉南的考察未能成行,但正是通過此次在豫西洛陽平原的考察,發現了二里頭遺址。

顧先生從文獻上找到了夏人活動區域,認定政治中心在河南,而徐旭生先生更是將從文獻上歸納出來與顧先生所論有部分重合且更爲妥帖的信息,作爲確定考古調查的地理範圍,並於 1959 年實現了在洛陽平原尋找夏都的設想,正式揭開考古學夏文化探索的序幕。[②] 事實說明,對於原史考古學來說,相關具有古史傳說性質的資料在經過審慎、辯證的分析後,還是可以作爲考古學實踐的重要參證資料的。中國考古學的夏文化探索在這一點上,可以說是較好地實現了文獻史學與考古學的對接。

三、二里頭遺址究竟展現了怎樣的文化內涵

要更好地做到考古學與文獻史學的對接,除了上述對文獻的可信性與可信程度要作審慎的考察、分析、提煉之外,與之相聯繫的考古學課題,也必須要對考古發掘資料作客觀、紮實的深入分析與科學的認識。

對二里頭文化性質的認識,直接關乎對中國考古學的夏文化探索(或説中國考古學與文獻史學在一定程度的結合上所進行的夏文化探索)如何評價。所謂二里頭文化的性質,主要有兩方面:一是二里頭文化的族屬(族群或族團性質);[③]二是二里頭文化所反映的文

---

① 徐旭生:《1959 年夏豫西調查"夏墟"的初步報告》,《考古》1959 年第 11 期。

② 關於通過歷史地理研究,確定夏代都邑可能之所在,進行考古發掘以證實夏王朝之存在,胡適早在 1946 年即有此建議。參見《夏鼐日記》卷四"1946 年 12 月 20 日所記胡適之談話",華東師範大學出版社,2011 年,第 89 頁。

③ 學者對於考古學文化與族屬的關係有不同理解,或認爲一個考古學文化未必會對應特定的族屬。這裏似首先有一個時代早晚的問題。古代中國的社會組織結構應是在春秋以後逐漸地緣化的,在此之前考古學文化大致與族屬有對應關係,因此,研究者才能從陶器形制、組合及墓葬形制等方面區分出類似於"商文化"與"周文化"來。其次,此時考古學文化對應的多已不是單一血緣關係的族屬(實際上這種情況是很少的),與一個特定考古學文化對應的族屬,即所謂族群(或更大的族團),應是以該族群統治者的族屬爲核心,包括若干不同姓的族群的彼此經濟發展水平、習俗、語言相近,在地域上相聯並在文化上相互認同的共同體,亦即相當於我們通常所説的"夏人""商人""周人"等概念。

明發達程度。對於第二點,主持二里頭遺址發掘的學者已明確指出,該遺址規模宏大,布局嚴整,是當時中國乃至東亞地區最大的城市聚落。① 對於這點,即使對二里頭遺址族屬性質有不同説法的學者都是認可的,只是對這一遺址的文化内涵演變的具體過程、原因的解讀有較多異議。

二里頭文化分爲四期,四期内陸續形成的遺存及其演變情況已大致明確。下面作一下扼要歸納,②看看能説明哪些問題:

(一) 一期遺存發現很少,在宫殿區東南部有此期灰坑與墓葬,西南部有此期灰坑。

(二) 二期時,二里頭遺址中心區已有井字形道路網絡,構成都城的"骨架"。沿道路兩側始興建大型建築,宫殿區開始出現,宫殿區東北部三、五號基址建成。在宫殿區南側出現鑄銅作坊與緑松石作坊,已開始生産。

(三) 二里頭文化三期時,井字形大路網内開始圍繞宫殿區修建了四面夯土城牆,宫殿區南部出現都城内最大的單體宫室建築一號基址,西南角出現跨牆而建的七、八號基址,西南部約在此期(或稍早)出現九號基址,東北部在此期偏早時出現四號基址,偏晚時出現二號基址。宫城内出現與外圍井字形道路互通的道路。作坊區在此期間迅速發展,手工業生産水平達到新高度。

(四) 二里頭文化四期直到四期晚段之初,井字形道路網絡與宫城城牆仍在使用,但在四期晚段偏晚時,已有若干灰坑打破宫城城牆邊緣,表明城牆已遭到破壞,很可能已被廢棄。同樣在四期晚段之初,一號基址仍在使用,但在四期晚段偏晚時,已有一些灰坑、陶窑打破基址邊緣區的夯土,甚至有少數的灰坑打破基址中心區域,在這些灰坑中多出土有考古界確定爲所謂先商文化的下七垣文化的陶器及具東方岳石文化特徵的陶器,標誌着此基址在四期晚段偏晚時亦大致被廢棄。與一號基址類似,可知二、四、七、八、九號基址均已在四期晚段偏晚時被廢棄。同樣,在四期晚段偏晚時,作坊區的垣牆亦已被廢棄。

(五) 四期晚段偏晚,二里頭作爲都城,總體上被廢棄後,又修建了六號、十號基址,手工業作坊仍在繼續使用,直到晚期末葉這些遺存方被廢棄。③

就墓葬而言,二里頭遺址中已發掘者皆爲中小型墓,分散在遺址各處,位於宫殿區宫室建築院内居址旁邊的房基與路面下。墓葬並未與生活區分開,且尚未見有規劃的大型

① 許宏、劉莉:《關於二里頭遺址的省思》,《文物》2008 年第 1 期;許宏、趙海濤:《二里頭遺址文化分期再檢討——以出土銅、玉禮器的墓葬爲中心》,《南方文物》2010 年第 3 期;趙海濤:《二里頭遺址二里頭文化四期晚段遺存探析》,《南方文物》2016 年第 4 期。

② 參見中國社會科學院考古研究所:《偃師二里頭 1959 年—1978 年考古發掘報告》,中國大百科全書出版社,1999 年;中國社會科學院考古研究所:《二里頭:1999—2006》,文物出版社,2014 年。

③ 以上二里頭文化四期遺存狀況,主要參考了趙海濤:《二里頭遺址二里頭文化四期晚段遺存探析》。

墓地,但小片墓區中墓葬的分布還是相對集中的,且多數有一定排列次序。[①] 各期墓葬的隨葬器物情況如下:

(一) 一期墓葬,多屬一期偏晚,數量不多,目前發現的均爲陶器墓。陶器以泥質黑灰陶與深灰陶爲主,陶色較深,細繩紋,僅有少量白陶器。

(二) 二期墓葬,仍主要是陶器墓,亦以灰陶爲主,陶色漸變淺,繩紋變粗,白陶占較大比例。偏晚期墓中出現銅鈴與銅飾牌。從此期晚段開始,墓葬規模與隨葬器物數量的差異開始擴大。在三號基址院內清理過5座東西成排的屬二期的中型墓,其中M3出土有銅鈴、玉飾、白陶器與漆器,並出土有鑲嵌綠松石龍形器。[②]

(三) 三期墓葬,灰陶陶色更淺,白陶至三期晚段不見。少數早、晚段墓中出現銅爵,晚段墓1975ⅥKM3出土有銅爵與斧(兵器)、戈、鑲嵌綠松石的圓形器等,銅爵常與陶盉組合。

(四) 四期墓葬,陶器仍以灰陶爲主,陶色愈淺,晚段有較多紅褐陶。銅器墓相對較多,早、晚段均出現爵、斝組合。1987年ⅤM1出有銅鼎、斝、觚(?),[③] 1986年ⅡM1出土了銅盉。

欲對上述二里頭遺址內建築、墓葬等各期遺存所發生的變化作出合理解釋,其前提是要明確二里頭文化一至四期所屬考古學文化的性質有無發生變化,而姑且先不論其族群或族團屬性。最能反映二里頭文化特徵的是其陶器,二里頭文化一期至四期主要的陶器器類,如鼎、豆、罐、盆(包括刻槽盆)、爵、觚、尊、鬶(約止於三期偏早)、盉、盤(三足盤約止於三期),可以看出同類同型的器形基本特徵一直在延續而有局部變化的趨勢,即是說,難以將一至四期從陶器上明確分割爲兩種考古學文化。

三期以後二里頭遺址中開始出現弧襠罐形腹鬲(屬下七垣文化輝衛型),四期時出現分襠垂腹鬲(屬下七垣文化漳河型)。到四期偏晚時,遺址中出現束頸平底盆(屬下七垣文化與二里崗下層商式)、橄欖形束頸小平底深腹罐(屬下七垣文化漳河型、二里崗下層商式),及器表有篦狀刮削痕的侈口深腹罐、弧襠鼓腹鬲、斜腹平底凸弦紋盆(均岳石文化器形)等。[④] 這些具有下七垣文化(及二里崗下層文化)與岳石文化特徵的陶器,多數成組出現於破壞了大型夯土基址的灰坑中。[⑤] 而二里頭文化的陶器在隨葬組合形式

① 參見李志鵬:《二里頭文化墓葬研究》,中國社會科學院考古研究所:《中國早期青銅文化——二里頭文化專題研究》,科學出版社,2008年,第50—52頁。
② 中國社會科學院考古研究所二里頭工作隊:《河南偃師市二里頭遺址中心區的考古新發現》,《考古》2005年第7期。
③ 有學者已指出,實際上這幾件銅器的年代已進入二里崗下層一期。參見趙海濤:《二里頭遺址二里頭文化四期晚段遺存探析》。
④ 參見趙海濤:《二里頭遺址二里頭文化四期晚段遺存探析》;朱君孝、李清臨:《二里頭晚期外來陶器因素試析》,《考古學報》2007年第3期;王立新、胡保華:《試論下七垣文化的南下》,北京大學考古文博學院、北京大學中國考古學研究中心:《考古學研究(八)——鄒衡先生逝世五周年紀念文集》,科學出版社,2011年,第179—193頁。
⑤ 參見趙海濤:《二里頭遺址二里頭文化四期晚段遺存探析》。

與器形特徵上與上述先商文化、商前期文化(二里崗下層一期)及岳石文化的陶器是有差別的。

從這些情況看,將二里頭文化一至四期視爲同一種相對獨立的考古學文化是有道理的,也可以認爲,生活在這裏的作爲二里頭文化"載體"的居民之族羣歸屬没有根本性變化。至於主要在四期後,特别是四期偏晚時在墓葬與遺址中所出現的先商的(及商前期)的商式器及岳石文化器物,顯然與這裏的居民當時已同這些文化所屬族羣發生密切接觸有關。

此外,二里頭文化各期遺存變化還牽扯到各期年代。據碳十四測年數據,[①]二里頭文化各期年代大約是:(1) 一期:約公元前 1735—公元前 1705 年,不早於公元前 1750 年;(2) 二期:約公元前 1680—公元前 1610 年;(3) 三期:約公元前 1585—公元前 1545 年,約公元前 1615—公元前 1560 年;[②](4) 四期:約公元前 1565—公元前 1530 年。關於商前期始年,有《夏商周斷代工程 1996—2000 年階段成果報告(簡本)》給出的約公元前 1600 年,這個數字是由工程擬定的武王克商年(前 1046)上推文獻有關商積年的記載,取的是約數。[③] 而"簡本"給出的由碳十四測年數據所推斷的鄭州商城和偃師商城,始建年代在公元前 1610—公元前 1560 年之間。此後測年專家又指出:"兩個商城最早的年代均不早於公元前 1560—公元前 1580。"[④]綜合這些信息,可以認爲商前期始年可以大致定在前 1580 年或稍晚。以此年數與上舉二里頭各期年代相對照,則可知約在二里頭三期偏晚時,發生了史載成湯滅夏的事件,也即是説,二里頭三期晚葉至二里頭文化四期已進入商前期紀年範圍。

這一變革給二里頭文化遺存中帶來什麽變化呢? 依上所述,宫殿區中建於二、三期的大型建築、井字形道路未因此衰落,這些設施至四期晚段偏晚後才逐漸被廢棄;而手工業作坊則一直使用到四期末葉。這反映出,商王朝已建立,並未使二里頭原居民之生活方式立即發生極大顛覆。二里頭文化三期始出現銅容器隨葬,銅兵器、銅飾件增多,至二里頭文化四期墓葬中出現銅爵、斝的組合,且出現銅鼎、銅盉,反映出自三期始,青銅鑄造業有所進步,仍在爲在宫城内生活的貴族服務,使用青銅器作爲隨葬禮器的習俗亦已開始,甚至到四期晚段時仍有出青銅器、玉器的較高規格的墓葬存在。從其同出陶器看,這些墓葬的主人亦並未發生族屬變更,只是在隨葬陶器中有了商式器物,如商式的束頸盆(如四期

---

① 張雪蓮、仇士華等:《新砦—二里頭—二里崗文化考古年代序列的建立與完善》,《考古》2007 年第 8 期;中國社會科學院考古研究所:《二里頭:1999—2006》第七章"碳十四測年研究",第 1215—1238 頁;中國社會科學院考古研究所:《偃師二里頭 1959 年—1978 年考古發掘報告》,第 392 頁。
② 張雪蓮等人提出二里頭三期的年代在前 1600 年左右。參見張雪蓮、仇士華、蔡蓮珍:《鄭州商城和偃師商城的碳十四年代分析》,《中原文物》2005 年第 1 期。
③ 參見夏商周斷代工程專家組:《夏商周斷代工程 1996—2000 年階段成果報告(簡本)》,世界圖書出版公司北京公司,2000 年。
④ 張雪蓮、仇士華:《關於夏商周碳十四年代框架》,《華夏考古》2001 年第 3 期。

晚段墓Ⅵ M11∶1 所出）。

但是至四期晚段偏晚，宫城被廢棄，打破宫城内基址、城垣的灰坑中多出現成組的具有下七垣文化、岳石文化及二里崗下層一期特徵的器物，還是反映了二里頭文化所代表的這一文明的最終衰落，而且這一衰落確與商文化入主有直接關係。[①] 姑且不論二里頭文化是否是夏文化，這一文明開始衰落的時間，特别是與商文化的接觸，還是自然會使人將之與傳世文獻所載成湯滅夏的史事相聯繫。因而將二里頭文化視爲所謂夏文化也是一種很自然的看法。

至於二里頭文化在已進入三期（約中葉）至四期偏早時仍持續發展，反映出商文化的入主並未使居住於二里頭的二里頭文化所屬族群的居民（應不包括原都城統治者）的生活發生根本變化。這種情況可以使人想到與之類似的情況，即周武王克商後，對多數未反抗的商人貴族采取懷柔政策，周初墓葬中商遺民貴族墓所顯示的墓主人的經濟地位與在商末時並未有太大變化。

二里頭文化在三期後直至四期晚段較早時的狀況也表明，進入商紀年後，二里頭宫城與手工業作坊仍被原居民中的上層持續使用，二里頭遺址周邊亦未發現可確認爲商前期的典型的商人貴族墓葬，也説明商人上層似並未入居二里頭這一都邑。與上述情況類似的是，《史記·殷本紀》記武王克商後：“釋箕子之囚，封比干之墓，表商容之閭。封紂子武庚禄父，以續殷祀，令修行盤庚之政，殷民大説。”[②]同書《周本紀》還記武王在克商次日曾“除道，脩社及商紂宫”。[③] 雖爲漢人記述，但紂子武庚仍受封而繼續主宰舊商都應是事實，如果武庚後來未參與反叛，想必舊商都内的商遺民不會馬上被遷走，且考古發掘也確未見有因武王克商、殷周變革導致殷墟宫殿區建築被周人立即摧殘的資料。此外，考古發掘資料表明，殷墟内的手工業作坊有可能延續使用至周初。[④]

《史記·殷本紀》亦記曰：“湯既勝夏，欲遷其社，不可，作《夏社》。”[⑤]其所據已未可知。所謂“遷社”，即欲改置根植於夏人居住中心這塊土地上的社神（土地神），但終未能實現。這當然也意味着夏人的居住中心也未能因此移動，二里頭遺址在進入商紀年後並未立即

---

① 雖然可以這樣解釋二里頭遺址的變化，但二里頭文化三期晚葉後遺址中所出外來陶器多屬下七垣文化，可見直到進入商紀年後有相當一段時間陶器仍顯現出很强的下七垣文化陶器特徵，二里崗下層文化典型器群的形成似要稍晚。

② 《史記》卷三《殷本紀》，中華書局，1959 年，第 108 頁。《逸周書·克殷解》亦有類似記述。

③ 《史記》卷四《周本紀》，第 125 頁。

④ 參見何毓靈：《殷墟周人滅殷遺存研究》，中國社會科學院考古研究所夏商周考古研究室：《三代考古》（六），科學出版社，2015 年，第 287—308 頁。此文認爲，周公二次東征後，有毁壞殷墟王陵及其他商人貴族墓葬、火燒宫殿區以外部分商人建築的舉動，但小屯宫殿建築基址未見火燒的迹象。

⑤ 《史記》卷三《殷本紀》集解引孔安國曰：“欲變置社稷，而後世無及句龍者，故不可而止。”（第 96 頁）以“變置”釋“遷社”，似可信，但認爲是指改變句龍（即后土）之神社地位，似未必。此當指欲遷夏人都邑之社。

荒廢,原居民生活方式仍持續一段時間,似可與此類記載相印證。[①]

四、夏文化有無文字：考古學時段性的局限

　　從上文所追溯夏文化考古學探索的歷程,可見從梳理古史傳說性質的文獻而推測出夏人活動區域與夏都邑之所在,到由此確定在洛陽平原與晉南實地調查夏人都邑;從1959年發現二里頭遺址迄今近六十年的發掘、研究,圍繞夏文化的探索,有關的考古學與文獻史學在各自領域内不斷深化認識並頗爲不易地相整合,這個過程可以説是中國原史考古學與文獻史學相結合進行學術探討的一個典型案例。

　　二里頭遺址,以其規模之大、規格之高,成爲當時東亞最大、文明程度最高的聚落。二里頭文化作爲一支相對獨立的考古學文化,其地理位置正處於傳説中的夏人故地,其興盛到衰亡所延續的時間,與其衰落前後在二里頭遺址中出現的先商文化與商文化遺存,都恰可與史載成湯滅夏相聯繫,則將二里頭文化視爲夏文化實有較充足的學術根據。

　　但是,正如有學者所指出的,在没有夏當時的文字資料發現的情况下,作爲一個王朝的夏的存在還無法得到最終的確切證明。由於迄今未能在二里頭文化遺存中發現文字,更没有發現能够與夏相聯繫起來的文字,所以不能像由於殷墟商後期文化發現有商的甲骨文從而被確認爲商文化那樣,與夏文化挂上鈎。指出這點的學者的審慎是有道理的。然而,如上文所述,尋找到、發掘到的二里頭文化與文獻中説的夏多有扣合,如不是夏文化,那還有什麽文化可能是夏文化呢? 1979年,在中國先秦史學會成立大會上,鄒衡先生即曾説過,在這個區域内不會再有新的爲我們所不知的文化了。[②] 但不能爲同時期的文字材料證明,則認定二里頭文化是夏文化即會帶有一定假設成分。在短時間之内,這個問題的解決似會陷入僵局。

　　進入文明、國家狀態,一定要有文字嗎? 從公認的世界早期文明古國看,多數應該如

---

① 在二里頭遺址東約70公里的鄭州大師姑城址,約始建於二里頭文化二期。其内文化遺存的面貌,直到相當於二里頭文化四期偏晚時,均與二里頭遺址較接近。但至二里頭文化四期偏晚階段,城内遺迹已漸少,城牆約在二里頭文化四期偏晚時廢棄。此後城址範圍内多有二里崗下層文化遺存(參見鄭州市文物考古研究所:《鄭州大師姑(2002—2003)》,科學出版社,2004年)。此外,位於二里頭遺址東南約99公里、大師姑城南49公里的新鄭望京樓城址,約始建於二里頭文化三期偏早,城内有較厚的二里頭文化三期、四期遺存堆積,"尤其是豐富的二里頭文化四期遺存"。二里頭文化内城城牆後來被不晚於二里崗下層二期的城壕打破,内城中只有極少量的二里崗下層一期遺存,但二里崗下層二期的遺存分布已較爲普遍(參見顧萬發主編,鄭州市文物考古研究院:《新鄭望京樓——2010—2012年田野考古發掘報告》(中册),科學出版社,2016年,第713—720頁)。按照上文所述二里頭文化三期偏晚已進入商前期,則這兩座城址内的二里頭文化遺存在進入商紀年後仍有一段發展,亦並非立即終止,都與二里頭遺址的狀况相近。兩座城址内的二里頭文化在四期偏晚以後皆被二里崗下層文化取代,也與商革夏命的大形勢相應,亦是將二里頭文化指向夏文化的另一證明。

② 鄒衡先生的原話是:"在古代文獻記載中所見夏商兩族活動範圍内即在黄河中下游的中原地區,已經不太可能再發現什麽新的考古學文化了。……考古學上的夏文化必然就包含在這一空間和這一時間已經發現的諸文化諸類型的各期段之中。"(鄒衡:《對當前夏文化討論的一些看法——1979年5月在成都"中國先秦史學會成立大會"上的發言稿》,《夏商周考古學論文集》(續集),科學出版社,1998年,第24頁)

此,但是活躍於 13 至 16 世紀早期的南美印加文明,是迄今未發現書寫文字的文明。[①]

在二里頭文化四期,有少數陶器上面有刻劃符號,[②]這類刻劃符號在屬商前期的二里崗期陶器上也有發現,雖然其中有的在結構上已與殷墟甲骨文字相近,透露出已爲文字符號之可能,但終因未能出現於記錄語言的文句形式中,而尚難有定論。此外,經考古發掘出土的屬商前期的二里崗文化墓葬中迄今亦未發現帶有銘文的青銅器,有少數傳世的非考古發掘出土的二里崗上層偏晚的青銅器上有簡單的銘文,其位置和内容與商後期銅器銘文(以族名與日名爲主)相近,這可能透露出一個信息,即二里崗上層時期的商前期偏晚時亦有了文字。其實,有許多學者早已作出過合乎邏輯的推測:商後期偏早即出現的殷墟甲骨文已有較爲成熟的文字體系,在此之前,必有一個較長的發展過程,即是説商前期理當有文字。

有一個需要深思的問題亦可支持商前期應已有文字的看法:殷墟甲骨刻辭所見商王世系與《史記·殷本紀》所載商王世系基本相合。此世系中,上甲至示癸,即上甲、匚乙、匚丙、匚丁、示壬、示癸,日名依序,確有構擬的可能,表明此一時段的日名有可能部分屬追設,或其中世系略有缺環,只能以有序而中略的日名來記錄。但大乙之後諸先王日名無序,絶非構擬,特別是有周祭卜辭所記錄的通過嚴謹的先王、先妣周祭程序而展示的嚴密的世系關係(周祭中所見世系自上甲至大乙,自大乙至康丁),商王室這種世系關係,應該是不必懷疑的,並非是帶有虛構成分的傳説。那麼這種譜系是靠什麼記憶下來的? 如果説商後期商人確已"有册有典"(《尚書·多士》記周公語),其書寫能力已有甲骨刻辭爲證,那麼人們自然會想到,商前期遠自大乙(成湯)的久遠而相當完整的世系,如無文字記錄,難道僅僅是憑藉口頭傳誦記憶下來的嗎?[③] 從大乙至殷墟卜辭時代(武丁之後),大約有300 年左右。[④] 這 300 年左右時間,如像文學作品一樣依靠口頭傳誦,[⑤]被周祭卜辭記載的那種單調的、嚴密的、無誤差的世系似未必能完整存留下來。因此,很有可能即是在商前期時,在商王朝中已有少數掌握文字的上層貴族與爲王朝服務的作册、貞人之類,負責將王朝重要的世系、政事記錄下來,但只在極小範圍内傳承。考古發掘的商前期遺存中之所以未能見到文字,除了由於當時在卜骨上刻辭與在器物(如銅器)上銘字尚未成爲風氣外,可能亦與製作陶器、玉器的普通工匠,未必有認字寫字的能力有很大關係。此外應該還有

① 印加文明用來記錄事項的方法是結繩,即所謂"奇普"(Khipu)。參見 Gary Urton, "The Inca Khipu: Knotted-Cord Record Keeping in the Andes", Helaine Silverman and William H. Isbell, eds., *The Handbook of South American Archaeology*, Springer Science, 2008, pp. 831 - 843. 但對不同結繩(及其上的顏色)所記憶事項,實際上仍要依賴知曉其内涵的人的口頭闡述,只是一種記憶的輔助工具,未必具有跨時空傳播的功能。

② 中國社會科學院考古研究所:《偃師二里頭 1959 年—1978 年考古發掘報告》,第 304 頁;中國社會科學院考古研究所:《二里頭:1999—2006》,第 204 頁,圖 4 - 1 - 2 - 4X。

③ 杜金鵬先生與筆者亦談及此重要問題,已有近同見解。

④ 據筆者爲"夏商周斷代工程"所作"文獻所見商代積年"專項研究。

⑤ 古印度吠陀時期婆羅門曾流行口頭傳授詩歌形式的宗教經典,即便是後來有了刻在棕櫚葉或樹皮上的寫本,仍嚴格地靠苦練而由師徒口頭傳授。參見金克木:《梵竺廬集(甲)·梵語文學史》,江西教育出版社,1999 年,第 19 頁。此承葉少勇博士賜告。

一個重要原因,即迄今爲止,商前期(二里崗下、上層文化時期)的王室或上層貴族的大墓均未被發現,也即是說,能展現當時社會文明發展最高成就的,猶如金字塔之頂尖的文化遺存,我們尚未能見到,因此尚不能將未知的東西視爲不存在。以此種情況推論夏文化、夏人有無文字,《夏本紀》所記其王世之所以系統,似乎亦可能從類似角度去作思考,而不必過早下結論。

二里頭文化考古工作經幾代考古學者辛勤忘我的投入,已取得相當豐碩的成果,特別是作爲都邑的二里頭遺址內結構與布局、二里頭文化各期文化的遺存的内涵與演變,都已較爲清晰。但不可否認的是,二里頭文化研究正像現在媒體上常説的"還在路上",特別是在二里頭都邑內生活的當時的貴族上層,他們的墓葬究竟在附近的何處? 有相當多的考古學者與歷史學者都相信,未來如能有二里頭文化大墓的發現,肯定會有助於對二里頭文化性質的最終判定,並使考古學的夏文化探索有一個新的飛躍。

另一方面,通過對二里頭文化的研究,似亦應對二里頭遺址展現的文明發達程度作一反思。從二里頭遺址中二里頭文化各期遺存狀況看,約三期中葉以後已進入商紀年,在一、二期及三期初,雖然已開始有宮城內大型建築,爲貴族服務的手工業作坊已開始運作,二期時遺址面積已達到 300 萬平方米以上,但三期以前墓中缺乏青銅容器與青銅兵器,即使到三、四期青銅器鑄造技術仍體現了某些原始性,相比二里崗文化期的商人的青銅器有較大差距。鑒於當時青銅工藝引領文明發展的重要性,可以說二里頭文化所達到的文明發展程度,似還不能用後來商王朝的情況來比附。[①] 戰國以後文獻所載的夏史,比如司馬遷在《史記》中像寫商王朝一樣記述夏史(甚至將戰國以後成文的《禹貢》作爲夏人歷史來講),包括以"帝"稱夏人首領,實際上都有誇大夏的文明發展高度的成分。所以,即使二里頭文化確屬夏文化,夏人所創造的文明發展高度,還是要通過今後考古學研究來揭示。

結　　語

上述中國考古學的夏文化探索過程,對思考中國以文獻爲主的狹義歷史學與考古學二者應形成怎樣一種正確的學術關係,有如下啓示:

(一) 對於有豐富歷史文獻記載的中國歷史考古學及原史考古學,仍應重視與研究目標相關的有可信度的文獻記述,[②]不僅是確定對中國早期文明起源與發展有重要意義的

---

① 新鄭望京樓二里崗文化的城址,是沿襲二里頭文化城址的位置及布局,但其城址夯土城的質量遠高於二里頭文化城牆,所以二里崗文化城址並未在二里頭文化城址城牆基礎上夯築(參見顧萬發主編,鄭州市文物考古研究院:《新鄭望京樓:2010—2012 年田野考古發掘報告》(中册),第 718 頁)。這從一個側面亦顯現出後起的商前期文化擁有比二里頭文化更爲發達的文明。

② 這個由文獻史料引發的研究目標,必須以對文獻記述可靠性的論證爲前提,而且是有一定年代框架背景的,例如從西周文獻中所言之夏。至於像古史傳説中的三皇以及五帝("三皇五帝"究竟是哪些帝王名號尚有異説),是後世將來源歧異的多種上古傳説在大一統思維下構擬出來的"人物",與這些"人物"有關記載的可信性,有許多不能通過嚴格的審查,自然不可能成爲原史考古學的重要參考。

研究目標(如以探索夏文化爲目標,"爲目標",不是"爲向導"。這種探索不僅是通過考古學手段求索與印證其是否真實存在,也包括求索其實際的文化載體與文化面貌,在理論上不應先有一個預設而影響這種求索的客觀性),而且在確定調查與發掘的地域範圍與對發掘出來的遺迹、遺物作分析與闡釋時,亦應有意識地聯繫可信的文獻記述,以之爲參考,不必爲追求考古學的"純潔性"而刻意忽視相關文獻。

(二)中國古代文獻,特別是先秦文獻,因有漫長的流傳與改造過程,自然需要對這些文獻記述作嚴謹、審慎的去僞存真、去粗取精的考證工作,提煉出文獻中相對可信的可以作爲考古學參考的真實的史實質素。這項工作,對於有關原史時期(或可以說屬於古史傳說時期)的文獻記述尤爲重要。上舉徐旭生先生爬梳資料鎖定豫西洛陽平原與晉南爲調查夏都邑的區域,即是典範。這是歷史學與考古學科學對接的重要前提。

(三)考古學對中國古代歷史研究的促進作用無可置疑,對於先秦史學與古史傳說時代的歷史研究而言尤其如此,如關於夏文化的探索,考古學已成爲最終解決若干籠罩於夏史上層層疑團的唯一手段。[1] 但是,考古學發掘出來的遺存、遺迹與遺物,不僅需要有科學的分期與斷代,有對考古學文化性質的正確理解(如二里頭文化是否是一種獨立的文化的認識),而且需要嚴格按照考古學的理論與規範,實事求是地闡釋遺址中各種考古現象發生的過程(例如上述通過各種考古現象解釋二里頭宮城內各種建築與手工業作坊的存留、廢棄的年代及可能的原因)。如果不經過客觀、細緻的研究,考古學取得的發掘資料的學術真諦即會被湮没,當文獻史學與考古學整合以探索歷史問題時,考古學的價值即難以體現。

(四)考古學所揭示的考古學文化現象的廣度與深度,與其調查與發掘的面積有直接關係,但在中國目前情況下對遺址的大面積揭露,完全以科研爲目的的發掘,會因當前的文物保護政策而受到一定限制。同時如果遺址位於現代聚落中,發掘計劃自然會受到較多制約。此外,我們所能獲取的分析樣本的系統性和典型性也很重要。如上文曾提到,二

---

① 需要指出的是,考古學對中國古代歷史研究的促進作用,尤其表現在深化對文獻史料可信性的認識上。以考古學的夏文化探索而言,這一探索過程可以因二里頭遺址的發現與發掘成果,對相關文獻記載中夏都邑地望與文明發達程度所起到的驗證與甄別作用外,還體現在促進了其他若干與夏史有關文獻之反思與詮釋上。例如《左傳》昭公元年記高辛氏"遷實沈于大夏,主參。唐人是因,以服事夏、商",定公四年亦記封唐叔"命以《唐誥》而封於夏虛,啓以夏政,疆以戎索"。這兩段文字所提到的"唐",杜預注云在晉陽,以往諸家多不認可,更爲考古學資料所否定。《史記》卷四二《鄭世家》集解引服虔曰:"大夏在汾澮之間。"正義引《括地志》云:"故唐城在絳州翼城縣西二十里。"(第1773頁)是爲以往多數史家所認可之説。但迄今在晉南所發現有可能與夏文化有關的,是二里頭文化東下馮類型,分布於臨汾盆地(臨汾下游及其支流澮水流域)與運城盆地(涑水流域)。其中臨汾盆地正與服虔所云"大夏在汾澮之間"相近同。關於晉南的"夏虛",還有《史記》卷三一《吳太伯世家》記:"(周武王)乃封周章弟虞仲於周之北故夏虛。"索隱曰:"夏都安邑,虞仲都大陽之虞城,在安邑南,故曰夏虛。"(第1446、1447頁)此安邑即在今夏縣西北,故此所云"夏虛"也在東下馮類型分布區域。但現所知東下馮類型第一期,只相當於二里頭類型二期,一般認爲是二里頭類型的派生物(參見中國社會科學院考古研究所:《中國考古學·夏商卷》,中國社會科學出版社,2003年,第91—94、97頁)。上引文獻中所言"大夏""夏虛"如即在此區域,則亦可證史家所以將此區域與夏聯繫,或即可能因二里頭文化東下馮類型分布於此,而東下馮類型遺存或即夏人勢力伸展於晉南的物化表現。

里頭文化的性質以及夏人是否有文字材料等重要學術問題的解決,可能有待於二里頭文化的高規格墓葬等遺存的發現與發掘。

　　鑒於上述現實因素,考古學與文獻史學二者在相互整合與對接以探索重要歷史問題時,例如考古學的夏文化探索,也必然存在較多局限性,包括材料的局限以及認識上所受到時段的局限,正因此,取得最終成果會有一個較長的時間過程。

(原載《歷史研究》2019 年第 1 期)

讀《張政烺批注〈兩周金文辭大系考釋〉》

　　2009 年春，傅學苓先生將張苑峰先生批注的《兩周金文辭大系考釋》三册交付與我，囑代爲整理，以便交由中華書局出版。遂邀請陳絜博士、劉源博士、何景成博士與韓巍博士等四位學有專長的年輕學者幫助我完成傅先生之托，具體分工是，由他們四位合作整理張先生手寫的批注，即把批注文字録入電腦，核對引文，並加以必要的注釋；由我在主持此項工作外，再寫一篇簡要的介紹張先生批注之學術價值的文章。苑峰先生學問博大精深，乃學界所公認，他對《兩周金文辭大系考釋》的批注，更是多年陸續寫下的閱讀是書的心得與感想，蘊含了他對兩周金文的許多見解，余雖盡力領會理解，但仍深感力不從心，現僅將通讀後的一些初步感受簡述如下，以供讀者參考。

　　張苑峰先生批注的《兩周金文辭大系考釋》（本文下簡稱《考釋》），是郭沫若先生於1935 年在日本東京文求堂出版的本子。如果將 1932 年印行的該書稱爲初版，則此 1935年的本子可以稱作二版(1957 年，科學出版社將此版《考釋》與 1934 年由文求堂出版的《兩周金文辭大系圖録》合爲一書，共計八册，作爲中國科學院考古研究所考古學專刊甲種第三號出版，實際上已是第三版了)，此第二版《考釋》當時只印了五百套，故能購得一套實屬不易。從張先生在《考釋》第三册書末版權頁上所注可知，此用來作批注的三册書是1936 年夏托樂焕（即傅樂焕）在來薫閣用陸圓捌角買下的。郭老此書采用標準器法對兩周青銅器及其銘文作了較科學的斷代，並對諸侯國青銅器及其銘文分國進行考釋，不僅在研究方法上與研究深度上都達到了新的高度，而且在當時亦堪稱集兩周金文資料之大全。張先生選擇《考釋》作批注，自然是由於其有超出同類著作的上述優越性，當然也與張先生對郭老這項研究的高度重視有關。①

---

① 張先生對郭老《考釋》有着很高的評價，認爲《考釋》與相應的《圖録》“這是郭老對金文研究的最大貢獻。……它是銅器研究的一根標尺，專家學者定銅器年代，考銘文辭義，釋古代文字都要檢查它……解放以來，從基本建設中出土到計劃發掘，所得帶銘文的銅器比起郭老當年所見何止超出一倍，而且都是確知出土地點和發掘情況的……回頭看郭老的書自然會在具體問題上挑出一些毛病，學如積薪，後來居上，這是正常現象。但是在方法上，定銅器年代，考銘辭文義，則無一不是在郭老開闢這條道路上向前邁進的啊！”見所作《郭沫若同志對金文研究的貢獻》，《考古》1993 年第 1 期。

從張先生所作批注的筆迹與其引用文獻的不同出版年代看,其批注實延續了多年的時間。如果以 1936 年購得《考釋》爲批注開始之時間,則從批注中可以見到引用的書刊年代最晚的似是刊載王顯《讀書獻疑》一文的《古漢語研究論文集》(三),此文集係北京出版社 1987 年出版。張先生在這三册《考釋》上作批注的時間下限似可大致以此年爲計。這即是説,張先生是在約半個世紀的時間内,將自己對兩周金文及其相關問題的一些思考,用批注的形式記録在《考釋》這部書内,内容相當豐富。但是直至張先生辭世之時,他也没有將這些批注發表的意圖,所以,這三册《考釋》的批注,應該説只是張先生的讀書筆記與心得。而且,從張先生在數年間先後爲某一個學術問題所作的批注也可以看出他對這個問題的思考過程,自然也包括對自己曾持有觀點的否定。特別是有的批注是在數十年前寫下的,在此後或者已有新資料發現,張先生尚未及參考,或他已有新心得而未及記下,故可以認爲張先生的批注未必皆是先生成熟的意見,也並不皆代表先生最後的見解。凡此,我們在閲讀張先生此批注時皆應理解。我個人認爲,閲讀張先生對《考釋》的批注,主要應從中體會張先生深厚的學術功底,考釋古文字與闡釋銘文的科學方法,思考學術問題的角度與途徑,而張先生對銘文的字詞與語句的一些精闢的見解,自然也會有助於我們準確地領會兩周金文的内涵,把握其精神。至於張先生可能是在醖釀或在斟酌中的一些看法、觀點,既非在生前刊發,今日閲讀則似不必針對之作過多議論。

下面僅就筆者通讀中所初步體會到的幾個方面,試舉例介紹張先生批注的學術價值(下文中"案"後文字是筆者所加)。

一

批注對《考釋》中一些字釋與詞語的解釋表示了不同意見。所云多擇取文獻與金文之力證,並務求銘文上下文義相協與語法關係之順暢,故較《考釋》之説更爲平允,更符合銘文本意。

這方面的例子,如大豐殷(案:此係《考釋》所定名)銘文,郭老釋"大豐"爲"大封",引《周禮·春官·宗伯》"大封之禮合衆也"。張先生旁批云:"不妥。甲骨、金文'封'皆作'丰',不煩假借'豐'字爲之。"①在此後(筆迹墨水較深,故可知不是同一時段所注)又加注曰:"祀三公山碑,國界大豐。"同銘"王凡三方",郭老認爲"凡假爲風,諷也,告也"。張先生批曰:"亦可釋爲同。《春官·宗伯》'殷見曰同'。""金文'同伯'即書'凡伯'。"

小臣謎殷(案:似應名小臣謎殷)銘文曰"遣自龘自",郭老《考釋》云"遣即趞尊、虝鼎、班殷等之遣",張先生在眉批中云"遣是動詞,非人名,派遣"。

史諮彝(案:即史話殷),郭老釋文作"乙亥,王商畢公",商字在郭老采用之拓本上不清楚。張先生於其所釋"商"字旁注"袞",於"臨"字旁書"臨",皆糾正郭老之字釋。張先生並於該頁作眉批云:"《說文》言部:'誥,告也。从言,告聲。𧩙,古文誥。'(按,此从言肘聲)《尚書》釋文:'大誥,誥本亦作告。'《玉篇》収部:'袞,公到反,古文告。'《萬象名義》:'公到反,語也,謹也。'収音失去 ng 的韻尾,就讀如告,奉、袞、梏是一個字。"史話簋另有一同銘器,於 1966 年在陝西岐山賀家村一座墓葬中出土(《集成》4030),"袞"字清楚(郭老作《考釋》時自然未得見,張先生作批注時似亦未見),足見張先生"袞"字釋字之正確。體會張先生的意思,"袞"字應从収得音,讀"誥"。同頁下有注言袞是"誠之異體",當是在此字思考過程中曾有過的另一考慮。1976 年所發現的何尊(《集成》6014),其銘文中有"王袞(誥)宗小子",也可證成張先生數年前釋誥之說。

召伯虎簋一(案:即琱生簋一),郭老釋文曰:"琱生又吏(使)鹽,來合事",張先生於吏(使)旁批注"事",是讀"又吏"為"有事"。郭老釋"合事"為"合勘",言"召伯於四年年終已獻其歲要,因有未諦,于翌年歲首复受大宰之命前來合勘也"。張先生則作旁批云:"古無答字,合即答也,《釋詁》:'合,對也。'"是張先生以"琱生有事,鹽來答事"作解,顯然更合於銘文本意。

井人妄鐘,銘文有"妄宿宿聖趣,宦處宗室",郭老考釋"趣"字云"字書所無,以字例求之,喪當是聲,讀為高尚之尚,或黨善之黨,均可"。張先生在同頁作眉批:"小盂鼎'杳喪'即'昧爽'(八九下),免簋'杳曹'。"又於頁下批注:"義為粦明,讀為爽。尹姞鼎'穆公聖粦明,紕事先王',師虎鼎'用井乃聖且考隆明,綸辟前王,事余一人'。"

在同頁下,張先生錄有瘋鐘銘文"瘋趄趄,夙夕聖趣,追孝于高祖辛公",瘋鐘為 1976 年扶風法門寺莊白一號窖藏出土微氏器群中器物,始刊於《文物》1978 年第 3 期(《集成》246),張先生所引瘋鐘銘,出自所謂瘋鐘戊組(一件)。由此可見,直到 1978 年,應該是距批注井人妄鐘"聖趣"已有數年後,張先生仍關注此一詞語之考釋,可謂孜孜以求。

戠簋銘文(摹本)有王令戠"楚走馬"句,郭老考釋云"楚、走馬當是二職名,楚即毛公鼎'大小楚賦'之楚,亦即《周禮·小司徒》'以比追胥'之'胥'"。郭老所引"追胥",《小司徒》同文鄭玄注云"追,逐寇也……胥,同捕盜賊也",是追捕寇賊之官吏名。張先生則在同頁下批注云:"弭叔簋'易女赤舄攸勒,用楚弭伯',楚即胥(助也)。朱(案:即朱駿聲《說文通訓定聲》)云'胥、相、襄一聲之轉'是也。"這裏讀"楚"為動詞"胥"(二字皆从疋得聲)顯然是正確的。其實郭老在弭叔簋銘考釋中也是讀楚為胥"用為輔佑之意",但對兩銘中此字字義之釋未能前後統一。[1] 張先生注意及兩篇銘文之相類的語法關係,故所釋允當。[2]

戰國時齊器陳肪簋銘文,郭老釋文中有"救罷吉金"。救字原篆作𨨞,張先生於眉批上云:"𨨞,叔尸鐘作救。"並在郭老釋文"救"字旁批注"罷",昭示此字隸定之形態。張先

---
① 郭老在 1957 年出版的《兩周金文辭大系圖錄考釋》中,對戠簋"楚走馬"之楚,仍保留官職說。
② 張先生在同頁眉批中還記道:"《殷契粹編》有以楚為胥。"

1172

生的隸定,顯然更合於此字字形。但在此,張先生未作讀音與字義之闡釋。而在陳侯因資鐘"佅鈳趄、文"下,張先生又作批注曰:"《説文》攴部'敉',或从人,作侎。或與叔夷鐘(案:即鎛)、陳肪毁之'敹'爲一字。"這即是説,張先生是認爲陳肪毁"釁"字讀音與敉同,也从米得聲。① 則毁銘"釁擇吉金"之"釁"的意思即應從與米上古音同的字中去考慮。②

秦公毁銘文郭老釋文"畯(畯)疐才(在)天",張先生在"天"旁注"立",在郭老考釋頁下批注云"當如鐘文作'才立'。大下一畫缺,至大字之上則係泐紋,非一畫也,應釋大(立)"。同銘郭老釋文曰:"竈(造)囿(佑)三方",張先生批注曰:"竈,奄。"則張先生實際上是讀此句爲"奄囿(佑)四方",即廣泛地布佑於四方。

以上諸例,皆是張先生就郭老《考釋》中一些字釋與詞語的考證,表示了不同的意見,並作出新的較爲允當的解釋,從而使銘文中與此字詞相關的那句話之含義得到更貼近銘文本意的認知。而還有一些例子,是張先生作出了不同於《考釋》的字釋,從而使銘文中之相關的更多語句的內涵得到正確的解讀。例如在《考釋》中舀鼎(案:即曶鼎)銘文,郭老釋文作"東宮廼曰:'賞(償)舀十秭,遺(遺)十秭,爲廿秭。□(如)來歲弗賞(償)鼎倍卌秭。'"張先生於此釋文"舀"字旁補郭老疏漏的"禾"字,於"倍"字旁打"?"號,並寫"付""賠"二字,此字有殘泐,拓本文中不清楚,張先生當是認爲此字不當如郭老釋文作"倍",而應作"付",或即使釋作"倍",亦不當讀如字。細審拓本,此字當從新版《金文編》(中華書局,1985年版)寫作,隸定作"付"。問題是,郭老解釋這句話中"爲廿秭",爲"樹藝廿秭",故將匡所賠曶的禾説成是"共有四倍之罰"。張先生於此作旁批云:"銘云償十秭、遺十秭,共爲廿秭也,是爲一倍之罰,來歲弗償則四倍矣。"是張先生將郭老釋文末句"鼎倍卌秭"讀作"鼎(則)付卌秭"(或"鼎賠卌秭"),即將前文所云償十秭而又多遺十秭,視作賠了兩倍,而如匡至來歲仍未賠償上述兩倍的秭,則要付於曶卌秭,亦即要作四倍的賠償了。如按郭老所釋則必讀成了如當年償,即要賠四倍,即四十秭,而如來歲不償,即要"倍卌秭"即倍於四十秭,亦即八十秭。這似與原銘之義相差較大,比較之下,還是張先生的字釋與解釋更爲合理。③

二

在批注中,張先生亦曾就郭老《考釋》中未涉及的一些字詞加以考釋,這方面的工作自然於正確解讀銘文有極大的裨益。例如:

① 此字如從郭老讀敹,則大徐本《説文》:"敹,擇也。从攴寀聲。《周書》曰敹乃甲胄。(洛簫切)"在上古音中是來母宵部字,其讀音與張先生所認爲的从米聲的釁是不同的。

②《周禮·天官·大祝》:"彌祀社稷禱祠",鄭玄注:"彌,猶徧也。"彌與米、敉等字音同,皆明母脂部字。"釁擇吉金",也許可以解釋爲"遍擇吉金",即廣泛地選擇吉金,以示選擇吉金之費力與用心。

③ 白川靜《金文通釋》第二十三輯"一三五·舀鼎"闡述這段銘文云:"寇略された禾十秭とさうに十秭を追徵して廿秭とし、次の收穫時に賠償しなけれは倍して四十秭を課するというきびしいものであった。"其解釋與張先生同。

令毀銘文郭老釋文有"乍册矢令隣𝈮于王姜"，張先生作眉批云："班毀隣于大服，亦用隣爲動詞，登也。《嘗麥解》(案：即《逸周書》篇名)'尊中于大正之前'，《周禮·小司寇》'登中于天府'。""《卜》下三(案：《卜》即明義士《殷虚卜辭》，亦見《戰後南北所見甲骨録·明義士舊藏甲骨文字》六二五)'于父丁其𤔞𢇁'，《殷契徵文》(案：即《簠室殷契徵文》)典禮八十六'矢𢇁𤔞'。"《逸周書·嘗麥解》原文云"宰乃承王中，升自客階。作筴執筴從中，宰坐，尊中于大正之前"，"中"或釋盛筴之具。而《周禮·小司寇》"登中于天府"，"中"是指獄訟判決之文書。① 將《嘗麥解》"尊中"與《小司寇》"登中"相比較，"尊""登"應該是同義，在此均指奉置、敬獻之意。由毀銘"隣宜"到《嘗麥解》之"尊中"，雖還可以想到，但張先生又進一步聯繫到《小司寇》之"登中"，則可見張先生對文獻、訓詁之熟諳。毀銘"隣宜于王姜"，"宜"在這裏當是名詞，當即《爾雅·釋言》所訓"肴也"，則"隣宜"應該是一種敬獻肉肴的禮儀。②

中觶銘文，郭老釋文作"王易(錫)中馬，自𤔞応三鬲(軛)"。張先生作旁注云："其馬來自隣侯也。""厲侯。"在眉批中曰："厲，楚與國，義陽隨縣北有厲鄉。《漢書·地理志》南陽郡：'隨，厲鄉，故厲國也'，今湖北隨縣北四十里有厲山。"是張先生將銘文中郭老釋作"𤔞応"者訂正爲"厲侯"，並指出其屬地即在今隨縣北(案：隨縣即今隨州)。在眉批中張先生還記録下大保玉戈銘文"六月丙寅，王才豐，令大保省南或(國)帥漢徣𤔞南令隣侯辟用𤔞𢇁走百人"。③ 中觶銘文所記，是昭王南征楚時之事，而大保玉戈銘亦言"大保省南國帥漢"，所令隣(厲)侯，應即中觶之厲侯，兩相聯繫，可知昭王南征楚時，必經今隨州或其附近，故有大保令厲侯及厲侯獻給王馬(王轉賜於中)之事件。

春秋時越器者減鐘銘文有"不帛(白)不羊(騂)"，郭老未作解釋，騂是赤色。學者或將此句話理解爲是鐘之銅色。而張先生在郭老釋文上作眉批曰："不白不騂，謂金錫之齊得中。"此種看法似少有人言之。

秦公毀銘文"虩事絲(蠻)夏"，張先生於頁下批注云："蠻夏指楚晉"，銘文中"邁民是敕"，張先生批注："番生毀用諫四方"；銘文中"𨮋(鎮)靜不廷"，張先生批曰："不廷即不朝"。

類似的例子，不凡贅舉，這些批注用不同墨色的筆書寫，看出是不同時間先後寫成的，顯然是平時積攢問題於心中，一有心得即隨時作筆記，由此可見張先生數十年來，對兩周金文考釋所下的功夫與務求甚解的治學態度。

---

① 《周禮·秋官·鄉士》"掌國中"，"士師受中"。"中"有獄訟判決權力或判決文書之意。"登中于天府"之"中"應是指後者。

② 殷末青銅器四祀邲其卣銘文有"王曰：隣文武帝乙宜在召大祭(庭)"，"帝乙"與"宜"之間或應斷開，宜在此似是殺牲以祭的意思。詳拙作《有關邲其卣的幾個問題》，《故宮博物院院刊》1998 年第 4 期，亦收入本書。這樣看來，殺牲可稱"宜"，爲動詞。而牲體(或作成肉肴)本身也可稱"宜"，爲名詞，"隣宜"于某(人或地點)時，此"宜"即爲此義。《薛氏》卷二·二十二：䣄彝銘文曰"己酉戍酴隣宜於豐"，"隣宜"之義當近同於令毀。

③ 大保玉戈銘文，據龐懷靖先生刊布的岐山武氏家藏舊拓本，其銘文應是"六月丙寅，王在豐，令大保省南或(國)帥漢徣(出)寂南，令隣(厲)侯辟用𤔞走百人"。參見龐懷靖《跋大保玉戈》，《考古與文物》1986 年第 1 期。

三

張先生有一些批注對部分銘文的釋讀有與諸家不同的新視角,並提出了與衆不同的新見解。讀這類批注,會啓發我們廣開思路,更深入地去品味兩周金文的真諦與意義。當然,屬於此類的張先生的看法,有的只是其在研求過程當中某一時段的一種理解方法,一種思考方式,而未必即是張先生最後的看法。例如:

麥尊,郭老釋文"王令辟井侯出矿",將矿視爲地名,並用王國維之說,認爲矿即大伾("今河南氾水縣西北里許之大伾山")。視矿爲地名,諸家多有此說。但張先生作眉批云:"矿非地名,是陪字,與秦公毀字同意。首句讀白矿斷句。出矿猶出朝,則侯以名詞爲動詞用,言爲侯于井也。[①] 侯于井句與伯晨鼎'刟乃見考侯于𩑸'同。或如郭斷句'出矿侯于井'即出備侯于井。"矿當从不聲,與陪均屬之部韻,不聲母爲幫母,陪爲並母,幫、並聲近,故張先生曰矿可讀爲陪。在對《考釋》秦公毀"在帝之矿"作批注時,張先生引《爾雅·釋言》:"陪,朝也。"注:"陪位爲朝。"

獻彝(案:即獻毀),郭老釋銘文曰:"獻伯于遘王休,亡尤。朕辟天子、獻伯令氒臣獻金車,對朕辟休,乍朕文考光父乙。十枇(世)不望(忘)獻身才(在)畢公家,受天子休。"郭老釋曰"獻伯蓋畢公子,獻其臣屬也"。對"朕辟王子、獻伯令氒臣獻金車"一句,郭老解釋云"言獻之君,天子與獻伯,錫之以金與車。金當是天子所錫,車當是獻伯所錫",這樣解釋固然可以說通"朕辟天子、獻伯"的含義,但天子與獻伯共用一個"令"字,而所令"氒臣"只能是指獻伯之臣,似仍有不暢。[②] 銘文末言"十枇(世)不望(忘)獻身才(在)畢公家",則獻與獻(案:即"橋")伯與畢公的關係也很費解。陳夢家《西周銅器斷代》解釋說:"傳世段毀(《大系》24)應是成、康以後器。銘記'王才畢烝……念畢中孫子',此畢中疑是畢公之子。獻身在畢公家而受命於橋伯,此人恐即畢仲。"銘末獻作爲作器者只言其十世不忘"身在畢公家,受天子休",言其爲畢仲還可以,但如郭老所云言其爲橋伯家臣,則嫌迂曲。張先生則在此毀銘郭老釋文之上作眉批云:"兩獻字皆動詞。"張先生在此批語甚短,並未作更具體的說明,所以我們還是應將此視爲只是張先生的一個思路,一種探討。但如采用此說,則無疑器主人與銘文中的人際關係即要作新的考慮了。此說除張先生外,似尚未有其他學者提出過。當然"獻"作動詞,前一句"獻金車"好解釋,而後一句"十枇不忘獻身在畢公家"之"獻",則較費解。但張先生這一短短的眉批,作爲一種新的思維方法(主要是以橋伯爲器主,減少了銘文中人物,使全銘成爲橋伯對揚辟即天子之休),對求得此銘之更通暢的

---

① 張先生在此批注下另有批注云:"矿即内服外服之服,畿服之服",應是另作思考的想法。服爲並母職部字,並母與矿(不聲)的聲母幫母皆唇音,而不的韻母之部與服的韻母職部陰入對轉。
② 白川靜《金文通釋》第九輯"四九·獻毀"認爲"朕辟天子"是其臣稱橋伯。

解釋還是很有意義的。楷伯即楷伯。①

　　班毁銘文,郭老《考釋》曰:"又有氒虢仲毁出土於鳳翔,乃古西虢之地","是知氒虢即西虢,虢氒公當是始封於西虢者,故世稱西虢爲氒虢,以其稱號冠於虢之上,以別於東虢、北虢也。"張先生作眉批曰:"氒是地名,虢在氒,故曰'徣氒,稱氒虢猶殷商'。"在郭老此毁釋文之下,張先生還在不同時間先後寫成一段批注曰:"兩城字疑地名。虢公所駐地,當在東方。"張先生還另有批注云:"毛班見《穆天子傳》,班是毛伯部下,舊屬虢氒公,未必氏毛,然必是王族姬姓者。""趞令者(班)即中㠱,故云從父征,云衛父身也。班蓋虢氒公之故部,今屬毛公,故特令出氒。然則毛父不稱毛氒公矣。王趞吳伯、呂伯令班曰:以班族從毛父征。城在東方,故不親命而趞令也。"張先生作上述解釋,當主要是注意及銘文中有王令班"徣氒衛父身",認爲此"氒"與"虢氒公"之"氒"不會無關係,應是一地。整理張先生的意見,可以概括爲:虢氒公是在氒(城)之虢氏,故有此稱,其地在東方。王令毛公更虢氒公服,但未稱毛氒公。班是姬姓,爲虢氒公舊部,亦在氒地,在毛公入住後,改歸屬毛公。王令其從毛公出征,故令其"出氒"。由於城在東方,故王不能親命,而只能遣吳伯、呂伯令班。班率其族爲"中㠱",毛公自當領"中㠱",故銘文言班"從父征","衛父身"。張先生批注對毁銘的這一闡述,很好地説明了"虢氒公"之名的由來與令班"出氒"之含義,使人地關係更爲順暢。②

　　繇鎛,迄今研究者多以"繇"爲作器者名,即器主人。銘文中有兩處提及的作器者名(如"遟仲之子□")均殘缺,郭老釋文於缺字處均補"繇"字。張先生在釋文"繇保其身"旁批注云:"猶言令保(善保)。"在郭老所補"繇"字旁打？號,並於郭老對該器所作考釋正文上作眉批曰:"繇字三見,其二半毁,與士父鐘同。"這大概是較早的看法,因爲還承認該字三見,被毁的字還是"繇",尚未疑其爲作器者。張先生在釋文頁下又有批注云:"疑非作器者名,器易主,故毁其名。"這應是張先生後來的看法。③ 細察拓本,被郭老補作"繇"字的兩處作器者名,實難以辨清爲何字。④ 張先生在批注中對此表示的懷疑是有道理的。至於銘文中"繇保其身",正如張先生指出的,當可讀爲"令保其身"。周厲王㝰毁銘文有"用繇保我家、朕立、㝰身"。張先生後來在作此毁銘文考釋時對"繇"字專有解釋,其文曰:

---

① 2006 年山西省考古研究所在黎城縣西關村發掘西周墓地,在 M8 中出土的兩件青銅壺上有銘文,言及作器者身份爲"楷侯宰"。發掘者指出,楷(楷)侯就是黎侯(見高智、張崇寧《西伯既勘黎——西周黎侯銅器的出土與黎國墓地的確認》,收入《古代文明研究通訊》總第三十四期)。"楷(楷)"由"几"得聲,爲見母脂部字。《尚書·西伯戡黎》:"西伯既戡黎",《史記·殷本紀》"黎"作"飢",飢、楷皆見母脂部字。

② 唯對張先生所云班未必毛氏這一點,似還可以再斟酌,固然由於班是姬姓,對姬姓長輩毛公可稱"父",但以班爲毛公子似更爲合理。

③ 對該鎛作者的這個看法,張先生在作批注後也一直堅持着。1979 年所撰寫的《周厲王胡毁釋文》(發表於《古文字研究》第 3 輯,中華書局,1980 年)仍稱此鎛爲"齊鎛"。詳下文。

④ 筆者曾見到 2005 年中國國家博物館所攝繇鎛銘文照片,兩處作器者名被刮削的相當厲害,確已難以認定是"繇"字。2007 年日本東京國立博物館與朝日新聞社編集,由朝日新聞社發行的《悠久の美——中國國家博物館名品展》圖 25 有鎛正面右側銘文的兩行字的照片,其中"遟仲之子□"的□被刮削後的情況可以看得很清楚。

"'黔'从素令聲,齊鎛'黔保其身'作黔,从素命聲,自是一字。又見師克盨'黔臣先王',亦是副詞,皆讀爲'令'。《爾雅·釋詁》,'令,善也','令保'是好好保護。"①所以"黔保其身"之"黔"顯然也不會是器主的名字。黔鎛之命名,由來已久,大家習以爲常。張先生批注提出的這一見解應該是正確的。青銅器銘文中作器者名字被刮去的情況還有其他的例子。②但一長銘器不知器主人名,不好稱呼,張先生稱之爲"齊鎛",也是一種不得已的方法。

東周器銘中有一些字有較費解的書寫方式,諸家多有異説,張先生也有自己與衆不同的獨到見地,例如:陳公子甗銘文,郭老釋文:"陳公子子弔遼父乍旅獻。"又陳子匜,郭老釋文"陳子子乍庰孟爲(嬀)穀母媵鎾",張先生在陳公子甗釋文上作眉批云:"本銘子字下皆多兩小畫,非重文。下陳子匜亦如此。"張先生並在甗銘釋文"子子孫孫"四字下,圈去重文"子""孫"二字。可以説,張先生的解釋,自然相對諸家讀爲"陳公子子"(一説類於稱"女子子")、"陳子子"(一説是陳新君之子,未踰年,故不曰公子,而曰子子)及所作解釋,③要簡單得多。自然,張先生的這一判斷似也還需要更多資料來印證。可以説勤於獨立思考,不簡單隨從成説,對舊説多經嚴密審視,思維活躍而敏求新意,是體現於張先生上述批注中的一種治學精神。

四

關注銘文中由特定辭彙與語句構成的句型,才能更準確地對銘文進行釋讀,更深刻地體會銘文内涵,這是張先生在批注中幾次論及的。而在近年來對西周金文進行考釋時,這一重要的句型問題確已有被忽視的表現。張先生在這方面則是相當强調的。例如:

師虎毁銘文,郭老釋文:"王若曰:虎,截(載)先王既令乃取(祖)考事(仕),啻(嫡)官嗣𠂇右戲緐荊,今余隹帥井(型)先王令(命),令女(汝)更賡乃取(祖)考……"張先生眉批:"截=載=始,與今對言,猶他文言昔(善鼎)。截未必表示時間,與今相對者是'先王既'。"

師訇毁(案:即師詢毁)銘文,郭老釋文:"王曰:'師訇,哀才(哉),今日天疾畏(威)降喪,首德不克妻,古亡承于先王,卿(嚮)女彶屯邮周邦,妥立余小子,翻乃事,隹王身厚𦙶。今余隹醽憙乃令(命),令(命)女(汝)叀馥(惠雝)我邦大小猷……'"張先生於頁下批注:"此是新王即位時語,哀先王崩。'嚮'與下文'今'對言"。

師寰毁銘文,郭老釋文:"王若曰:師寰𡚬(父),淮尸(夷)繇我貟晦臣,今敢博氒衆叚(暇)……今余肇令(命)女(汝)達齊帀、曩犛、僰尿左右虎臣正(征)淮尸(夷)……"張先生在本頁下批注云:"繇=舊,與今對言。"

① 見張政烺《周厲王胡毁釋文》。

② 2010年11月在美國芝加哥大學召開的"中國古代銅器:最近發現、最近發展"的國際研討會上,佛羅里達大學來國龍先生所提交的論文《記憶的磨滅:春秋時期銅器上有意磨毁改刻的銘文》(稿),也指出,過去稱作"黔鎛"的這件鎛,兩處提到作器者的名字,但都已經被刮去,以"黔"爲作器者名是没有根據的。

③ 參見白川静《金文通釋》第三十七輯"二一一·陳器"。

　　按照張先生幾次强調的這種誥命、册命文體,在"王曰"後,一般皆是王回憶以往與"今"日要册命器主人有關的事,用來引起下文,這是一種完整的句式。其開首與中轉皆有常用的關鍵字,如上引張先生批注指出的那些。這種較固定的文本格式,均當是王册命時在册上已書寫好的格式化的語言。

<h1 style="text-align:center">五</h1>

　　張先生還在批注中就兩周金文中所涉及的一些史學問題,表達了自己的見解,其中有的是相當重要的觀點。特別是,銘文的史料價值並非皆是很明朗的、直觀的,而張先生善於從看似平凡、一般的銘文詞語中挖掘、鈎沈出主要的史學信息。所以如此,當緣於張先生習慣以一名史學家而不單是古文字學家的眼光來審視材料。這一方面,在張先生對《考釋》的批注中亦有相當多的例子,例如:

　　令方彝銘文,郭老《考釋》論及"京宫",曰"京宫、康宫均宗廟之名",又引唐蘭説"周世於京宫祀太王、王季、文王、武王、成王,於康宫祀康王以下"。張先生於該頁下作批注曰:"周古稱'京'不稱'周'。《詩·公劉》'于豳斯館','于京斯依',《文王》(案:應是《大明》)'曰嬪于京'。'思媚周姜,京室之婦'(案:此兩句出自《思齊》),其稱周始於太王。而公劉以降皆本稱'京',故於祖廟猶稱爲'京'。《詩》'三后在天,王配于京'(案:出自《下武》),三后者,太王、王季、文王,而稱王則武王也。""《文王》之詩云'殷士膚敏,裸將于京',天命是矣。"歸納上述張先生的觀點,"周古稱京"是指"公劉以降"直至太王(案:據《周本紀》,自公劉至太王即古公亶父,共十世),故在金文中可見周人於祖廟猶稱京宫。而稱"周"始於太王(即古公亶父),故太王之妃已在《思齊》中稱"周姜"。稱"王"實始自武王。故《下武》曰"三后(案:指太王、王季、文王)在天,王(案:指武王)配于京"。這是張先生將《詩經》中周人史詩與金文資料相印證,闡述周人早期歷史的一段重要意見。

　　張先生由令方彝銘文所記宗廟還引申出他對昭穆制度起源的重要見解。郭老在《考釋》中,否定昭、穆王之稱與康宫之昭穆有關,曰:"昭王、穆王均係生號,尤非預於生時自定當爲康宫之昭穆而號昭號穆。"張先生實際上也不認爲昭、穆二號之稱,是緣於知其卒後廟位當立於康宫之左右位置上而預先設定的,而恰恰相反,他認爲昭、穆廟位反是因二王生稱昭、穆才有,這種看法即清楚地見於他在郭老考釋旁所作如下批注中:"蓋昭、穆皆生稱之王號,崩後立廟於康宫左右,於是廟位有昭、穆之稱,遂有百世定制,昭王、穆王之前無左昭右穆之説也。"此段批注尤爲重要的一點,在於張先生不僅表達了對昭、穆王爲生稱與廟所以會有昭、穆之稱的原因,而且指出了所謂昭穆之制也緣起於昭王、穆王的相對位置,從而爲昭穆制度作爲一種制度其名稱與內涵之起源,表達了一種獨特的而有相當根據的解釋。[①]

---

① 張先生生前,筆者曾向先生請教關於周王名號爲生稱還是謚號問題,先生回答之大意是,西周偏早時的幾個王之名號可能是生稱,較晚的王之名號即可能屬於謚號了。

　　張先生從令方彝銘文中得到的啓示,並提出的史學觀點,還不止以上兩點。郭老所作釋文有"隹八月辰才(在)甲申,王令周公子明保尹三事三方……隹十月月吉癸未,明公朝(朝)至于成周……"張先生在此釋文上作眉批云:"明,名;保,官(大保)。尹三事四方乃三公之官,故下文稱明公(案:以下一句話爲雙排小字)猶毛班敦先稱毛伯,及更虢城公服,則稱毛公矣。據此,是尹之職高於保矣。"張先生還於同器郭老考釋正文之上再作眉批云:"明,名;保,官也。公即三事大夫,明保尹三事之後,故曰明公,又曰明公尹人,與班敦始稱毛伯繼稱毛公同。"①"保、公、侯皆爵稱。"張先生注意及銘文中"公"是在升任更高官階之後的稱呼,故而對西周官制及爵制提出了上述觀點,②這種聯想可以説是一種敏感,而這種敏感又必然是在張先生對類似的西周官制問題有長久冥想的基礎上才能産生的。

　　旅鼎銘文曰:"隹公大保來伐反尸(夷)年,才十又一月庚申,公才(在)鍪自。"張先生旁批:"鍪自,見史頌敦,蓋成周八自之一。"關於這個看法,張先生在郭老對史頌敦所作考釋正文上亦有眉批,曾再次言及。成周八自(師),一般理解爲是西周王朝設在成周的八支部隊,按張先生的上述看法,師的駐地即自,八自(師)駐地即有八自,即像鍪自一類的自共八個(自作地名,殷墟卜辭中已見到)。這個看法對於西周兵制與地域性行政組織二者關係的研究頗有啓示意義。對於八師問題,張先生還有進一步的論述,見於下述他對《考釋》中曶壺考釋的批注。郭老在對曶壺銘文的考釋中言及:"更乃且考作冢嗣土(司徒)于成周八自(屯)。"張先生於此句上作眉批云:"冢嗣土即大司徒,管成周八自,猶《周禮》司徒管六鄉六遂也。"在下一頁又作眉批曰:"殷八自疑即成周八自。成周指地言,因係殷遺民,故稱殷八自。周六自,六鄉六遂。殷八自,成周沿殷制。周秦起西方,數以六爲紀;殷起東方,數以八爲紀。八元、八凱,周有八士,契丹八部大人。"③

　　歸納以上張先生於批注中所展現的對成周八自(師)問題的觀點是:成周八自(師)即殷八自(師),八自駐地即八個自,有冢嗣土(相當於《周禮》之大司徒)管理,八自的情況相當於《周禮》司徒所治六鄉六遂。由此亦可進一步推知,成周之八自有類似《周禮》所云鄉遂那樣的行政區域,居民爲殷遺民,但負有軍事義務。對銘文的這樣一種解釋方式,無疑對深入認識西周軍事制度與地域性行政組織及二者關係此類極爲重要的史學問題多有啓示(《考古》1964年第3期、第8期,1965年第3期,曾連續載有于省吾、楊寬兩位先生討論這方面問題的論文)。

　　同敦銘文,郭老釋文曰:"王命同左右吳大父,嗣易(場)林吳(虞)牧,自淲東至于洒(河)毕逆(朔)至于玄水。"郭老釋吳爲虞,淲爲陝西洛水,玄水即今延水。故"疑古吳(即虞

---

① 張先生曾在郭老釋文"明公尹毕宔"旁更正爲"明公尹人宔"。郭老在1957年版《兩周金文辭大系圖録考釋》中已改"毕"爲"人"。

② 又陳夢家《西周銅器斷代》亦就令方彝銘文論及"公稱",曰:"王命之時稱爲明保,此時代周公至成周尹三事四方,故此以下稱公或公尹。"其所以言明保是"代周公",是與其將令方彝斷代爲成王時器有關。

③ 原文"周有八士"四字外勾有框。

虢之虞)之封域本在河西,後又改食河東"。張先生對此毀所涉及的歷史地理問題很感興趣,有連續幾次批注均在討論此問題。其先後所作批注擇其要者如下:"吳大父,吳族長","吳在山西","逆流曰溯"。而虒(案:張先生將郭老釋成"滤"字的𣲠釋爲虒)"當在今山西曲沃西。《左》昭八晉侯方築虒祁之宫……虒祁當是語聲之舒,急言之則但爲虒"。"此皆官産,在山西之南部……此銘'東至于河'當是河内一帶……""泫水,《地理志》上黨高都"(案:漢時高都治所在今山西晉城),"吳即虞國,殆以虞牧之事爲國名者……文王時有虞芮之爭,其故地均相近,在西周國勢度必甚强"。"此區域甚大,萬無盡是山林川澤之理。蓋將其中耕地劃除,另設官員管理之也。此毀或是厲王專利時也,奔河東有以也。"綜言之,張先生是將同毀所言吳(虞)大父之吳定爲晉南虞國,認爲此毀所記乃厲王專利之體現,王命同所左右吳(虞)大父事,乃治理當地山林川澤,而厲王被逐後所以奔河東,或即與此番經營有關。對此銘與其時空背景之探討,均突顯張先生精於史學思維之治學特徵。

大毀銘文(案:即大毀蓋)銘文,郭老釋文"王乎(呼)吳師召大易(錫)趰嬰里"。張先生眉批:"趰,疑即跀。《説文》斷斫足之刑也。蓋嬰有辠跀,以其里錫大也,故下文有𢩑以嬰顏(案:即"履"字)大錫里之言。""古人蓋有以罪名者,如黥布、孫臏是也。"張先生此説,爲王何以將趰嬰之里轉賜於大,提供了一個可能性很强的解釋,如是,則這篇銘文即可説明直到西周晚期時貴族之封邑(或稱采邑),[1]在很大程度上還是受到王權的支配,王對之有予、奪之權。

張先生在批注中同樣由器銘論及先秦采邑制度的,是對春秋時期齊國的鋪鎛(案:上文曾言及張先生稱之爲齊鎛)銘文郭老考釋之批注。郭老所作該器釋文有"侯氏易(錫)之邑百(二百)又九十又九邑,舉(與)犯之民人都嵒(鄙)"。張先生將"二百"改爲"一百","犯"字旁批注"鄹"。並於其上作眉批曰:"邑一百九十九邑,即《載師》(案:即《周禮·地官·載師》)之賞田(遠郊)或公邑(甸),[2]而鄹之民人都鄙,即都鄙之采地。""民人都嵒,即洹子壺(案:即齊器洹子孟姜壺)之'人民都邑',與《周禮》習見之都鄙不同。""鄙=邑,《周禮》亦如此。""《説苑》14:'莊王從之,賜虞子采地三百,號曰國老。'按采地三百,是三百邑。"在同頁下又有批注云:"齊邑很小,如管仲奪伯氏駢邑三百(案:見《國語·齊語》)、《左》襄18與晏子邶殿其鄙六十。"以上張先生就此鎛銘文對郭老考釋所作批注,如作一整理,則其所述要旨似可以概括如下:齊侯賜與該器主人的"邑"是直屬於齊侯(公)的邑,相當於《周禮》遠郊内六鄉餘地中的賞田,或遠郊外六遂餘地中甸内的公邑。而所賜之鄹地的"民人都鄙",即相當於《周禮》所云都鄙(卿大夫屬地)中的采邑(或稱采地)。這一看法,

---

[1] 大毀蓋銘文記"隹王十二年三月既生霸丁亥",按金文年曆譜,可以歸入厲王時。參見拙著《中國青銅器綜論》中第十一章第二節表一一·一"西周金文年曆表",上海古籍出版社,2009年。

[2]《周禮·地官·載師》:"以官田、牛田、賞田、牧田任遠郊之地也,以公邑之田任甸地。"

將銘文與《周禮》所述政治地理結構與土地制度相聯繫,起到了相互印證的作用。顧頡剛先生曾認爲《周禮》與齊國制度有關,張先生對此鎛銘的批注也有助於了解《周禮》成書的地域因素。

在對《考釋》的批注中,還可以見到,一些通常被研究者忽視的習見的詞語,張先生卻從中挖掘出非常重要的史學信息:

卌伯殷銘文有"用乍朕皇考武卌幾王隣殷",張先生作眉批云"異族自稱王"。張先生關於異姓國有稱王之舉,後來曾專有文章論述,①寫此句批注時所作思考,應該是後來張先生寫成該文的思想基礎之一。在那篇論文中,張先生亦曾舉此殷銘文爲例,文稱乖伯殷。文中並論述到,此殷銘文所見稱王之乖伯之國"大約也是周代異姓之國"。"一九七二年甘肅靈臺縣姚家河西周墓葬曾出乖叔鼎,則乖伯之國或許就在靈臺縣一帶"。

宗婦鼎銘文,郭老釋文曰"王子剌(烈)公之宗婦鄬嬰爲宗彝鷺彝",郭老考釋將此器定在"宗周末年","王子蓋宣王之子也"。張先生批注指出此器"或在春秋世",王子"或更晚,殆幽平之子","王子之王自是周王,但不知是何王。王子或是氏,猶公孫。王子剌公或是鄬國之祖,所謂別子爲祖,鄬當是姬姓國"。尤爲重要的是,張先生注意到"宗婦爲宗彝",並由此作推論曰:"先祖先妣不同廟,先妣之廟宗婦主之,故言爲宗彝。"商周時期,多見男性宗子爲其配宗婦作器,使之祭祀其姑(即婆婆)一類女性先人,筆者亦曾有專文論及,②但是,對於宗婦所製此種專祭祀女性先人之祭器陳設的祭所並未能深入探討。此宗婦鼎雖未明言爲何人而作,但是依商周銘文所見慣例,必亦當是爲祭祀姑一類女性先人。所以張先生批注一語中的,不僅指出宗婦是爲先妣所作,而且特別提到"先妣之廟宗婦主之",這點似乎很少有學者明確指出,應該是對當時宗廟制度及相應的宗法制度的一個極富啓示意義的見解。

六

張先生在批注中,在考釋兩周銘文時,常恰當地引用同銘文語法關係相類、詞語相近的文獻資料與之相印證,故使銘文中許多疑難字句得以讀通。以文獻與金文相印證,雖是諸家考釋金文時通常都會采用的方法,但張先生對多種文獻、多種史料的廣徵博引、信手拈來的那種熟悉程度,皆展現了他極深厚的文獻功底與過人的記憶力,令人感佩。這方面的例子在三冊《考釋》的批注中比比皆是,不勝枚舉,此僅略舉幾例以明之:

矢人盤(案:即散氏盤)銘文郭老作考釋云:"末行'乑左執縷史正中農'乃下欵,謂其

---

① 張政烺《矢王殷蓋跋——評王國維〈古諸侯稱王説〉》,《古文字研究》第 13 輯,中華書局,1986 年。在此篇文章中,張先生曰:"周時稱王者皆異姓之國,處邊遠之地,其與周之關係若即若離,時親時叛,而非周室封建之諸侯,文王受命稱王,其子孫分封天下,絶無稱王之事。"

② 拙作《論商周女性祭祀》,收入《中國社會歷史評論》第 1 卷,天津古籍出版社,1999 年;亦收入本書。

左執券，乃史正之官名仲農者所書也。……縷假爲契要之要。"張先生作眉批引《曲禮》"獻粟者執右契"注"契，券要也，右爲尊"。《曲禮》："獻田宅者操書致。"在本頁左下方張先生又有批注曰："契約左右分執，右爲尊，左爲下，執右券可以責取於人，左券則待合而已。"

頌鼎銘文，郭老釋文："王曰：頌，令（命）女（汝）䚳成周寅（貯）廿家，監䚳新䧿（造）寅用宮御。"張先生批注曰："《檀弓下》：'晉人謂文子知人……所舉於晉國管庫之士七十有餘家。生不交利，死不屬其子焉。'鄭注：'管庫之士，府史以下，官長所置也，舉之於君以爲大夫、士也。管，鍵也，庫物所藏。'"這是以"管庫之士"之家來釋銘文中"寅（貯）廿家"。由此亦可知張先生是釋寅（貯）爲積藏。

毛公鼎銘文，郭老《考釋》云"'唯天將集乓命'者，唯天大集乓命也"，但何謂"集厥命"，郭老未釋。張先生在眉批中引《詩·大雅·大明》："天監在下，有命既集。"傳："集，就。"箋："天監視善惡於下，其命將有所依就。"這樣恰當地引徵文獻，遂使"集厥命"的語義甚爲明朗，"集厥命"即是"使厥命有所依就"。

者減鐘銘文有"若鹽公壽，若參壽"，郭老《考釋》云："'若參壽'者亦謂壽比參星。"此說亦見於吳闓生《吉金文録》。張先生批注曰："烺按：此說未妥。""三壽是上、中、下壽，猶三殤是上、中、下殤，皆見《文選》注。"張先生所云《文選》注即唐李善之《昭明文選》注，該書卷五十三嵇叔夜《養生論》注中引《養生經》曰："黃帝問天老曰：人生上壽一百二十年，中壽百年，下壽八十年，而竟不然者，皆夭耳。"

洹子孟姜壺銘文，郭老釋文："齊侯拜嘉命，于上天子用璧玉備一䚳（乙器無'一䚳'二字），于大無（巫）䚳折（誓）於大䚳命用璧，兩壺八鼎，於南宮子用璧二備，玉二䚳，鼓鐘一鉼（乙器無'一鉼'二字）。"張先生於本頁下批注引"《廣疋·釋天》'方澤、大折，祭地也'。《祭法》（案：即《禮記·祭法》）：'瘞埋於泰折，祭地也。'鄭云：'壇折封土爲祭處也。'"又引《漢書》卷九十九《王莽傳》"東嶽太師……熒惑司悊"。凡此，均是要說明壺銘文中"䚳折"不當讀"䚳誓"，而是地神。張先生又在批注中云："《封禪書》（案：即《史記·封禪書》）神君最貴者太乙，其佐曰大禁、司命之屬。""南宮子當是五祀之一，或是祝融神也。查《求古録禮說》，稱南宮子猶云廣成子、赤松子，南宮其所居也；子，尊稱也。""於此可見古者宮有東西南北之別，居處者遂以爲氏。如南宮敬叔，北宮黝之類。本銘之南宮子猶卣銘之稱西宮伯也。"對於壺銘的四神，張先生經徵之於文獻，在批注中概括爲"上天子是天神，大無司折是地神，大司命是人神，南宮子是其先祖"。清晰地解釋了銘文中較爲費解的齊人神靈系統。

類似上述廣引文獻以證成己說的例子，在張先生批注中多見。相信無論是在考釋金文的方法上，還是嚴謹治學、務求甚解的學風上，這些批注都會給讀者以深刻的印象與啓示。

七

張先生還在部分批注中，表達了他對中國古文字學特別是古文字發展史以及兩周列國文化的關係等若干重要問題的深湛見解，而這在張先生以往發表的論著中還很少見，故尤爲珍貴。這些見解主要集中於對《考釋》第三册東周器銘的批注中。

厲羌鐘銘文書體有類似所謂籀文的特點，故有學者疑其是否可屬所謂六國古文。張先生在該鐘銘郭老考釋之上作眉批曰："郭等多人欲據此以推翻王静安六國用古文説。按：論文字當考字體，方不爲書法所蔽。如此器再、厲、韓、齊、長、城、會、陰、佳、晉等字決是古文，非籀文，王氏之説未可非也。"又云："此銘及魚鼎匕亦間有與籀文近似處，蓋地理上之位置使然。"這段批注中"論文字當考字體，方不爲書法所蔽"至爲重要。

吉日劍銘文，張先生於器名下作批注云："古兵款識變體最早，如宋公欒戈、吴季子子逞鐱、攻吾王光戈、楚惠王戈等是，蓋兵器無義，以此爲義，飾爲觀美，故於八體爲蟲書、殳書，自爲一派，不統於古籀也。""書體當春秋戰國之際最爲華麗靡曼，過此又趨約易簡率矣。"張先生這段批注説明了春秋晚期至戰國早期所以在南方諸國流行於兵器上銘以鳥蟲書之類美術性極强之書體的原因。

郭老在《考釋》第三册對秦器作考釋後，有一大段文字對東周金文作總結。認爲秦統一前，東周列國已是"構思既同，用韻亦一，中國自東遷而後，確已有'書同文，行同倫'之實際，統一于秦，勢所必然矣"。張先生於此論述之上作眉批云："何以知東遷以前不如此耶？由此可證《國風》之辭非經太史或學人文飾之也。論此等事宜明'時'，明'地'，明作者之'階級'與'習慣'，故甲骨、鐘鼎、陶器雖時代同者，其文辭字體多不相侔也。""甲骨、彝器、陶、鉨、貨布，文字之不同者，以時代不同，地域不同，刀筆不同，作者程度深淺不同，雅俗習慣不同。"張先生這一段批注涉及了許多問題，可知張先生似不甚同意籠統地講在周王朝東遷以前，區域文化有很大隔閡（其實就青銅文化而言，西周王畿區域與諸侯國青銅器無論器形、銘文字體、文體等都是很有共性的），而《國風》的文體、風格的相近，也應是列國文化本來即存在共性的表現。同時，張先生也在强調，古文字字體、書體等的差別，不僅有時代早晚因素，也有其他諸多因素，特别是即使爲同一時代之文字也會因他舉出的諸多因素而有差異，這自然對於我們作古文字資料斷代、分區域工作時，有指導意義，注意避免簡單化，機械與主觀性，避免研究工作的單一視角。

在上述郭老對東周金文作總結而論述及秦統一之因素的一段文字後邊，張先生還有一段批語，也非常重要，其文曰："秦之統一文字是用兩種工夫：一、推行小篆，將宗周文字保存於秦者删去絲複，化爲約易，作成小篆，傳之東方（遷就東方人也），凡高文典册用之，詔令金石刻辭，李斯主其事。一是整齊六國詭易之書，使之畫一，作成隸書及章草，通行天下，日常簿書用之，程邈主其事。在統一政府下自有此一種要求，且爲改進審定而非創作，故其事易舉，而民不煩也。"這是張先生對秦統一文字之方法與途徑所作的概括，也是對秦系文字來源及所謂隸變等文字學上重要問題研究的極有價值的獨到見解。

以上僅是在通讀張先生批注後，對張先生批注之學術價值一些膚淺的初步的理解，讀者自會從中體會到更多。此次中華書局將張先生對《考釋》的批注原本影印,讀者得以見到張先生數十年來在兩周金文考釋方面辛勤耕耘之歷程,而同時也得以欣賞張先生富有特色的書法。依我看來,張先生隨手題寫的小字行書相當瀟灑,使看慣了張先生平常端莊、勁健字體的人得以欣賞到張先生書法藝術的另一風格。

記得大約是在上個世紀九十年代後半葉,一天下午,在張先生寓所,先生和我談話。我問先生,他有些過去寫的東西是不是可以拿出來整理一下出版,先生微笑着回答説:"你們出吧,我的東西還是藏之名山,存之後世吧!"

現在,我們終於能把先生藏在名山中的作品之一請了出來,我想先生有知,亦會因其心血將嘉惠於學林而感到欣慰的。

(原載《張政烺批注〈兩周金文辭大系考釋〉》,中華書局,2011 年)

引書書名簡稱表

書中所引用甲骨文、金文材料，一般標注著録書名及書中編號。著録書名，如無特殊情況，均用簡稱。

甲骨文書籍簡稱

《鐵》 劉鶚：《鐵雲藏龜》，抱殘守缺齋石印本，1903 年。

《前》 羅振玉：《殷虚書契》，珂羅版印本，1911 年；又《殷虚書契五種》，中華書局，2015 年。

《菁》 羅振玉：《殷虚書契菁華》，珂羅版影印本，1914 年。

《後》 羅振玉：《殷虚書契後編》，《藝術叢編》第一集本，1916 年。

《明》 明義士：《殷虚卜辭》，自寫石印本，1917 年。

《戬》 姫佛陀：《戬壽堂所藏殷虚文字》，1917 年。

《林》 林泰輔：《龜甲獸骨文字》，日本商周遺文會影印本，1921 年。

《簠》 王襄：《簠室殷契徵文》，天津博物院石印本，1925 年。

《拾》 葉玉森：《鐵雲藏龜拾遺》，石印本，1925 年。

《佚》 商承祚：《殷契佚存》，金陵大學中國文化研究所叢刊甲種，1933 年。

《續》 羅振玉：《殷虚書契續編》，珂羅版影印拓本，1933 年。

《通》 郭沫若：《卜辭通纂》，日本東京文求堂石印本，1933 年；又《郭沫若全集·考古編》，科學出版社，1982 年。

《燕》 容庚、瞿潤緡：《殷契卜辭》，北平哈佛燕京學社，1933 年。

《柏》 明義士：《柏根氏舊藏甲骨文字》，齊魯大學國學研究所，1935 年。

《庫》 方法斂摹，白瑞華校：《庫方二氏藏甲骨卜辭》，商務印書館，1935 年。

《鄴》 黃濬：《鄴中片羽》，初集，1935 年；二集，1937 年；三集，1942 年。

《文》 孫海波：《甲骨文録》，河南通志館，1937 年。

《粹》 郭沫若:《殷契粹編》,日本東京求實堂石印本,1937 年;又列爲《考古學專刊·甲種》第十二號,科學出版社,1965 年。

《金》 方法斂摹,白瑞華校:《金璋所藏甲骨卜辭》,美國紐約影印本,1939 年。

《誠》 孫海波:《誠齋殷虚文字》,北京修文堂,1940 年。

《清暉》 見於胡厚宣《甲骨六録》,成都齊魯大學國學研究所專刊之一,1945 年;又收入《甲骨學商史論叢》第三集,1945 年。

《甲》 董作賓:《殷虚文字甲編》,商務印書館,1948 年。

《乙》 董作賓:《殷虚文字乙編》,上輯,商務印書館,1948 年;中輯,商務印書館,1949 年;下輯,“中研院”歷史語言研究所,1953 年。

《綴合編》 曾毅公等:《甲骨綴合編》,修文堂書房,1950 年。

《摭續》 李亞農:《殷契摭佚續編》,商務印書館,1950 年。

《拾掇》 郭若愚:《殷契拾掇》,上海出版公司,1951 年。

《寧滬》 胡厚宣:《戰後寧滬新獲甲骨集》,來薰閣書店,1951 年。

《南北》 胡厚宣:《戰後南北所見甲骨録》,來薰閣書店,1951 年。

《京津》 胡厚宣:《戰後京津新獲甲骨集》,成都齊魯大學國學研究所專刊之一,1954 年。

《綴合》 郭若愚、曾毅公、李學勤:《殷虚文字綴合》,科學出版社,1955 年。

《續存》 胡厚宣:《甲骨續存》,群聯出版社,1955 年。

《外》 董作賓:《殷虚文字外編》,臺北藝文印書館,1956 年。

《丙》 張秉權:《殷虚文字丙編》,“中研院”歷史語言研究所,1957—1972 年。

《書博》 青木木菟哉:《書道博物館藏甲骨文字》,《甲骨學》6—10 號,1958—1964 年。

《京人》 貝塚茂樹:《京都大學人文科學研究所藏甲骨文字》,日本京都大學人文科學研究所,1959 年。

《甲零》 陳邦懷:《甲骨文零拾》,天津人民出版社,1959 年。

《明後》 明義士、許進雄:《殷虚卜辭後編》,臺北藝文引書館,1972 年。

《合集》 郭沫若主編,胡厚宣總編輯,中國社會科學院歷史研究所編輯:《甲骨文合集》,中華書局,1978—1982 年。

《懷》 許進雄:《懷特氏等收藏甲骨文集》,加拿大安大略博物館,1979 年。

《東大》 松丸道雄:《東京大學東洋文化研究所藏甲骨文字》,東京大學出版會,1983 年。

《屯南》 中國社會科學院考古研究所:《小屯南地甲骨》上册,中華書局,1980 年。下册,中華書局,1983 年。

《英藏》　李學勤、齊文心、艾蘭：《英國所藏甲骨集》，中華書局，1985 年。

《乙補》　鍾柏生：《殷墟文字乙編補遺》，"中研院"歷史語言研究所，1995 年。

《合補》　彭邦炯、謝濟、馬季凡：《甲骨文合集補編》，語文出版社，1999 年。

《花東》　中國社會科學院考古研究所：《殷墟花園莊東地甲骨》，雲南人民出版社，
2003 年。

《輯佚》　段振美、焦智勤、黨相魁、黨寧：《殷墟甲骨輯佚——安陽民間藏甲骨》，文物
出版社，2008 年。

《殷拾》　朱孔陽：《殷墟文字拾補》，見於宋鎮豪、朱德天《雲間朱孔陽藏戬壽堂殷虛
文字舊拓》，綫裝書局，2009 年。

《綴彙》　蔡哲茂：《甲骨綴合彙編》，花木蘭出版社，2011 年。

《村中南》　中國社會科學院考古研究所：《殷墟小屯村中村南甲骨》，雲南人民出版
社，2012 年。

金文書籍簡稱

《博古》　王黼：《博古圖録》，寶古堂刻本（明嘉靖七年蔣暘翻刻元至大重修本）。

《薛氏》　薛尚功：《歷代鐘鼎彝器款識》，嘉慶二年（1797）阮氏刻本。

《復齋》　王厚之：《鐘鼎款識》，清嘉慶七年（1802 年）阮元刻本。

《西清》　《西清古鑒》，乾隆十四年（1749）敕編，二十年（1755）内府刻本。

《西甲》　《西清續鑒甲編》，乾隆五十八年（1793）敕編，宣統二年（1910）涵芬樓依寧壽
宮寫本影印本。

《攀古》　潘祖蔭：《攀古樓彝器款識》，同治十一年（1872 年）滂喜齋自刻王懿榮手
寫本。

《攗古》　吳式芬：《攗古録金文》，光緒二十一年（1895 年）吳氏家刻本。

《陶齋》　端方：《陶齋吉金録》，宣統元年（1909）石印本。

《陶續》　端方：《陶齋吉金續録》，宣統元年（1909）石印本。

《貞松》　羅振玉：《貞松堂集古遺文》，1930 年原刻本。

《貞補》　羅振玉：《貞松堂集古遺文補遺》，1931 年原刻本。

《周漢》　原田淑人：《周漢遺寶》，帝室博物館，1932 年。

《善齋》　劉體智：《善齋吉金録》1934 年原印本。

《貞圖》　羅振玉：《貞松堂吉金圖》，簡稱，孟冬墨緣堂印本，1935 年。

《續殷》　王辰：《續殷文存》二卷，考古學社，1935 年。

《十二家》　商承祚：《十二家吉金圖録》，1935 年。

《綴遺》　方濬益：《綴遺齋彝器考釋》，涵芬樓石印本，1935 年。

《小校》 劉體智:《小校經閣金文拓本》,1935 年初版。

《善圖》 容庚:《善齋彝器圖錄》,燕京大學哈佛燕京學社,1936 年原印本。

《三代》 羅振玉:《三代吉金文存》,1937 年。

《頌續》 容庚:《頌齋吉金續錄》,考古學社專輯第十四種,1938 年。

《通考》 容庚:《商周彝器通考》,1941 年。

《鐃齋》 Gustaf Eske:《鐃齋吉金錄》,Pei ping,1943,1944。

《巖窟》 梁上椿:《巖窟吉金圖錄》,1943 年。

《金匱》 陳仁濤:《金匱論古初集》,1952 年。

《錄遺》 于省吾:《商周金文錄遺》,科學出版社,1957 年。

《大系》 郭沫若:《兩周金文辭大系圖錄考釋》,科學出版社,1958 年重印本。

《陝圖》 陝西省文物管理委員會、陝西省博物館:《陝西省文物管理委員會、陝西省博物館青銅器圖釋》,文物出版社,1960 年。

《美集》 中國科學院考古研究所:《美帝國主義劫掠的我國殷周青銅器集錄》,科學出版社,1963 年。

《上藏》 上海博物館:《上海博物館藏青銅器》,上海人民美術出版社,1964 年。

《彙編》 巴納、張光裕:《中日歐美澳紐所見所拓所摹金文彙編》,臺北藝文印書館,1978 年。

《河青》 河南出土商周青銅器編輯組:《河南出土商周青銅器》(一),文物出版社,1981 年。

《陝青》 陝西省考古研究所、陝西省文物管理委員會、陝西省博物館:《陝西出土商周青銅器》一至四卷,文物出版社,1979—1984 年。

《斷代》 陳夢家:《西周銅器斷代》,中華書局,2004 年。

《新收》 鍾柏生、陳昭容、黃銘崇、袁國華:《新收殷周青銅器銘文暨器影彙編》,臺北藝文印書館,2006 年。

《集成》 中國社會科學院考古研究所:《殷周金文集成》(修訂增補本),中華書局,2007 年。

《銘圖》 吳鎮烽:《商周青銅器銘文暨圖像集成》,上海古籍出版社,2012 年。

《銘圖續》 吳鎮烽:《商周青銅器銘文暨圖像集成續編》,上海古籍出版社,2016 年。

後　　記

　　這部書中所收文章，是從我以往四十年來所撰論文中選出的，除個別文章外，發表時間基本截止於 2019 年底。這是我首次出版文集。

　　早在 2014 年，出版社已將一校樣寄給我，但直至 2018 年初，才把初次校對過的文本返還出版社。所以這樣，固然是由於那幾年忙於北大秦漢簡牘整理、海外中國青銅器集成等項目的工作，坐不下來，但同時也是由於自己的心態，對出版文集提不起太大的積極性。常與同仁笑談，覺得自己的舊文問題太多，有如"彈洞前村壁"，有時間編文集不如多寫幾篇新文章。

　　後來所以能鼓起勁來把舊稿校對一過，有三個因素，首先是，每與從我讀書的同學們談起來，諸君皆建議還是把文集出版，要查對我的文章就比較好找；二是，我在 2017 年秋至 2018 年初，在香港大學中文學院作訪問教授，擔任了一個學期的課程，在此時段内，減少了許多要應付的活動，得以有一段較長時間安靜地坐下來看一遍校樣；三是得力於本書的責任編輯毛承慈女士的鼓勵與督促。

　　本書分爲上、中、下三册，大致是按文章内容所涉及的歷史時期區分的，上册論商，中册論西周，下册除包括論東周的幾篇文章外，也包括一些跨越時期的綜合性論題。

　　由於這些文章所據除少量傳世文獻外，主要是殷墟甲骨刻辭、青銅器銘文等古文字資料與考古發掘資料(這種綜合各種材料來做研究，應該也是先秦史研究的特點)。文章的内容，從學科來講，涉及到歷史學、古文字學、歷史文獻學與考古學等。鑒於以上原因，斟酌已久，爲本文集起了現在這樣一個名字，覺得不僅可以反映這些文章的史料來源與學科特點，而且由於甲骨文與青銅器及其銘文在一定程度上能够作爲商周文明的表徵，也可以顯示本書所論時代的特徵。

　　選入本書的文章，基本保留了原刊時的面目，只是做了如下少許的訂補：糾正了一些明顯的字詞疏誤；對一些因有新出資料而需要更正的内容，即在有關文字後加了注釋，附以簡短的按語，或直接做了個別文字表達上的更改(凡此亦均添加注釋做了説明)。此外，還在部分文章正文結束後,以"補記"的形式,對文中涉及到的某些問題做了扼要的補充論述。

本書的出版,要感謝上海古籍出版社的領導長期以來的支持與關照,感謝老友吳旭民先生做了細緻的三審。毛承慈女士不僅幫助我排定文集的體例,糾正了行文中不少訛誤,費了極大精力核對了文章中引用的文獻、甲骨與金文資料,並把古文字資料的出處統一爲現在通用的著録書編號,同時還對文章的附圖精心做了選配,調整了版式。本書能够出版,實多有賴於她之盡心盡力,在此致以衷心謝忱!

雖然皆是發表過的文章,以往已得到過許多師友的指教,此次成集,内中存在的許多不妥之處,仍懇請方家與讀者不吝賜正。

圖書在版編目(CIP)數據

甲骨與青銅的王朝 / 朱鳳瀚著. —上海：上海古籍出
版社，2022. 1 （2024. 1重印）
ISBN 978‐7‐5325‐9777‐2

Ⅰ.①甲⋯ Ⅱ.①朱⋯ Ⅲ.①中國歷史−研究−商代
Ⅳ.①K223.07

中國版本圖書館 CIP 數據核字(2020)第 200602 號

責任編輯：毛承慈
美術編輯：黄　琛
技術編輯：隗婷婷

甲骨與青銅的王朝
（全三册）
朱鳳瀚　著
上海古籍出版社出版發行
（上海市閔行區號景路 159 弄 1‐5 號 A 座 5F　郵政編碼 201101）
（1）網址：www.guji.com.cn
（2）E-mail：guji1@guji.com.cn
（3）易文網網址：www.ewen.co
上海麗佳製版印刷有限公司印刷
開本 889×1194　1/16　印張 75　插頁 15　字數 1,505,000
2022 年 1 月第 1 版　2024 年 1 月第 3 次印刷
印數：2,301—3,100
ISBN 978‐7‐5325‐9777‐2
K·2914　定價：580.00 元
如有質量問題,請與承印公司聯繫